HISTOIRE

DU

SOULÈVEMENT, DE LA GUERRE

ET

DE LA RÉVOLUTION

D'ESPAGNE.

... Quis nescit primam esse historiæ legem, nequid falsi dicere audeat? deinde, nequid veri non audeat? nequâ suspicio gratiæ sit in scribendo? nequâ simultatis?

Cicero. *De Oratore*, lib. 2, cap. 15.

PARIS. — IMPRIMERIE DE DEZAUCHE,
rue du Faubourg-Montmartre, N. 11.

HISTOIRE

DU

SOULÈVEMENT, DE LA GUERRE

ET

DE LA RÉVOLUTION

D'ESPAGNE,

PAR

M. LE COMTE DE TORÉNO.

TOME PREMIER.

PARIS.
PAULIN, LIBRAIRE-ÉDITEUR,
RUE DE SEINE, 33.

1835.

AVIS DE L'ÉDITEUR.

Le sujet de cet ouvrage n'est pas seulement espagnol ; il appartient à l'histoire générale de l'Europe pendant le premier quart du présent siècle, et particulièrement à celle de la grande lutte que soutint l'empire français contre l'Angleterre et les coalitions. Désirant qu'une traduction française paraisse en même temps que l'édition originale, l'auteur envoie feuille à feuille les volumes de son livre à M. Louis Viardot, aux soins duquel il a confié cette traduction ; et, de son côté, M. Viardot, pour faire marcher l'édition française aussi rapidement que l'espagnole, s'est adjoint deux collaborateurs, MM. D'Ayllon et Ferdinand Bascans.

L'ouvrage entier formera cinq volumes qui paraîtront à un ou deux mois d'intervalle. Le second est sous presse.

SOMMAIRE

DU LIVRE PREMIER.

Révolutions du temps. — Faiblesse de l'Espagne. — Politique de la France. — Paix de Presbourg. — Déchéance de la maison de Naples. — Négociations de paix avec l'Angleterre. — Leur rupture. — Autres négociations avec la Russie. — Préparatifs de guerre. — Troupes espagnoles envoyées en Toscane. — Izquierdo ; argent qu'il donne à Napoléon. — Dépit du prince de la Paix contre Napoléon. — Ses soupçons. — Il pense à se liguer avec l'Angleterre. — Il y envoie don Agustin de Argüellès. — Proclamation du 5 octobre. — Il se disculpe auprès de Napoléon. — Projets contre l'Espagne. — Deux partis divisent le palais. — On amuse Izquierdo à Paris. — M. de Beauharnais, ambassadeur de France à Madrid. — Secrètes intrigues avec le parti du prince des Asturies. — Troupes espagnoles envoyées au Nord. — Paix de Tilsitt. — Troupes françaises réunies à Bayonne. — Portugal. — Notes des représentans d'Espagne et de France à Lisbonne. — Leur départ de cette capitale. — Le 18 octobre 1807, la première division française passe la Bidassoa. — Le 27 octobre, traité de Fontainebleau. — Procès de l'Escurial. — Marche de Junot sur le Portugal. — Entrée en Portugal, le 19 novembre 1807. — Arrivée à Abrantès, le 23 novembre. — Proclamation du prince-régent de Portugal, 22 novembre. — Instances de lord Strangford pour le faire embarquer. — Le 29 novembre, la famille royale de Portugal met à la voile. — 30 novembre, entrée de Junot à Lisbonne. — Entrée des Espagnols en Portugal. — 16 novembre, voyage de Napoléon en Italie. — La reine d'Étrurie. — Lettre de

Charles IV à Napoléon. — Incertitude de Napoléon sur sa conduite à l'égard de l'Espagne. — 22 décembre, Dupont à Irun. — 9 janvier 1808, entrée du corps de Moncey. — 24 janvier, publications du *Moniteur*. — 1er février 1808, proclamation de Junot. — Il forme une nouvelle régence, dont il se nomme président. — Pesante contribution extraordinaire. — Il envoie en France une division portugaise. — 16 février, prise de la citadelle de Pampelune. — Duhesme entre en Catalogne. — Il arrive à Barcelone. — 28 février, surprise de la citadelle de Barcelone. — Surprise de Monjuich. — 18 mars, occupation de Figuières. — 5 mars, Saint-Sébastien livré. — 7 février, ordre à la flotte de Carthagène d'aller à Toulon. — Inquiétudes de la cour de Madrid. — Conduite ambiguë de Napoléon. — Alarmes du prince de la Paix. — Arrivée d'Izquierdo à Madrid. — Izquierdo part le 10 mars pour Paris. — Troupes françaises continuent d'entrer en Espagne. — Murat nommé général en chef de l'armée française en Espagne. — La cour de Madrid pense à partir pour l'Andalousie. — Mesures qu'elle prend.

HISTOIRE

DU

SOULÈVEMENT, DE LA GUERRE

ET DE LA

RÉVOLUTION D'ESPAGNE.

LIVRE PREMIER.

Les révolutions du temps, en semant par le monde la discorde, les agitations et les guerres, avaient ébranlé jusqu'en leurs fondemens d'anciens et célèbres états. Appauvrie, désorganisée, l'Espagne semblait devoir être battue des premières par les furieuses tempêtes qui avaient désolé et bouleversé d'autres nations. Mais, forte du souvenir encore vivant de son ancienne puissance, éloignée d'ailleurs à l'occident, et formant l'extrémité du continent européen, elle avait tenu bon, et conservé presque intact son vaste et lointain empire. Par malheur, son humiliation même et la basse condescendance de son gouvernement n'avaient pas peu contribué à maintenir son repos. Aveuglément soumis à celui de la France, qu'il fût démocratique, consulaire ou impérial, ce dernier le laissait jouir jusqu'à certain degré d'un calme apparent, pourvu toutefois que les débris des flottes, des armées et des finances de la mourante Espagne restassent à la merci de sa puissante alliée.

Mais, malgré tant de soumission, et au milieu même des bouleversemens et des continuelles vicissitudes de l'époque, jamais la politique de Louis XIV n'avait été mise en oubli par les nombreux et divers gouvernemens qu'eut la France : tous cherchèrent constamment à enchaîner au char de sa destinée celle de la nation espagnole. Forcés, au commencement, de se contenter de traités qui resserrassent l'alliance, ils prévoyaient néanmoins que, plus ceux-ci seraient onéreux pour une des parties contractantes, moins ils offriraient à l'autre de conditions de force et de durée.

Il fallait donc, pour leur donner la consistance nécessaire, que les deux nations vinssent à s'unir par un lien de ressemblance dans les formes de leurs gouvernemens, ou par leur fusion sous l'autorité de personnes d'une même famille, suivant les changemens et les transformations que subissait en France la constitution de l'état. Ainsi, à peine le cabinet français avait-il un moment de répit, qu'il n'était bruit aussitôt que de projets divers; on réunissait des troupes à Bayonne; on envoyait des expéditions contre le Portugal; enfin, de clairs et nombreux indices annonçaient l'intention d'intervenir dans les affaires intérieures de la péninsule hispanique.

Ce désir déjà si vif s'accroissait encore à mesure que

les armes françaises assuraient à l'extérieur la suprématie de leur patrie, et qu'à l'intérieur se rétablissaient l'ordre et la tranquillité. Il commença à éclater au grand jour lorsque Napoléon, plaçant sur son front la couronne de France, pensa avec raison que les Bourbons assis sur le trône d'Espagne, quelque soumis qu'ils se montrassent alors, regarderaient toujours de mauvais œil celui qui portait un sceptre appartenant de droit à la souche dont ils étaient une branche. Ce qui se passa en 1805, lorsque la paix de Presbourg mit fin à la campagne d'Autriche, servit à confirmer les soupçons du monarque français.

Le roi Ferdinand de Naples, frère de Charles IV d'Espagne, venait d'être dépossédé de son royaume, et la cour de Madrid avait refusé pendant quelque temps de donner son assentiment à un acte pareil, et de reconnaître le nouveau souverain Joseph Bonaparte. Quelque juste et naturel que parût ce refus, il n'en offensa pas moins vivement l'empereur des Français, qui peut-être n'eût pas tardé long-temps à faire éclater son courroux, si d'autres soins ne fussent venus fixer son attention et retenir les éclats de sa colère.

En effet, la paix conclue avec l'Autriche était loin d'étendre ses effets à la Russie, et la conduite du cabinet prussien, équivoque et douteuse, inquiétait l'esprit ombrageux de Napoléon. Si de tels motifs étaient un obstacle à ce qu'il s'occupât des affaires d'Espagne, il y en avait un non moins grand, quoique bien différent, dans les espérances d'une paix générale, que fit naître la mort de Pitt. Napoléon avait constamment imputé la continuation de la guerre à ce ministre, qui mourut au mois de janvier de l'année 1806; et comme la paix était le vœu général, même en France, force fut bien à son chef de ne pas heurter une opinion tellement accréditée, lorsque le prétexte allégué jusqu'ici avait disparu tout-à-coup, et que

M. Fox et lord Grenville, avec les hommes de leur parti, étaient appelés à composer le cabinet anglais.

On jugeait que ces deux ministres, le premier surtout, penchaient pour la paix, et la confiance s'accrut en voyant qu'après leur nomination, il s'était établi une correspondance active entre les gouvernemens d'Angleterre et de France. Fox lui donna commencement en mettant à profit un incident qui favorisait son désir. Les négociations durèrent plusieurs mois, et les lords Yarmouth et Lauderdale se rendirent même à Paris en qualité de plénipotentiaires. Un accommodement au gré des deux parties était chose difficile à cette époque. Napoléon, dans les pourparlers, montra peu d'égards pour l'Espagne ; car, entre autres propositions, il fit celle de livrer aux Anglais l'île de Puerto-Rico, et à Ferdinand IV de Naples les Baléares, en échange de l'île de Sicile, que ce dernier céderait à Joseph Bonaparte.

Le résultat répondit à la nature de pareilles propositions, auxquelles venaient se joindre le placement successif des membres de la famille Bonaparte à la tête de différens états et royaumes d'Europe, ainsi que l'établissement de la nouvelle et fameuse confédération du Rhin. Les négociations furent ainsi rompues, et Napoléon en donna comme raison principale la maladie de Fox et sa mort survenue au mois de septembre 1806. Au même terme aboutirent celles qui avaient été également entamées avec la Russie, l'empereur Alexandre ayant désapprouvé publiquement le traité conclu en son nom à Paris par son plénipotentiaire M. d'Oubril.

Dans le même temps qu'on était en pourparlers de paix, chacun, doutant de sa conclusion, et peu désireux peut-être de l'obtenir, se préparait déjà à continuer la guerre. La Russie et la Prusse se liguaient en secret et voulaient que d'autres états s'associassent à leur cause. Napoléon ne négligeait rien de son côté, et bien qu'il conservât du ressentiment contre le cabinet espagnol pour ce qui s'était passé au sujet de Naples, il dissimulait son mauvais vouloir et ne cherchait qu'à tirer le meilleur parti possible de la soumission de son allié.

Au commencement de l'année 1806, il demanda tout d'un coup que des troupes espagnoles passassent en Toscane pour remplacer les garnisons françaises qui s'y trouvaient. En flattant ainsi les deux cours, celle de Florence, parce qu'elle regardait comme siennes les troupes espagnoles destinées à sa garde, et celle de Madrid, par la preuve de confiance qu'il lui donnait par une pareille démarche, Napoléon arrivait par ce moyen à dégager davantage ses propres forces, et accoutumait en même temps le gouvernement espagnol à se priver insensiblement de ses soldats. Celui-ci accéda à la demande du cabinet français, et les premiers jours du mois de mars, quatre à cinq mille Espagnols, commandés par le lieutenant-général Gonzalo O-Farril, entrèrent à Florence.

Comme Napoléon avait également besoin d'une autre espèce d'assistance, il tourna ses regards, pour se la procurer, vers les agens espagnols résidant à Paris. Parmi eux, se faisait remarquer Don Eugenio Izquierdo, homme adroit, esprit fin et remuant, aux soins duquel étaient confiées, sous le masque d'autres commissions, les affaires particulières de Don Manuel Godoy, prince de la Paix. C'était en vain que cet agent s'était évertué jusqu'alors à sonder, à l'égard de son protecteur, les pensées de l'empereur des Français. Jamais il n'avait reçu d'autre réponse que de vagues promesses. Mais arriva le mois de mai de l'année 1806, et les embarras du gouvernement français, pour faire face aux immenses dépenses qu'entraînaient les préparatifs de guerre, s'accroissant chaque jour, Napoléon arrêta enfin son attention sur Izquierdo, et lui donna à entendre qu'il prendrait un intérêt tout particulier au sort du prince de la Paix, si on lui venait en aide par des secours d'argent. Izquierdo, ravi de joie, livra sur-le-champ et sans y être autorisé, en vertu d'une convention qu'il signa le 10 mai, 24,000,000 de francs appartenant à la caisse de consolidation de Madrid. Le prince de la Paix approuva la conduite de son agent; et, comptant déjà sur sa prochaine élévation à un poste plus éminent pour prix du service rendu, il obtint que de pleins pouvoirs fussent conférés, le 26 mai, à Izquierdo, au nom de Charles IV, pour négocier et conclure un traité.

Mais Napoléon avait obtenu ce qu'il voulait, et, l'œil fixé sur les nuages qui s'amoncelaient au Nord, il différa d'entrer en négociation jusqu'à l'arrangement de ses démêlés avec la Prusse et la Russie. Soupçonnant de tout temps la bonne foi de Napoléon, le prince de la Paix s'offensa de ce retard, et craignit de nouveaux artifices. Les différens avis que lui firent parvenir à la même époque les Espagnols résidant à Paris; les pamphlets et les brochures dont le gouvernement français encourageait sous main la publication et dans lesquels était annoncé l'anéantissement de la maison de Bourbon; enfin le mot de l'empereur : « Si Charles IV ne veut pas reconnaître mon frère comme roi de Naples, son successeur le reconnaîtra », tout servit à confirmer ses soupçons.

A de si nombreux indices qui venaient, l'un après l'autre, éveiller les inquiétudes et les craintes du favori espagnol, se joignirent encore les nouvelles et les informations que lui donna M. de Strogonoff, nommé ministre de Russie à la cour de Madrid, et qui arriva dans cette capitale au mois de janvier 1806.

Encouragé par les conseils de ce ministre, et fortement irrité contre Napoléon, le prince de la Paix penchait pour faire cause commune avec les puissances belligérantes. Cependant il lui parut prudent, avant de prendre une résolution définitive, de chercher un appui dans l'alliance de l'Angleterre. L'affaire était épineuse, et demandait surtout le plus profond secret : il résolut en conséquence d'envoyer dans ce pays une personne qui, douée des qualités nécessaires, ne donnât pas d'ombrage au gouvernement français. Son choix tomba sur Don Agustin Argüellès, qui se distingua si avantageusement, quelques années plus tard, dans les cortès réunies à Cadix. Celui-ci refusa d'abord cette nomination, comme venant d'un homme aussi décrié que l'était alors le prince de la Paix; mais, pressé de l'accepter par Don Manuel Sixto Espinosa, directeur de la *Consolidation*, auquel l'unissaient des liens d'amitié et de reconnaissance, et entrevoyant aussi pour lui-même un nouveau moyen de contribuer à la chute de celui qui avait détruit en France les libertés publiques, il finit par accepter l'importante mission confiée à ses soins.

On eut soin de cacher à Argüellès ce qu'on machinait avec Strogonoff, et on lui donna seulement à entendre qu'il était absolument nécessaire de faire la paix avec l'Angleterre, si l'on ne voulait pas perdre toute l'Amérique, où le général Beresford venait de prendre Buenos-Aires. On recommanda en particulier le secret et la discrétion au commissaire, qui, partant en toute hâte de Madrid, à la fin de septembre, arriva à Lisbonne, sans que personne, pas même l'ambassadeur comte de Campo-Alange, pût pénétrer l'objet véritable de son voyage. Don Agustin Argüellès se disposait à s'embarquer pour l'Angleterre, lorsqu'on reçut à Lisbonne une imprudente proclamation du prince de la Paix, en date du 5 octobre (1), dans laquelle il faisait à la nation un appel à la guerre, sans désigner d'ennemi; ce qui éveilla l'attention des puissances étrangères, et surtout celle de la France. Dès lors, Argüellès regarda comme inutile de continuer son voyage, et écrivit dans ce sens à Madrid; mais on lui ordonna néanmoins de se rendre à Londres, où sa mission n'eut pas de suites, tant par la répugnance du gouvernement anglais à entrer en négociation avec un ministre imprudent et discrédité comme le prince de la Paix, qu'à cause des changemens que produisirent dans l'esprit de celui-ci les événemens du nord de l'Europe.

Là, Napoléon, ouvrant la campagne, au mois d'octobre 1806, au lieu d'essuyer des échecs, était entré victorieux à Berlin, après avoir, à Iéna, taillé en pièces l'armée prussienne. Alarmés au bruit de ses triomphes, la cour de Madrid et surtout le favori mirent tout en œuvre pour apaiser le courroux, alors juste et fondé, de l'empereur des Français. Napoléon, ne regardant pas la guerre comme finie aussi long-temps que la Russie n'en viendrait pas à des arrangemens, feignit d'être satisfait des excuses données, et reprit, quoique lentement, les négociations suivies avec Izquierdo.

Mais il ne laissait pas de méditer sur les moyens les plus aisés de s'emparer de l'Espagne, et d'éviter pour l'avenir la répétition de provocations semblables à celle du 5 octobre. Il s'aperçut tout d'abord de l'heureux incident qu'offrait à ses projets la désunion qui régnait à la cour de Madrid et la partageait en deux camps opposés, celui du prince des Asturies et celui de Don Manuel Godoy. Ces divisions étaient nées de l'ambition démesurée de celui-ci et des craintes

(1) N° 1 de l'Appendice.

qu'elle avait jetées dans l'esprit du premier. Elles furent cependant au moment de s'effacer, lorsque le prince de la Paix résolut de se liguer avec l'Angleterre et les autres puissances du Nord. Il croyait avec raison que, dans cette conjoncture, il fallait réprimer l'essor des partis et se conformer aux idées et à la politique de ses nouveaux alliés. Dans ce dessein, et pour ne pas exposer sa propre fortune aux dangers d'une chute possible, le favori avait imaginé de marier le prince des Asturies (veuf depuis le mois de mai 1806) avec Doña Maria Luisa de Bourbon, sœur de sa femme Doña Maria Teresa, toutes deux cousines du roi et filles du défunt infant Don Luis. Ce projet fut poussé si loin qu'on proposa l'alliance au prince. Mais le capricieux et inconstant Godoy, les affaires du Nord une fois changées, changea également d'avis, et retourna à ses rêves d'ambition ; et, comme pour les faire arriver à la réalité, le roi lui conféra, le 13 janvier 1807, la dignité de grand-amiral (*almirante*) d'Espagne et des Indes avec le titre d'altesse.

Pour Napoléon, rien ne venait plus à propos que de voir augmenter la division et le désordre dans le palais de Madrid. Attentif à profiter de tout germe de discorde, en même temps qu'il entretenait à Paris les espérances d'Izquierdo et du parti de Godoy, il expédiait en Espagne, pour sonder les partisans du prince des Asturies, M. de Beauharnais, lequel, en sa qualité de nouvel ambassadeur, présenta ses lettres de créance à la fin de septembre 1806. Le nouveau venu commença à faire des démarches ; mais elles furent lentes, jusqu'à ce que, quelques mois après, la guerre du Nord ayant apparence de tirer à sa fin, Napoléon jugea que le moment d'agir approchait. Il s'offrit bientôt à lui, dans la personne de Don Juan Escoiquiz, un intermédiaire propre à seconder ses vues. Ancien gouverneur du prince des Asturies, et occupant alors une place de chanoine dignitaire à la cathédrale de Tolède, Escoiquiz demeurait comme confiné dans cette ville, lorsque, par ordre de S. A. R., avec laquelle il conservait toujours une correspondance secrète, il revint à Madrid, au mois de mars 1807. Plusieurs conférences eurent aussitôt lieu entre lui et ses amis, au sujet des moyens à prendre pour arrêter les projets ambitieux de Godoy, et tirer le prince des Asturies d'une position qu'ils réputaient pénible pour lui et même dangereuse.

Ils avaient imaginé de sonder les intentions de l'ambassadeur de France; et, en effet, ils apprirent de Don Juan Manuel de Villena, gentilhomme du prince des Asturies, et de Don Pedro Giraldo, brigadier d'ingénieurs, maître de mathématiques du prince et des infantes, tous deux dans le secret, que M. de Beauharnais était prêt à entrer en relation avec la personne que désignerait S. A. On fut un instant dans le doute pour savoir si la proposition couvrait ou non quelque artifice; et, pour s'en assurer de part et d'autre, on convint d'une demande et d'un signe que se feraient réciproquement le prince et l'ambassadeur à la première réception de cour. Certains qu'il n'y avait pas de fausseté en jeu, et Escoiquiz ayant été choisi pour traiter, le duc del Infantado le présenta chez l'ambassadeur, sous le prétexte qu'il allait offrir à celui-ci un exemplaire de son poème sur la conquête du Mexique. La connaissance une fois faite entre M. de Beauharnais et le maître du prince, ils s'abouchèrent, un jour du mois de juillet, à deux heures après midi, au Retiro. L'heure, le lieu et la chaleur de la saison leur donnaient l'assurance de ne pas être remarqués.

Là, ils parlèrent tranquillement de l'état de l'Espagne et de la France, de l'utilité qu'il y avait pour les deux nations à resserrer l'alliance par des liens de famille, et par conséquent de la convenance d'unir le prince Ferdinand à une princesse du sang impérial de Napoléon. L'ambassadeur tomba d'accord avec Escoiquiz sur la plupart de ces points, principalement sur le dernier, promettant de lui donner plus tard une réponse catégorique. Ces démarches furent suivies de plusieurs autres, plus ou moins directes, mais qui n'eurent rien d'important, jusqu'à ce que, le 30 septembre, M. de Beauharnais écrivit une lettre à Escoiquiz, dans laquelle, en soulignant ces expressions : *qu'il ne lui suffisait pas de vagues promesses, et qu'il lui fallait une garantie*, il donnait par là même à entendre qu'elles sortaient de la bouche de son maître. Attentif à cette insinuation, le prince des Asturies s'adressa le 11 octobre à l'empereur des Français, dans des termes dont il aurait pu résulter, ainsi que nous le verrons bientôt, de graves charges contre sa personne.

Ce fut à ce point qu'arrivèrent les négociations entre l'ambassadeur Beauharnais et Escoiquiz, dont le principal objet tendait à régler l'union du prince Ferdinand avec une nièce de l'impératrice, que l'on offrit plus tard au duc d'Aremberg. Tout porte à croire que l'ambassadeur agit d'après les instructions de son maître ; et s'il est vrai que l'empereur désavoua les démarches de M. de Beauharnais, il n'en est pas moins probable que celui-ci ne se fût pas exposé, avec un souverain si peu endurant, à en faire de tellement importantes sans autorisation préalable. Peut-être put-il outrepasser ses instructions ; peut-être des intérêts de famille l'engagèrent-ils à proposer pour épouse au prince des Asturies une personne à laquelle l'attachaient des liens de parenté ; mais ce qui prouve que la négociation prit naissance à Paris, c'est que l'empereur soutint plus tard son représentant.

De pareils pourparlers, cependant, avaient plutôt l'air d'un passe-temps que d'être l'effet d'une mûre et sérieuse résolution. Il allait mieux au caractère emporté de Napoléon de chercher à arriver par la violence et la ruse à l'accomplissement des vues que lui suggéraient sa politique et son ambition. C'est ainsi que, pour écarter tout obstacle et se préparer peu à peu à l'exécution de ses projets, il demanda de nouveau au gouvernement espagnol un secours de troupes. Charles IV, se conformant aux vœux de son allié, décida, au mois de mars 1807, qu'une division réunie à celle qui était en Toscane, et composant ensemble un corps de quatorze mille hommes, se dirigerait sur le nord de l'Europe. De cette manière, chaque jour voyait décroître les ressources de l'Espagne et ses moyens de résistance.

En attendant, Napoléon, poursuivant avec succès la campagne dirigée contre les armes combinées de la Prusse et de la Russie, avait, le 8 juillet suivant, conclu la paix à Tilsitt. Quelques-uns se sont figuré qu'en ce même lieu, les deux empereurs russe et français se concertèrent pour la décision de plusieurs affaires épineuses et secrètes, et que l'une d'elles était l'abandon du sort de l'Espagne à la volonté de Napoléon. Nous avons consulté sur une matière aussi grave les témoignages d'hommes respectables, qui eurent une part principale dans ces conférences et ces négociations. Sans intérêt à cacher la vérité, et loin déjà de l'époque où elles eurent lieu, ils ont répondu à nos questions, que l'on n'avait parlé alors que vaguement des affaires de l'Espagne, et que seulement Napoléon, se plaignant avec aigreur de la proclamation du prince de la Paix, ajoutait qu'aussitôt que les Espagnols le voyaient occupé autre part, ils changeaient de langage et cherchaient à l'inquiéter.

Quoi qu'il en soit, il reste certain que Napoléon, rassuré du côté de la Russie par la paix conclue avec elle, put tourner plus à son aise vers le Midi les regards inquiets de son insatiable ambition. Il songea d'abord à masquer ses desseins en mettant en avant la nécessité d'étendre partout le système continental (dont il avait jeté les bases dans son décret de Berlin du mois de février de la même année), et d'arracher à l'Angleterre son ancien et fidèle allié le roi de Portugal. Il était, en effet, très-important pour le succès d'une tentative ou d'un plan quelconque contre la Péninsule, de soumettre Lisbonne, d'éloigner les Anglais de ses ports, et d'avoir un prétexte plausible en apparence d'introduire des forces nombreuses jusque dans le cœur de l'Espagne.

Pour donner commencement à son entreprise, il poussa en avant les négociations entamées avec Izquierdo, et, à la faveur de celles-ci et du traité qu'on discutait, il commença, au mois d'août 1807, à réunir à Bayonne une armée de vingt-cinq mille hommes, sous le titre de corps d'observation de la Gironde, nom dont le gouvernement français couvrait astucieusement ses vues hostiles contre la péninsule espagnole. On donna le commandement de ces forces à Junot, qui, en 1805, ambassadeur en Portugal, avait abandonné les loisirs de sa pacifique mission pour suivre son chef dans ses hardies entreprises de guerre. Maintenant il se préparait à retourner à Lisbonne, non plus pour occuper son ancien poste, mais pour renverser du trône une auguste famille qui l'avait honoré des insignes de l'ordre du Christ.

Quoique nous ne nous proposions pas de présenter un rapport détaillé des graves événemens qui vont se passer maintenant en Portugal, nous ne pouvons manquer cependant de leur donner ici place, à cause de leur intime connexion avec ceux d'Espagne. A Paris, on examinait avec Izquierdo les moyens de diviser et de se partager ce royaume, et, pour que tout fût prêt le jour de la conclusion du traité, outre la réunion des troupes aux pieds des Pyrénées, on arrêta que des négociations suivies à Lisbonne fraieraient le chemin à l'exécution des plans convenus entre les deux puissances contractantes. La trame ourdie contre le Portugal commença par l'envoi de notes que passèrent, le 12 août, le chargé d'affaires français, M. de Rayneval, et l'ambassadeur d'Espagne, comte de Campo-Alange. Ils y disaient tous deux qu'ils avaient ordre de demander leurs passeports et de déclarer la guerre au Portugal, si, pour le 1er septembre prochain, le prince-régent n'avait pas manifesté la résolution de rompre avec l'Angleterre, et d'unir ses escadres à celles des autres puissances du continent, afin d'agir de concert contre l'ennemi commun ; on exigeait en même temps la confiscation de toutes les marchandises d'origine britannique, et l'arrestation, en qualité d'ôtages, des sujets de la même nation. Le prince-régent, d'accord avec l'Angleterre, répondit qu'il était prêt à fermer ses ports aux Anglais, et à rompre toute relation avec son ancien allié ; mais que de confisquer en pleine paix toutes les marchandises britanniques et d'arrêter des étrangers inoffensifs, étaient des mesures tout-à-fait opposées aux principes de justice et de modération qui l'avaient toujours guidé. Les représentans d'Espagne et de France n'ayant pas obtenu ce qu'ils avaient demandé (résultat entièrement conforme aux véritables intentions de leurs cours respectives), ils partirent de Lisbonne avant le commencement d'octobre, et leur départ fut le prélude de l'invasion.

Les négociations suivies avec Izquierdo n'étaient pas encore terminées ; aucun traité n'avait été conclu ; cependant Napoléon, impatient et brûlant du désir de commencer son entreprise, fut à peine informé du départ des ambassadeurs, qu'il donna l'ordre à Junot d'entrer en Espagne. La première division française, aux ordres du général Delaborde, passa donc la Bidassoa le 18 octobre, époque mémorable, source féconde de cette foule de maux, de désastres, de perfidies et de faits héroïques, dont l'histoire va nous dérouler le tableau. La première division, une fois passée, fut bientôt suivie de la seconde et de la troisième, commandées par les généraux Loison et Travot, et de la cavalerie, aux ordres du général Kellermann. A Irun, Don Pedro Rodriguez de la Buria eut ordre de recevoir et de complimenter Junot, commission qu'il avait déjà remplie à l'époque de la première guerre avec le Portugal. Les troupes françaises se dirigèrent, par Burgos et Valladolid, sur Salamanque, où elles arrivèrent vingt-cinq jours après leur entrée en Espagne. Partout, sur leur passage, elles furent bien accueillies et fêtées par les habitans, qui, au milieu des soins les plus empressés, étaient loin d'imaginer de quelle ingratitude serait un jour payée leur prévenante hospitalité.

Sur ces entrefaites, les négociations suivies en France touchaient à leur dernier terme, et, le 27 octobre, fut signé à Fontainebleau, entre Don Eugenio Izquierdo et le général Duroc, grand-maréchal du palais de l'empereur, un traité (1) composé de quatorze articles, auquel était annexée une convention qui en comprenait sept autres. Dans cet accord, on traitait le Portugal comme autrefois d'autres puissances avaient disposé de la Pologne, avec la différence que les gouvernemens qui se concertèrent à cette époque étaient égaux en puissance; mais à Fontainebleau, ils étaient si différens l'un de l'autre et si disproportionnés, que lorsqu'arriva le moment d'exécuter la convention, on vit la répétition de la fable bien connue du partage du lion : l'Espagne resta les mains vides, et son insatiable allié voulut s'emparer de tout. Il était stipulé par

(1) N° 2, App.

le traité que la province de Entre-Duero-et-Minho serait donnée en toute propriété et souveraineté, avec le titre de Lusitanie septentrionale, au roi d'Etrurie et à ses descendans, qui, à leur tour, céderaient dans les mêmes termes le royaume d'Etrurie à l'empereur des Français; que les Algarves et l'Alentéjo seraient également livrés en toute propriété et souveraineté au prince de la Paix, qui prendrait le nom de prince des Algarves, et que les provinces de Beira, de Tras-os-Montes et de l'Estrémadure portugaise, resteraient comme en séquestre jusqu'à la paix générale, époque à laquelle elles pourraient être échangées contre Gibraltar, la Trinité, ou quelque autre colonie parmi celles que les Anglais avaient conquises; que l'empereur des Français garantirait à S. M. C. la possession de ses états d'Europe au midi des Pyrénées, et le reconnaîtrait comme empereur des deux Amériques, à la conclusion de la paix générale, ou au plus tard dans trois ans. La convention qui accompagnait le traité détaillait le mode d'exécution applicable aux stipulations contenues dans cet acte : vingt-cinq mille hommes d'infanterie française et trois mille de cavalerie devaient entrer en Espagne, et, réunis à huit mille soldats espagnols et trois mille chevaux, marcher en droiture sur Lisbonne. Les deux corps devaient être aux ordres du général français, en exceptant le cas où le roi d'Espagne ou le prince de la Paix se rendraient sur les lieux qu'occupaient les troupes alliées, circonstance qui entraînerait en leur faveur la cession du commandement. Les provinces de Beira, de Tras-os-Montes et de l'Estrémadure portugaise, devaient être administrées et frappées de contributions en faveur et dans l'utilité de la France. En même temps qu'une division de dix mille hommes de troupes espagnoles prendrait possession de la province de Entre-Duero-et-Minho et de la ville d'Oporto, une autre de six mille hommes de la même nation occuperait l'Alentéjo et les Algarves, et l'administration de ces trois provinces devait rester aux soins des généraux espagnols. Les troupes françaises devaient être nourries par l'Espagne à leur passage, mais recevoir leur paie de la France. Finalement, on était convenu qu'un corps de quarante mille hommes se réunirait à Bayonne pour le 20 novembre, lequel marcherait sur le Portugal, en cas de besoin, et moyennant le consentement préalable des deux puissances contractantes.

Par la conclusion de ce traité, Napoléon, tout en cherchant le moyen de s'emparer du Portugal, éloignait de nouveau de l'Espagne un nombre considérable de troupes, comme il l'avait déjà fait pour celles qui allèrent au Nord, et introduisait adroitement et sans bruit les forces nécessaires à l'exécution de ses desseins encore cachés et de ses plans ultérieurs. Il flattait en même temps l'ambition immodérée du favori espagnol, le berçait d'illusions et l'enveloppait dans ses propres filets, craignant toujours que, désabusé à temps et revenant de sa longue erreur, le prince de la Paix ne voulût recourir aux moyens de conjurer les dangers qui le menaçaient. Mais celui-ci, pressé d'échapper aux vicissitudes de la fortune, approuvait des spéculations qui, jusqu'à un certain point, le mettaient à l'abri des persécutions du gouvernement espagnol, en cas d'un revirement du sort. Peut-être voyait-il aussi dans sa mince principauté des Algarves le premier échelon pour arriver à un trône plus haut placé. On recommençait alors à parler beaucoup du criminel projet que l'on assurait avoir été conçu, quelques années auparavant, par Maria-Luisa, comptant sur l'appui du favori, et dans un des transports de l'aveugle passion qu'elle lui portait. Il n'y a d'ailleurs aucun doute que différentes personnes furent consultées à l'égard d'un changement de dynastie, et que l'on en vint au point de chercher, sans ménagement ni détour, à se faire des amis et des partisans. Parmi ceux qui furent recherchés dans cette occasion, se trouvait le colonel du régiment de Pavie, Don Tomas de Jaureguy, avec lequel Don Diego Godoy toucha effrontément quelques mots d'une affaire aussi délicate : il ne manqua pas, au reste, d'autres personnes qui tentèrent aussi de la pousser en avant. Mais les événemens qui se précipitèrent vinrent changer en fumée tous les vains projets d'une imprévoyante et aveugle ambition.

Tel était le terme désiré où en étaient venues les négociations d'Izquierdo, et tel avait été le commencement de l'entrée des troupes françaises dans la Péninsule, lorsqu'un événement, accompagné de symptômes d'une extrême gravité, fixa à cette époque l'attention de toute l'Espagne.

Le prince des Asturies vivait seul et éloigné des affaires : sans influence ni aucun pouvoir, il passait tristement les plus belles années de sa jeunesse, soumis à la monotone et sévère étiquette du palais. Son abandon était augmenté par les craintes qu'inspirait sa personne à ceux qui dirigeaient alors la monarchie; on surveillait sa conduite, et jusqu'à ses démarches les plus innocentes étaient soigneusement épiées. Le prince éclatait en plaintes amères, et ses expressions n'étaient pas toujours mesurées. A son exemple, les gens de sa maison parlaient avec plus de liberté qu'il n'était convenable ; leurs propos et leurs entretiens, répétés, peut-être même dénaturés en passant de bouche en bouche, excitaient de plus en plus la haine de leurs irréconciliables ennemis. Une conduite aussi légère ne suffisait pas cependant pour commencer une enquête judiciaire ; elle donna seulement lieu à un redoublement de soins et de vigilance. C'est ainsi que l'on remarqua enfin que le prince recevait des lettres en secret; que, très-occupé à écrire, il passait les nuits en veilles, et que, sur son visage, il laissait voir qu'il méditait quelque importante affaire. Il suffisait d'un seul soupçon de cette nature pour réveiller le zèle des observateurs à gages qui l'entouraient, et une dame de la maison de la reine donna avis à sa maîtresse de la singulière et mystérieuse vie que menait son fils. Le roi ne tarda pas à en être averti, et, poussé par son épouse, il ordonna que l'on recueillît tous les papiers de Ferdinand, pris ainsi au dépourvu. Cet ordre fut exécuté, et le lendemain, 29 octobre, à six heures et demie du soir, les ministres du roi et Don Arias Mon, gouverneur intérimaire du conseil, ayant été convoqués dans la chambre de sa majesté, le prince comparut devant eux, fut soumis à un interrogatoire, et on exigea de lui des explications sur le contenu des papiers saisis. Ensuite, son père, accompagné des mêmes ministres et du gouverneur, en grand apparat et à la tête de ses gardes, le reconduisit à sa demeure. Arrivés là, le roi, après avoir demandé au prince son épée, lui ordonna de rester aux arrêts, et fit placer des sentinelles pour le garder à vue; les gens du prince furent également arrêtés.

En voyant la solennité mise à cet acte, le spectateur, frappé de la ressemblance, aurait pu s'imaginer dans son étonnement que, sous les lugubres et somptueuses voûtes de l'Escurial, allait se renouveler le déplorable et tragique spectacle que le sombre Philippe II avait donné au monde dans les murs de l'Alcazar de Madrid; mais d'autres temps, d'autres acteurs, une situation tout autre, se présentaient alors sur la scène d'Espagne.

Les papiers saisis jusqu'alors chez le prince se composaient d'un petit cahier d'un peu plus de douze feuilles, écrit de sa main; d'un autre de cinq feuilles et demie; d'une lettre, dont l'écriture était contrefaite, et qui, sans signature, et datée de Talavera, le 18 mars, fut reconnue plus tard pour être d'Escoiquiz, d'un chiffre avec sa clé destinés à la correspondance de celui-ci avec le prince, et d'une demi-feuille de papier remplie de numéros, de chiffres et de noms qui, dans un autre temps, avaient servi aux communications secrètes entre la défunte princesse des Asturies et la reine de Naples, sa mère. Le cahier de douze feuilles contenait une adresse au roi, dans laquelle, après avoir retracé avec de vives couleurs la vie et les principaux faits du prince de la Paix, on l'accusait de graves délits, et on le soupçonnait d'avoir conçu, pour monter sur le trône, l'horrible dessein d'exterminer le roi et toute la famille royale. Ferdinand y parlait aussi des persécutions auxquelles il était personnellement en butte, et faisait mention, entre autres choses, de l'éloignement dans lequel on le tenait du roi, sans lui permettre de le suivre à la chasse, ni d'assister à son travail avec les ministres. On proposait comme moyen d'éviter l'accomplissement des criminels projets du favori, de laisser au prince héréditaire la faculté de tout disposer pour se saisir de la personne de l'accusé et le confiner dans un château-fort. On demandait également la mise sous le séquestre d'une partie de ses biens, l'emprisonnement de ses gens, de Doña Josefa Tudó et d'autres personnes, d'après ce qui serait arrêté dans des décrets que le prince lui-même se chargerait de soumettre à l'approbation de son père. On proposait comme mesure préalable, et pour que le roi Charles examinât la justice des plaintes de son fils, une battue dans le parc du Pardo ou de la Casa-de-Campo, à laquelle se rendrait le prince, et où seraient entendues les déclarations des personnes qu'il plairait à sa majesté de désigner, pourvu que ni la reine, ni Godoy, ne fussent présens à cet acte; on suppliait en même temps le roi que, le moment venu d'arrêter le favori, le père ne quitta pas les côtés de son fils, afin que les premiers élans de la douleur de la reine ne pussent altérer la résolution de sa majesté ; et on finissait par prier instamment le roi, dans le cas où il n'accèderait pas à la pétition du prince, de lui garder le secret, sa vie pouvant courir un imminent danger, si l'on venait à découvrir sa démarche. L'écrit de cinq feuilles et la lettre étaient, comme le précédent, l'œuvre d'Escoiquiz ; on y insistait sur les mêmes points, et, cherchant à s'opposer à l'alliance antérieurement proposée entre le prince et la sœur de la princesse de la Paix, on insinuait le moyen d'arriver au mariage désiré avec une parente de l'empereur des Français. On s'y servait de noms supposés, et les conseils qu'on y donnait étant censés venir d'un moine, il ne paraissait pas étrange que, mêlant le sacré au profane, on recommandât avant tout, comme on le faisait, d'implorer la divine assistance de la Vierge. Il était aussi demandé, dans ces instructions, que le prince s'adressât à sa mère, en faisant un appel à ses sentimens de reine et de femme, elle dont l'amour-propre se trouvait offensé par l'ingratitude et les dédains de son amant en titre. Dans la corruption d'une si folle intrigue perce déjà cette naïve crédulité et cette ambition inquiète dont le chanoine Escoiquiz ne nous donnera malheureusement que trop de preuves dans le cours de cette histoire. On s'étonne, en effet, qu'il ait pu penser qu'un prince jeune et sans expérience aurait plus de crédit sur l'esprit de son auguste père, qu'une épouse et un favori, auxquels la force de l'habitude autant que les liens d'une affection personnelle avaient donné un pouvoir absolu sur l'âme paresseuse de ce faible monarque. Mais bien qu'en examinant les papiers du prince on pût y remarquer un ardent désir de s'emparer de l'autorité et d'inter-

venir dans les affaires du gouvernement, il n'apparaissait néanmoins aucun projet formel de détrôner le roi, et moins encore le crime atroce d'un fils qui attente à la vie de son père. Et cependant, ils furent cause de la publication du fameux décret du 30 octobre, dont l'importance nous engage à l'insérer ici littéralement. On y disait donc : « Dieu, qui veille
« sur ses créatures, ne permet pas l'accomplissement
« de faits atroces, quand les victimes sont innocentes.
« C'est ainsi que sa toute-puissance m'a préservé
« d'une catastrophe inouie. Mon peuple, tous mes
« sujets connaissent parfaitement mes sentimens chré-
« tiens et la régularité de mes mœurs ; tous m'ai-
« ment, et je reçois de tous des preuves de respect,
« ainsi que l'exigent les égards dus à un père qui
« chérit ses enfans. Je vivais persuadé de cette vé-
« rité, quand une main inconnue me montre tout-à-
« coup et me découvre le plan monstrueux et inoui
« que l'on formait contre ma personne dans mon
« propre palais. Ma vie, tant de fois en péril, était
« devenue à charge à mon successeur, qui, préoc-
« cupé, aveuglé et oubliant tous les principes de foi
« chrétienne que lui enseignèrent mes soins et mon
« amour paternels, avait accepté une trame pour me
« détrôner. Je voulus alors chercher à connaître par
« moi-même la vérité du fait, et le surprenant dans
« sa propre chambre, je trouvai en son pouvoir le
« chiffre qui servait à ses intelligences avec les scé-
« lérats, et les instructions qu'il en recevait. Je con-
« voquai, pour l'examen de ces papiers, le gouver-
« neur intérimaire du conseil, afin qu'en s'associant
« à d'autres ministres, ils s'occupassent conjointe-
« ment des recherches nécessaires. Tout a été fait,
« et il s'en est suivi la découverte de différens cou-
« pables, dont j'ai décrété l'arrestation, ainsi que la
« mise aux arrêts de mon fils dans sa demeure. Cette

« peine manquait à toutes celles qui m'affligent, mais
« de même qu'elle est la plus douloureuse, c'est aussi
« celle qu'il est le plus important de faire expier à son
« auteur, et en attendant que j'ordonne de publier
« le résultat des poursuites, je ne veux pas manquer
« de faire connaître à mes sujets mon affliction, qui
« deviendra moindre par les preuves de leur loyauté.
« Vous tiendrez cela pour entendu, afin d'en donner
« connaissance en la forme convenable. San Lorenzo
« del Escorial, ce 30 octobre 1807. — Au gouver-
« neur intérimaire du conseil. » On assura plus
tard que ce décret était de la main du prince de la
Paix : ainsi l'attestèrent quatre secrétaires du roi ;
mais l'orignal ne se trouve pas au dossier du
procès.

Vers le même temps, Charles IV écrivit à l'empereur Napoléon, en lui faisant part de l'événement de l'Escurial. Il commençait sa lettre par lui donner à entendre combien il s'occupait des moyens de coopérer à la ruine de l'ennemi commun (c'est ainsi qu'il appelait les Anglais); puis, après lui avoir témoigné la conviction dans laquelle il avait été jusqu'alors que toutes les intrigues de la reine de Naples (expressions remarquables) avaient été ensevelies avec sa fille, il en venait à l'annonce de la terrible nouvelle du jour. Non content de lui parler du dessein qu'il supposait à son fils de vouloir le détrôner, le roi Charles accusait encore celui-ci d'une nouvelle et horrible machination contre la vie de sa mère, et concluait par la nécessité de châtier le prince héréditaire pour des crimes si atroces, et de révoquer la loi qui l'appelait à succéder au trône, en mettant à sa place un de ses frères ; il terminait enfin sa lettre en demandant l'assistance et les conseils de l'empereur. L'intention formellement indiquée, dans cet écrit, de priver Ferdinand du droit de succession, recélait peut-être les vues ultérieures du parti de Godoy et de la reine. Si elles existèrent, toutefois, elles furent bientôt déconcertées par des obstacles imprévus, au nombre desquels on peut compter un incident qui, pouvant aggraver la position du prince et de ses amis, si une justice impartiale eût présidé à l'affaire, fut, au contraire, ce qui les sauva tous d'un funeste dénoûment. Ce qui y donna lieu furent les craintes de l'auguste prisonnier et l'abattement où le plongea son arrestation.

Le 30, à une heure de l'après-midi, aussitôt que le roi fut parti pour la chasse, le prince adressa un message à la reine pour qu'elle daignât passer dans sa chambre, ou permettre qu'il allât chez elle lui parler d'une chose du plus haut intérêt. La reine se refusa à l'une et à l'autre demande; mais elle lui envoya le marquis Caballero, ministre de la justice. Alors, le prince lui déclara, sous sa signature, qu'il avait adressé, en date du 11 octobre, une lettre (la même dont nous avons déjà parlé) à l'empereur des Français, et qu'il avait expédié un décret, tout entier de sa main, avec la date en blanc et un cachet noir, qui autorisait le duc del Infantado à prendre le commandement de la Nouvelle-Castille aussitôt après la mort de son père; il lui déclara, en outre, qu'Escoiquiz était l'auteur de l'écrit copié par S. A., et lui indiqua les moyens dont ils s'étaient servis pour leur correspondance : révélations qui entraînèrent différentes arrestations. Dans sa lettre confidentielle à Napoléon, le prince (1) lui témoignait « l'estime et le respect « qu'il avait toujours eus pour sa personne; » il l'appelait « *le héros le plus grand parmi tous ceux qui* « *l'avaient précédé;* » il lui peignait l'oppression dans « laquelle on l'avait tenu; l'abus que l'on faisait de

(1) N° 3, App.

« la droiture de cœur et de la générosité de son père ;
« il lui demandait pour épouse une princesse de sa
« famille, le priant d'aplanir les difficultés qui
« pourraient s'élever, et finissait par affirmer que,
« non-seulement il n'accéderait pas, mais qu'il s'op-
« poserait même avec une invincible persévérance à
« tout autre projet de mariage qu'on ne ferait pas
« précéder du consentement et de l'approbation po-
« sitive de S. M. I. » Ces aveux spontanés, au moyen
desquels le prince compromettait si gravement ses
amis et ses partisans, lui nuisirent dans l'opinion de
quelques-uns d'entre eux ; son âge passait vingt-trois
ans, et déjà plus de fermeté était désirable chez celui
qui devait un jour ceindre son front d'un diadème
auquel se rattachaient les destinées de si vastes royaumes. Le décret expédié en faveur d'Infantado aurait
entraîné à lui seul, en d'autres temps, la ruine de
tous ceux qui étaient compromis dans la cause du
prince ; on aurait regardé comme nulles les excuses
alléguées en leur faveur, et leurs craintes même sur
la mort prochaine de Charles IV et sur les vues ambi-
tieuses du favori auraient été considérées plutôt
comme un indice aggravant que comme un moyen de
les décharger de l'accusation portée contre eux. De
pareilles précautions, d'une interprétation toujours
douteuse, même entre particuliers, lorsqu'elles ne
reçoivent pas leur pleine et entière exécution, sont,
dans les palais, des crimes d'état. A plus forte raison,
aurait-on pu considérer comme tel la lettre écrite à
Napoléon ; mais cette lettre, dans laquelle un prince,
un Espagnol, s'adresse, à l'insu de son père et légitime
souverain, à un autre souverain étranger, lui demande
son appui, la main d'une princesse de sa famille,
et s'oblige à ne se marier en aucun temps sans son
assentiment, cette lettre sauva Ferdinand et ses
amis.

Il n'en fut pas ainsi dans la célèbre cause de Don Carlos de Viana : ce prince, âgé de quarante ans, sage et éclairé, l'ami de Ausias March, ayant un droit incontestable à la couronne de Navarre, crut ne pas se compromettre en faisant par lui-même les premières démarches pour rechercher l'alliance d'une infante de Castille. Et cependant un si léger motif suffit à son père, le farouche Don Juan, pour faire à son fils, lors de sa seconde captivité, un grave chef d'accusation de sa conduite inconsidérée. Don Carlos prouva qu'il avait préalablement déclaré ne pas vouloir se marier sans obtenir, avant tout, l'agrément de son père. Mais cela même ne put faire fléchir l'orgueil de l'altier Don Juan, qui considérait toujours les droits et l'indépendance de la couronne comme violés et outragés par les démarches de son fils.

Aujourd'hui, à cette cour de l'Escurial, devenue si lâche et si soumise, aussitôt qu'on entendit le nom de Napoléon se mêler aux aveux du prince, tout le monde s'effraya, et on ne demanda plus qu'à sortir d'un si grand embarras : on s'imaginait à coup sûr que Ferdinand avait agi d'accord avec le souverain de la France, et que c'était en comptant sur son appui, qu'il s'était jeté dans cette hasardeuse entreprise. L'immense pouvoir de Napoléon, et les troupes qui avaient commencé d'entrer en Espagne, en menaçant de près ceux qui s'opposeraient à ses desseins, détournèrent du sien le généralissime Godoy, qui résolut enfin de couper court au procès entamé. Une dépêche qu'Izquierdo lui adressa de Paris, en date du 11 novembre, dut le confirmer de plus en plus dans cette résolution. Cet agent y rapportait une conférence qu'il avait eue avec M. de Champagny, et dans laquelle le ministre français avait exigé, par ordre de l'empereur, que, *par aucun motif ni raison quelconque, ni sous aucun prétexte, il ne fût parlé* ni rien publié dans cette *affaire* de ce qui pourrait avoir relation avec *l'empereur et son ambassadeur*. Napoléon, encore incertain sur la manière dont il exécuterait ses projets à l'égard de l'Espagne, ne voulait point paraître, aux yeux de l'Europe, comme ayant eu part aux événemens de l'Escurial.

Avant même de recevoir l'avis d'Izquierdo, il suffit au prince de la Paix d'apprendre les nouveaux aveux de l'auguste prisonnier, pour se rendre aussitôt à l'Escurial en quittant Madrid, où il était resté, sous prétexte de maladie, tout le temps des arrêts de Ferdinand. Il se proposait, au moyen de ce voyage, de couper court à un procès dont la tournure présentait un nouvel et désagréable aspect. Il vit le roi et la reine, se concerta avec eux, et leur offrit d'arranger une affaire si épineuse. Il passa donc à la demeure du prince, se présenta à lui en qualité de médiateur, et lui proposa, pour apaiser la colère de ses augustes parens, de leur demander, en fils repentant et soumis, un généreux pardon; il lui indiqua en même temps que, pour l'obtenir, il conviendrait qu'il écrivît deux lettres dont il avait sur lui les minutes. Ferdinand copia les lettres. Ses malheurs et la profonde haine que l'on portait à Godoy ne laissèrent pas de place aux pénibles réflexions que devait inspirer la démarche du prince; l'excuse même trouva crédit chez des esprits exclusivement irrités contre le gouvernement et les manéges du favori. Les deux lettres furent publiées avec le décret du 5 novembre. Ces documens sont si curieux et d'une telle importance, qu'ils méritent d'être insérés ici en leur entier. « La « voix de la nature (disait le décret adressé au conseil) « désarme le bras de la vengeance, et lorsqu'une « faute réclame le pardon, un père qui aime ses en- « fans ne peut s'y refuser. Mon fils a déjà avoué quels « étaient les auteurs du plan horrible que lui avaient

« fait concevoir quelques scélérats ; il a tout déclaré
« suivant les formes usitées en droit, et tout a été
« consigné avec le soin scrupuleux qu'exige la loi
« pour de semblables preuves. Son repentir et son
« effroi lui ont dicté les représentations qu'il m'a
« adressées, et qui viennent ci-après :

« Sire,

« Mon papa, j'ai failli ; j'ai manqué à V. M., en sa
« qualité de roi et de père ; mais je me repens, et
« j'offre à V. M. l'obéissance la plus humble. Je ne
« devais rien faire à l'insu de V. M.; mais ma religion
« a été surprise. J'ai dénoncé les coupables, et je
« demande à V. M. qu'elle me pardonne de lui avoir
« menti l'autre nuit, et qu'elle permette de baiser
« ses pieds royaux à son fils reconnaissant.

« *Signé* FERDINAND.

« San Lorenzo, 5 novembre 1807.

« Madame,

« Maman, je suis bien repentant de l'énorme délit
« que j'ai commis contre mes parens et souverains,
« et ainsi je demande avec la plus grande humilité à
« V. M. qu'elle daigne intercéder auprès de papa
« pour qu'il permette d'aller baiser ses pieds royaux
« à son fils reconnaissant.

« *Signé* FERDINAND.

« San Lorenzo, 5 novembre 1807.

« En égard à ces représentations et à la prière de

« la reine, mon épouse bien-aimée, je pardonne à
« mon fils, et je le ferai rentrer en ma grâce lorsque,
« par sa conduite, il m'aura donné les preuves d'une
« réforme positive dans la légèreté de ses procédés ;
« et j'ordonne que les mêmes juges qui étaient saisis
« de la cause dès son origine, la suivent, en leur
« permettant de s'associer des collègues, s'ils en
« avaient besoin, et que, le procès terminé, ils me
« soumettent la sentence, conformément à la loi,
« d'après la gravité des délits et la qualité des per-
« sonnes qui en sont accusées, posant en principe,
« pour l'établissement des chefs d'accusation, les
« réponses données par le prince et les demandes
« qui lui ont été faites, puisque toutes ont été pa-
« raphées et signées de ma main ; et que cet ordre
« soit communiqué à mes conseils et tribunaux, en
« le faisant circuler pour la connaissance de mes
« peuples, afin qu'ils y reconnaissent ma clémence
« et ma justice, et calment l'affliction et l'inquiétude
« dans lesquelles les a jetés mon premier décret ; car
« ils y verront le péril auquel a été exposé leur sou-
« verain et leur père, qui les aime comme ses en-
« fans, et qui espère qu'ils le lui rendent de même.
« Vous tiendrez cela pour entendu, afin d'en soigner
« l'exécution. San Lorenzo, 5 novembre 1807. »

Présenter Ferdinand à la face de l'Europe entière comme un prince faible et coupable ; le discréditer dans l'opinion de la nation, et le perdre dans l'esprit de ses partisans ; mettre à couvert l'ambassadeur français, et placer son gouvernement en dehors de tous les incidens du procès, tel fut le principal but de Godoy et de son parti, en opérant cette singulière réconciliation entre le père et le fils. Il y parvint jusqu'à un certain point ; mais le public, bien qu'il ne connût qu'imparfaitement le fond des choses, prit en mauvaise part l'officieuse médiation du favori, et la haine qu'inspirait sa personne, loin de se calmer, ne fit que prendre une nouvelle violence.

Pour suivre le procès contre les autres accusés, le roi nomma, le 6, une junte composée de Don Arias Mon, de Don Sébastian de Torrès et de Don Domingo Campomanès, membre du conseil royal, et lui désigna, en qualité de secrétaire, Don Benito Arias Prada, alcalde de cour. Ce fut le marquis Caballero, qui se montra sévère dès le commencement, et même à tel point qu'ayant déclaré, en présence du roi et de la reine, que le prince avait encouru sur sept chefs la peine capitale, il obligea la reine, tout offensée qu'elle fût, à le supplier de se rappeler que l'accusé était son fils ; ce fut ce même Caballero qui régla le mode à suivre dans la procédure, et la manière d'en écarter tout ce qui pourrait compromettre l'ambassadeur français : trait digne en tout point d'un caractère aussi abject. L'enquête une fois établie, Don Simon de Viégas fut choisi pour remplir, dans le procès, les fonctions de procureur fiscal, et l'on agrégea aux juges déjà nommés huit autres conseillers pour rendre l'arrêt. Le fiscal Viégas demanda que la peine prononcée contre les traîtres par la loi de *Partida* fût appliquée à Don Juan Escoiquiz et au duc del Infantado, et que d'autres peines extraordinaires fussent rendues contre le comte d'Orgaz, le marquis d'Ayerbe et d'autres personnes de la maison du prince des Asturies, pour infidélité dans l'exercice de leurs fonctions. Le procès continua jusqu'au 25 janvier 1808, jour où les juges, sans se conformer au réquisitoire du procureur fiscal, absolvèrent complètement et déclarèrent libres de toute charge ceux contre lesquels avaient été jusqu'alors dirigées les poursuites. Cependant le roi, de son autorité privée et par voie de gouvernement, confina dans des couvens et des forteresses et envoya en exil Escoiquiz, les ducs del

Infantado et de San-Carlos et diverses autres personnes impliquées dans le procès : triste privilége de toute autorité suprême qui ne trouve pas dans les lois de justes bornes à ses excès.

Telle fut la fin du célèbre et scandaleux procès de l'Escurial. Ce sera avec peine qu'échapperont à la sévère censure de la postérité aussi bien ceux qui furent impliqués dans ce procès, que ceux qui le suscitèrent et que ceux dont la sentence enfin le termina ; en un mot, accusés, accusateurs et juges eux-mêmes. Nous voyons un roi se presser d'accuser publiquement son fils de l'horrible crime d'avoir voulu le détrôner, sans en avoir de preuves, et avant même qu'une sentence mûrement délibérée eût scellé de son autorité une si énorme accusation. Et, pour comble d'opprobre, au milieu de tant de faiblesse et de précipitation, l'ange de paix et le médiateur obligé qui vient cimenter la concorde entre un père et son fils, c'est le malencontreux favori, source principale de tant de dissentions et de maux : instigateur et auteur du décret du 30 octobre, il compromet, avec une légèreté sans pareille, la dignité royale ; promoteur de la réconciliation et du pardon demandé et reçu, il veut diffamer le fils sans donner du relief et de l'éclat aux sentimens généreux d'un père indulgent. Le mode de procédure fut aussi inusité, et, nous pouvons le dire, illégal. A en juger par la sentence que l'on publia lors de l'avénement de Ferdinand au trône, en la faisant toutefois précéder d'un rapport préliminaire, il ne fut fait dans le procès aucune mention, ni de quelques aveux spontanés du prince, ni de sa lettre à Napoléon, ni de ses conférences avec l'ambassadeur de France ; du moins la décision définitive du tribunal permet-elle d'en déduire cette conséquence. Il serait difficile, en effet, de deviner le motif d'un si étrange silence, si les terreurs qu'inspirait alors le nom de Napoléon n'étaient déjà venues nous l'expliquer. Mais, si la politique parvient à découvrir la cause secrète d'une procédure si peu régulière, l'austère impartialité du magistrat n'en sort ni plus pure ni plus intacte : un procès, une fois entamé, ne peut se mouler sur le caprice d'un tribunal, et celui-ci non plus ne peut en écarter à volonté les documens et les preuves les plus importantes. Il y avait parmi les juges des hommes respectables dont l'intégrité était restée pure et sans tache pendant les longues années d'une honorable carrière ; il est vrai que jamais affaire d'une telle importance n'avait été jetée au creuset de leur sévère équité. Fût-ce enfin de leur part erreur de jugement, ou plutôt raison d'état, il n'en demeure pas moins certain qu'aussi bien dans le cours que dans la conclusion du procès, ils s'éloignèrent des règles d'une justice légale, et qu'ils la présentèrent au public mutilée, imparfaite et non achevée. On comptait aussi parmi les juges quelques amis et protégés du favori, ainsi que l'était le fiscal Viégas. En les voyant s'écarter dans leurs votes de l'opinion de ce dernier, opinion déjà restreinte à certaine classe de personnes, on aurait pu croire que le nom de Napoléon et la crainte de l'orage qui se formait dans les Pyrénées avaient pesé davantage dans la flexible balance de la justice que les devoirs d'une vieille amitié. Toujours est-il à craindre qu'au milieu de la perplexité où les jetaient à la fois les embarras d'une affaire épineuse et les circonstances difficiles du moment, leur conscience ne se trouvât pas, comme il eût convenu, suffisamment dégagée des frayeurs qui, dès à l'avance, s'étaient emparées de l'âme molle et craintive des courtisans.

Ces discordes au sein de la famille royale, ces divisions parmi les hommes du gouvernement, en tous temps préjudiciables et douloureuses à voir, le devenaient encore davantage à présent que le plus parfait accord aurait dû rallier tous les esprits vers un même but, pour déconcerter les sinistres projets du cabinet français et lui commander le respect par l'imposante union de toutes les volontés. Mais, frappés d'aveuglement, les uns et les autres recherchèrent à l'envi son amitié et son appui ; et, méconnaissant leurs communs dangers, ils encouragèrent par leurs dissentions ce même cabinet à poursuivre le cours de ses perfides projets : égarement ordinaire aux partis, de n'aspirer qu'à assouvir un moment leur fureur, sans penser que souvent, en travaillant à la ruine de son ennemi, le vainqueur ne fait que préparer la sienne.

Favorisé par la déplorable situation du gouvernement espagnol, le gouvernement français passa outre à l'exécution de ses desseins, et comptant sur un tel état de choses, il pressa plutôt qu'il ne ralentit la marche de Junot sur le Portugal. Nous avons laissé ce général à Salamanque, où il était arrivé dans les premiers jours de novembre; bientôt après, il reçut un ordre impérieux de Napoléon de ne pas différer la poursuite de son entreprise, sous quelque prétexte que ce fût, même celui du manque de vivres, car *vingt mille hommes pouvaient*, disait-il, *vivre partout, même dans le désert*. Junot, aiguillonné par des ordres si pressans, détermina de prendre le chemin le plus court, sans s'arrêter aux difficultés et aux obstacles d'un terrain qui lui était tout-à-fait inconnu. Il partit le 12 de Salamanque, et, prenant la direction de Ciudad-Rodrigo et de la gorge de montagnes de Peralès, il arriva à Alcantara au bout de cinq jours. Se réunissant là à quelques troupes espagnoles aux ordres du général Don Juan Carrafa, les Français traversèrent l'Erjas, rivière qui coule le long de la frontière, et arrivèrent à Castello-Branco sans éprouver de résistance. Poursuivant leur marche au milieu d'un pays âpre et montueux, ils se trouvèrent bientôt sur un terrain tellement coupé, et par des chemins si peu battus, que l'artillerie et les bagages ne tardèrent pas à rester en arrière. Les populations qu'ils rencontraient sur leur passage, pauvres et prises au dépourvu, n'offraient ni ressource ni abri aux troupes envahissantes, de manière que, tourmentées par la misère et la faim, celles-ci se livrèrent à tout genre d'excès contre les habitants d'un pays qui avait depuis long-temps perdu l'habitude des désastres de la guerre. Malheureusement les Espagnols qui les accompagnaient imitèrent le mauvais exemple de leurs alliés, si différent de celui qu'offrirent les troupes qui pénétrèrent en Portugal par Badajoz et la Galice, mais qui, à la vérité, eurent moins de raisons de se laisser aller au désordre et à l'indiscipline.

L'avant-garde arriva le 23 à Abrantès, ville située à vingt-cinq lieues de Lisbonne. Jusqu'alors le gouvernement portugais n'avait pas reçu le moindre avis que les Français eussent passé la frontière : inexplicable négligence, mais bien digne, au reste, de la nonchalante insouciance avec laquelle étaient gouvernés les peuples de la Péninsule, et de l'abandon où on les laissait. Déjà, avant cet événement et après le départ des ambassadeurs, le cabinet de Lisbonne avait cherché quelques moyens d'accommodement, et était devenu de plus en plus condescendant pour les désirs que ces représentans lui avaient témoignés au nom de leurs cours; mais de pareils moyens étaient d'autant plus difficiles à trouver, que les membres du ministère portugais étaient eux-mêmes peu d'accord entre eux. Deux opinions politiques se partageaient le cabinet: l'une tendait à rechercher l'amitié et l'alliance avec la France comme le meilleur moyen de sauver la dynastie et même l'indépendance nationale; l'autre était de resserrer les liens de l'antique alliance avec l'Angleterre, et de parvenir ainsi à faire surgir du sein des mers un nouveau Portugal, si celui d'Europe devait succomber sous l'irrésistible ascendant de l'empereur des Français. La première opinion était soutenue par le ministre Araujo, et la seconde avait pour principal défenseur le conseiller d'état Don Rodrigo de Sousa Continho. Le prince-régent montrait ouvertement du penchant à embrasser le dernier, si toutefois le bonheur de ses sujets et l'intérêt de sa famille ne s'y opposaient pas. Après de longues incertitudes, il en vint enfin à adopter certaines mesures de temporisation, comme si elles eussent pu satisfaire celui qui ne désirait que des prétextes d'usurpation et de conquête. Pour mettre ces mesures à exécution sans trop froisser les intérêts britanniques, on permit à la factorerie anglaise de s'embarquer tranquillement le 18 octobre, emmenant à son bord de respectables familles étrangères et avec elles de grands capitaux.

Peu de jours après, le 22 du même mois, on publia une proclamation défendant tous commerce et rapports avec l'Angleterre, et déclarant que S. M. T. F. adhérait à la cause commune du continent. Au moment où l'on croyait avoir, au moyen de cette démonstration, tant soit peu contenté le cabinet français, arriva en toute hâte à Lisbonne l'ambassadeur portugais près la cour de France, lequel annonça qu'il avait rencontré en Espagne l'armée impériale se dirigeant à marches forcées vers l'embouchure du Tage. Effrayés à cette nouvelle, les ministres portugais virent que rien ne pouvait plus conjurer un si terrible et menaçant orage, si ce n'est la concession pure et simple de ce que l'Espagne et la France avaient demandé au mois d'août. Il fut donc ordonné de séquestrer toutes les marchandises anglaises, et l'on mit sous la surveillance de la police les sujets britanniques résidant en Portugal. Cet ordre s'exécuta lentement, et sans beaucoup de rigueur; il obligea néanmoins l'ambassadeur anglais, lord Strangford, à se retirer à bord de l'escadre qui croisait à l'entrée du port sous les ordres de sir Sidney Smith. Il en coûta beaucoup au prince-régent d'être obligé de prendre de pareilles mesures : vertueux et timoré, il les croyait contraires à la juste protection accordée par des traités antérieurs à des étrangers paisibles et laborieux ; une cruelle nécessité put seule le forcer à s'écarter de la sévérité et de la droiture de ses principes. La méfiance et l'inquiétude générales s'augmentèrent à la même époque par l'arrivée imprévue, dans les eaux du Tage, d'une escadre russe, qui, de retour de l'Archipel, vint jeter l'ancre sous les murs de Lisbonne : les Anglais n'avaient pas permis à l'amiral Siniavin, qui la commandait, d'hiverner à Cadix. Ce qui n'était que l'effet du hasard, fut attribué à un plan prémédité, et à un accord entre Napoléon et le cabinet de Saint-Pétersbourg.

Pour donner plus de valeur aux mesures qu'il avait prises, le gouvernement portugais envoya à Paris le marquis de Marialva en qualité d'ambassadeur extraordinaire, dans le but aussi de proposer un mariage entre le prince de Beira et une fille du grand-duc de Berg. Inutiles précautions ! les événemens se précipitèrent à tel point que Marialva ne put pas seulement parvenir à mettre le pied sur la terre de France.

Lord Strangford, ayant appris l'entrée de l'armée française à Abrantès, vint débarquer de nouveau à Lisbonne, et, renouvelant au prince-régent les offres les plus amicales, il lui conseilla de se retirer sans retard au Brésil, vaste empire où l'illustre maison de Bragance pouvait encore acquérir un nouvel éclat. Don Rodrigo de Sousa s'empressa d'appuyer le prudent avis qu'ouvrait l'ambassadeur, et, le 26 novembre, on annonça au peuple de Lisbonne la résolution que prit enfin la cour de transporter sa résidence à Rio-Janeiro jusqu'à la conclusion de la paix générale. Sir

Sidney Smith, célèbre par sa résistance à Saint-Jean-d'Acre, voulait mettre Lisbonne en état de défense; mais ce noble élan du cœur intrépide d'un marin, qui eût pu retarder la marche de Junot et peut-être détruire son armée harassée de fatigues, aurait toujours causé sans profit la ruine de Lisbonne, à en juger par la profonde tranquillité qui régnait encore dans tous ses alentours.

Le prince Jean nomma, avant son départ, un conseil de régence composé de cinq personnes, à la tête duquel était placé le marquis d'Abrantès, avec ordre de ne pas donner à l'armée française la moindre occasion de se plaindre ni aucun motif fondé d'altérer la bonne harmonie qui régnait encore entre les deux nations. On prépara l'embarquement pour le 27, et S. A. le prince-régent sortit du palais d'Ajuda profondément ému, se soutenant à peine, et le visage baigné de larmes: le peuple, en le comblant de ses bénédictions, partageait sincèrement sa juste et profonde affliction. Pour la princesse son épouse, qui, dans les préparatifs du voyage, montra cette fermeté de caractère et cette mâle énergie dont elle fit preuve plus tard dans des occasions moins légitimes, elle allait en voiture avec ses enfans encore en bas-âge, et distribuait partout, avec une présence d'esprit admirable, des ordres pour transporter sa jeune famille à bord et pour d'autres arrangemens indispensables. Au bout de seize ans de retraite et de démence, la reine-mère reparut en public, et au milieu de l'insensibilité à laquelle la condamnait sa folie, elle sembla pendant quelques instans vouloir recouvrer l'usage de la raison. Déplorable spectacle devant lequel les fidèles habitans de Lisbonne restèrent frappés d'une profonde tristesse! Incertains sur leur avenir, ils oubliaient cependant en partie le sort qui les attendait, et ne songeaient qu'à adresser au ciel de ferventes prières pour le salut et l'heureux voyage de la famille royale. Mais l'inquiétude et l'agitation s'augmentèrent peu à peu, lorsqu'on vit que, retenue par des vents contraires, l'escadre ne sortait pas du port.

Enfin, le 29, elle mit à la voile, et tellement à propos, que la même nuit, à dix heures, les Français arrivèrent à Socaven, petit bourg à deux lieues de Lisbonne. Junot, dès son arrivée à Abrantès, avait donné une nouvelle forme à l'avant-garde de son armée en désordre, et avait cherché à vaincre les obstacles que les débordemens du Cecere opposaient à ce qu'on jetât un pont pour passer cette rivière. Avant même que les ingénieurs eussent pu achever leur ouvrage, il la fit traverser sur des barques à une partie de ses troupes, et hâta de tous ses soins leur marche en avant. Le pays offrait maintenant plus de ressources; mais, malgré la fertilité de sa campagne, malgré l'abondance de vivres que fournissait Santarem et l'amélioration introduite dans la discipline de l'armée, le nombre de soldats qui restaient en arrière était si grand que les délicieuses maisons de plaisance des bords du Tage et les solitaires métairies des alentours furent saccagées et pillées par les traînards, comme l'avait été précédemment le pays qui s'étend entre Abrantès et la frontière espagnole.

La matinée du 30 arriva enfin, et Lisbonne vit entrer dans ses murs l'étranger qui venait d'envahir le pays. Ce fut un jour de deuil et de désolation pour ce peuple portugais qui célébrait le même jour, d'autres années, par des fêtes et des réjouissances publiques, comme la veille de celui où Pinto Ribeiro et ses amis avaient chassé les Espagnols et proclamé le nouveau règne de la maison de Bragance: époque glorieuse sans doute pour le Portugal, mais non moins malheureuse pour l'union et la prospérité des peuples péninsulaires. Junot se présenta suivi de troupes amaigries et harassées, sans artillerie, manquant presque de tout, que les marches forcées avaient réduites au plus triste état de délabrement, et donnant enfin une idée peu avantageuse des redoutables légions de Napoléon. La nature elle-même sembla vouloir, par un léger tremblement de terre, prendre sa part d'un événement aussi grave. Emporté par son imagination fougueuse, Junot, s'emparant de cet incident, rendait compte de son expédition d'un ton empreint d'une superstition païenne. « Les dieux, écrivait-il au mi-« nistre Clarke, se déclarent en notre faveur : un « tremblement de terre le prophétise, en attestant « leur toute-puissance, sans nous avoir fait aucun « mal. » C'est avec plus de raison qu'il aurait pu considérer ce phénomène comme le funeste présage des maux qui menaçaient les auteurs de l'injuste agression commise sur un état indépendant.

Junot conserva pour le moment la régence qu'avait nommée le prince avant de s'embarquer; seulement il lui agrégea le Français Hermann. Sans compter beaucoup sur le concours de ce pouvoir national, il résolut, de son autorité privée, d'imposer au commerce de Lisbonne un emprunt forcé de 2,000,000 de cruzades, et de confisquer toutes les marchandises anglaises, même celles qui étaient considérées comme propriétés portugaises. Le cardinal-patriarche de Lisbonne, l'inquisiteur-général et d'autres prélats publièrent et répandirent, en forme de circulaires, des pastorales prêchant la soumission et l'obéissance au nouveau gouvernement : exhortations toujours répréhensibles, quand bien même elles fussent dues aux menées et aux instigations de Junot. Le peuple, déjà agité, donna des marques prononcées de son mécontentement, lorsque, le 13, il vit arborer à l'arsenal le pavillon étranger au lieu du portugais. La pompeuse et brillante revue qu'il y eut, deux jours après, sur la place du Rocio, poussa à bout sa patience : le général en chef remercia publiquement les troupes au nom de l'empereur, et en même temps on fit flotter sur le château, et saluer de vingt-cinq coups de canon répétés par tous les forts, le drapeau français. Un murmure universel accueillit ces démonstrations de l'étranger, et une terrible explosion les aurait suivies, si un homme audacieux eût osé dans ce moment se mettre à la tête de cette multitude passionnée. La présence de la force armée contint cependant les effets de l'indignation qui se peignait sur tous les visages de cette foule nombreuse ; seulement, vers le soir, le peuple s'ameuta au sujet de l'arrestation d'un soldat de la police portugaise, qu'il voulut arracher des mains des Français, ce qui donna lieu, de part et d'autre, à quelques fâcheux accidens et à quelques meurtres. Le tumulte ne s'apaisa tout-à-fait que dans la matinée du jour suivant, où les places et les principaux quartiers de la ville furent occupés par de l'artillerie et des forces suffisantes.

Au commencement de décembre, Don Francisco-Maria Solano, marquis del Socorro, avant même que sa division fût au complet, s'empara sans coup férir de la forteresse d'Elvas, dont le commandant se rendit, après avoir demandé des ordres au gouvernement de Lisbonne. Avant d'entrer en Portugal, il avait recommandé à ses troupes, dans un ordre du jour, la plus sévère discipline : elle fut observée en effet, bien que Socorro, obligé de mettre à exécution les ordres arbitraires de Junot, causât quelquefois beaucoup de mécontentement chez les habitans ; il fit preuve d'ailleurs, en tout ce qui était compatible avec ses instructions, du désintéressement et de l'intégrité les plus louables. Se croyant en paisible possession du pays, il commença en même temps à vouloir transformer Sétubal en une autre Salente, imaginant des réformes dans lesquelles il faisait plutôt montre de bonne volonté que de connaissances profondes en matière d'administration et de gouvernement. Ses expériences ne furent pas de longue durée.

Quelques corps de la division de Carrafa se dirigèrent, par Tomar et Coïmbre, sur Oporto, et servirent à compléter celle de Don Francisco Taranco, qui, dans les premiers jours de décembre, traversa le Minho seulement avec six mille hommes, au lieu des dix mille qui devaient former le contingent demandé. Modèle de prudence et de sagesse, Taranco sut mériter la reconnaissance et les éloges des habitans de cette province. Le Portugais Accursio das Neves loue, dans son histoire, la sévère discipline de l'armée, la modération et la prudence de son général Taranco, et ajoute : « Le nom de ce général sera prononcé éternel-
« lement avec gratitude par les naturels du pays, té-
« moins de sa douceur et de son intégrité ; ses pro-
« messes furent aussi sincères que celles de Junot
« perfides et trompeuses. » Il est agréable d'entendre l'honorable témoignage que donne une bouche impartiale au chef valeureux qui se plaisait au maintien de la justice et de la discipline militaire, tandis qu'à Lisbonne il se passait des scènes si différentes et si déplorables.

Les choses allaient ainsi en Portugal, lorsque Bonaparte, après avoir retardé de quelques jours son voyage à cause des événemens de l'Escurial, partit enfin, le 16 novembre, pour l'Italie. Un des objets de ce voyage était de mettre à exécution l'article du traité de Fontainebleau en vertu duquel l'Etrurie (la Toscane) devait être réunie à l'empire français. L'infante Marie-Louise gouvernait ce royaume en qualité de régente depuis la mort de son époux, et ignorait absolument la cession qui avait été faite, sans son consentement, des états de son fils. Comme elle n'en avait reçu aucun avis, pas même confidentiellement, de la part de ses parens d'Espagne, elle ne fut pas peu surprise d'apprendre, le 23 novembre, par une communication du ministre français, M. d'Aubusson, qu'il était nécessaire qu'elle se préparât à quitter ses états, dont les troupes de l'empereur allaient prendre possession en vertu de la cession qui en avait été consentie par l'Espagne. La reine, stupéfaite tout à la fois de la singularité et de la gravité d'une pareille nouvelle, et pouvant à peine croire ce qu'elle voyait et entendait, refusa d'abord d'obéir à une aussi inconvenante intimation. Mais le ministre de France insista, et, ayant été jusqu'à la menacer, la reine fut obligée de se soumettre à son triste sort, et partit de Florence avec sa famille, le 1ᵉʳ décembre. A son passage par Milan, elle eut une entrevue avec Napoléon, et dans l'espoir de trouver quelque soulagement à ses peines, elle se félicitait déjà de cette heureuse rencontre; mais, au lieu de consolations, elle ne trouva que la confirmation de son malheur. Et, comme s'il ne suffisait pas pour la navrer de douleur de voir son fils tout-à-coup dépouillé de sa couronne, Napoléon augmenta encore l'affliction de la reine déchue, en jetant la faute d'un changement si inattendu sur les stipulations arrêtées par le gouvernement espagnol. Il est à remarquer aussi qu'après avoir exagéré singulièrement ce qui s'était passé à l'Escurial, il lui conseilla de suspendre son voyage et d'attendre à Turin ou à Nice le terme des dissentions qui affligeaient la cour d'Espagne : indice manifeste que, dès lors, Napoléon ne pensait plus à remplir en rien les engagemens que, deux mois auparavant, il avait contractés à Fontainebleau. La famille de Parme, ainsi dépossédée du royaume d'Etrurie, continua cependant son voyage pour se rendre en Espagne, où elle allait être témoin intéressé de nouveaux troubles et de nouveaux malheurs. C'est ainsi que, sur deux points opposés du globe, et en même temps, furent dépouillées de leurs états deux illustres races : l'une peut-être pour toujours, l'autre pour les recouvrer avec un nouveau degré de gloire et d'éclat.

Napoléon était encore à Milan, lorsqu'il eut à répondre à une lettre de Charles IV reçue depuis peu, dans laquelle ce monarque lui proposait d'unir son fils Ferdinand avec une princesse de la famille impériale. Effrayé, ainsi que nous l'avons dit, de voir le nom français impliqué dans le procès de l'Escurial, le prince de la Paix trouva à propos d'engager le roi à faire cette démarche pour apaiser le redoutable courroux de l'empereur. Celui-ci, de son côté, encore incertain sur la manière de se rendre maître de l'Espagne, ne repoussa pas la proposition ; il l'accepta même, et assura dans sa réponse n'avoir jamais reçu aucune lettre du prince des Asturies à ce sujet : réserve bien permise alors, et même délicate. Il fallait sans doute que Bonaparte penchât à cette époque pour ce mariage, puisqu'à Mantoue il le proposa formellement à son frère Lucien : du reste, il lui offrit aussi, là même, le trône de Portugal, ne se rappelant plus, ou se moquant plutôt de ce que, peu auparavant, il avait solennellement promis, ainsi que plus d'une fois sa conduite en pareille occasion nous l'a fait entendre. Lucien, soit par éloignement, soit parce qu'il ne se fiait pas aux promesses de Napoléon, n'accepta pas le sceptre qui lui était offert ; mais il ne rejeta pas l'alliance de sa famille avec l'héritier de la couronne d'Espagne, alliance qui, malgré la répugnance de la future épouse, aurait certainement eu lieu, si l'empereur français n'eût pas modifié ou changé son premier projet.

On est toutefois frappé d'étonnement en voyant, dans une entreprise aussi importante que celle que méditait Napoléon contre la Péninsule, flotter son esprit prévoyant dans le doute et l'incertitude. Une seule idée semblait jusqu'alors s'y être gravée, celle de commander sans gêne ni entraves dans ce vaste pays, s'en remettant du reste à son heureuse étoile ou aux circonstances pour atteindre son but et rencontrer les moyens de succès. C'est ainsi que, plus souvent qu'on ne pense, un hasard aveugle change le sort des nations.

De toute manière, il devenait nécessaire de compter sur une réunion de forces imposantes pour arriver plus facilement à la réalisation du plan quelconque qui serait finalement adopté. C'est dans ce but que se formait à Bayonne un second corps d'observation de la Gironde, tandis que le premier traversait l'Espagne. Le nouveau corps se composait de vingt-quatre mille hommes d'infanterie nouvellement organisée avec les soldats de la conscription de 1808 levée par avance, et de trois mille cinq cents chevaux tirés des dépôts de l'intérieur de la France, avec lesquels furent provisoirement formés des régimens de cuirassiers et de chasseurs. Le général Dupont commandait en chef, et les trois divisions qui constituaient ce corps d'armée étaient sous les ordres des généraux Barbou, Védel et Malher, et la cavalerie sous ceux du général piémontais Frésia. Ces troupes commencèrent à entrer en Espagne, sans qu'il y eût à leur égard le moindre arrangement ni accord préalable entre le cabinet français et le nôtre, ainsi qu'il avait été cependant stipulé dans la convention secrète de Fontainebleau : première infraction, précurseur de tant d'autres! Dupont arriva à Irun le 22 décembre, et au mois de janvier, ayant établi son quartier-général à Valladolid, il jeta sur la route de Salamanque de forts détachemens, comme s'il eût voulu se porter sur les confins du Portugal. La nouvelle armée montra encore plus d'exigence et d'arrogance que la première, et faisait clairement pressentir ce qui se tramait. Le général en chef lui-même enhardissait ses soldats par son exemple, car sa conduite touchait de près à une licence effrénée. A Valladolid, il arracha par force de leurs appartemens le marquis et la marquise de Ordoño chez qui il logeait, et finit par les obliger à lui laisser toute la maison à sa merci. Tant de dureté et de mauvais procédés devenaient encore plus sensibles de la part de ceux qui se disaient nos alliés, et dans un pays qui, pendant l'espace d'un siècle, avait eu le bonheur de ne pas voir d'armée ennemie, car c'est de ce nom que désormais nous devrons appeler celle que les Français avaient introduite en Espagne.

On était encore aux premiers jours de janvier, que déjà un troisième corps foulait le territoire espagnol; celui-ci était composé de vingt-cinq mille hommes d'infanterie et deux mille sept cents cavaliers, et avait été formé de conscrits transportés en poste des dépôts du Nord à Bordeaux. Il commença à passer la frontière le 9 du même mois, ayant à sa tête le maréchal Moncey, et portant le nom de corps d'observation des côtes de l'Océan : son chef d'état-major était le général Harispe; Grouchy commandait la cavalerie, et les autres divisions étaient sous les ordres des généraux Musnier de la Converserie, Morlot et Gobert. Ce corps continua sa marche jusque sur les confins de la Castille, comme s'il n'eût fait autre chose que de traverser des provinces françaises; et cela, toujours sans consentement préalable du gouvernement espagnol, et en violant toujours avec une nouvelle impudence les engagemens contractés envers lui.

L'étrange et inexplicable conduite de son allié inquiétait la cour de Madrid, et chaque jour voyait accroître son anxiété par les affronts qu'essuyaient à Paris Izquierdo et l'ambassadeur prince de Maserano. Napoléon laissait voir déjà plus clairement son dessein prémédité, et, affichant quelquefois un éclatant mépris pour le prince de la Paix, il critiquait avec amertume la marche de son administration. Il ne faisait aucun cas de ses réclamations, et répondit avec un dédain marqué lorsqu'on lui exprima le désir de voir remplacer l'ambassadeur Beauharnais, à cause de ses officieuses démarches dans l'affaire du projet de mariage. Enfin, il donna dans le *Moniteur* du 24 janvier une preuve irréfragable et publique de l'oubli dans lequel il avait enseveli le traité de Fontainebleau, et laissa en même temps entrevoir le fil des trames qu'il ourdissait contre l'Espagne. L'on inséra donc au journal officiel deux adresses du ministre Champagny : l'une d'elles était arriérée et portait la date du 21 octobre ; l'autre, plus récente, était du 2 janvier de la même année. La première fut publiée, pour ainsi dire, afin de servir d'introduction à la seconde : le ministre se plaisait, dans ce document, à regarder le Brésil comme une colonie anglaise, et se félicitant de ce que le Portugal se vît enfin libre du joug et de la funeste influence des ennemis du continent, il finissait par dire que, vu l'intention de ceux-ci d'envoyer des expéditions secrètes croiser dans les eaux de Cadix, la Péninsule tout entière devait fixer l'attention de sa majesté impériale. Ces deux adresses étaient accompagnées d'un rapport non moins remarquable du ministre de la guerre Clarke, en date du 6 janvier, dans lequel on cherchait à prouver la nécessité de lever la conscription de 1809 pour former le corps d'observation de l'Océan, au sujet duquel rien n'avait été dit ni communiqué d'avance au gouvernement espagnol. Il est inutile de rappeler que le sénat, toujours soumis aux volontés de l'empereur, accorda peu de jours après la levée d'hommes qu'on lui demandait. En mettant de plus en plus en évidence les injustes intentions du cabinet de Saint-Cloud, nous touchons enfin au moment critique où le masque fut jeté, où toute dissimulation fut écartée, où cessa subitement tout genre d'égards et de considérations vis-à-vis de l'Espagne.

Le 1ᵉʳ juillet, une proclamation de Junot apprit au public « que la maison de Bragance avait cessé de « régner, et que l'empereur Napoléon, ayant pris « sous sa protection le beau pays de Portugal, voulait « qu'il fût administré et gouverné *en totalité* au nom « de sa majesté, et par le général en chef de son ar- « mée. » C'est ainsi que s'évanouirent les songes de grandeur souveraine du crédule Godoy, et que la maison de Parme se trouva frustrée des espérances qu'elle nourrissait encore à l'égard de la juste indemnité qui lui était due. Junot s'empara de l'autorité suprême, abolit la régence que le prince Jean avait nommée avant de s'embarquer, et la remplaça par un conseil de régence, dont il se fit lui-même président. Et pour mettre le comble à tant d'amères vexations, et augmenter encore, s'il était possible, le mécontentement des Portugais, il publia le même jour un décret de Napoléon, daté de Milan, le 23 décembre, qui imposait au Portugal une contribution de guerre de 100,000,000 de francs, « en qualité de rachat, di- « sait-on, de toutes les propriétés appartenant à des « particuliers. » On séquestrait en même temps, en vertu du même décret, tous les biens et patrimoines de la famille royale et des *fidalgos* qui avaient suivi son sort. Telles étaient les mesures arbitraires que l'on employait à l'égard d'une nation qui n'avait opposé aucune résistance, et sur laquelle il n'y avait pas d'insulte à venger : on la traitait en pays conquis, et avec une rigueur digne du moyen-âge. Faire peser sur un royaume de l'étendue et du degré de richesse du Portugal une contribution extraordinaire de 100,000,000 de francs, et le priver en même temps, par l'adoption du système continental, de ses principales ressources, c'était la même chose que décréter sa ruine et son complet anéantissement. La monnaie qui était nécessaire pour les échanges et la circulation journalière ne s'élevait pas probablement à une somme aussi forte, et il eût été matériellement impossible d'en réaliser le paiement, si Junot, convaincu des difficultés insurmontables qui s'opposaient à sa prompte et immédiate perception, n'eût fixé des termes pour les versemens et accordé certaines restrictions indispensables. On pouvait plutôt taxer d'offense que de consolation le riant tableau de la félicité future du Portugal, que Junot se plaisait à tracer en marge de ses décrets destructeurs, en proclamant le flatteur espoir de voir renaître de nouveaux Camoëns pour l'illustration du Parnasse lusitanien. A coup sûr, les froides cendres du chantre de Gama ne se seraient réveillées alors que pour soulever ses compatriotes contre l'oppression étrangère, et les conjurer de ne pas souiller par une lâche soumission les immortelles gloires qu'avaient acquises leurs ancêtres jusque dans les régions les plus reculées du monde.

Le moment n'était pas encore arrivé, pour cette nation, de laisser éclater son noble orgueil; mais, comme elle voulait cependant exprimer par une silencieuse et significative inaction les sentimens généreux qu'elle renfermait dans son sein, il n'y eut que trois habitans de Lisbonne qui illuminèrent leurs maisons en l'honneur du nouveau gouvernement.

Les craintes que concevait Junot sur l'effet de ses injustes procédés lui firent hâter le départ du peu de vieilles troupes portugaises qu'il y avait encore. En formant une petite division d'à peine dix mille hommes, il en donna le commandement au marquis d'Alorna, et, avant qu'un mois fût passé, elles prirent la route de Valladolid; mais un grand nombre de soldats désertèrent avant d'arriver à leur destination.

Pendant que la politique de Napoléon, à l'égard du Portugal, claire déjà, était tout-à-fait mise à nu par les événemens, les faux alliés de l'Espagne se préparaient à donner au monde une preuve signalée de leur perfidie. Le général d'Armagnac, avec trois bataillons, se dirigeant sur Pampelune par les étroits défilés de Roncevaux, se présenta inopinément devant cette place, où il lui fut permis, sans la moindre opposition, de loger ses troupes ; mais, non content de cette démonstration d'amitié et de confiance, il sollicita du vice-roi, le marquis de Vallesantoro, la permission d'introduire dans la citadelle deux bataillons suisses, sous prétexte qu'il avait des soupçons sur leur fidélité. Le vice-roi s'y refusa, s'excusant sur l'impossibilité où il était d'accéder à une proposition aussi grave sans autorisation préalable de sa cour : réponse parfaitement convenable et digne d'éloges, si elle eût été suivie de la vigilance nécessaire dans l'état critique où se trouvait la place. Mais telles étaient la négligence et l'incompréhensible indolence des autorités militaires, que les soldats français allaient tous les jours jusque dans le cœur de la citadelle chercher leurs rations, sans que l'on songeât seulement à prendre les précautions ordinaires en temps de paix. Bien loin d'un tel degré d'imprévoyance, le général d'Armagnac s'était logé d'avance chez le marquis de Besolla, parce que sa maison étant située au bout de l'esplanade, et en face de la porte principale de la citadelle, il était plus à même de guetter le moment favorable pour exécuter son perfide dessein. Voyant que son premier projet avait été déçu par le refus du vice-roi, il imagina d'avoir recours à une ruse honteuse. Il ordonna donc, qu'avec une dissimulation étudiée, un certain nombre de grenadiers se rendraient un à un, et en armes, à sa demeure, dans la nuit du 15 au 16 février, en même temps que, le lendemain matin, des soldats choisis, guidés par le chef de bataillon Robert, déguisé en bourgeois, se porteraient sur la citadelle pour y prendre leurs vivres comme de coutume. Il neigeait, et sous prétexte d'attendre leur chef, ces derniers commencèrent à s'amuser en se jetant les uns aux autres des boules de neige; ils parvinrent par leurs jeux à distraire l'attention des soldats espagnols, et, courant et jouant ainsi, quelques-uns se placèrent exprès sur le pont-levis pour empêcher qu'on ne le levât. Le moment d'après, et à un signal convenu, les autres se jetèrent sur le corps-de-garde, désarmèrent les sentinelles, et, s'emparant des fusils du reste de la troupe, rangés sur le ratelier, ils donnèrent libre entrée aux grenadiers cachés chez d'Armagnac, qui furent bientôt suivis de tous leurs camarades. Cette trahison s'exécuta avec tant de célérité, qu'à peine le malavisé vice-roi avait-il eu le temps d'en recevoir la nouvelle, que déjà les Français s'étaient mis en pleine possession de toute la citadelle. D'Armagnac lui écrivit aussitôt, en forme de réparation, une lettre officielle, dans laquelle, en s'excusant sur la nécessité de cette mesure, il se flattait qu'elle n'altèrerait en rien la bonne intelligence qui devait régner entre de fidèles alliés : espèce de raillerie qui faisait encore ressortir davantage toute la déloyauté de sa conduite.

Vers le même temps, s'était réunie dans les Pyrénées orientales une division de troupes italiennes et françaises, composée de onze mille hommes d'infanterie et de mille sept cents cavaliers. Le général Duhesme, qui, le 24 février, en prit le commandement à Perpignan, ne compte cependant de disponibles, dans ses mémoires, que sept mille soldats; sous ses ordres, se trouvaient le général italien Lecchi et le français Chabran. Peu de jours après, cette division pénétra en Espagne par la Junquère, se dirigeant sur Barcelonne, avec l'intention, à ce qu'on disait, de continuer sa route sur Valence. Avant d'arriver en vue de la capitale de la Catalogne, Duhesme reçut du capitaine-général comte d'Ezpeleta, qui venait de succéder au comte de Santa-Clara, l'injonction de suspendre sa marche, en attendant qu'on reçût à cet égard des instructions de la cour de Madrid. Mais celle-ci ignorait tout-à-fait l'envoi de troupes sur la frontière orientale de l'Espagne, et l'ambassadeur français n'avait pas même daigné l'informer d'une nouvelle d'autant plus importante, que le Portugal ne pouvait plus servir de prétexte à une expédition si brusque. Cependant Duhesme, loin de se laisser détourner de son dessein par la sommation d'Ezpeleta, répondit de vive voix et arrogamment qu'il était décidé à remplir, à tout risque, les ordres de l'empereur, et que sur le capitaine-général lui-même retomberait la responsabilité des collisions qui pourraient s'élever entre les deux nations. Le comte d'Ezpeleta tint à ce propos un conseil de guerre, et il y fut décidé qu'on permettrait aux troupes françaises l'entrée à Barcelonne. Elles y entrèrent, en effet, le 13 du même mois; mais Monjuich et la citadelle restèrent au pouvoir de la garnison espagnole. Duhesme demanda qu'en signe de bonne intelligence, on permît à ses troupes d'alterner avec les nationales pour la garde de toutes les portes. Manquant d'instructions, et craignant de s'attirer l'inimitié des Français, Ezpeleta céda, avec une faiblesse trop grande sans doute, mais en partie excusable, à l'impérieuse demande du général, qui s'empressa de placer à la porte même de la citadelle, où il n'y avait que vingt soldats espagnols, toute une compagnie de grenadiers. Le capitaine-général se repentit bientôt d'avoir porté si loin la condescendance, et pria le général français de retirer le piquet de grenadiers; mais celui-ci avait bien d'autres intentions, et ne voulait déjà se contenter de rien moins que de la totale occupation de la citadelle. Duhesme était aussi davantage sur ses gardes depuis l'arrivée à Barcelonne de l'officier d'artillerie Don Joaquin Osma, qu'il soupçonnait d'avoir été chargé d'une mission spéciale pour veiller à la conservation de cette place : conjecture probable, en effet, s'il y avait eu à Madrid l'ombre d'un bon gouvernement; mais la chose était tellement au rebours, qu'Osma avait été envoyé, au contraire, pour faciliter aux alliés l'obtention de tout ce qu'ils pourraient désirer, et pour recommander à leur égard le maintien de la bonne intelligence et l'emploi des meilleurs traitemens. Seulement on lui insinua, en forme d'instruction verbale, qu'il eût à rechercher en passant, dans ses conversations avec les officiers, quel était le vrai but de l'expédition, comme si, pour cela, il était besoin d'aller jusqu'à Barcelonne et d'expédier tout exprès un officier en explorateur.

Duhesme se décida enfin, le 28 février, à s'emparer par surprise de la citadelle et de Monjuich. Il y fut poussé par une lettre qu'il reçut le même jour du ministre de la guerre, qui lui écrivait lui-même de Paris en le supposant maître des forts de Barcelonne : manière d'ordonner tacitement ce qui, ouvertement, eût été inique et honteux. Pour endormir la vigilance des Espagnols, les Français répandirent par la ville le bruit qu'ils avaient reçu l'ordre de continuer leur marche sur Cadix; menteuse nouvelle qui devenait cependant vraisemblable par l'arrivée du courrier de Paris. Ils parlèrent aussi d'une revue qui devait avoir lieu avant leur départ; et, sous ce prétexte, ils réunirent les troupes sur l'esplanade de la citadelle, apostant sur le chemin qui de là conduit à la douane, un bataillon de vélites italiens, et plaçant le reste de leurs forces de manière à appeler d'un autre côté l'attention des curieux. Après avoir passé quelques corps en revue, le général Lecchi, suivi d'un nombreux état-major, se dirigea vers la porte principale de la citadelle. Là, faisant semblant de donner des ordres à l'officier de garde, il s'arrêta quelques momens sur le pont-levis, pour donner aux vélites, dont la droite s'était appuyée jusqu'à la palissade elle-même, le temps d'avancer, couverts par le ravelin qui défend l'entrée de la place. C'est ainsi qu'ils gagnèrent le pont déjà encombré de chevaux, après avoir passé sur le corps au premier factionnaire, dont la voix fut étouffée par le bruit des tambours français qui résonnaient sous la voûte. Alors Lecchi pénétra, avec sa nombreuse suite, dans l'enceinte principale; le bataillon des vélites le suivit, et la compagnie de grenadiers, qui, déjà d'avance, montait la garde à la porte principale, contint facilement les vingt soldats espagnols, obligés de céder d'ailleurs au nombre et à la surprise. Quatre bataillons français accoururent plus tard pour soutenir celui qui était entré à la dérobée, et achevèrent de se rendre tout-à-fait maîtres de la citadelle. Deux bataillons de gardes espagnoles et wallones y tenaient garnison; mais, sans défiance, officiers et soldats avaient été en ville pour leurs affaires, et lorsqu'ils voulurent retourner à leurs postes, ils trouvèrent de la résistance de la part des Français, qui finirent cependant par le leur permettre, mais seulement après avoir pris les plus minutieuses précautions. Les Espagnols passèrent ensuite toute la nuit du 28 et la plus grande partie du jour suivant rangés en bataille devant leurs nouveaux et fâcheux hôtes; mais cette démonstration hostile donnant des inquiétudes aux Français, ils parvinrent à faire donner l'ordre aux nôtres de prendre leurs quartiers autre part et d'évacuer la place. Dès que le commandant espagnol vit un procédé aussi déloyal, il se présenta en qualité de prisonnier de guerre à Lecchi, lequel, osant encore lui rappeler l'amitié et l'alliance qui unissaient les deux nations, au moment même où il en brisait si astucieusement les liens, lui fit l'accueil le plus empressé.

En même temps, et à l'heure où une partie de la garnison était descendue dans la ville, un autre corps français s'avançait sur Monjuich. Mais le terrain élevé et entièrement découvert sur lequel repose cette forteresse empêcha que les soldats étrangers pussent arriver, sans être vus, au pied de ses murs. A leur approche, on leva le pont-levis, et ce fut en vain que le commandant français Floresti intima l'ordre d'ouvrir les portes; là, commandait Don Mariano Alvarez. Dérangé dans ses artificieux desseins, Duhesme eut recours à Ezpeleta, et, mettant en avant les ordres de l'empereur, il le menaça de prendre par force ce qui ne lui serait pas livré de bon gré. Il parvint ainsi à intimider le capitaine-général, qui ordonna de livrer la forteresse aux Français. Alvarez hésita un instant; mais l'habitude de la discipline militaire, et la profonde paix qui régnait encore partout, le décidèrent à obéir aux ordres de son chef. Comme il se manifestait cependant quelques symptômes d'agitation dans Barcelonne, à l'occasion de la traîtreuse occupation de la citadelle, on attendit jusque fort avant dans la nuit pour que les Français pussent entrer sans péril dans l'enceinte de Monjuich.

L'irritation chez les militaires espagnols ayant été portée à son comble par des preuves de perfidie si répétées, on prit les plus soigneuses précautions pour éviter qu'ils en vinssent dans leur indignation généreuse à une collision avec les Français. Laissant donc à Barcelonne les gardes espagnoles et wallones, on fit partir pour Villafranca le régiment de l'Estrémadure.

A son passage par Figuières, Duhesme s'était arrangé pour y laisser quelques troupes sous de spécieux prétextes. Pendant plus d'un mois, ces soldats restèrent tranquilles ; mais aussitôt après l'occupation des forts de Barcelonne, ils cherchèrent à s'emparer de la citadelle de San-Fernando, au moyen du même méprisable stratagême employé pour les autres places. Les Espagnols étaient cependant sur leurs gardes, et accoururent à temps pour empêcher toute surprise ; mais le gouverneur, timide vieillard, donna, deux jours après, au major Piat la permission d'enfermer dans la citadelle deux cents conscrits. Sous ce nom, l'officier français introduisit dans la place des soldats d'élite, lesquels, réunis à d'autres qui entrèrent par la même occasion, s'en rendirent maîtres, le 18 mars, et congédièrent bientôt le petit nombre d'Espagnols composant la garnison.

Peu de jours auparavant, la place de Saint-Sébastien était tombée aux mains des faux amis de l'Espagne ; elle avait alors pour gouverneur le brigadier espagnol Daiguillon, et le capitaine Douton commandait le fort de Santa-Cruz. Averti par le consul de Bayonne que le grand-duc de Berg, Murat, dans une conversation qu'ils avaient eue ensemble, avait indiqué combien l'occupation de Saint-Sébastien serait convenable pour la sûreté de l'armée française, Daiguillon se hâta de faire part de cette nouvelle au duc de Mahon, commandant-général du Guipuzcoa, récemment arrivé de Madrid. Celui-ci s'empressa de consulter à ce sujet le prince de la Paix ; mais, avant qu'on eût eu le temps de recevoir une réponse, le général Monthion, chef d'état-major de Murat, écrivit à Daiguillon que le grand-duc de Berg avait résolu que les dépôts d'infanterie et de cavalerie des corps qui étaient entrés dans la Péninsule, se rendissent de Bayonne à Saint-Sébastien, et fussent logés dans l'intérieur de la place, leur départ pour cette destina-

tion étant du reste fixé du 4 au 5 mars. A peine le gouverneur avait-il ouvert cette lettre, qu'il en reçut une autre du même chef, pour lui donner avis que les corps dont il lui avait parlé, et dont la force s'élèverait à trois cent cinquante hommes d'infanterie et soixante-dix de cavalerie, partiraient plus tôt qu'il ne l'avait d'abord annoncé. Ces deux dépêches furent communiquées aussitôt au duc de Mahon, qui, d'accord avec le gouverneur et le commandant du fort, répondit lui-même au grand-duc de Berg, en le priant de suspendre sa détermination jusqu'à l'arrivée d'une réponse de la cour, et lui offrant en attendant de loger convenablement hors de la place et de la portée du canon les dépôts dont il s'agissait. Mais le prince français, offensé de ce refus inattendu, écrivit lui-même, le 4 mars, une lettre hautaine et menaçante au duc de Mahon, qui, ne démentant pas en cette occasion ce qu'on devait attendre d'un descendant de Crillon, répliqua avec dignité, et réitéra sa première réponse. Son anxiété n'en était cependant pas moins grande ni sa position moins hasardeuse, lorsque la complaisante faiblesse du prince de la Paix et la contrainte à laquelle l'avait réduit sa coupable ambition, vinrent tirer les autorités de Saint-Sébastien du terrible et cruel conflit où elles se trouvaient engagées. En marge de la dépêche dans laquelle on lui demandait des instructions, le généralissime Godoy écrivit de sa propre main, et à la date du 3 mars : « Que le gouverneur
« cède la place, puisqu'il n'a pas le moyen de la dé-
« fendre ; mais qu'il le fasse d'une manière amicale,
« ainsi qu'en ont agi ceux des autres places, sans que
« pour cela faire il y eût autant de raisons et de mo-
« tifs d'excuse qu'à Saint-Sébastien. » En conséquence de cet ordre, le général Thouvenot vint occuper la ville et le port avec les dépôts dont nous avons parlé.

Tels furent les insidieux moyens employés en pleine paix, et sous le régime d'une étroite alliance, pour enlever à l'Espagne ses places les plus importantes : perfidie atroce, ruse déshonorante pour des guerriers blanchis dans la noble profession des armes, et indigne à coup sûr d'une grande et belliqueuse nation. Quand nous lisons, dans la judicieuse histoire de Coloma, l'ingénieuse ruse au moyen de laquelle Fernando Tello Portocarrero surprit Amiens, nous remarquons tout à la fois dans cette entreprise hardie, habileté à concevoir, bravoure à exécuter, et louable modération après le triomphe. La prise de cette place, qui, dans ce temps encore, servait de clé à la frontière de France du côté de la Picardie, et dont la surprise, ainsi que nous le dit Sully, accabla de douleur Henri IV, était certes légitime ; une guerre acharnée se faisait entre les deux nations, et il était permis à la valeur et à la ruse de chercher un succès que ne devaient pas souiller le manque de foi et la déloyauté. Mais la conduite abâtardie des généraux français était non-seulement scandaleuse, eu égard à l'époque et à l'emploi des moyens, mais encore d'autant moins excusable qu'elle était moins nécessaire. Le gouvernement français, maître des faibles volontés de celui de Madrid, n'avait besoin que d'une simple insinuation, sans avoir recours aux menaces, pour obtenir de son obséquieux et soumis allié l'abandon de toutes ses places fortes, ainsi qu'il l'ordonna pour celle de Saint-Sébastien.

D'un autre côté, Napoléon se donnait bien de garde d'oublier la marine, et demandait avec instance la réunion des escadres espagnoles avec les siennes. En conséquence, l'ordre fut donné, le 7 février, à Don Cayetano Valdès, qui commandait à Carthagène une force navale composée de six vaisseaux, de mettre à la voile et de se diriger sur Toulon. Heureusement des vents contraires, et, comme on le croit aussi, le zèle patriotique de ce commandant, empêchèrent l'exécution d'un pareil ordre, et l'escadre alla prendre port aux îles Baléares.

Des faits d'une si haute importance ne causèrent pas une profonde impression dans les provinces éloignées du centre de l'Espagne. On les ignorait en général, ou bien on les attribuait aux menées de Godoy ; la difficulté et la rareté des communications, l'esclavage de la presse et l'extrême réserve du gouvernement, ne permettaient pas à l'opinion de s'éclairer ni de former un jugement exact sur les événemens. C'est dans des jours comme ceux-là que le pouvoir absolu recueille avec usure les fruits de son imprévoyance et de ses excès. Mais les peuples aussi, s'ils ne sont pas entraînés dans sa ruine, ne laissent pas que d'avoir du moins une large part dans ses malheurs ; comme si la Providence voulait les châtier pour leur indolente et coupable résignation.

La cour était, du reste, très-inquiète, et l'on assure que le prince de la Paix fut des premiers à se convaincre de la mauvaise foi de Napoléon et de ses intentions perverses. Pourtant celui-ci les déguisait encore, offrant parfois dans sa conduite des changemens soudains qui naissaient peut-être de ses incertitudes et de sa propre irrésolution ; car, en même temps qu'il concevait et exécutait ses projets de se rendre maître de tout le Portugal et des places fortes de la frontière, sans égard pour les traités ni les alliances, non-seulement il faisait présent à Charles IV, dans les premiers jours de février, de quinze chevaux de carrosse, en témoignage d'intime amitié, mais il lui écrivait des lettres remplies de plaintes amères sur ce qu'il n'avait pas réitéré la demande d'une épouse du sang impérial pour le prince des Asturies. Et, quand bien même cette union ne dût pas être agréable à Godoy, du moins Bonaparte ne laissait-il pas apercevoir, dans une démonstration pareille, l'intention de renverser du trône la race des Bourbons. Les doutes et l'inquiétude assaillaient à l'envi l'esprit du favori, lorsque, dans le courant de février, l'arrivée imprévue de son confident, Don Eugenio Izquierdo, acheva de jeter le trouble dans son âme. En présence même des nombreux courtisans qui venaient lui payer le régulier tribut de leur adulation, il laissait échapper des expressions qui semblaient partir d'une raison égarée. Il parlait de ses grandeurs, de son immense pouvoir; il se servait de paroles inconvenantes, et paraissait pressentir un épouvantable malheur dont le rêve le poursuivait déjà. On interprétait de mille manières l'arrivée précipitée d'Izquierdo; mais rien ne transpira pour lors, si ce n'est qu'elle était d'une telle importance, et annonçait de si mauvaises nouvelles, que le roi et son favori se préparaient, dans leur effroi, à prendre quelque résolution extraordinaire et inattendue.

D'une note postérieurement écrite par Izquierdo, en date du 24 mars, et de ce que nous avons ouï dire à des personnes en rapport avec lui, nous pouvons induire avec quelque fondement que sa mission ostensible se bornait à présenter, sous forme officielle, certaines idées à l'examen du gouvernement espagnol, et à lui faire à leur sujet diverses questions; mais que le véritable but de Napoléon fut d'inspirer de si fortes craintes à la cour de Madrid, qu'elles l'engageassent à imiter celle de Portugal en quittant le royaume. Une pareille résolution l'eût débarrassé, comme il le voulait, de l'importune présence de la famille royale, et laissant le trône d'Espagne vacant, lui eût offert un moyen plus facile de s'en emparer sans résistance. Les idées et les questions dont il a été fait mention plus haut furent suggérées par Napoléon et couchées par écrit de la main d'Izquierdo. Elles se réduisaient à peu près à celles qu'il développa lui-même dans sa note du 24 mars, dont nous venons de parler, et qui, reçue après les événemens d'Aranjuez, tomba dans les mains des adversaires de Godoy. Les propositions qu'elles renfermaient étaient celles-ci : 1° la liberté du commerce pour les Espagnols et les Français dans leurs colonies respectives; 2° l'échange des provinces situées au-delà de l'Ebre contre le Portugal; 3° un nouveau traité d'alliance offensive et défensive; 4° le règlement de la succession au trône d'Espagne; 5° la conclusion de l'union projetée entre le prince des Asturies et une princesse du sang impérial. Le dernier article ne devait pas cependant faire partie du traité principal. Il est inutile de s'arrêter à l'examen de ces propositions qui auraient pu donner matière à d'importantes réflexions, si elles eussent été l'objet de quelque traité ou d'une discussion sérieuse. On ne peut manquer de s'étonner cependant de l'assurance ou plutôt de l'effronterie avec laquelle elles furent présentées, sans avoir le moindre égard au traité de Fontainebleau, à l'entière annulation duquel l'Espagne n'avait donné ni occasion ni prétexte. La mission d'Izquierdo produisit, en attendant, tout l'effet désiré; et quoiqu'il repartît le 10 mars pour Paris, avec de nouvelles instructions et une lettre de Charles IV, tout espoir était déjà perdu d'éviter le coup terrible dont on était menacé.

Le gouvernement français n'avait pas interrompu l'envoi successif de troupes et d'officiers, et, au mois de mars, il se forma un nouveau corps d'armée sous le nom de corps d'observation des Pyrénées occidentales, qui s'élevait à dix-neuf mille hommes, sans compter six mille hommes de la garde impériale, parmi lesquels se distinguaient des Mameloucks, des Polonais, et toutes ces variétés d'uniformes propres à agir sur l'imagination vive des Espagnols. Le commandement de ces forces fut confié à Bessières, duc d'Istrie; une partie de ces corps acheva de s'organiser dans la Péninsule même, où c'était un continuel mouvement et exercice de troupes.

Il y avait déjà, dans le cœur de l'Espagne, en exceptant même l'armée du Portugal, cent mille Français, sans que l'on connût encore ouvertement l'objet véritable et positif de leur entrée, laquelle, ainsi que nous l'avons dit, avait eu lieu contrairement à tout ce qui avait été solennellement stipulé entre les deux nations. Il manquait aux divers corps dont se composait l'armée française un général en chef: le choix tomba sur Murat, grand-duc de Berg, avec le titre de lieutenant de l'empereur, dont il était beau-frère. Il arriva à Bayonne vers les premiers jours du mois de mars, seul et sans suite; mais il était précédé et suivi d'officiers détachés, de tout grade, qui devaient se charger d'organiser et discipliner les nouvelles recrues que l'on ne cessait d'envoyer en Espagne. Murat arriva à Burgos le 13 mars, et le même jour il fit une proclamation à ses soldats pour leur recommander « de traiter les Espagnols, nation esti« mable sous tant de rapports, comme ils traiteraient « les Français eux-mêmes, l'empereur ne voulant que « le bien et la félicité de l'Espagne. »

Tant de troupes et tant de nombreux renforts qui pénétraient toujours plus avant dans le royaume, tant de mauvaise foi et une violation si flagrante des promesses les plus solennelles, l'accumulation enfin de tant d'indices accablans, poussèrent Godoy à prendre une prompte et décisive résolution. Il en délibéra avec le roi et la reine, et parvint à leur persuader qu'il était urgent de penser à se transporter au-delà des mers. Comme mesure préalable, il leur parut, avant tout, à propos de suivre le conseil du prince de Castel-Franco qui les engageait à se retirer d'abord à Séville, d'où ils pourraient plus à leur aise commencer et diriger les préparatifs d'un si long voyage. Pour écarter toute espèce d'obstacles, on résolut de former un camp à Talavéra, et l'on ordonna à Solano de se replier du Portugal sur Badajoz. Ces forces, réunies à celles qu'on ferait venir de Madrid, devaient être destinées à protéger le voyage de LL. MM., et à contenir tout mouvement que les Français pourraient entreprendre pour l'empêcher. On avait aussi ordonné aux troupes d'Oporto, dont le digne commandant, le général Taranco, était mort d'une violente attaque de colique, de retourner en Galice ; et l'on écrivit officiellement à Junot pour lui demander de permettre à Carrafa de se diriger avec les Espagnols sur les côtes méridionales, où les Anglais menaçaient d'opérer un débarquement : artifice, pour le dire en passant, trop grossier pour que le général français s'y fût laissé prendre. Il fut également déraisonnable d'envoyer à Dupont un officier d'état-major pour lui demander des éclaircissemens sur les ordres qu'il avait reçus, comme si ce général eût jamais consenti à les communiquer, et comme si, dans le cas où la réponse aurait été trop hautaine, le gouvernement espagnol eût été en mesure de réprimer et de châtier son insolence.

Telles furent les mesures préliminaires que Godoy regarda comme nécessaires pour le voyage qu'il préméditait ; mais des bouleversemens imprévus vinrent détruire tous ses projets, et firent écrouler avec fracas l'édifice de sa faveur et de sa puissance.

SOMMAIRE

DU LIVRE DEUXIÈME.

Premiers indices du voyage de la cour. — Ordre à la garnison de Madrid de se rendre à Aranjuez. — Proclamation de Charles IV, du 16 avril. — Opinion sur le voyage. — Agitation de Madrid et d'Aranjuez. — Conduite de l'ambassadeur de France et de Murat. — Symptômes de soulèvement. — Premier soulèvement d'Aranjuez. — Décret de Charles IV. — Arrestation de Don Diégo Godoy. — L'agitation continue. — Craintes de nouveaux troubles. — Seconde insurrection d'Aranjuez. — Arrestation de Godoy. — Portrait de Godoy. — Troisième mouvement d'Aranjuez. — Abdication de Charles IV, le 19 mars. — Soulèvement à Madrid, le 19 et le 20 mars. — Troubles dans les provinces. — Jugement sur l'abdication de Charles IV. — Ministres du nouveau roi. — Escoiquiz. — Le duc del Infantado. — Le duc de San-Carlos. — Premières mesures du nouveau gouvernement. — Procès du prince de la Paix et autres, 23 mars. — Grands d'Espagne envoyés pour rendre hommage à Murat et à Napoléon. — Murat s'avance vers Madrid. — Entrée de Ferdinand à Madrid, le 24 mars. — Conduite inconvenante de Murat. — Opinion de l'Espagne sur Napoléon. — Jugement sur la conduite de Napoléon. — Proposition de Napoléon à son frère Louis. — Correspondance entre Murat et les vieux souverains. — Jugement sur la protestation. — Les relations de Murat avec les vieux souverains continuent. — Arrivée d'Escoiquiz à Madrid, le 28 mars. — Fernan-Nuñez à Tours. — Remise de l'épée de François Ier. — Lettre de Napoléon à Murat. — Voyage de l'infant Don Carlos. — Arrivée à Madrid du général Savary. — Avis de Hervas. — 10 avril, départ du roi pour Burgos. — Formation d'une junte suprême. — Sur le voyage du roi. — Le roi arrive le 12 avril à Burgos. — Ferdinand écrit à Napoléon, qui lui répond le 17 avril. — Assurances données par Savary. — Tentatives ou propositions pour faire évader le roi. — Proclamation au départ du roi de Vitoria. — Il quitte Vitoria le 19 avril. — 20 avril, entrée du roi à Bayonne. — La correspondance de Murat avec les vieux souverains continue. — Les vieux souverains passent à l'Escurial. — On livre Godoy le 20 avril. — Plaintes et tentatives de Murat. — Charles IV réclame la couronne et annonce son voyage à Bayonne. — Inquiétude à Madrid. — Troubles à Tolède. — A Burgos. — Conduite hautaine de Murat. — Conduite de la junte et mesures qu'elle propose. — Création d'une junte substituée à celle de Madrid. — Arrivée de Don Justo Ibarnavarro à Madrid. — Situation des Français à Madrid. — Revues de Murat. — Il demande que l'infant Don Francisco et la reine d'Etrurie passent en France. — 2 mai. — 3 mai. — Départ des infans pour la France le 3 et le 4. — Arrivée de Napoléon à Bayonne. — On annonce à Ferdinand qu'il doit abdiquer. — Conférences d'Escoïquiz et de Cevallos. — Arrivée de Charles IV à Bayonne. — Il dîne avec Napoléon. — Ferdinand comparaît devant son père. — Conditions que Ferdinand met à son abdication. — Son père refuse d'y souscrire. — Ferdinand comparaît de nouveau devant son père. — Charles IV renonce à la couronne en faveur de Napoléon. — Charles IV et Maria-Luisa. — Renonciation de Ferdinand comme prince des Asturies. — La reine d'Etrurie. — Plans d'évasion. — La famille royale d'Espagne est envoyée dans l'intérieur de la France. — Inaction de la junte de Madrid. — Murat, président de la junte. — Conduite équivoque de la junte. — Napoléon pense à donner la couronne d'Espagne à Joseph. — Députation de Bayonne. — Mesures de précaution de Murat.

HISTOIRE

DU

SOULÈVEMENT, DE LA GUERRE

ET DE LA

RÉVOLUTION D'ESPAGNE.

LIVRE DEUXIÈME.

Les habitans de l'Espagne, écartés des affaires publiques, et jouissant de cette tranquillité apparente propre aux gouvernemens despotiques, étaient loin encore de pressentir ce débordement de maux qui, fondant sur son sol comme sur une plaine ouverte, l'allaient bientôt couvrir d'épouvantables ruines. Cependant, des rumeurs vagues et inquiétantes jetaient déjà quelque alarme au sein de Madrid, et l'agitation y devint plus vive, lorsqu'on remarqua des préparatifs de long voyage dans l'hôtel de Doña Josefa Tudó, l'amie particulière du prince de la Paix, et qu'on vit celui-ci partir le 13 mars pour Aranjuez. Sans cet incident, ce voyage eût été moins remarqué, habitué qu'on était à voir le favori passer alternativement une semaine à Madrid et une autre dans la résidence de LL. MM.!, qui depuis long-temps déjà n'habitaient la capitale que deux mois dans l'année ; encore, cette fois, en se rendant en décembre de l'Escurial à Aranjuez, la famille royale ne fit-elle pas à Madrid sa station ordinaire ; elle se complaisait dans une sorte de retraite où la retenait le déplaisir universel qu'avait occasioné le procès du prince des Asturies.

L'on vit bientôt combien étaient fondées les alarmes publiques. A peine arrivé à la résidence royale, le prince de la Paix eut une conférence avec LL. MM., et Charles IV annonça à ses ministres sa détermination de se retirer à Séville. Malgré le mystère dont on voulut environner les premières dispositions, ce projet de voyage transpira bientôt, et les bruits qui circulaient acquirent une consistance complète des ordres qui survinrent bientôt de faire passer à Aranjuez la majeure partie de la garnison de Madrid. Le capitaine-général de Castille, Don Francisco-Xavier Negrete, ayant été chargé de l'exécution de cette mesure, dans la matinée du 16, le colonel Don Carlos Velasco eut une entrevue avec le gouverneur du conseil pour lui donner avis du départ des troupes, qui devait avoir lieu dans la journée, en vertu d'un décret du généralissime-amiral, et pour l'inviter en même temps, toujours de la part du généralissime, à publier un ordre du jour dans le but d'apaiser l'agitation des esprits. Le gouverneur, que ne contentait point une injonction verbale, exigea de Don Carlos Velasco un ordre écrit, et, muni de cette pièce, il se rendit au conseil, où il fut convenu que, préalablement, et avant de mettre à exécution aucune des dispositions du décret, l'on exposerait respectueusement à S. M. les conséquences fatales d'un voyage si précipité. L'on applaudit à la détermination du conseil, quoiqu'à vrai dire elle ne nous semble pas tout-à-fait désintéressée, si l'on considère le sort incertain et précaire qui attendait infailliblement les serviteurs et agens de la dynastie régnante, dans le cas, fort redouté, de son émigration au-delà des mers. Aussi vit-on des hommes qu'aux jours de la prospérité on avait toujours connus, comme le marquis Caballero, humbles et obséquieux courtisans, se ranger alors parmi ceux qui conseillèrent au roi avec le plus d'énergie de renoncer à son voyage.

Soit l'effet de ces représentations, soit plutôt les craintes fondées qu'inspirait à la cour le mécontentement public, le roi eut l'air de suspendre momentanément son départ et fit circuler, en forme de proclamation, un décret qui commençait par l'ancienne formule : « Mes bien-aimés sujets » (*amados vasallos mios*). Les mauvais plaisans et les oisifs comparaient le préambule insolite de cette étrange publication aux préliminaires de certaines intrigues fameuses que nous ont laissées dans leurs comédies l'illustre Caldéron et autres écrivains de son temps ; il s'en fallait pourtant beaucoup qu'on eût assez de quiétude d'esprit pour s'arrêter à l'examen des formes et à la nouveauté du style. Dans cette proclamation, l'on cherchait à calmer l'agitation générale, en déclarant que la réunion des troupes n'avait point pour objet de défendre la personne du roi, ni de l'accompagner dans un voyage que la malveillance seule avait pu supposer nécessaire ; on s'efforçait de persuader que l'armée de l'empereur des Français traversait le royaume avec des intentions pacifiques et amicales, et l'on donnait néanmoins à entendre qu'au besoin le roi mettait sa confiance et sa force dans le dévoûment de ses sujets bien-aimés. Quelque peu de satisfaction et d'allégresse que dût produire ce document, la multitude, qui y voyait une espèce de rétractation du voyage projeté, manifesta son contentement et sa joie à Aranjuez ; elle se porta avec empressement au palais, en faisant retentir l'air de vivats en l'honneur du roi et de la famille, qui se montra au balcon pour accueillir ces démonstrations flatteuses de l'enthousiasme du peuple. Mais comme on observa que, dans la nuit même du 16 au 17, les troupes avaient quitté Madrid pour se rendre à la résidence royale, en exécution des ordres antérieurs qu'on n'avait pas révoqués, cette allégresse générale dura peu et fut bientôt mêlée d'amertume.

L'on désapprouvait alors généralement la résolution prise par la cour de se retirer vers les côtes du midi, et de franchir l'Atlantique dans un cas urgent. Mais aujourd'hui que les passions éteintes nous permettent de nous prononcer avec une froide impartialité, il nous semble qu'au point où en étaient venues les choses, cette détermination était convenable et sage, soit pour préparer les dispositions de défense, soit pour faciliter l'embarquement de la famille royale. Le trésor était épuisé, l'armée faible en nombre et sans discipline, les places importantes envahies, l'étranger maître de plusieurs provinces, et il n'y avait en réalité de résistance possible que dans le soulèvement unanime et énergique de la nation. Pour tenter cette dernière ressource, la position de Séville était favorable, car elle donnait au gouvernement, déconcerté et timide, le temps de se reconnaître. Et si, comme c'était à craindre, le pays ne répondait pas à l'appel de l'odieux Godoy, ni à la voix même de Charles IV, il était plus prudent à la famille royale de passer en Amérique que de se jeter aveuglément dans les bras de Napoléon. Cette détermination étant donc la mieux appropriée aux circonstances, Don Manuel Godoy, en conseillant ce voyage, fit preuve d'habileté, et il échappe en ce point aux sévérités de l'histoire. Mais la postérité lui reprochera toujours à bon droit d'avoir conduit comme par la main la nation à une si déplorable extrémité, soit en la laissant dépourvue de moyens de défense, soit en introduisant au cœur du royaume des troupes étrangères, ébloui qu'il était par la perspective de la souveraineté des Algarves. Telle était la haine qui fermentait contre cet homme, que dès qu'on eut enfin les yeux ouverts sur les véritables intentions de Napoléon, l'on reprocha au prince de la Paix d'avoir été de connivence avec lui, et d'avoir prêté les mains à tous ses projets : accusation obligée en semblable occurrence, mais si généralement accréditée alors, que, par respect pour la vérité, nous devons aujourd'hui la démentir formellement. Dans tout le cours de ces négociations, Don Manuel Godoy resta fidèle à Charles IV et à Maria-Luisa, ses zélés protecteurs, et ce n'était pas manquer à sa foi que de préférer pour ses souverains un sceptre dans les états d'Amérique, plutôt que de les exposer, en restant dans la Péninsule, à perdre à la fois le trône et la liberté. D'un autre côté, Godoy, qui n'avait pas oublié avec quelle animosité Napoléon s'était récemment déclaré contre lui, redoutait quelque intention perfide, et pensait qu'il pourrait bien être la victime offerte en holocauste à la vengeance et au ressentiment public. Il est vrai que plus tard il trouva son libérateur dans celui qu'il croyait son ennemi, mais ce fut l'effet du changement soudain survenu dans le gouvernement; changement fatal à ceux qui avaient compté sur l'amitié et la faveur du prince français, mais tout protecteur au contraire pour celui qui tremblait au bruit de l'approche de son armée : tant sont incertaines les prévisions des hommes!

Le transport des troupes de la capitale à la résidence royale à peine effectué, l'agitation se manifesta plus vive et plus sérieuse parmi les populations de Madrid, d'Aranjuez et de tous les points environnans. Ce qui ne contribuait pas peu à aigrir les esprits à Aranjuez, c'était l'opinion de l'ambassadeur de France sur le voyage des princes, qu'il désapprouvait hautement et avec énergie, soit qu'il voulût dissimuler, soit qu'il ignorât les intentions de son maître, et qu'il poursuivît encore l'espérance du mariage qu'on avait un instant rêvé; nous penchons pour cette dernière supposition. Mais son opinion, en même temps qu'elle encourageait les ennemis du voyage à s'y opposer, servait aussi de stimulant et de prétexte à ceux qui l'approuvaient pour le presser; les uns espérant, les autres redoutant l'arrivée des troupes françaises qui s'avançaient. En effet, Murat dirigeait sa marche par Aranda vers Somosierra et Madrid, et Dupont, prenant sur la droite, se disposait à envahir Ségovie et l'Escurial. Ce mouvement, opéré dans le but d'effrayer la famille royale et de l'exciter ainsi à précipiter son voyage, venait en aide au parti du prince des Asturies, et l'enhardissait d'autant plus, qu'il semblait parfaitement en harmonie avec les sentimens exprimés par l'ambassadeur. Le langage de Murat accusait de l'incertitude, et alors on attribuait à la dissimulation ce qui n'était peut-être qu'ignorance du plan véritable de Napoléon. S'adressant à Don Pédro Velarde, chargé de l'accompagner et de le complimenter, et qui périt depuis si malheureusement, il lui disait, à Buitrago, le 18 mars, que, le lendemain, il recevrait des instructions de son gouvernement; qu'il ne savait pas encore s'il passerait ou non par Madrid, et qu'au moment de continuer sa marche sur Cadix, il ferait probablement connaître à San-Agustin les vues de l'empereur, qui ne tendaient qu'au bien de l'Espagne.

Des avis antérieurs à celui-ci, et non moins ambigus, jetaient la cour d'Aranjuez dans de vives angoisses; il faut croire cependant que, lorsque le roi publia, le 16, la proclamation dans laquelle il démentait les bruits de voyage, son départ fut en effet un instant indécis, car il est plus juste d'attribuer cette proclamation à la perplexité et au trouble de ces cruels momens qu'à l'intention calculée de tromper bassement le peuple de Madrid et d'Aranjuez. Quoi qu'il en soit, les préparatifs de voyages continuant toujours, et la méfiance des gouvernans passant toute mesure, une nouvelle rumeur circula tout-à-coup dans la résidence royale, que LL. MM. prenaient décidément la route de l'Andalousie dans la nuit du 17 au 18. La curiosité, jointe sans doute à quelque intrigue secrète, avait attiré à Aranjuez, de Madrid et ses environs, un grand concours d'étrangers dont les physionomies annonçaient de sinistres projets. Les troupes qu'on avait fait sortir de Madrid étaient animées du même esprit, et certes elles auraient pu se révolter sans qu'il fût besoin d'aucune instigation particulière. On assura alors que le prince des Asturies avait dit à un garde du corps qui avait sa confiance : « *C'est cette nuit qu'a lieu le voya-* « *ge, mais moi je ne veux pas partir* »; et l'on ajouta que ce propos avait donné plus de résolution à ceux qui étaient décidés à empêcher le départ. Nous croyons savoir que, pour assurer le succès du complot, S. A. en avertit Don Manuel-Francisco Jaureguy, son ami, qui, en sa qualité d'officier de la garde, put facilement se concerter, tant avec les affidés de son arme, qu'avec ceux des autres corps. Chacun étant ainsi prévenu, l'émeute devait éclater au moment où la famille royale serait prête à partir; un événement fortuit en hâta l'explosion.

Tout était sur le qui vive ; le peuple faisait des rondes dans l'obscurité de la nuit, ayant à sa tête, caché sous un déguisement et sous le nom du *père Pedro*, le remuant et fougueux comte del Montijo, dont le nom désormais sera presque toujours mêlé aux troubles et aux agitations de la rue. La troupe faisait aussi des patrouilles, et des deux côtés l'on exerçait une surveillance active qui se portait particulièrement sur l'hôtel du prince de la Paix. Entre onze heures et minuit, l'on en vit sortir soigneusement enveloppée dans ses vêtemens Doña Josefa Tudó, escortée des gardes d'honneur du généralissime ; une patrouille voulut découvrir le visage de la dame ; elle résista, ce qui occasiona une légère alerte, et l'un des soldats présens déchargea son fusil en l'air. Les uns affirment que ce fut l'officier Tuyols qui accompagnait Doña Josefa, qui tira pour appeler à son aide ; d'autres, que ce fut le garde Merlo, pour avertir les conjurés. Ce qu'il y a de certain, c'est que ceux-ci crurent voir là un signal, car à l'instant même un trompette, exprès aposté, sonna le boute-selle, et la troupe se précipita sur tous les points par où le voyage pouvait s'effectuer. Alors commença un effroyable tumulte ; une foule immense composée d'hommes du peuple et de quelques personnes qui voulaient donner le change sur la classe à laquelle elles appartenaient, des domestiques du palais et des veneurs de l'infant Don Antonio, avec une multitude de soldats à la débandade, attaquèrent l'hôtel de Don Manuel Godoy, en forcèrent la garde, et le prirent en quelque sorte d'assaut, fouillant partout et cherchant, sans pouvoir le trouver, l'objet de leur rage et de leur fureur. On crut d'abord que, malgré l'extrême vigilance de l'extérieur, le favori s'était évadé par quelque porte secrète, et qu'il avait fui d'Aranjuez ou qu'il s'était réfugié dans le palais. Le peuple pénétra jusqu'aux réduits les plus cachés, et ces portes, qui naguère n'étaient ouvertes qu'à la faveur, à la beauté et à ce que la cour avait de plus brillant et de plus choisi, laissèrent le passage libre à une soldatesque effrénée et grossière, à une populace sale et abjecte.

Qu'on juge du triste contraste que devait présenter la magnificence de ce séjour avec l'ignoble accoutrement de ses nouveaux hôtes improvisés ; désharmonie, du reste, qui ne dura qu'un moment, car, en peu d'heures, les salons et les galeries se trouvèrent dépouillés de leurs riches et somptueux ornemens qui furent voués à la destruction et à la flamme. Nouvelle et sévère leçon que nous donne à chaque pas la capricieuse fortune dans ses incessantes vicissitudes. Le peuple, tout en brûlant et mettant en poussière les meubles et les objets les plus précieux, ne prit rien pour lui, et donna l'exemple du désintéressement le plus noble et le plus pur. La publicité, qui est dans de telles occasions un censeur inflexible, en s'associant à une sorte d'enthousiasme généreux, règle le désordre lui-même, et en arrête la licence et les excès. Les croix, les cordons et tous les insignes des hautes dignités auxquelles Godoy avait été élevé, furent respectés et remis aux mains du roi ; puissant indice qu'au milieu de la populace se trouvaient des hommes capables de distinguer ce qu'il convenait de ménager et de conserver, et ce qu'on pouvait détruire. La princesse de la Paix, qu'on regardait comme victime de la conduite privée de son mari, et sa fille, furent traitées avec tous les égards dus à leur position ; la foule s'attela à leurs berlines et elles furent traînées ainsi jusqu'au palais. Le calme revint enfin ; les soldats rentrèrent dans leurs quartiers, et la garde de l'hôtel fut confiée à deux compagnies de gardes, espagnoles et wallones, appuyées d'un autre renfort de troupes qui en protégeaient les avenues contre l'affluence de la multitude.

Le 18 au matin, le roi rendit un décret par lequel il destituait le prince de la Paix de ses fonctions de généralissime et d'amiral, et lui permettait de choisir le lieu de sa résidence. Il annonça aussi cette résolution à Napoléon qui s'en montra très-surpris. Le peuple, transporté de joie à cette nouvelle, accourut au palais pour féliciter la famille royale qui répondit à ses vœux en se montrant au balcon. La tranquillité publique ne fut point troublée ce jour-là, si ce n'est par l'arrestation de Don Diego Godoy, qui fut dépouillé de ses insignes par la troupe et conduit au quartier des gardes espagnoles, dont il était colonel : exemple funeste qu'on applaudit alors, et qui fut renouvelé depuis en de plus malheureuses circonstances.

Le voyage ainsi rompu et Godoy renversé, il semblait que l'insurrection n'eût plus rien à prétendre ; mais une agitation sourde et terrible continuait à travailler les esprits. Le roi et la reine, craignant une nouvelle émeute, ordonnèrent aux ministres de passer la nuit du 18 au 19 au palais. Dès le matin, le prince de Castel-Franco et les capitaines des gardes du corps, comte de Villariezo et marquis d'Albudeite, avaient informé personnellement LL. MM. que deux officiers de la garde venaient de les prévenir dans le plus grand secret, et sous leur parole d'honneur, qu'il se préparait pour la nuit même un mouvement plus considérable et plus violent que celui de la veille. Le marquis Caballero leur ayant demandé s'ils étaient sûrs de leur troupe, ils lui déclarèrent en faisant un geste négatif que *le prince des Asturies pouvait seul répondre de tout*. Le marquis Caballero s'empressa d'aller voir S. A., et, sur ses instances, le prince se rendit auprès du roi et de la reine, leur offrit d'empêcher, par l'intervention des chefs en second des corps de la maison royale, le retour de nouveaux troubles, s'engagea à renvoyer à Madrid plusieurs personnes dont la présence à Aranjuez était suspecte, et promit en même temps de faire circuler parmi le peuple les gens de sa maison, pour achever de dissiper l'inquiétude qui subsistait encore. Ces offres du prince des Asturies firent soupçonner qu'en général il n'était pas étranger aux manœuvres des factieux, car jusque-là tout avait été concerté, si ce n'est le fait accidentel qui avait commencé le tumulte, et peut-être aussi le progrès inattendu de la sédition que, dans le principe, on n'avait pas voulu conduire si loin.

Ces mesures arrêtées, l'on ne pensait plus que la tranquillité dût être encore troublée, quant tout-à-coup, vers dix heures du matin, un bruit épouvantable se fit entendre, prélude de nouveaux désordres. Le prince de la Paix, que chacun croyait loin d'Aranjuez, et que le roi et la reine même supposaient sur la route de l'Andalousie, venait d'être découvert dans son propre hôtel. Lorsque, dans la nuit du 17 au 18, on avait assailli son domicile, il était au moment de se coucher, et à la première rumeur, s'enveloppant d'un manteau de molleton qui lui tomba sous la main, emplissant ses poches d'or et s'emparant d'un petit pain sur la table où il avait soupé, il avait essayé de se sauver par une porte dérobée qui communiquait à une maison contiguë, habitée par la veuve du duc d'Osana. Ce moyen n'ayant pas réussi, il était monté jusqu'aux mansardes, et s'y était blotti dans le coin le plus obscur, sous un rouleau de tapis de jonc. Ce fut ainsi qu'il passa trente-six heures consécutives, n'ayant pas même une goutte d'eau, et en proie à toutes les terreurs et à toutes les souffrances de sa cruelle et périlleuse position. Vaincu par la soif, il dut abandonner enfin cette horrible retraite. Reconnu par une sentinelle des gardes wallones qui cria aussitôt aux armes, il ne fit pas usage d'une paire de pistolets qu'il portait avec lui, soit lâcheté, soit plutôt que sa longue torture eût épuisé ses forces. Le peuple, apprenant qu'on l'avait découvert, se porta en foule vers son hôtel, où il eût infailliblement péri, sans l'intervention de quelques gardes du corps qui arrivèrent à temps pour le secourir. Ils le conduisirent à leur quartier, et, pendant le trajet, la multitude, munie de pelles, de pieux, et de toute espèce d'armes et d'instrumens, cherchait à le tuer ou à le blesser en s'efforçant de donner passage à ses coups à travers les chevaux et les gardes qui faisaient au prince un rempart de leurs corps et l'arrachèrent ainsi à un massacre inévitable. Pour plus de sûreté, comme le tumulte allait croissant, les gardes pressèrent le pas, et l'infortuné captif au milieu d'eux, s'appuyant sur les arçons de deux selles, suivait tout haletant le grand trot des chevaux, respirant à peine et presque suspendu en l'air. La distance considérable qui séparait son hôtel du lieu de sa nouvelle destination, surtout la nécessité de traverser la vaste place de San-Antonio, auraient donné à la fureur populaire la facilité de l'achever, si la crainte de blesser un des hommes de l'escorte n'eût fait trembler ceux qui cherchaient à l'atteindre et n'eût rendu leurs coups incertains et mal assurés. Ce fut ainsi que, tout meurtri et couvert de contusions, il n'eut pourtant qu'une blessure un peu profonde qu'il reçut au-dessus de l'œil. Cependant Charles IV, informé de ce qui se passait, ordonna à son fils de voler au secours de Godoy et de sauver son malheureux ami. Le prince arriva au quartier où l'on avait conduit le prisonnier, et sa présence imposa à la multitude. Ferdinand disant alors au prince de la Paix qu'il lui faisait grâce de la vie, celui-ci conserva assez de sang-froid pour lui demander, malgré les horribles angoisses de sa position, *s'il était déjà roi*; à quoi Ferdinand répondit : « *Pas encore; mais je le serai « bientôt.* » Paroles remarquables qui attestent combien il se croyait déjà près de la couronne. Le peuple, tranquillisé par la promesse que le prince des Asturies lui réitéra plusieurs fois, que le prisonnier serait jugé et puni conformément aux lois, se dispersa, et chacun rentra paisiblement dans ses foyers. Godoy, dépossédé de ses grandeurs, retourna dans la modeste demeure qu'il habitait avant son élévation. Maltraité et voué aux humiliations de l'abaissement, il resta abandonné dans sa solitude à l'horreur et à l'incertitude de son sort. Excepté le roi et la reine, presque tous le délaissèrent, car l'amitié s'évanouit au premier souffle de la mauvaise fortune ; et celui dont le nom faisait encore trembler la plus grande partie du royaume, couché maintenant sur la paille et abreuvé d'amertume, était plus misérable peut-être que le plus misérable de ses habitans. Ainsi tomba du faîte de la puissance cet homme qui, de simple garde du corps, s'était élevé bientôt aux premières dignités de l'état, qu'on avait successivement décoré de tous les ordres, et pour qui l'on avait créé des honneurs réservés à lui seul. Et quels étaient ses services pour de telles distinctions ? quels furent les faits éclatans qui lui en ouvrirent la porte, et lui rendirent doux et facile le chemin qui le conduisit à ce dernier degré de la grandeur ? Il en coûte de le dire : ce fut une corruption effrénée et une faveur particulière fondée, ô comble d'opprobre ! sur la profanation de la couche royale ! Il nous faudrait remonter dans notre histoire jusqu'à Don Beltran de la Cuéva (en 1454) pour la retrouver entachée d'une semblable infamie, et, même à cette époque, bien que ce favori de Henri IV, qui avait débuté par le modeste emploi d'écuyer (*page de lanza*), fût entré comme Godoy dans la route de la fortune par le déshonneur royal, son vol ne s'éleva jamais à une si prodigieuse hauteur, obligé qu'il était de partager sa faveur avec Don Juan Pacheco, et de céder même quelquefois à ce fier et redoutable rival.

Don Manuel Godoy était né à Badajoz, le 12 mai 1767, d'une famille noble, mais pauvre; son éducation avait été négligée, il était d'une ignorance profonde. Doué de quelque esprit naturel, et ne manquant pas de mémoire, il se pénétrait avec assez de facilité des affaires confiées à ses soins. Indécis et changeant dans ses projets, il défaisait légèrement un jour ce que la veille il avait conçu et approuvé avec tout aussi peu de raison. Pendant le cours de son ministère, où il avait été appelé dans les premières années de sa faveur, il fit avec la France des traités solennels au préjudice et à la honte de son propre pays, source première de la ruine et de la désolation de l'Espagne. Depuis l'époque de la scandaleuse campagne de Portugal, il commanda l'armée avec le titre de généralissime, car l'illustre profession des armes n'avait pour lui d'autre attrait, d'autre noble séduction, que celle des honneurs et du salaire. Jamais il ne s'instruisit dans les exercices militaires; jamais il ne fit exécuter ni ne connut les manœuvres des divers corps; jamais il ne s'approcha du soldat, et ne daigna s'enquérir de ses besoins ou de ses plaintes; jamais enfin il ne donna aux forces du royaume une organisation telle que la nation pût compter en temps opportun sur une armée munie de tout et bien disposée, et lui, sur des amis et des partisans sincères et résolus; aussi la troupe fut-elle la première à l'abandonner. Son camp d'instruction se réduisait à une mesquine parade dont il donnait quelquefois le spectacle, devant son hôtel, aux oisifs de la capitale et à la foule malheureusement nombreuse de ses vils adulateurs : ridicule contrefaçon des parades qui avaient lieu à Paris sous les yeux de Napoléon. Il était aussi empressé à protéger les hommes de talent et de considération, que prompt à les humilier. En même temps qu'il favorisait quelque science particulière, qu'il créait une chaire, qu'il soutenait quelques vues nouvelles d'amélioration, il souffrait que le marquis Caballero, ennemi déclaré des lumières et des bonnes études, traçât pour toutes les universités un plan général d'instruction publique incohérent et peu digne du siècle, et qu'il se permît aussi de faire dans les codes de la législation espagnole des retranchemens et des altérations de la plus grave importance. Quoiqu'il éloignât de la cour et qu'il exilât tous ceux qu'il croyait ses ennemis, ou qui lui déplaisaient, il était rare que ses persécutions allassent plus loin; la cruauté n'était point dans sa nature. Il ne se montra dur et inhumain qu'envers l'illustre Jovellanos. Dévoré d'une cupidité sordide, il vendait comme à l'encan les emplois, les charges, les dignités, les évêchés, soit pour lui, soit pour ses maîtresses, soit pour complaire aux caprices de la reine. Les finances furent abandonnées à des faiseurs d'affaires plutôt qu'à des hommes versés dans la matière, si bien qu'il fallait incessamment recourir à des expédiens ruineux pour sortir des embarras continuels causés par les dissipations de la cour, et par d'onéreux engagemens. Le scandale affiché du dérèglement de ses mœurs finit par accréditer parmi le peuple le bruit déjà répandu qu'il était marié à deux femmes : l'une, disait-on, était Doña Maria-Teresa de Bourbon, cousine germaine du roi; c'est celle qui passait pour l'épouse légitime; l'autre était Doña Josefa Tudó, son amie particulière, d'un caractère doux et paisible, qui lui était si dévouée qu'elle voulut consigner, dans le titre qu'on lui accorda de comtesse de *Castillo-Fiel* (Château-Fidèle), le sceau de son inaltérable fidélité. Elle le modérait quelquefois dans ses brusques et violens emportemens. Godoy, cette dernière année, avait atteint l'apogée de la faveur, car il avait reçu, avec la dignité de grand-amiral, le titre d'altesse, qui, jusqu'à lui, ne fut conféré en Espagne à aucun particulier. Il étalait un faste extrême ; sa suite était d'une magnificence splendide, sa garde mieux vêtue et mieux équipée que celle du roi. Honoré à un si haut degré par son souverain, il était l'objet des respects de presque tous les grands, et des principaux personnages de la monarchie. Quel contraste que de le voir maintenant et de comparer son sort avec celui où il brillait deux jours auparavant ! contraste qui rappelle la situation du favori Eutrope, si éloquemment décrite par l'un des premiers pères de l'église grecque (saint Jean Chrisostome) : « Tout avait péri, dit-il, une rafale en soufflant avec violence avait dépouillé cet « arbre de ses feuilles, et nous le montrait nu et « ébranlé jusque dans ses racines.... Qui pouvait se « vanter d'être arrivé à ce point de grandeur ? Ne « surpassait-il pas tout le monde en richesses ? N'était-il pas parvenu aux plus hautes dignités ? Tous « ne le craignaient-ils pas et ne tremblaient-ils pas à « son nom ? Et à présent, plus misérable qu'un pri- « sonnier chargé de fers, plus pauvre que le dernier « des esclaves et des mendians, il ne voit plus que « des armes tournées contre son cœur, il ne voit « plus que destruction et ruine, les bourreaux et le « chemin de la mort ! » Ressemblance frappante et telle qu'en d'autres temps on eût cru peut-être à l'accomplissement d'une prophétie surhumaine.

Le prince de la Paix était détenu dans la caserne des gardes du corps, et le peuple, qui s'était retiré, comme nous l'avons dit, à la prière du prince des Asturies et sur la foi de ses promesses, se maintint calme et tranquille jusqu'au moment où, vers deux heures de l'après-midi, une voiture attelée de six mules s'arrêtant à la porte de la caserne, occasiona un grand tumulte, parce que le bruit courut aussitôt qu'on allait transférer le prisonnier à Grenade. En un instant le peuple eut rompu les traits des mules, eut renversé et brisé la voiture.

Le roi Charles et la reine Maria-Luisa, surpris de ces nouvelles démonstrations de la fureur populaire, craignirent pour les jours de leur malheureux protégé. Le roi, malade et las de ces désordres inaccoutumés, se laissant d'ailleurs persuader par les observations respectueuses de quelques personnages qui, dans une telle extrémité, lui représentèrent comme nécessaire son abdication en faveur de son fils, croyant surtout avec son épouse que de cette mesure dépendait le salut de Godoy, résolut de convoquer ce même jour 19, à sept heures du soir, tous les ministres, et de renoncer en leur présence à la couronne en la plaçant sur le front du prince dont elle devait être l'héritage. Cet acte fut conçu dans les termes suivans : « Les infirmités qui m'accablent ne
« me permettant pas de soutenir plus long-temps le
« poids trop lourd du gouvernement de mes états,
« et l'intérêt de ma santé exigeant que j'aille jouir
« dans un climat plus doux du calme de la vie privée,
« j'ai résolu, après les plus sérieuses réflexions, d'ab-
« diquer la couronne en faveur de mon héritier
« et bien-aimé fils, le prince des Asturies. En consé-
« quence, ma royale volonté est qu'on le reconnaisse
« et qu'on lui obéisse comme roi et maître naturel
« de tous mes états et domaines, et afin que la pré-
« sente déclaration royale de mon abdication libre
« et spontanée ressorte à effet et reçoive son exé-
« cution légale, vous la communiquerez au conseil
« et à tous ceux qu'il appartiendra.— Fait à Aran-
« juez, le 19 mars 1808.— Moi, le roi.— A Don Pe-
« dro Cevallos. »

L'heureuse nouvelle de l'abdication eut bientôt circulé dans toute la ville, et l'allégresse fut au comble;

le peuple accourut sur la place du palais, pour s'assurer de la vérité de ce grand événement, éclata en acclamations et en applaudissemens unanimes. Le prince, après avoir baisé la main de son père, se retira dans ses appartemens, où il fut salué comme nouveau roi par les ministres, les grands et toutes les autres personnes présentes.

L'on apprit à Madrid, dans la soirée du 19, l'arrestation de Don Manuel Godoy, et à l'entrée de la nuit, des groupes se formèrent sur la place de l'Amiral, ainsi nommée depuis la promotion du prince de la Paix à cette dignité, et située tout près du palais des ducs d'Albe. Là, remplissant l'air de *vivats* pour le roi et de cris de *mort* contre le favori tombé, les mutins envahirent sa maison qui touchait au lieu même de l'émeute, et après avoir jeté par les fenêtres les meubles et toutes les choses précieuses, ils les livrèrent aux flammes et les réduisirent en cendres, sans avoir rien dérobé ni rien caché. Puis, distribués en plusieurs bandes, et renforcés de nouveaux groupes qui arrivaient de différens points, armés de torches enflammées, ils répétèrent la même scène dans plusieurs maisons, sans épargner surtout celles de la mère de Godoy, de son frère Don Diego, de son beau-frère le marquis de Branciforte, et celles des ex-ministres Alvarez y Soler et Don Manuel Sixto Espinosa, conservant du reste, au milieu de ces scènes tumultueuses, une espèce d'ordre et de concert.

La chute de Godoy avait produit une allégresse universelle, mais il n'y eut plus de bornes à l'exaltation pour ceux qui apprirent, à onze heures, l'abdication de Charles IV. Comme il était tard, la nouvelle n'en put être bien connue que le lendemain dimanche, où elle fut officiellement confirmée par des placards imprimés émanés du conseil, lesquels annonçaient l'avénement de Ferdinand VII. Alors l'enthousiasme et la joie publique furent du délire, et l'on porta en triomphe par toutes les rues le buste du nouveau roi, qu'on plaça enfin sur la façade de l'hôtel-de-ville. Cette joie frénétique et bruyante dura toute la nuit du 20; mais comme il s'y mêla quelques excès, ils furent immédiatement réprimés par le conseil, qui fit cesser bientôt ce nouveau genre de réjouissances.

La plupart des villes et bourgs du royaume eurent aussi leurs fêtes et leurs désordres; partout l'on foulait aux pieds le buste de Godoy, que les communes elles-mêmes avaient posé à leurs frais dans les maisons de ville. Toutefois il est vrai de dire que son image était maintenant renversée et mise en pièces avec un enthousiasme et des démonstrations unanimes, tandis qu'auparavant ils étaient en bien petit nombre ceux qui l'avaient inauguré et encensé dans le but d'obtenir ainsi des emplois et des honneurs en s'adressant à la source unique d'où se répandaient les grâces : basse flatterie de quelques citoyens indignes que le peuple ne manqua jamais de flétrir du murmure de sa réprobation.

Tels furent le plaisir et l'ivresse universels causés à la fois par la chute de Godoy et par l'abdication de Charles IV, que personne ne prit garde alors à la manière dont ce dernier acte si important avait été accompli, et s'il avait été consommé dans une pleine et entière liberté: chacun le croyait ainsi, parce que c'était le vœu général. Cependant des doutes graves et fondés surgirent plus tard. D'un côté, Charles IV s'était montré quelquefois désireux de s'éloigner des affaires publiques, et Maria-Luisa dans sa correspondance déclare que telle était son intention après le mariage de son fils avec une princesse de France. Charles confirma sa résolution quand il reçut le corps diplomatique à l'occasion de son abdication, car s'adressant à M. de Strogonoff, ministre de Russie, il lui dit : « *De ma vie, je n'ai fait aucune action avec « plus de plaisir.* » Mais, d'un autre côté, il faut remarquer que cette renonciation au trône fut signée au milieu d'une sédition, sans que, la veille, Charles IV eût fait aucunement pressentir qu'il voulût si tôt réaliser sa pensée, puisqu'en destituant le prince de la Paix du commandement des forces de terre et de mer, le roi se chargeait personnellement de la direction suprême de l'administration. Dans la matinée du 19, il ne manifesta non plus rien de relatif à sa prochaine abdication; et ce ne fut que le soir seulement, au moment du second mouvement insurrectionnel, et lorsqu'il crut conjointement avec la reine sauver les jours de son cher favori par cette mesure, qu'il résolut de céder la couronne et de rentrer dans la vie privée. L'opinion publique, au lieu d'entrer dans l'examen de cette question épineuse, blâma énergiquement le conseil d'avoir, conformément à ses usages, renvoyé au rapport de ses procureurs-généraux l'acte d'abdication; les ministres du nouveau roi lui en firent aussi un reproche sévère, et lui ordonnèrent de publier cet acte immédiatement, ce qu'il fit en effet, le 20, à trois heures du soir. Le conseil n'avait agi de la sorte que pour observer la formule usitée dans ses opérations, mais nullement dans un esprit d'hostilité, et moins encore dans le but de faire revivre les anciennes coutumes et les vieilles pratiques d'Espagne. En premier lieu, il ne lui était ni avantageux ni possible de résister à l'élan universel d'enthousiasme qui se manifestait en faveur de Ferdinand; d'une autre part, ennemi opiniâtre des cortès et de toute représentation nationale, il se fût bien plutôt montré hostile à une convocation quelconque des députés du pays, que disposé à la provoquer ou même à en faire naître l'idée. Cependant, pour dissiper toute ombre de doute, il eût été convenable de reproduire l'acte d'abdication d'une manière plus solennelle et en un temps plus calme et moins critique. Les événemens qui survinrent tout-à-coup purent servir d'excuse à cette omission ; mais si nous nous arrêtons à considérer quels étaient les conseillers intimes de Ferdinand, quelles étaient leurs idées, et quelle fut leur conduite ultérieure, nous pouvons affirmer hardiment que jamais ils n'eussent assemblé les cortès pour cet objet, eux qui qualifiaient cette convocation d'inopportune et de dangereuse. Il n'en est pas moins vrai que si elle eût été possible, elle eût imprimé à la renonciation de Charles IV (en se conformant aux anciens usages du pays) un caractère de légitimité irréfragable. Ce fut une coutume constante d'assembler les cortès pour un acte d'une aussi haute gravité, coutume à laquelle on ne dérogea dans aucun des nombreux exemples d'abdication qu'offre l'histoire des divers gouvernemens de l'Espagne. Celle de Doña Berenguela, celle projetée par Don Juan Ier en Castille, celle de Don Ramiro-le-Moine, en Aragon, ainsi que toutes les autres plus ou moins anciennes, furent exécutées et accomplies avec la même solennité, jusqu'à ce que l'introduction de dynasties étrangères altéra une pratique si fondamentale ; on eût dit que c'était un déplorable privilége de ces princes de mépriser nos lois, de conserver nos vices, et de laisser dans leur patrie le bien qu'ils auraient pu y prendre, pour ne nous en apporter que ce qu'elle avait de fatal et de nuisible. C'est ainsi que, dans les abdications célèbres de Charles-Quint et de Philippe V, les cortès ne furent point convoquées, et qu'on se dispensa d'observer les formalités usitées de tous les temps. Il est vrai que, ni dans l'un ni dans l'autre de ces actes, il n'y eut aucun indice de violence. La renonciation de

Charles-Quint eut lieu à Bruxelles, publiquement, avec beaucoup de pompe et d'appareil, et en présence de plusieurs grands du royaume. Celle de Philippe V eut moins d'éclat, nos rois s'efforçant en ce point de laisser de plus en plus dans l'oubli, à mesure qu'ils se rapprochaient de nous, les respectables coutumes des premiers siècles de la monarchie. Le roi déclara *qu'il agissait de commun accord et de concert avec la reine sa très-chère et bien-aimée épouse.* Singulier caractère d'autorité pour un acte si éminent et d'un intérêt si général. L'opinion alors, bien qu'entravée dans son expression, ne fut point satisfaite, car « *les jurisconsultes et jusqu'aux membres « même du conseil royal*, nous dit le marquis de San-« Felipe, *trouvaient que la renonciation n'était pas va-« lide, puisqu'il lui manquait la sanction du peuple; « mais personne ne se permit d'observation, attendu « que le conseil royal ne fut pas consulté sur la validi-« té de l'abdication, mais que seulement on lui intima « l'ordre d'obéir au décret.* » Ainsi en arriva-t-il en ce moment. Nul ne fut consulté, et personne ne réclama, toutes les espérances se rattachant à la chute de Godoy et à l'avénement de Ferdinand : fatale imprévoyance des nations qui se confient en aveugles à la seule et chanceuse succession des personnes, sans chercher dans les lois et les institutions la véritable base de leur félicité future.

Ferdinand, septième du nom, une fois monté sur le trône, conserva d'abord les ministres de son père; mais successivement il finit par en éloigner la plus grande partie. Le premier congédié fut Cayetano Soler, homme doué de quelque habileté, et qui, dans l'administration des deniers publics, déploya plutôt le savoir-faire d'un homme à ressources que les talens d'un financier. Il fut remplacé par Don Miguel-José de Azanza, ancien vice-roi du Mexique, alors retiré à

Grenade, et qui jouissait d'une haute réputation de probité. Le portefeuille des affaires étrangères fut conservé à Don Pedro de Cevallos par une ordonnance royale conçue dans les termes les plus honorables, pour qu'il n'eût pas à souffrir de son alliance avec une cousine germaine du prince de la Paix. Sous l'ancien gouvernement, on le regardait comme un courtisan docile; il ne manquait point d'une certaine instruction, et, bien qu'il fût assez soigneux de ses intérêts propres et de ses intérêts de famille, il passait à la cour corrompue de Charles IV pour un homme de bien. Plus tard, on observa dans sa conduite du penchant à s'accommoder de tous les gouvernemens, même les plus opposés. La marine resta confiée à Don Francisco Gil y Lemus, vieillard respectable et d'un caractère sûr et ferme. A la guerre, le cérémonieux et malingre **Don Antonio Olaguer Feliu** ne tarda pas à faire place au général Don Gonzalo O-Farril, récemment venu de Toscane où il avait commandé une division espagnole. Celui-ci était un homme de savoir et un militaire consommé. Nommé d'abord directeur-général de l'artillerie, et arrivé de là au ministère, il fut attaqué d'une maladie grave, qui produisit au-dehors une sensation vive et générale, tant était grande l'estime dont on l'environnait et qu'il eût conservée intacte s'il eût succombé au mal qui était alors un motif de douleur publique. Le marquis Caballero, ministre de la justice, ennemi des lumières, instrument docile et empressé des caprices licencieux de la reine, persécuteur du mérite et des hommes éclairés, avait été jusque-là en butte à la haine et au mépris universels. S'apercevant, vers le mois de mars, de quel côté inclinait la fortune, il avait changé de langage et de conduite, si bien que, pendant quelque temps, on le crut en partie l'auteur de ce qui s'était passé à Aranjuez : ce fut à l'habileté opportune de ce changement qu'il dut de conserver son portefeuille pendant quelques jours. Mais sans cesse attaqué à raison de son discrédit intérieur, et inspirant peu de confiance, il passa, en échange de son poste, à la présidence de l'un des conseils : sa sortie du ministère fut surtout déterminée par la malice qu'il mit à retarder de quatre jours l'expédition de l'ordre qui rappelait Don Juan Escoiquiz de son exil à Madrid. Don Sebastian Piñucla, ancien ministre du conseil, entra au ministère de la justice. On rappela du bannissement Don Mariano-Luis de Urquijo, le comte de Cabarrus et le savant et vertueux Don Gaspar-Melchor de Jovellanos, la victime la plus malheureuse et la plus violemment persécutée pendant la faveur de Godoy. On fit grâce également à tous ceux qui avaient été compromis dans l'affaire de l'Escurial, parmi lesquels nous devons citer particulièrement Don Juan Escoiquiz, le duc del Infantado et le duc de San-Carlos, desquels nous dirons quelques mots.

Escoiquiz était fils d'un général, et natif de Navarre. Elevé dans la maison des pages du roi, il préféra au bruit et à l'éclat des armes le calme inoffensif de l'état ecclésiastique, et obtint un canonicat dans la cathédrale de Saragosse, d'où il fut tiré pour devenir précepteur du prince des Asturies. Dans cette nouvelle et honorable position, au lieu de prendre un soin consciencieux de son auguste élève et de déposer dans son jeune cœur des germes de vertu et de tolérance, au lieu d'orner son esprit, de l'enrichir de connaissances utiles et convenables, il aima mieux s'occuper d'intrigues et de tripotages de cour, indignes de son caractère et de ses fonctions. Il voulut briser le crédit de Godoy, mais ses efforts n'aboutirent qu'à sa propre disgrâce : on lui retira l'éducation du prince, et on l'envoya à Tolède avec l'archidiaconat d'Alcaraz; de là, il poursuivit de nouveau ses trames secrètes jusqu'à ce qu'enfin, par suite de l'affaire de l'Escurial, on l'exila dans le couvent du Tardon. Passionné pour écrire en prose et en vers, il ne brilla pas plus dans les lettres que dans la politique. Il fit une traduction assez peu poétique du *Paradis perdu* de Milton, et, parmi ses ouvrages en prose, on peut citer sa défense du tribunal de l'inquisition, produit informe d'un médiocre talent. Il fut admirateur aveugle de Bonaparte, et par cet aveuglement qui ne fit qu'augmenter, il compromit le prince son disciple, et plongea le pays dans un abîme de maux. Ambitieux et vain, superficiel dans ses connaissances, sans aucune idée pratique du cœur humain et moins encore de la cour et des gouvernemens étrangers, il s'était imaginé que d'un coin du chœur de Tolède apparaîtrait sur la scène du monde un autre Ximénès de Cisneros, qui gouvernerait la monarchie et rattacherait à la sphère étroite et bornée de son cerveau l'immense génie de Napoléon. Décoré de la grand'croix de Charles III, il fut nommé par le nouveau roi conseiller d'état, et, en cette qualité, il assista aux discussions importantes dont nous parlerons bientôt.

Le duc del Infantado, adonné à l'étude de quelques sciences, et protecteur dans ses propriétés de certains genres d'industrie, s'était fait un beau nom, rehaussé encore par l'éclat de sa fortune, par l'illustration de sa race, et principalement par les persécutions que lui avait values son antipathie pour le prince de la Paix. Comme colonel de la garde, et comme président du conseil royal, il eut sa part des embarras et des difficultés qui survinrent, et ne tarda pas à laisser voir l'impuissance et la légèreté de son esprit, la nature lui ayant refusé cette énergie et cette constance d'application que réclament les matières graves. Tant il est vrai qu'il y a des hommes dont on a admiré le jugement dans la vie privée ou dans les temps ordinaires, qui s'éclipsent dès qu'ils entrent dans une situation plus élevée, ou quand surgissent des jours de tempête.

Ce fut en Amérique que prit naissance le duc de San-Carlos. Après avoir fait la guerre contre la France, en 1793, il fut nommé gouverneur du prince des Asturies, puis banni de la cour après l'affaire de l'Escurial. La reine Maria-Luisa disait que c'était le plus faux de tous les amis de son fils; mais sans nous arrêter légèrement à un témoignage aussi partial, il est constant que, pendant toute la durée de la faveur de Godoy, loin de montrer à l'égard du favori le même éloignement que le duc del Infantado, flatteur obséquieux, il fouilla dans sa généalogie pour y découvrir quelque branche de parenté qui pût le greffer sur l'idole qui était l'objet de tant d'hommages. Investi des fonctions de grand-intendant de la maison du roi, à la place du marquis de Mos, ce fut spécialement sur lui, de concert avec l'Infantado et Escoiquiz, que reposa le soin de diriger le vaisseau de l'état au milieu de l'orage passager qui venait de se former; mais, pilote inhabile et ignorant, il l'entraîna contre des écueils connus, aussi étourdiment que ses collègues.

Les premières mesures du pouvoir nouveau furent ou peu importantes, ou contraires à l'intérêt public, car alors déjà commençait le fatal système de renverser tout ce qui existait, par la seule raison que c'était l'œuvre du gouvernement qui avait précédé. L'on abolissait la surintendance générale de police, créée l'année d'avant, et on laissait debout, active et resplendissante, l'horrible inquisition. L'on permettait la destruction du gibier dans les résidences royales et les forêts de la couronne, tandis qu'on interdisait la vente du septième des biens du clergé, accordée et autorisée deux ans auparavant par une bulle du pape : mesure nécessaire et très-urgente dans un pays comme l'Espagne, gêné dans sa prospérité par les entraves résultant du défaut presque complet de circulation de la propriété territoriale ; mesure qu'il eût fallu, nous le répétons, maintenir avec fermeté, en prenant soin seulement que le produit de la vente fût affecté à des objets d'utilité générale. L'on supprima aussi un impôt sur le vin, dans la vue de soulager les contribuables, comme s'il était permis de négliger les vrais et solides intérêts de l'état pour se laisser emporter à une popularité éphémère et mal entendue. Mais tous ces actes, qu'ils fussent ou non opportuns, fixèrent à peine l'attention de l'Espagne, tant les esprits étaient émus et troublés par les événemens multipliés qui survinrent et se succédèrent avec une effrayante rapidité.

Dans la matinée du 23 mars, le prince de la Paix avait été transféré d'Aranjuez à la forteresse de Villaviciosa, escorté par les gardes du corps aux ordres du marquis de Castelar, commandant des hallebardiers, pour y être mis en jugement. L'on poursuivit aussi son frère Don Diego, l'ex-ministre Soler, Don Luis Viguri, ancien intendant de la Havane, le corrégidor de Madrid, Don José Marquina, le trésorier-général, Don Antonio Noriega, le directeur de la caisse de consolidation, Don Miguel Sixto Espinosa, Don Simon de Viegas, procureur-général du conseil, et le chanoine Don Pedro Estala, distingué comme homme de lettres. Pour beaucoup d'entre eux, le procès n'était fondé que sur le fait de leur liaison intime avec Don Manuel Godoy, et de leur absolu dévoûment à sa personne; délit, si c'en était un, qu'on pouvait également imputer à tous les courtisans, voire même à quelques-uns des personnages actuellement en dignité et en possession d'emplois éminens. En vertu d'un décret du roi, les biens du favori furent confisqués, quoique les lois du royaume alors en vigueur n'autorisassent que le séquestre et non la confiscation, cette dernière peine devant toujours être précédée d'un jugement et d'une sentence légale, sans excepter même les cas où l'accusation portait sur le crime de lèse-majesté. Il faut observer de plus, malgré la juste réprobation que méritait la désastreuse administration de Godoy, que, dans un gouvernement comme celui de Charles IV, où il était reconnu que la volonté du souverain n'avait ni frein ni mesure, il était difficile de faire peser sur lui aucune accusation sérieuse, alors surtout que Ferdinand s'engageait lui-même dans la voie battue que l'exemple de son père lui avait encore élargie. Le favori avait procédé dans le maniement des affaires publiques sous l'autorité du pouvoir indéfini de Charles IV, qui ne lui avait imposé ni règle, ni limites; et, loin que, depuis sa disgrâce, ce souverain eût désapprouvé sa conduite, il la défendit avec énergie; il ne cessa d'offrir à son ami tombé le secours puissant de ses sympathies et de sa protection. Position bien différente de celle de Don Alvaro de Luna, abandonné et condamné par le roi même à qui il devait son élévation. Don Manuel Godoy abrité derrière la volonté expresse et absolue du monarque, il n'y avait qu'une autre volonté oppressive et sans contrôle qui pût l'atteindre et le punir : moyen légalement atroce et injuste, mais, en même temps, digne prix de sa tyrannie, et d'accord surtout avec les principes qui l'avaient guidé lui-même au temps de sa faveur.

Les premiers jours du cérémonial et des réjouissances publiques passés, les regards se tournèrent vers les hôtes étrangers qui s'approchaient insensiblement de la capitale. La nouvelle cour, s'abandonnant à des rêves de bonheur, et songeant à réaliser le mariage si ardemment désiré de Ferdinand avec une princesse du sang impérial, se confondit en démonstrations d'amitié et de devoûment envers l'empereur des Français et son beau-frère Murat, grand-duc de Berg. Le duc del Parque fut à la rencontre de ce dernier pour lui rendre hommage et veiller à son service.

Le duc de Médinaceli, le duc de Frias et le comte de Fernan-Nuñez partirent pour aller au-devant de Napoléon dans le même objet.

Nous avons déjà fait comprendre comment les troupes françaises s'avançaient vers Madrid. Le 15 mars, Murat était parti de Burgos, continuant ensuite sa marche par la route de Somosierra. La garde impériale était accompagnée d'une nombreuse artillerie, et elle avait à sa suite le corps d'armée du maréchal Moncey, qui était remplacé par celui de Bessières dans les positions qu'il abandonnait. Dupont s'avançait également, en appuyant sur Guadarrama, avec toutes ses forces, à l'exception d'une division qu'il laissa à Valladolid pour observer les troupes espagnoles de Galice. Murat était particulièrement chargé de se rendre maître de la chaîne de montagnes qui divise les deux Castilles, avant qu'elle fût occupée par Solano ou par tout autre; il devait également intercepter les courriers, et il avait d'autres instructions secrètes, dont l'exécution n'eut pas lieu à cause de l'excessive condescendance de la nouvelle cour.

Murat, plein d'inquiétude et de méfiance par les événemens d'Aranjuez, ne voulut pas différer plus long-temps l'occupation de Madrid, et le 23 il entra dans la capitale, faisant marcher en avant, pour exciter l'admiration, la cavalerie de la garde impériale et l'élite de son armée, et se pavanant lui-même au milieu d'un brillant cortége d'aides-de-camp et d'officiers d'état-major. L'infanterie ne répondait pas à la magnificence de ce premier coup d'œil, car elle était en général composée de conscrits et de recrues. La population de Madrid, bien que peu rassurée sur les intentions des Français, n'en était pourtant pas alarmée au point de ne pas leur faire un accueil affectueux; aussi, de toutes parts, leur offrit-on des rafraîchissemens, des collations. Ce qui contribuait d'ailleurs à éloigner la méfiance, c'est qu'on était encore sous l'impression des changemens graves et inattendus survenus dans le gouvernement. Tous les esprits en étaient préoccupés; on ne songeait qu'à les raconter et à les répéter mille et mille fois. Chacun était avide de voir de ses propres yeux et de contempler de près le nouveau roi sur qui reposaient de si flatteuses et de si vastes espérances, dans lesquelles on se complaisait d'autant plus qu'elles étaient déjà un soulagement aux douleurs qu'avait laissées dans toutes les âmes la désastreuse désorganisation du gouvernement antérieur.

Ferdinand, cédant à l'impatience publique, fixa au 24 mars son entrée à Madrid. Cette nouvelle seule produisit un contentement indicible; dès la veille, un grand concours d'habitans sortirent de la ville pour se ranger sur son passage et l'y attendre toute la nuit, et toutes les populations environnantes suivirent cet exemple avec la même ardeur et le même empressement. Ce fut au milieu d'un si nouveau et si imposant cortége, que le prince arriva aux *Délices*, d'où il fit son entrée à Madrid par la porte d'Atocha, à cheval, en suivant le cours du Prado, la rue d'Alcala et la Grande-Rue jusqu'au palais. Derrière lui venaient en voiture les infans, Don Carlos et Don Antonio. Témoin de ce jour de plaisir et d'allégresse, il nous fut plus aisé de le sentir qu'il ne le serait aujourd'hui d'en donner une idée exacte et complète. Le roi Ferdinand mit plusieurs heures pour se rendre d'Atocha au palais. Environné d'une faible escorte, pressé et embrassé à chaque pas par un immense concours de peuple, il ralentissait sa marche; les manteaux se déployaient devant lui pour être foulés par son cheval, les mouchoirs s'agitaient aux balcons, et les acclamations, les *vivats*, sortant de toutes les bouches, résonnaient dans les airs, se répétant dans les carrefours, dans les rues, sur les amphithéâtres improvisés et dans l'intérieur des maisons, accompagnés partout des bénédictions les plus sincères. Jamais monarque ne jouit d'un triomphe plus magnifique et plus pur; jamais prince non plus ne contracta l'engagement plus sacré de répondre par tous les efforts de la conscience et du cœur à tant de dévoûment et à tant d'amour.

Murat, oublié, perdu au sein de ces transports, voulut rappeler sa présence en donnant l'ordre de faire manœuvrer une partie de ses troupes sur le chemin même où devait s'effectuer le passage du roi. Un pareil ordre, si inopportun dans un pareil jour, déplut au peuple, qui ne fut pas moins blessé de la liberté avec laquelle le prince français, peu satisfait du logement qui lui avait été assigné au *Buen-Retiro*, l'abandonna pour s'établir, de son autorité privée, militairement, et sans en conférer avec les magistrats, à l'ancien hôtel du prince de la Paix, contigu au couvent de Doña Maria d'Aragon. C'étaient des événemens de peu d'importance, mais qui ne contribuaient pas moins à indisposer la population. Le mécontentement s'accrut quand on vit la froideur dédaigneuse de ce même Murat pour le nouveau roi, dédain qui fut imité par l'ambassadeur Beauharnais, le seul membre du corps diplomatique qui ne l'eût pas reconnu. La cour excusait cette conduite, en l'attribuant à une absence d'instructions diplomatiques parfaitement expliquée par la soudaineté imprévue de la révolution qui s'accomplissait; mais le peuple, qui comparait l'ancien langage de l'ambassadeur et ses amitiés empressées avec sa froideur actuelle, donnait à ce changement subit un tout autre fondement; si bien que l'opinion à l'égard des Français alla s'altérant de jour en jour, et prenant par degré une direction et un caractère hostiles.

Jusqu'alors, bien qu'il y eût quelques esprits qui se fussent défiés des intentions de Napoléon, en général on ne voyait en lui qu'un ferme appui de la nation et un protecteur sincère du nouveau monarque. La perfidie de l'occupation des places et d'autres événemens d'interprétation douteuse, se rejetaient sur les honteuses manœuvres de Don Manuel Godoy, ou passaient pour des précautions légitimes de l'empereur des Français. Jugement erroné sans doute, mais bien pardonnable dans un pays privé des moyens de publicité et de libre discussion qui éclairent l'opinion et en redressent les écarts. La tyrannie de Godoy, chacun l'avait vue de près, tandis qu'on ne savait de Napoléon que le récit de ses étonnans exploits et de ses campagnes merveilleuses. Les journaux espagnols, ou plutôt la misérable *Gazette de Madrid*, écho des feuilles françaises, enchaînés d'ailleurs les uns et les autres par la censure préventive, rendaient compte des événemens, en les façonnant aux vues et au caprice de celui qui dominait en réalité en-deçà et au-delà des Pyrénées. D'un autre côté, le clergé espagnol, voyant que Napoléon avait relevé les autels abattus, préférait son empire et sa souveraineté à la puissance persécutrice qui l'avait précédé. Les nobles ne perdaient pas l'espoir d'être conservés et maintenus dans leurs privilèges et leurs honneurs par celui-là même qui avait créé des ordres de chevalerie, et institué une nouvelle noblesse dans un pays ou, peu d'années auparavant, elle avait été abolie et proscrite. Les militaires voyaient le premier fondement de leur gloire et de leur fortune dans ce soldat heureux, qui, pour ceindre une couronne, avait produit pour aïeux et pour titres ses victoires et son épée. Les hommes modérés, les amis de l'ordre et du repos public, fatigués des excès de la révolution, respectaient en la personne de l'empereur des Français le magistrat sévère dont la puissante main avait rendu l'ordre aux finances, et l'harmonie à toutes les branches du pouvoir. Et, bien qu'il fût certain que l'édifice qu'il avait élevé en France manquait de cette solidité que donne la base durable des institutions libres, seule digue assurée contre les envahissemens de la puissance, il y avait alors en Espagne fort peu d'hommes, on aurait pu les compter, qui portassent leur vue jusque-là.

Napoléon, bien informé du renom qu'il avait en Espagne, s'enhardit à poursuivre son audacieuse entreprise, conduite d'ailleurs avec un tact et une prudence qui en rendaient le succès possible et même probable. Pour arriver à ses fins, deux chemins s'offraient à lui, selon la diversité des temps : le meilleur, avant le soulèvement d'Aranjuez, c'était le voyage de la famille royale et son départ pour l'Amérique. Sans ce bouleversement inattendu, l'Espagne, orpheline et abandonnée de ses rois, eût salué Napoléon comme son prince et son sauveur. La nouvelle domination se fût aisément consolidée, si, en adoptant quelques améliorations, elle eût respecté les susceptibilités de l'orgueil national, et conservé quelques-unes des anciennes coutumes, et, au besoin, certains préjugés. Napoléon fut donc bien inspiré quand il vit, dans ce moyen, la voie la plus sûre de se rendre maître de l'Espagne, et ce fut une grande maladresse à lui, dès que les circonstances eurent déjoué son premier plan, de ne pas se saisir du seul qui lui restât, et qui se présentait si bien dans l'alliance de Ferdinand avec une princesse du sang impérial : il aurait trouvé dans son protégé un roi plus soumis et plus respectueux que dans aucun de ses frères. A l'époque de son voyage d'Italie, Napoléon n'avait pas repoussé cette pensée, et il l'avait entretenue pendant quelque temps, bien qu'avec plus de tiédeur. L'exemple du Portugal lui suggéra plus tard l'idée de renouveler en Espagne ce que sa bonne fortune lui avait acquis dans le pays voisin. Il s'affermit en son périlleux projet, dès qu'il se fut emparé sans résistance des places fortes, et qu'il vit son armée pénétrer dans le cœur des provinces. Une fois résolu à son entreprise, rien ne put plus l'arrêter.

Napoléon attendait avec impatience l'avis du départ de la famille royale pour l'Andalousie, quand il apprit les événemens graves et si peu prévus d'Aranjuez. Cette nouvelle le déconcerta d'abord, mais il ne demeura pas long-temps indécis; obstiné et tenace, il ne changea rien à sa première détermination. Nous en avons une preuve évidente dans un document important. Dans la nuit du samedi 26 mars, il avait reçu à Saint-Cloud un courrier qui l'instruisit des premiers mouvemens d'Aranjuez, et peu d'heures après, il en arriva un second qui lui apprit l'abdication de Charles IV. Jusqu'alors ses projets sur l'Espagne étaient restés son secret absolu : il pouvait donc sans se compromettre, et sans aucun sacrifice d'amour-propre, modifier son plan. Cependant, dès le lendemain, 27 du même mois, décidé à placer sur le trône d'Espagne un membre de sa famille, il écrivit à son frère Louis, roi de Hollande : « Le roi d'Espagne vient d'abdiquer. Le
« prince de la Paix a été mis en prison. Un commence-
« ment d'insurrection a éclaté à Madrid. Dans cette
« circonstance, nos troupes étaient éloignées de qua-
« rante lieues de Madrid; le grand-duc de Berg a dû
« y entrer le 23, avec quarante mille hommes. Jusqu'à
« cette heure le peuple m'appelle à grands cris. Cer-
« tain que je n'aurai de paix solide avec l'Angleterre
« qu'en donnant un grand mouvement au continent,
« j'ai résolu de mettre un prince français sur le trône
« d'Espagne..... Dans cette situation des choses, je
« pense à vous pour le trône d'Espagne... Répondez-
« moi catégoriquement quelle est votre opinion sur
« ce projet. Vous sentez que ceci n'est encore qu'un
« projet, et que, quoique j'aie cent mille hommes en

« Espagne, il est possible, par les circonstances qui
« peuvent survenir, ou que je marche directement
« et que tout soit fait dans quinze jours, ou que je
« marche plus lentement, et que cela soit le secret de
« plusieurs mois d'opérations. Répondez-moi caté-
« goriquement : si je vous nomme roi d'Espagne, l'a-
« gréez-vous ? Puis-je compter sur vous ?..... » Louis
refusa.

Ce document est de la dernière importance en ce qu'il établit d'une manière authentique et positive depuis quelle époque Napoléon avait formé le projet de changer la dynastie des Bourbons ; car s'il y avait incertitude, ce n'était que dans les moyens d'exécution. Ce fut aussi vers ce temps que, conversant un jour avec Izquierdo, il lui demanda si les Espagnols l'agréeraient volontiers pour leur souverain, à quoi celui-ci répondit avec un à-propos remarquable : « *Ce se-*
« *rait avec plaisir et même avec enthousiasme que les*
« *Espagnols accepteraient votre majesté pour leur*
« *monarque, mais seulement après votre renoncia-*
« *tion à la couronne de France.* » Réponse imprévue et peu flatteuse pour les oreilles délicates de l'orgueilleux conquérant. Napoléon, poursuivant donc son dessein dès long-temps prémédité, et croyant que le moment d'agir était venu, voulut s'approcher du théâtre des événemens, et quitta Paris le 2 avril pour se rendre à Bordeaux.

Cependant Murat, qui se tenait éloigné de la nouvelle cour, annonçait chaque jour l'arrivée de son auguste beau-frère. Au palais on faisait des dispositions pour le recevoir, le *Retiro* se convertissait en salles de bal, et un maître-d'hôtel envoyé de Paris présidait à tous ces apprêts de fêtes. Pour tenir encore plus en éveil l'attention publique, on allait jusqu'à montrer la forme du chapeau et des bottes de cet empereur si désiré. Bien que, dans ces préparatifs et ces démonstrations, il y eût de la part des Français beaucoup d'affectation et de fausseté, il est probable que, sans la révolution née des mouvemens d'Aranjuez, Napoléon serait venu jusqu'à Madrid. Surpris par ce bouleversement subit, il prit le parti de chercher à Bayonne un expédient pour débrouiller les affaires compliquées de l'Espagne. Il en eut un tout prêt dans une correspondance engagée entre Murat d'une part, et le roi et la reine de l'autre; correspondance qui avait été amenée par l'ardent désir de délivrer Don Manuel Godoy, et de mettre ses jours en sûreté. La reine d'Etrurie y jouait un rôle médiateur, et Murat, qui croyait cette correspondance utile au dénoûment du drame préparé par Napoléon, quels que fussent ses projets définitifs, ne laissa pas échapper l'heureuse occasion que lui offrait le hasard. C'est d'elle que prit origine la fameuse protestation de Charles IV contre son abdication, acte qui servit de base à toutes les renonciations, et à tous les faits qui s'accomplirent plus tard à Bayonne.

Cette correspondance (1) prit naissance peu après le 16 mars. Déjà le 22, les deux reines, la mère et la fille, écrivaient avec un intérêt pressant en faveur du prisonnier Godoy, et la reine-mère déclarait sans détour qu'elle n'ambitionnait désormais d'autre bonheur que de finir ses jours dans le calme avec son époux et le seul ami qui leur restât. Charles IV écrivait, à la même date, dans le même sens, ajoutant qu'ils allaient se retirer à Badajoz. Il est à remarquer que ces lettres ne disent point que le roi eût protesté contre l'abdication du 19, et qu'elles n'offrent pas, dans leur contexture, un seul mot qui eût trait à un acte d'une si haute gravité. Cependant, lorsqu'en 1810, le *Moniteur* publia cette correspondance, il fit précéder ces lettres du 22 mars d'une autre lettre dans laquelle il était parlé de la protes-

---

(1) N° 4, App.

tation comme d'un fait accompli. Mais comme cette pièce se trouve sans date, et que, d'ailleurs, la reine y déclare qu'elle n'aspire qu'à s'éloigner avec son époux et Godoy des intrigues de la cour et du pouvoir, ce nous semble être un document singulièrement suspect. Il faut croire que la date ne fut omise que parce que la lettre avait été écrite postérieurement au 22, ou bien, ce qui n'est pas moins vraisemblable, qu'on intercala le passage relatif à la protestation, ce passage ne s'accordant point et impliquant même contradiction avec les désirs exprimés par la reine. La protestation parut avec la date du 21; mais les lettres du 22, et plusieurs autres assertions contraires qu'on trouve dans la correspondance, démontrent qu'elle fut volontairement antidatée, et que Charles IV n'eut l'intention réelle de protester que trois jours bien écoulés après son abdication.

La lecture attentive de toute la correspondance et ce que nous avons appris de personnes dignes de foi nous portent à croire que Charles IV ne se détermina à formuler sa protestation qu'après l'entrevue qu'il eut, ainsi que la reine, le 23 mars, avec le général Monthion, chef d'état-major de Murat. Sous quelque jour que ce général nous ait présenté cette conférence (1), et bien qu'il ait voulu nous insinuer que le roi et la reine étaient décidés d'avance à protester, toujours est-il que, jusque-là, Charles IV ne s'était pas adressé à Napoléon, et qu'il le fit alors en lui confiant de quelle manière il s'était vu forcé d'abdiquer, « *lorsque le bruit des armes et les clameurs d'une* « *garde soulevée lui avaient fait assez comprendre la* « *nécessité de choisir entre la vie et la mort; et sa mort,* « ajoutait-il, *devait être suivie de celle de la reine.* » Il terminait en remettant entièrement son sort entre

(1) *Voir* la note, n° 4, App.

les mains de son puissant allié. A la lettre était joint l'acte de protestation ainsi conçu : « Je proteste et « déclare que tout ce que j'exprime dans mon décret « du 19 mars, où j'abdique la couronne en faveur de « mon fils, a été forcé, afin d'éviter de plus grands « malheurs et d'empêcher l'effusion du sang de mes « sujets bien-aimés, et partant, que le dit décret est « nul et de nul effet. — Moi, le roi. — Aranjuez, le « 21 mars 1808. »

Des preuves accumulées que nous avons eues sous les yeux sur ce point délicat et important, nous conjecturons avec fondement que Charles IV, dont l'abdication fut regardée par le plus grand nombre comme un acte libre et spontané de sa volonté, auquel même, dans l'apathie et l'indolence de son caractère, il souscrivit momentanément avec joie, se voyant ensuite abandonné de tous, seul et privé de ces hommages qui avaient toujours environné son trône, comprit aussitôt la distance qui sépare le souverain armé du sceptre du souverain dépossédé. Il lui était amer, dans son triste isolement, de comparer ce qu'il avait été avec ce qu'il était, et il laissa bientôt percer le regret qu'il avait de sa résolution précipitée. Son repentir devint par la suite si constant et si vrai, que, non-seulement à Bayonne, il s'attachait à faire ressortir la contrainte qui lui avait été imposée, mais encore à Rome, en 1816, il répétait à tous les Espagnols qui l'allaient visiter et en qui il avait confiance, que son fils n'était point le légitime roi d'Espagne, et que lui seul, Charles IV, en était le véritable souverain. Le cœur de la reine n'était pas moins brisé et déchiré par le souvenir de son influence passée et de sa puissance perdue. Elle était révoltée de l'ingratitude de cet essaim de perfides courtisans, autrefois en apparence si dévoués et si fidèles, et elle se désespérait des dangers dont était menacée la tête qu'elle idolâtrait. Tous deux enfin regrettaient d'être descendus du trône, s'accusant eux-mêmes de l'excessive précipitation avec laquelle ils avaient cédé aux craintes d'une insurrection violente. Ils n'étaient point les premiers rois qui versaient des larmes tardives sur une puissance abandonnée.

Charles et Maria-Luisa, en proie aux regrets, et disposés à revenir sur ce qu'ils avaient inconsidérément, mais volontairement, accompli le 19, entrevirent un rayon d'espérance dans le respect et les égards dont ils étaient l'objet de la part des deux chefs principaux de l'armée étrangère. Alors, ils songèrent sérieusement à reconquérir leur autorité, en fondant surtout leur réclamation sur le puissant motif d'une abdication faite au sein d'un soulèvement populaire et au milieu d'une soldatesque insurgée. Murat, s'il ne fut pas le premier à suggérer cette idée, mit au moins tous ses soins à la soutenir, parce qu'entretenant ainsi la désunion dans la famille royale, il sapait par la base la légitimité du nouveau roi, et offrait à son gouvernement un moyen naturel de s'immiscer dans ces dissentions intérieures, alors surtout que le vieux roi dépossédé allait demander aide et assistance à son allié l'empereur des Français.

Tandis qu'il ourdissait cette trame, ou qu'au moins il la favorisait, Murat ne cessait d'annoncer l'arrivée prochaine de Napoléon, et faisait insinuer avec adresse à Ferdinand, par le moyen de ses conseillers, combien il serait convenable, pour aplanir tous les obstacles qu'on pourrait opposer à la reconnaissance de ses droits, qu'il prît les devans pour aller attendre l'empereur. De son côté, le nouveau gouvernement ne négligeait rien pour conquérir l'assentiment du cabinet français. Dès le 20 mars, le conseil avait été chargé de publier que Ferdinand VII, loin de changer le système politique de son père à l'égard de la France, mettrait tous ses soins à resserrer les précieux liens d'amitié et d'alliance établis entre les deux états ; on lui enjoignit encore expressément de recommander au peuple qu'il traitât bien l'armée française et lui fît partout bon accueil. De leur côté, les troupes de Galice, qu'on avait laissées à Oporto, reçurent l'ordre de rentrer, et l'on prescrivit à celles de Solano, qui étaient déjà en Estrémadure, en vertu des dernières dispositions de Godoy, de regagner le Portugal. Toutefois, celles-ci restèrent en grande partie à Badajoz, Junot ne se souciant pas d'avoir autour de soi des soldats dont la conduite ne méritait pas sa confiance.

Cependant, le peuple espagnol commençait à voir chaque jour d'un plus mauvais œil les étrangers dont l'arrogance augmentait avec la durée de leur séjour. C'étaient des querelles continuelles entre les bourgeois et les soldats français, et le 27 mars, par suite d'une de ces altercations plus vives et plus bruyantes qu'à l'ordinaire, il faillit éclater sur la place de la Cebada un véritable soulèvement dans lequel beaucoup de sang eût pu être répandu. La cour, cruellement embarrassée, cherchait à calmer l'inquiétude publique, tantôt par des proclamations, tantôt en faisant annoncer et répéter partout l'arrivée de Napoléon, qui mettrait un terme aux agitations et à l'incertitude ; et telle était sur ce point son illusion, que, le 24 mars, la population fut officiellement informée que « *S. M. avait avis que dans deux jours et demi ou* « *trois, l'empereur des Français arrivait à Madrid.* » Ainsi, l'on n'en était plus à compter seulement les jours, mais les heures ! Déplorable impatience, extravagante dans son expression, et humiliante pour un gouvernement qui pouvait, par l'énergie de ses mesures, se faire un appui ferme et sûr dans l'opinion nationale.

Chose inouïe ! plus la déception devenait évidente

à Madrid, plus la déloyauté du cabinet français se manifestait à tous les yeux, et plus le gouvernement espagnol s'obstinait dans son aveuglement et son incurie! Pour l'égarer et le perdre sans retour, il ne lui manquait plus que la présence de Don Juan Escoiquiz, qui arriva dans la capitale le 28 mars, ne voyant en Napoléon que l'illustre, le puissant, l'héroïque défenseur du roi Ferdinand VII et de ses partisans. Ebloui de son propre mérite, il pensa qu'il n'appartenait qu'à lui seul de trouver le secret de faire sortir triomphant de sa critique position son auguste disciple, et, sourd au cri de l'opinion et de la conscience publiques, il assuma sur lui une sévère et terrible responsabilité. Il est inouï, nous le répétons, que l'artifice et la perfidie qui frappaient tous les esprits, même les plus simples et les plus grossiers, échappassent inaperçus à la clairvoyance de Don Juan Escoiquiz et des principaux conseillers de la couronne, lesquels, par la nature même de leur position et par la supériorité de lumières qui les distinguait sans doute, auraient dû découvrir les premiers les piéges qu'on leur tendait. Mais, loin de là, les faits le plus propres à exciter leur méfiance, étaient précisément ceux qui les encourageaient et les rassuraient; rien ne l'atteste mieux que la dépêche de Izquierdo dont nous avons parlé dans le livre précédent. Les propositions qu'elle contenait et qui ne tendaient à rien moins qu'à céder les provinces au-delà de l'Ebre, et de régler la succession d'Espagne, sur laquelle il ne s'était jamais élevé dans le royaume l'ombre d'un doute, n'éveillèrent point les soupçons engourdis d'Escoiquiz ni de ses collègues. Ne s'arrêtant qu'à une seule clause de la dépêche, celle où était indiqué le projet de mariage entre Ferdinand et une princesse du sang impérial, ils s'imaginèrent que tout allait s'arranger dans les meilleurs termes ; et tel était l'égarement d'esprit d'Escoiquiz et des siens, que, dans son *Idea sencilla*, il n'hésite pas à affirmer que « son opinion, conforme à celle « du conseil du roi, avait été que ce qu'il y avait de « pire à craindre des intentions des Français, c'était « tout au plus l'échange des provinces au-delà de « l'Ebre contre le royaume du Portugal, ou peut-« être la cession de la Navarre ; » comme si la cession ou la perte de quelqu'une de ces provinces n'eût pas été un poignard aigu enfoncé presqu'au cœur même de la nation qui se démembrait ainsi, et restait ouverte aux attaques que pouvait diriger contre elle à coup sûr son puissant voisin.

La contagion d'un aveuglement si étrange avait gagné parmi les courtisans, et la crédulité de quelques-uns servit de jouet et de sujet de mystification aux serviteurs dévoués de l'empereur. Sous ce rapport, nul ne fut mieux partagé que le comte de Fernan-Nuñez, lequel, ambitionnant l'honneur des premières félicitations, avait laissé derrière lui ses compagnons de route pour aller recevoir Napoléon, et s'était avancé en toute diligence jusqu'à Tours. Non loin de cette ville, il se croisa sur la route avec M. de Bausset, préfet du palais, et il lui demanda avec une vive impatience si la fiancée du roi Ferdinand, cousine de l'empereur, approchait. A quoi celui-ci répondit que cette cousine n'était pas du voyage, et qu'il n'avait entendu parler ni de fiancée ni de noces. Là-dessus Fernan-Nuñez composa son maintien, prit un air de réserve et de mystère, et attribua la réponse du préfet du palais à une dissimulation affectée ou bien à ce qu'il n'était pas dans la confidence. Dans ces faits, tout insignifians qu'ils paraissent, se reflète néanmoins le caractère de ces hommes dont les étranges illusions amenèrent de si graves, de si immenses événemens.

Loin que la conduite de Murat contribuât à épaissir le voile qui dérobait la vérité aux ministres du roi, il agissait plutôt de façon à leur dessiller les yeux qu'à les entretenir dans leur erreur. Ses relations avec la reine d'Etrurie, la reine-mère et le vieux roi, allaient leur train, sans qu'il s'occupât le moins du monde de reconnaître Ferdinand, sans qu'il daignât même lui faire une visite de pure étiquette. Malgré ses dédains, il lui suffisait de manifester le moindre désir, pour que les ministres du nouveau roi s'empressassent de lui complaire et de le servir. Ce fut ainsi qu'ayant exprimé à Don Pédro Cévallos combien il lui serait agréable d'avoir en sa possession l'épée de François Ier, déposée à l'*armeria* royale, elle lui fut remise à l'instant. Le 4 avril, on la porta en grande pompe, au milieu d'un nombreux cortége, et elle fut présentée par le marquis d'Astorga, en qualité de grand-écuyer. Par cette démarche, aussi bien que par ses procédés antérieurs, le gouvernement espagnol fit preuve de faiblesse et de soumission; mais le gouvernement français montra bien de la petitesse d'esprit dans une demande si étrange pour une nation célèbre par ses exploits et ses gloires militaires, comme si les triomphes de Pavie, et l'immortel trophée remporté pour l'Espagne par ses illustres enfans Diego de Avila et Jean de Urbiéta, pouvaient jamais s'effacer de la mémoire des hommes.

Il s'en fallait bien que Napoléon fût satisfait de la conduite de Murat. Dans une lettre qu'il lui écrivit le 29 mars, il lui manifestait ses craintes, et d'une main habile et savante, il lui représentait combien l'affaire d'Aranjuez avait compliqué les choses. Ce document, s'il fut réellement écrit comme on le publia depuis, témoigne du tact profond et de la prévision extraordinaire de l'empereur, comme aussi du préjudice immense que la précipitation et les faux avis de Murat apportèrent à la prompte et heureuse issue de son entreprise. Cependant, outre les instructions renfermées dans cette lettre, il dut y en avoir d'autres en même temps qui indiquassent ou énonçassent plus clairement l'idée de faire passer en France les princes et la famille royale; car Murat, agissant dans cette vue et n'osant plus persister pour le moment dans ses premières insinuations, qui tendaient à déterminer Ferdinand à aller au devant de Napoléon, crut devoir proposer de faire partir à cet effet l'infant don Carlos. La cour y consentit sans difficulté, et l'infant quitta Madrid le 5 avril. A peine quelques jours, peut-être même quelques heures, se furent écoulés, que Murat en revint peu à peu à l'expression de son premier désir, que le roi Ferdinand se mît aussi en route, et qu'il se ménageât par cette démarche tout affectueuse les bonnes dispositions de son ami l'empereur Napoléon. L'ambassadeur français parlait dans le même sens et avec une insistance toute particulière, car il avait enfin compris que la politique de son maître dans les affaires d'Espagne était tout autre qu'il ne se l'était d'abord imaginé.

Mais le roi Ferdinand, voyant que l'infant son frère n'avait point rencontré Napoléon à Burgos, et qu'il avançait toujours sans savoir quel serait le terme de son voyage, hésitait à prendre son parti. Ses conseillers ne s'accordaient pas dans leurs opinions: Cévallos s'opposait au départ du roi jusqu'à ce qu'on connût officiellement l'entrée en Espagne de l'empereur des Français. Escoiquiz, constant dans son égarement, soutenait avec vivacité l'avis contraire, et malgré sa puissante influence, il l'aurait difficilement emporté dans l'esprit du roi, sans l'arrivée à Madrid du général Savary qui donna un nouveau poids à ses argumens, et entraîna ceux qui jusque-là étaient restés flottans et irrésolus. Savary, général de division et aide-de-camp

de l'empereur, se rendait à Madrid avec la mission d'amener Ferdinand à Bayonne, et avec pouvoir d'employer à cet effet tous les moyens qui lui sembleraient convenables. Ce fut l'homme qu'on jugea le plus apte à conduire à bien une entreprise aussi délicate, parce que, sous les dehors d'une franchise toute militaire, il savait cacher une rare dissimulation et une astuce profonde. A peine eut-il, pour ainsi dire, mis pied à terre, qu'il sollicita une audience particulière de Ferdinand; il l'obtint, et il déclara avec une apparente sincérité « *qu'il venait de la part de l'empereur pour compli-*
« *menter le roi, et pour apprendre de la bouche de*
« *S. M. si ses sentimens à l'égard de la France étaient*
« *les mêmes que ceux du roi son père; auquel cas l'em-*
« *pereur, sans revenir sur ce qui s'était passé, et sans*
« *se mêler en rien de l'intérieur du royaume, reconnaî-*
« *trait immédiatement S. M. pour roi d'Espagne et*
« *des Indes.*» L'on devine aisément quelle réponse on devait attendre d'une cour toute préoccupée du désir d'obtenir la reconnaissance de l'empereur des Français. Savary annonça l'arrivée prochaine de son souverain à Bayonne, d'où il se rendrait à Madrid, et un instant après, il insista pour que Ferdinand se rendît au devant de lui, afin, disait-il, qu'il prouvât par cette démarche son ardent désir de resserrer les nœuds de l'ancienne alliance qui existait entre les deux nations; il assurait d'ailleurs que cette absence serait d'autant moins longue que Ferdinand se rencontrerait à Burgos avec l'empereur. Le roi, vaincu par tant de promesses et de rassurantes paroles, céda enfin aux désirs de Savary, qui était soutenu et appuyé par la plupart des ministres et conseillers espagnols.

Il est certain que la démarche du général français était faite pour jeter de l'irrésolution dans l'âme la plus ferme et la plus résolue, s'il n'y eût pas eu le contre-poids des circonstances puissantes qui en détruisaient la force apparente. C'était d'ailleurs agir avec une précipitation outrée et compromettre la dignité du roi, que de l'envoyer ainsi à la recherche de Napoléon, avant de connaître d'une manière authentique et officielle son voyage en Espagne, qu'on n'avait encore appris que verbalement et par voie indirecte. Il convenait de procéder avec plus de circonspection et de lenteur dans une affaire qui intéressait l'honneur du monarque, la sûreté de sa personne et le sort de la nation, alors surtout que tant de perfidies avaient précédé, que la conduite de Murat était si suspecte, et qu'au lieu de reconnaître Ferdinand, il ne s'inquiétait que de continuer des intrigues secrètes avec l'ancienne cour. Mais l'aveugle Escoiquiz poursuivait son idée fixe, ne voyant dans les faits antérieurs aucun symptôme de trahison, et ne considérant les intrigues de Murat que comme des actes de pure obligeance, contraires aux intentions de Napoléon. Sourd à la voix du peuple, sourd au conseil des hommes prudens, sourd à tout ce qui se disait dans toute l'armée étrangère, et se répétait dans les cercles et sur la voie publique, il s'entêta dans sa première opinion, à laquelle il ramena même la plupart des ministres, donnant au monde l'étonnant exemple de la plus opiniâtre et la plus extravagante présomption, entretenue sans doute par des vues personnelles d'ambition et de grandeur.

Il y eut encore, pour commander la méfiance, ce fait remarquable, que Don José Martinez de Hervas, qui, comme Espagnol et par conséquent versé dans la connaissance de sa langue natale, avait accompagné le général Savary, donna avis que l'on tendait un piége au roi, et que le prince agirait prudemment en renonçant au voyage, ou du moins en le différant. Mais, ô comble d'aveuglement! ceux-là même qui se fiaient inconsidérément aux paroles d'un étranger, le général Savary, regardèrent comme suspect le louable avertissement du loyal Espagnol. Et comme si ce n'eût pas été assez de ces indices, le même Savary donna lieu encore à de nouveaux soupçons en demandant, par ordre de l'empereur, la mise en liberté de l'ennemi déclaré et implacable du nouveau gouvernement, de l'odieux Godoy. Cette requête intempestive déplut cependant, et peut-être même aurait-elle mis entrave au voyage, si le général français, à la prière de l'Infantado et d'O-Farril, n'eût abandonné sa demande.

S'obstinant donc dans leur détermination, et tristes jouets d'une fatalité ennemie, les conseillers de Ferdinand fixèrent le départ du roi au 10 avril, et ce même jour, S. M. quitta Madrid et prit la route de Somosierra pour se rendre à Burgos. Il était accompagné du ministre des affaires étrangères, Don Pédro Cévallos, des ducs del Infantado et de San-Carlos, du marquis de Muzquiz, de Don Pédro Labrador, de Don Juan Escoiquiz, du capitaine des gardes du corps, comte de Villariezo, et des gentilshommes de la chambre, marquis de Ayerbe, de Guadalcazar et de Féria. La veille, Ferdinand avait écrit à son père en lui demandant une lettre pour l'empereur; il le suppliait d'assurer Napoléon des bons sentimens qui l'animaient à son égard, car il était disposé à continuer avec la France les mêmes relations d'amitié et d'alliance qui existaient sous le règne précédent. Il n'obtint de Charles IV ni la lettre, ni même une réponse, sous le faux prétexte que le vieux roi était déjà couché. Signal précurseur de ce qui se préparait en secret.

Avant son départ, Ferdinand ordonna la formation d'une junte suprême de gouvernement présidée par son oncle l'infant Don Antonio, et composée des ministres du roi, qui étaient alors : Don Pédro Cévallos, qui accompagnait le prince, aux affaires étrangères; Don

Francisco Gil y Lemus, à la marine; Don Miguel-José de Azanza, aux finances; Don Gonzalo O-Farril, à la guerre; et Don Sébastian Piñuela, à la justice. Cette junte, d'après les instructions verbales du roi, devait s'occuper de tout ce qui avait trait à l'administration, et expédier les affaires d'urgence; pour tout le reste, elle devait s'entendre avec S. M.

Laissons un instant le roi et ses conseillers suivre le chemin de Bayonne, et arrêtons-nous à examiner encore une fois une résolution si inconsidérée. Escoiquiz, dans le triste tableau que trace son ouvrage de la situation du royaume, et qu'il présente comme sa justification, serait fondé en raison, si alors il se fût agi de mesurer les forces militaires de l'Espagne et ses ressources pécuniaires avec celles de la France, comme pour une guerre d'armée à armée et de gouvernement à gouvernement. Il convenait parfaitement au prince de la Paix d'établir ses calculs sur de telles bases, lui qui ne pouvait s'appuyer sur les sympathies du pays. Mais quelle différence dans la position de Ferdinand, alors que l'enthousiasme excité par son avénement était si prodigieux qu'un ministre habile et entendu, au lieu de se régler sur les erremens vulgaires de la froide raison, pouvait et devait compter sur les efforts et le patriotisme de la nation entière, qui, à la voix de Ferdinand, se fût levée comme un seul homme pour défendre ses droits contre l'usurpation étrangère! Et les forces d'une nation qui se soulève unanime sont aussi grandes, aussi incalculables aux yeux du véritable homme d'état, que le sont les forces naturelles pour le génie du mécanicien. Ainsi pensait Napoléon lui-même, qui, dans sa lettre à Murat en date du 29 mars, citée plus haut, disait : « La révolution du 20 mars prouve qu'il
« y a de l'énergie chez les Espagnols. Il y aura à lut-
« ter contre un peuple nouveau, plein de courage, et
« contre l'enthousiasme naturel à des hommes que

« les passions politiques n'ont pas gâtés... » Et plus bas.... « Il y aura des soulèvemens en masse qui éter-« niseront la guerre.... » Jugement profond et pénétrant qui forme un étonnant contraste avec l'esprit superficiel et le manque de tact d'Escoiquiz et de ses acolytes. C'était d'ailleurs donner trop d'importance à une démarche de pure étiquette, que de s'imaginer que la politique d'un homme comme Napoléon, dans une affaire aussi majeure, pourrait se modifier ou s'altérer parce qu'il rencontrerait le roi quelques lieues plus près ou plus loin; bien au contraire, il ne pouvait y avoir qu'un appât à son ambition dans un voyage qui révélait tant d'imprévoyance et de faiblesse. On cède quelquefois en politique à un acte de magnanimité ou d'héroïsme, jamais à des sollicitations misérables et lâches.

Dans les villes, les bourgs et les villages que le roi eut à traverser, il fut accueilli avec des transports inexprimables, la fidélité et l'amour des habitans éclatant à l'envi par les démonstrations les plus signalées. Il entra à Burgos le 12 avril, sans que là, ni plus loin, on eût la moindre nouvelle de l'empereur des Français. On délibéra dans cette ville sur le parti qu'il y avait à prendre; le général Savary renouvela encore ses promesses et ses artifices, et de nouveau l'on arrêta que le roi avancerait jusqu'à Vitoria. Ainsi ces mêmes malchanceux conseillers qui, sans traité préalable, sans aucune négociation formelle, mais obéissant seulement à de simples insinuations indirectes, avaient conduit Ferdinand jusqu'à Burgos, les voilà qui le conduisent de même à Vitoria, l'entraînant par monts et par vaux à la recherche d'un souverain étranger pour mendier sa reconnaissance et son appui, comme si ce fût chose nécessaire et glorieuse pour un roi qui avait pris possession du trône au milieu de l'assentiment universel, et dont la légitimité et la puissance avaient un soutien naturel et une base inattaquable dans l'amour et les sympathies unanimes de ses peuples!

Le roi arriva à Vitoria le 14. Napoléon, qui s'était arrêté quelques jours à Bordeaux, arriva à Bayonne dans la nuit du 14 au 15; l'infant Don Carlos, à qui l'on en porta aussitôt la nouvelle, s'y achemina aussi de Tolosa où il était resté jusqu'alors. Savary, sachant que l'empereur approchait de la frontière, et s'apercevant que ses artifices étaient usés, et qu'il ne pouvait plus faire de dupes s'il n'avait recours à d'autres moyens, prit le parti de se rendre à Bayonne, emportant avec lui une lettre de Ferdinand pour Napoléon (1). Le roi ne tarda pas à recevoir la réponse, qui lui fut rapportée à Vitoria, le 17, par Savary lui-même, et qui était conçue en termes tels qu'il n'en fallait certainement pas davantage pour détromper les plus crédules. Cette lettre répondait en effet à la dernière de Ferdinand, et en partie aussi à celle qu'il avait écrite le 11 octobre de l'année précédente. Semée de vérités durement exprimées, on ne surprenait pas un mot qui liât l'empereur, qui lui fît contracter le moindre engagement; il laissait tout dans le doute, seulement il donnait quelques espérances relativement au mariage tant souhaité. On y remarquait notamment cette injurieuse assertion, que Ferdinand « *n'avait d'autres droits au trône que ceux que lui avait transmis sa mère;* » parole flétrissante pour l'honneur de la reine, et non moins honteuse pour celui qui l'écrivait qu'offensante pour celui à qui elle était adressée. Eh bien! cette lettre si peu circonspecte, si hautaine et si hardie, ravit le chanoine Escoiquiz, qui était tout heureux de la vague promesse du mariage. Nous avons alors vu ce qu'il écrivait de Vitoria à un de ses amis, et les termes lui manquaient pour rendre grâces au tout-puissant de l'heureuse issue que la lettre de Napoléon pronostiquait à ce voyage.

(1) N° 5, App.

Décidément, son aveuglement obstiné se tournait en démence.

Secondé par la lettre, Savary redoubla d'efforts et finit par dire au roi : « Je veux qu'on me coupe la « tête si un quart d'heure après l'arrivée de V. M. à « Bayonne, vous n'êtes pas reconnu par l'empereur, « roi d'Espagne et des Indes... Pour soutenir son sys-« tème; il commencera sans doute par vous donner « le titre d'altesse, mais au bout de cinq minutes, il « arrivera à celui de majesté ; dans trois jours tout « sera réglé, et V. M. pourra rentrer en Espagne « immédiatement. » Trompeuses et perfides paroles qui achevèrent de déterminer le roi à poursuivre son voyage jusqu'à Bayonne.

Cependant il y eut des Espagnols plus méfians ou mieux avisés, qui, n'ajoutant pas foi à de semblables promesses, proposèrent divers moyens pour faire échapper le roi à Vitoria. On eût pu parvenir encore à le mettre en sûreté, quoique les obstacles ne fissent que croître de jour en jour. Les Français avaient redoublé de vigilance, et non contens des quatre mille hommes qui occupaient Vitoria sous les ordres du général Verdier, ils avaient augmenté la garnison, principalement avec de la cavalerie envoyée de Burgos. Savary avait ordre d'enlever le roi dans la nuit du 18 au 19, s'il ne se montrait pas disposé à se rendre en France de bon gré. Soigneux de remplir sa mission, il se tenait toujours sur ses gardes et faisait sévèrement épier la maison qu'habitait Ferdinand. Toutefois, en dépit de l'activité de son zèle, l'évasion était facile si Ferdinand se fût décidé à embrasser ce parti. Don Mariano-Luis de Urquijo, qui était parti de Bilbao pour le complimenter à son passage à Vitoria, proposa, d'accord avec l'alcade Urbina, un moyen pour le faire évader de nuit sous un déguisement. Il y eut aussi plusieurs autres projets ; mais entre tous, celui que proposa le duc de Mahon est digne d'une mention particulière, comme le plus exécutable et le plus sûr. D'après ce plan, le roi serait sorti de Vitoria par le chemin de Bayonne, et cette direction n'éveillant point la méfiance des Français, il aurait suivi ainsi jusqu'au village de Bergara, où, quittant la grande route, il devait se jeter du côté de Durango et gagner le port de Bilbao. Le duc ajoutait que l'évasion serait protégée par un bataillon de l'*Immémorial* du roi, qui résidait à Mondragon, et dont il garantissait la fidélité. Escoiquiz, que nous sommes sûrs de rencontrer toutes les fois qu'il s'agira d'éloigner le roi de Bayonne et de le soustraire aux piéges dont on l'entourait, déclara que « *ce n'était pas nécessaire après* « *les grandes preuves d'amitié que S. M. avait reçues* « *de l'empereur.* » Et ces *grandes preuves*, c'était la lettre qu'on connaît. Le duc de Mahon n'en persista pas moins dans sa proposition, la veille même du départ de Bayonne, où tous les soupçons s'étaient gravement fortifiés par l'arrivée de trois cents grenadiers à cheval de la garde. Mais quand il voulut parler, Escoiquiz, lui mettant la main sur la bouche, prononça ces paroles remarquables : « *C'est une affaire terminée;* « *demain nous partons pour Bayonne : l'on nous a* « *donné toutes les assurances que nous pouvions désirer.* »

Enfin, il fut question de partir. Le peuple le sut; il s'ameuta devant l'hôtel où logeait le roi, coupa les traits des mules et remplit l'air de protestations d'amour et de fidélité, suppliant le roi d'entendre ses justes craintes. Tout fut inutile. A peine eut-on calmé à grand'peine ce mouvement populaire, qu'on publia un décret dans lequel Ferdinand affirmait « *qu'il* « *était assuré de la sincère et cordiale amitié de l'em-* « *pereur des Français, et qu'avant quatre ou six jours,* « *son peuple rendrait grâces à Dieu et à la prudence*

« de S. M. de l'absence qui était actuellement l'objet
« de ses inquiétudes. »

Le roi partit de Vitoria le 19 avril, et arriva le même jour à Irun presque seul, le général Savary ayant été retardé en route par un accident survenu à sa voiture. Il prit pour logement la maison de M. Olazabal, située hors la ville, où tenait garnison un bataillon du régiment d'Afrique décidé à obéir avec dévoûment aux ordres de Ferdinand. La Providence semblait vouloir à chaque pas l'avertir du danger, et à chaque pas, elle lui offrait des moyens de salut. Mais une aveugle fatalité poussait le roi vers le précipice. Savary avait tellement peur de voir sa précieuse proie lui échapper, alors même qu'il la tenait le mieux, qu'il arriva à Irun tout effrayé et tout en émoi.

Le 20, le roi passa la Bidassoa avec toute sa suite, et il entra à Bayonne ce même jour, à dix heures du matin. Personne n'alla au devant de lui le recevoir au nom de Napoléon. Au-delà de Saint-Jean-de-Luz, il avait rencontré les trois grands d'Espagne qui avaient été envoyés pour complimenter l'empereur. Ils lui donnèrent de tristes nouvelles ; car, la veille au matin, ils avaient entendu dire de la bouche même de Napoléon que les Bourbons avaient cessé de régner en Espagne. Nous ignorons pourquoi ils ne mirent pas plus d'empressement à communiquer au roi cet important avis, qui eût pu facilement lui parvenir à Irun. Peut-être en furent-ils empêchés par l'étroite surveillance dont ils étaient l'objet. Ce propos des trois commissaires jeta l'abattement dans tous les esprits, découragés d'ailleurs en voyant le peu d'égards que Napoléon témoignait pour le roi Ferdinand, qu'il avait laissé s'approcher de Bayonne dans un isolement complet, sans daigner envoyer à sa rencontre aucun personnage élevé en dignité pour le complimenter et lui rendre hommage ; car ce ne fut qu'aux portes mêmes de la ville qu'il reçut les félicitations de l'empereur, par l'organe du prince de Neufchâtel et de Duroc, grand-maréchal du palais. L'étonnement de Napoléon fut si grand en apprenant le voyage de Ferdinand à Bayonne, sans qu'il l'y eût spécialement invité, que, sur la nouvelle qu'un de ses aides-de-camp lui donna de sa prochaine arrivée, il s'écria : « *Comment !... il vient ?... mais non, ce n'est pas possible.....* » Il ne connaissait pas encore personnellement les conseillers du roi d'Espagne.

Après le départ du roi, Murat, poursuivant son but essentiel, qui était de fomenter les intrigues préparées par les inimitiés et le dépit de l'ancienne cour, rendit plus fréquente la correspondance qu'il avait engagée avec elle. Jusqu'alors il n'avait pas eu d'entrevue avec le vieux roi et la reine-mère, et les communications n'avaient eu lieu que par l'entremise de ses aides-de-camp et de la reine d'Étrurie. On avait vu toujours de très-mauvais œil les liaisons secrètes de cette dernière, qui s'y était prêtée surtout par l'ambition de conquérir une couronne à son fils, bien que ses efforts à cet égard demeurèrent en pure perte. La correspondance eut d'abord pour objet l'affaire qui intéressait le plus Murat et son gouvernement, la protestation de Charles IV ; puis, la reine et son époux s'y abandonnèrent à leur tendre sollicitude pour Godoy, si puissamment excitée par l'affreuse situation de leur ami, *du pauvre prince de la Paix*, comme dit Maria-Luisa à chaque phrase de ses lettres. En lisant cette correspondance, on se demande de quoi l'on doit s'étonner le plus, ou de la constante passion de la reine pour le favori, ou de l'aveugle amitié du roi. L'un et l'autre, ils confondaient si bien leur sort avec celui du malheureux captif, que la reine disait : « *Si le prince de la Paix n'est pas*

« *sauvé, ou qu'on ne nous accorde point de vivre avec*
« *lui, c'en est fait de mon mari et de moi.* » L'histoire
doit prêter son attention la plus sérieuse à une grande
partie de cette correspondance, notamment à quelques-unes des lettres de la reine-mère. En faisant la
part de la colère et du dépit qui en ont dicté certains
passages, elles jettent, dans leur ensemble, une vive
lumière sur les faits importans de l'époque, et peignent au naturel, et avec des couleurs malheureusement trop vraies, le caractère de divers personnages
de ce temps. Dans les événemens postérieurs, nous
aurons la douleur de nous convaincre avec quelle
fidélité et quelle connaissance des originaux la reine
Maria-Luisa dessine quelques-uns de ces portraits.
L'ancienne cour, depuis le mois de mars, vivait à
Aranjuez, ayant auprès d'elle, pour former sa garde,
les troupes de la *casa real*. On y avait joint un détachement des troupes de l'armée française, aux ordres du général Watier, sous le prétexte de protéger
les vieux souverains (*los reyes padres*), et d'accréditer davantage l'opinion que l'acte d'abdication leur
avait été arraché par la violence. Le 9 avril, ils passèrent à l'Escurial, par l'insinuation de Murat, dont
le but était de les rapprocher de la route de France.
Là, ils n'eurent d'autre garde que des troupes françaises et des carabiniers royaux.

A Madrid, à peine le roi était-il parti, que Murat,
s'adressant à la junte, demanda avec instance qu'on
lui livrât Don Manuel Godoy, affirmant qu'il en était
ainsi convenu avec Ferdinand, la veille même, chez la
reine d'Etrurie : assertion d'autant plus douteuse, que,
bien qu'ils se fussent rencontrés chez cette princesse,
il paraît avéré qu'ils ne se dirent pas un mot, ni l'un
ni l'autre ne voulant être le premier à rompre le
silence. La junte refusait de rendre la liberté au
prisonnier; mais Murat menaça d'employer la force,

s'il ne lui était remis à l'instant même. Il avait vivement à cœur d'être maître de Godoy, qu'il considérait comme un instrument nécessaire pour influencer à Bayonne les déterminations des vieux souverains, à qui, d'ailleurs, il avait promis sa liberté dans les premières entrevues qu'il venait d'avoir avec eux à l'Escurial. La junte se borna alors à mander au conseil, par une disposition du 13 avril, de suspendre le procès intenté contre Don Manuel Godoy, jusqu'à nouvel ordre de S. M., qu'elle consulta, en effet, par l'entremise de Don Pédro Cévallos. La position de la junte était, en vérité, fort critique, vouée d'une part à l'indignation publique, si elle relâchait son prisonnier, ou bien exposée aux ressentimens du bouillant Murat, si elle le retenait. Don Pédro Cévallos répondit, de Vitoria, qu'on avait écrit à l'empereur, et qu'on lui avait promis d'user de clémence envers Godoy, et de lui faire grâce de la vie, dans le cas où il fût condamné à la peine capitale. Il suffit à Murat de cette réponse pour réclamer, le 20 avril, avec plus d'insistance l'élargissement du prisonnier, afin de l'envoyer en France, et le général Belliard, parlant en son nom, dans sa dépêche à la junte, disait faussement et avec une insultante dérision : « Cette « résolution seule de S. M. I. sera pour le gouverne- « ment et la nation espagnole une nouvelle preuve « de l'intérêt que l'empereur prend à l'Espagne ; car, « en éloignant le prince de la Paix, son intention « est d'ôter à la malveillance tout prétexte de croire « possible que Charles IV rende le pouvoir et sa con- « fiance à celui qui doit les avoir perdus à jamais. » C'est ainsi qu'on écrivait à une autorité établie par Ferdinand, et qui ne reconnaissait point Charles IV ! La junte accéda, enfin, à la demande de Murat, malgré la vive opposition du ministre de la marine, Don Francisco Gil y Lemus. On se railla beaucoup de la condescendance de ce corps; il n'en est pas moins vrai que les circonstances étaient si critiques, qu'on fût parvenu bien difficilement à empêcher la remise de Don Manuel Godoy. Dès qu'elle eut été accordée, les ordres nécessaires furent transmis au marquis de Castelar, lequel, soupçonnant quelque nouvel artifice de la part des Français, voulut, avant d'obéir, aller à Madrid s'assurer de la vérité de la bouche même du président, l'infant Don Antonio. L'honorable et scrupuleux général, en entendant la confirmation de ce qu'il avait tenu pour faux, offrit sa démission en demandant que ce ne fût point par les gardes du corps que le prisonnier fût livré, mais par les grenadiers provinciaux; à quoi l'infant répliqua tout naïvement que « *de la remise de Godoy dépendait, pour son neveu, la conservation de la couronne d'Espagne.* » A cette raison puissante, Castelar s'inclina, et, ce même jour, 20 avril, à onze heures du soir, il fit sortir le prisonnier, qu'il remit entre les mains du colonel français Martel. On lui fit prendre sans retard le chemin de Bayonne, où il arriva le 26 avec une escorte française, et en compagnie de son frère Don Diego, qui s'était réuni à lui peu après son élargissement. Il alla s'établir dans une maison de campagne qu'on avait disposée pour lui, à une lieue de la ville, et il eut bientôt une longue conférence avec Napoléon. Si le roi ne désapprouva pas la conduite de la junte, il se garda d'y applaudir, et il affectait même de faire l'éloge de la résistance du conseil qui n'avait pas acquiescé à la demande de Murat. Dans une affaire aussi grave, chacun chercha à justifier sa conduite, et principalement le marquis de Castelar, estimable et digne militaire qui, à cet effet, n'envoya pas moins de trois émissaires auprès du roi : son second, le brigadier Don José Palafox; son fils, le marquis de Belveder, et l'adjudant Butron.

Ce fut ainsi, et comme par miracle, que Godoy se vit enlever à une mort affreuse et presque certaine.

Pendant tout ce temps, Murat n'avait cessé d'importuner et de fatiguer la junte de prétendus griefs et de réclamations sans fondement. Le 16, il avait fait appeler O-Farril pour se plaindre, avec aigreur, soit d'assassinats, soit de certains armemens qui se faisaient en Aragon. Ce n'était que purs prétextes pour en venir à quelque chose de plus sérieux, et il finit, en effet, par lui révéler le véritable objet de l'entrevue, qui était que l'empereur ne reconnaissait en Espagne d'autre roi que Charles IV; que lui, Murat, avait reçu ses ordres à cet égard, et qu'il allait se mettre en devoir de publier une proclamation dont il lui donna à lire le manuscrit. Elle était censée émaner du vieux roi; il y affirmait que son abdication avait été le résultat de la crainte, ainsi qu'il en avait informé son allié l'empereur des Français, dont l'approbation et l'appui lui étaient assurés, pour reconquérir son trône. O-Farril, confondu de ce qu'il venait d'entendre, en instruisit la junte, qui le dépêcha de nouveau vers Murat, avec Azanza, pour éclaircir et discuter à fond les motifs d'une aussi étrange résolution. Murat, assisté du comte de Laforest, persista dans sa résolution, et consentit seulement à attendre l'ultimatum de la junte, qui lui répondit verbalement, et par l'organe des mêmes envoyés, « 1° que ce n'était point le grand-duc, mais bien « Charles IV qui devait lui communiquer sa détermi-« nation; 2° qu'aussitôt cette communication faite, « elle se bornerait à en informer Ferdinand VII; « 3° elle demandait que, puisque Charles IV était sur « le point de partir pour Bayonne, on gardât là-dessus « le plus grand secret, et qu'il n'exerçât pendant le « voyage aucun acte de souveraineté. » Murat se rendit de suite à l'Escurial; il s'entendit avec les vieux souverains, et Charles IV écrivit à son frère, l'infant Don Antonio, une lettre dans laquelle il assurait que son abdication du 19 mars avait été forcée, et que, le jour même, il avait solennellement protesté contre cet acte (1). En renouvelant maintenant sa première déclaration, il confirmait provisoirement la junte dans son autorité, de même que tous les fonctionnaires nommés depuis le 19 mars dernier, et il annonçait son prochain départ pour aller conférer avec son allié l'empereur des Francais. Il est à remarquer que, dans cette lettre, Charles IV prétend avoir protesté solennellement le 19, tandis que, depuis, il donna à sa protestation la date du 21, qui, nous l'avons déjà fait observer, était en contradiction avec des lettres qu'il écrivit postérieurement. Nouvelle et notable preuve de la précipitation avec laquelle on procéda dans toute cette affaire, et du peu de concert qui régnait entre ceux qui se mêlèrent de la régler. Que la protestation eût été écrite le jour même de l'abdication ou depuis, puisque Charles IV et ses confidens étaient seuls maîtres du secret, ils auraient dû, au moins, rétablir l'accord entre certaines dates, dont la choquante contradiction devait discréditer un acte de telle importance, quand, d'ailleurs, la validité ou la force de la protestation ne résultait point de ce qu'elle aurait eu lieu le 19, le 21 ou le 23, mais seulement du défaut de libre volonté qui, selon eux, aurait accompagné le fait de l'abdication. Et, à cet égard, comme cet acte s'était accompli au sein des troubles et des mouvemens populaires, il ne pouvait y avoir de juge compétent que Charles IV; or, sa situation n'ayant point changé, dans les trois jours qui suivirent, au point que son silence pût être attribué à une approbation bien positive de cette mesure, il était toujours en position d'alléguer avec

(1) N° 6, App.

fondement qu'environné des mêmes dangers, il n'avait pas osé rédiger un acte dont la découverte eût excessivement compromis sa personne et celle de son épouse. On ne songea à rien de tout cela. Il semble qu'on eût cru s'arrêter à des bagatelles, tandis que, pour atteindre le but qu'on se proposait, il suffisait d'un fait, celui de la protestation. Après avoir expédié un acte semblable à Napoléon, Charles IV, accompagné de la reine et de la fille du prince de la Paix, se mit en route pour Bayonne, le 25 avril, escorté par les troupes françaises et les carabiniers royaux, les mêmes qui avaient formé la garde à l'Escurial. Il est facile de se figurer les angoisses de l'infant et de la junte au milieu de ces faits nouveaux qui obscurcissaient et troublaient de plus en plus l'horizon politique.

Le départ de Godoy, les entrevues de Murat avec les vieux souverains, le ton arrogant de la plupart des officiers français et de leurs troupes, augmentaient l'irritation des esprits, et à chaque instant la tranquillité publique menaçait d'être compromise, tant à Madrid que dans les communes occupées par les étrangers. Un incident aggrava dans la capitale un état si critique. Murat avait promis à la junte de tenir cachée la protestation de Charles IV ; mais, au mépris de sa parole, le secret en fut bientôt divulgué, soit par ses propres indiscrétions, soit par le zèle malentendu de ses subordonnés. Le 20 avril, se présenta au conseil l'imprimeur Eusebio Alvarez de la Torre pour lui donner avis que deux agens français étaient venus chez lui faire imprimer une proclamation de Charles IV. Le bruit s'en était déjà répandu dans la population, et le soir, il y aurait eu infailliblement grand tumulte, sans la prudence du conseil qui avait eu le soin d'envoyer à l'avance à l'imprimerie l'alcalde *de casa y corte* Don Andres Roméro, qui surprit les deux Français Funiel et Ribat nantis des épreuves de la proclamation. Ce magistrat voulut les arrêter, mais ils refusèrent d'obéir, et même de faire une déclaration quelconque, sans un ordre préalable de leur chef, le général Grouchy, gouverneur français de Madrid. Le peuple irrité se porta en foule vers l'imprimerie, et l'alcalde, craignant qu'en sortant les deux Français ne fussent victimes de la fureur populaire, les y laissa en état d'arrestation jusqu'à la détermination du conseil, qui, n'osant prendre sur lui la responsabilité de la mesure, en référa à la junte ; mais celle-ci, craignant également de se compromettre, les fit mettre en liberté, en exigeant seulement de Murat qu'il promît de nouveau qu'à l'avenir de pareilles tentatives ne se renouvelleraient point : tant étaient faibles et irrésolues les deux autorités qui disposaient alors du sort et de l'honneur du pays. L'élargissement de Godoy et ce qui venait de se passer à l'imprimerie, chose en apparence peu importante, furent deux événemens qui indisposèrent vivement l'esprit public contre les Français. Dans le dernier fait éclatait le désir manifeste de replacer Charles IV sur le trône et de renouveler ainsi les plaies cruelles et récentes de l'ancien gouvernement; le premier fait enlevait aux mains de la justice, pour le rendre à l'impunité, l'homme qui était en exécration à la nation entière.

L'inquiétude publique n'était point circonscrite à Madrid. Le 21 avril, la tranquillité fut aussi troublée à Tolède par l'imprudence de l'adjudant-général Marcial Tomas, qu'on y avait envoyé pour disposer des logemens aux troupes françaises. Il s'expliquait sans déguisement contre l'avénement de Ferdinand VII, et affirmait que Napoléon était décidé à faire restituer la couronne à Charles IV. Ces propos circulant dans le public, occasionèrent une violente émeute. Le peuple s'attroupa sur la place de Zocodover, et se mit à parcourir les rues en armes, promenant le portrait de

Ferdinand, devant lequel tout le monde, Français ou Espagnols, devait s'incliner. La maison du corrégidor Don José-Joaquin de Santa-Maria, et celles des citoyens Don Pédro Segundo et Don Luis del Castillo, furent envahies, et tous les meubles et effets livrés aux flammes, parce qu'on soupçonnait à ces individus de l'attachement pour le favori et pour Charles IV, crime alors impardonnable dans l'opinion populaire. Le désordre dura deux jours. Il fut apaisé par le conseil municipal et par la présence du général Dupont, qui arriva d'Aranjuez le 26 avec des forces suffisantes. Des troubles semblables eurent lieu à Burgos dans le même temps, provoqués par l'arrestation d'un courrier espagnol qu'opérèrent les Français. L'intendant, marquis de la Granja, fallit périr aux mains de la populace, et il y eut à cette occasion plusieurs blessés.

S'appuyant sur ces désordres, toujours excités par l'imprudence ou l'audace des Français, certain d'ailleurs que Ferdinand avait franchi la frontière, Murat prit un ton hautain et impérieux, exagérant les griefs et se rendant importun par ses réclamations. Il avait si peu de déférence pour la junte, la suprême autorité de la nation, qu'en des occasions graves il agissait sans se mettre en peine d'avoir son assentiment. Ainsi, Bonaparte voulant réunir à Bayonne une députation d'Espagnols, pour pouvoir traiter en terre étrangère des affaires intérieures du pays, comme il avait fait à Lyon à l'égard de l'Italie, Murat communiqua cette résolution à la junte souveraine, afin qu'elle se chargeât des choix à faire et qu'elle réglât le mode de convocation; mais lorsqu'au milieu de ses angoisses, elle allait s'occuper de délibérer sur la matière, elle vint à apprendre que le grand-duc Murat avait nommé de son chef quelques personnes pour cet objet, lesquelles, refusant de se rendre en France sans ordre ou sans passeport de leur gouvernement, l'obligèrent à s'adresser à la junte même pour les obtenir. Et celle-ci, qui devenait plus humble à mesure que le Français affichait plus d'insolence, se crut obligée de les délivrer.

Nous reviendrons plus tard sur la réunion qu'on indiquait devoir se tenir à Bayonne. Il convient maintenant que nous arrêtions notre attention sur la conduite de la junte suprême, autorité qui resta à la tête de la nation, et la gouverna, jusqu'au moment où de grands et glorieux soulèvemens limitèrent sa lâche domination à Madrid et aux lieux occupés par les Français. Quoique son mandat n'ait pas été de longue durée, elle varia dans sa composition, soit par le nombre de membres qu'on lui adjoignit dans la suite, soit par le changement et les modifications essentielles qu'elle subit quand Murat vint à la présider. Renfermons-nous, quant à présent, dans la période remplie par son action gouvernementale, qui s'étend jusqu'aux premiers jours de mai. Elle se composait alors des hommes déjà désignés, sous la présidence de l'infant Don Antonio, et l'on voyait assister fréquemment à ses séances le prince de Castel-Franco, le comte de Montarco et Don Arias Mon, gouverneur du conseil. En vertu d'une résolution prise par elle-même, elle s'adjoignit, le 1er mai, tous les présidens et doyens des conseils, et nomma pour son secrétaire le comte de Casavalencia. Dans sa position délicate et critique, harcelée d'un côté par un chef étranger impétueux et hautain, contenue de l'autre par les hésitations et les contradictions de ceux qui avaient accompagné le roi à Bayonne, on peut jusqu'à certain point l'absoudre de la pusillanimité et du découragement qui caractérisèrent en général sa conduite pendant ce laps de temps. Ses irrésolutions auraient pu trouver encore une excuse dans les restrictions qu'à son départ Ferdinand imposa aux pouvoirs de cette assemblée, si

Don Pédro Cévallos ne nous eût fait comprendre qu'en réparation de cet oubli ou de ce manque de prévision, il avait envoyé de Bayonne à la junte un décret royal qui lui ordonnait « *d'exécuter tout ce qui serait néces-* « *saire pour le service du roi et le bien du royaume,* « *l'autorisant à cet effet à user de tous les moyens que* « *S. M. emploierait elle-même si elle se trouvait au* « *sein de ses états.* » Il paraît avéré que la junte reçut le décret, et certes alors elle avait le champ vaste pour procéder sans entraves et sans ménagement. Cependant, constante dans sa timidité et son indécision, elle n'osa prendre aucune mesure vigoureuse sans consulter encore le roi. Dans cette vue, elle dépêcha à Bayonne Don Evaristo Perez de Castro et Don José de Zayas. Le premier arriva à sa destination sans malencontre; le second fut arrêté à la frontière. Il s'ébruita alors sourdement qu'une personne parfaitement informée de l'itinéraire du dernier l'avait révélé pour faire avorter sa mission : il n'en fut point ainsi de Perez de Castro, qui sut cacher à tous la route et les sentiers détournés qu'il parcourait. Par l'organe de ces commissaires, la junte soumettait au roi quatre questions, sur lesquelles elle demandait des instructions. « 1° Con-
« venait-il d'autoriser la junte à se substituer, en cas
« de besoin, d'autres personnes, au choix de S. M.,
« afin qu'elle se transportât là où elle pût être libre
« dans ses opérations, si elle venait à cesser de l'être
« à Madrid? — 2° Si la volonté de S. M. était qu'on
« commençât les hostilités, quand et comment de-
« vait-on agir? — 3° Devait-on empêcher l'entrée de
« nouvelles troupes françaises en Espagne en fermant
« les passages à la frontière? — 4° S. M. jugeait-elle à
« propos de convoquer les cortès, et, dans ce cas,
« voulait-elle adresser son décret royal au conseil,
« ou à défaut (car à l'arrivée de la réponse de S. M.,
« le conseil pourrait bien n'avoir plus de liberté d'ac-

« tion), à quelque chancellerie ou cour judiciaire du
« royaume? »

Par ces questions la junte avait bien moins à cœur d'obtenir l'approbation du roi, que de mettre à couvert sa propre responsabilité. Toutefois, comme elle avait dans son sein des hommes profondément dévoués au bien et à l'honneur du pays, il était impossible qu'elle n'arrivât pas à prendre quelques résolutions opportunes, qui, exécutées avec vigueur, auraient sans doute favorablement influé sur la direction des affaires. Telle fut la résolution de nommer une junte qui remplaçât celle de Madrid, dans le cas où celle-ci se verrait ravir sa liberté. L'on dut la proposition de cette inappréciable mesure à l'énergique et respectable Don Francisco Gil y Lemus, excité et encouragé par une société secrète de bons patriotes qui se réunissaient chez son neveu, Don Felipe Gil Taboada. Les membres nommés pour la nouvelle junte furent le comte d'Ezpeleta, capitaine-général de Catalogne, qui devait la présider, Don Gregorio Garcia de la Cuesta, capitaine-général de la Vieille-Castille, le lieutenant-général Don Antonio de Escaño, Don Gaspar-Melchor de Jovellanos, et, à sa place, jusqu'à son arrivée de Mayorque, Don Juan Perez Villamil, et Don Felipe Gil Taboada. Cette junte devait siéger à Saragosse, et le dernier des membres nommés partit le matin même du 2 mai, de funeste mémoire, avec Don Damian de la Santa, chargé des fonctions de secrétaire. Nous verrons bientôt comment échoua, dans son exécution, une mesure si judicieuse.

Ceux des membres de la junte de Madrid qui penchaient pour ne point compromettre la sûreté de leurs personnes en embrassant un parti actif et décidé, s'appuyaient sur les hésitations mêmes des ministres et des conseillers de Bayonne, qui ne s'entendaient pas entre eux et ne savaient point soutenir avec une volonté ferme et uniforme ce qu'ils avaient une fois arrêté. Nous avons vu plus haut que Don Pédro Cévallos avait expédié un décret qui autorisait la junte à procéder dans ses opérations sans restriction aucune et sans nulle entrave ; d'où il semblait naturel de conclure qu'il était fermement résolu à souffrir avec courage les suites fâcheuses de ce décret qui pourraient personnellement l'atteindre aussi bien que les autres Espagnols qui entouraient le roi. Eh bien ! non; ils étaient si peu dans ces sentimens, que ce même Don Pédro fit dire à la junte, le 23 avril, par Don Justo Ibarnavarro, conseiller à la cour de Pampelune, qui arriva à Madrid dans la nuit du 29, « *qu'elle ne changeât rien à la conduite qu'on avait tenue jusque-là envers les Français, afin d'éviter les conséquences funestes qui en pourraient résulter, soit contre le roi, soit contre tous les Espagnols* (car ils ne s'oubliaient *pas*) *qui accompagnaient S. M.* » Le même conseiller, après avoir raconté ce qui se passait à Bayonne, annonça aussi de la part du roi « *qu'il était décidé à perdre plutôt la vie qu'à consentir à une renonciation inique;...* » ajoutant « *que la junte pouvait procéder sur cette assurance* : » paroles qui s'accordaient assez mal avec le message de Don Pédro Cévallos. Avec une telle indécision dans tous les esprits, avec de si lourdes et si fréquentes contradictions, il fut ensuite plus aisé à chacun de se soustraire à sa propre responsabilité, et d'en rejeter le poids sur les autres. Aussi, lorsque, dans ces premiers temps, on ne voit que doute et perplexité dans les actes de la junte de Madrid, il faut reconnaître que les circonstances étaient trop graves pour ne pas faire excuser sa conduite indécise et quelquefois pusillanime, si l'on veut la juger au creuset d'une rigoureuse impartialité.

La position forte et hostile des Français était bien faite aussi pour déconcerter le courage le plus intrépide et le plus éprouvé. Ils avaient, à Madrid et dans ses environs, vingt-cinq mille hommes, et ils occupaient le *Retiro* avec une nombreuse artillerie. Dans la capitale, se trouvait la garde impériale à pied et à cheval avec une division d'infanterie commandée par le général Musnier, et une brigade de cavalerie. Les autres divisions du corps d'observation des côtes de l'Océan, sous les ordres du maréchal Moncey, étaient cantonnées à Fuencarral, Chamartin, au couvent de San-Bernardino, à Pozuelo et à la Casa de Campo. A Aranjuez, Tolède et l'Escurial, stationnaient des divisions de Dupont, de sorte que Madrid était occupé et entouré par l'armée étrangère, tandis que la garnison espagnole, qui avait insensiblement diminué depuis les événemens de mars, comptait un peu moins de trois mille hommes. Mais la population, au lieu de contenir et d'étouffer son mécontentement, le manifestait chaque jour avec plus d'évidence, et ne mettait déjà plus de bornes à l'expression de ses ressentimens. L'impatience et l'agitation étaient au comble; tantôt devant une imprimerie pour attendre la publication d'une gazette, tantôt devant l'hôtel de la poste pour savoir des nouvelles, l'on voyait s'attrouper continuellement des gens de toutes classes. Les employés quittaient leurs bureaux, les ouvriers laissaient leurs ateliers, et jusqu'aux femmes elles-mêmes abandonnaient leurs ménages pour accourir à la *Puerta-del-Sol* et à ses avenues, tous avides de satisfaire leur noble curiosité : intérêt louable, et preuve manifeste que le feu sacré du patriotisme n'était pas encore éteint dans les cœurs espagnols.

Murat, de son côté, ne perdait aucune occasion de mettre en évidence sa force et ses ressources, pour jeter l'effroi dans l'âme de la multitude agitée. Tous les dimanches, il passait la revue de ses troupes sur la promenade du Prado, après avoir entendu la messe au couvent des carmes déchaussés, rue d'Alcala. Cette démonstration religieuse, accompagnée de la bruyante revue, loin de gagner ou d'intimider les esprits, ne faisait que les fatiguer et les aigrir. On ne croyait point à la sincérité de cet acte de dévotion qu'on taxait de dissimulation impie, et l'on ne voyait dans le reste qu'un parti pris d'insulter et d'effrayer par cette parade étudiée les habitans fort paisibles, bien que cruellement offensés. De part et d'autre, l'irritation allait croissant et devenait extrême. L'Espagnol était par trop humilié de l'orgueil et du dédain qu'affichait l'étranger, et le soldat français, redoutant quelque trame secrète, brûlait de sortir d'une position si critique et de se venger des affronts qu'il lui fallait souvent dévorer. L'agitation et la colère en vinrent enfin à ce point que le dimanche, 1er mai, Murat, passant par la *Puerta-del-Sol*, au retour de sa revue accoutumée, fut accueilli, au grand scandale de sa suite, par les huées et les sifflets de tout le peuple qui se trouvait alors sur la place. Un tel état de choses était trop violent pour pouvoir se prolonger sans qu'il éclatât des deux côtés une rupture nette et déclarée. Il ne fallait qu'une occasion; malheureusement elle se présenta bientôt.

Le 30 avril, Murat avait donné communication d'une lettre de Charles IV, d'après laquelle l'infant Don Francisco et la reine d'Etrurie devaient se rendre à Bayonne. La junte s'opposa au départ de l'infant, laissant la reine libre d'agir comme elle l'entendrait. Le 1er mai, Murat réitéra sa demande à l'égard de l'infant, en se chargeant d'éviter à la junte toute espèce de désagrément et de responsabilité. Elle délibéra long-temps si elle devait ou non consentir : les avis furent très-partagés, et l'un des membres alla jusqu'à proposer la résistance par la force. L'on se concerta sur ce point avec Don Gonzalo O-Farril, comme ministre de la guerre, lequel présenta un tableau si triste, quoique fidèle, de la situation de Madrid considéré sous le point de vue militaire, que non-seulement il entraîna à son opinion la majorité, mais qu'il fut même arrêté qu'on se servirait des forces nationales pour comprimer le moindre mouvement populaire. Jusqu'alors, la junte avait été faible et indécise ; moins scrupuleuse désormais sur la sainteté de ses devoirs, nous la verrons s'unir peu à peu et se lier étroitement avec l'orgueilleux conquérant. Le voyage de la reine d'Etrurie étant donc résolu conformément à sa volonté, ainsi que celui de l'infant d'après le consentement de la junte, leur départ fut fixé à la matinée du lendemain.

Il arriva enfin ce 2 mai, jour d'amer souvenir, jour de désespoir et de deuil, dont la douloureuse image vivra à jamais dans nos cœurs désolés. Un malaise effrayant et inexplicable semblait en présager les horribles événemens, soit que ce fût l'effet de ces pressentimens vagues qui souvent précèdent en nous les grandes tribulations de l'âme, soit qu'on dût l'attribuer à la nouvelle qu'on avait ébruitée du prochain départ des infans. Ce bruit et l'excessive inquiétude produite par le manque de deux courriers de France, avaient fait affluer dès le matin de bonne heure, sur la place du palais, un nombreux concours d'hommes et de femmes du peuple. Comme neuf heures sonnaient, on vit monter en voiture avec ses enfans la reine d'Etrurie, que les Espagnols regardaient plutôt comme une princesse étrangère que comme une princesse de leur pays, et qu'ils détestaient d'ailleurs à cause de ses liaisons secrètes et continuelles avec Murat : elle partit sans le moindre obstacle. Il restait encore deux voitures, et, à l'instant, il se répandit dans la multitude qu'elles étaient destinées au voyage des deux infans, Don Antonio et

Don Francisco. Le mécontentement et la colère augmentaient par degrés, lorsque le peuple, apprenant de la bouche des domestiques du palais que le jeune Don Francisco pleurait et ne voulait pas partir, personne ne put contenir son émotion, et les femmes éclatèrent en gémissemens et en sanglots. Dans cette position, et les esprits s'animant de plus en plus, un des aides-de-camp de Murat, M. Auguste Lagrange, arriva au palais pour examiner ce qui s'y passait, et savoir si cette inquiétude populaire pouvait faire craindre quelque agitation sérieuse. A la vue de l'aide-de-camp, aisément reconnu à son uniforme qui n'avait rien de flatteur pour l'œil du peuple, on se persuada qu'il ne venait là que pour faire sortir par force les infans. Il s'éleva alors un murmure général, et à ce cri d'une femme perdue dans la foule : *On nous les enlève*, M. Lagrange fut assailli de toutes parts, et c'en était fait de lui sans un officier des gardes wallones, Don Miguel Desmaisière y Florez, qui lui fit un rempart de son corps ; mais les clameurs devenant plus violentes et la foule ne se possédant plus de rage et de désespoir, on allait les attaquer et les massacrer tous deux, si, par bonheur, il ne fût survenu à temps une patrouille française qui les sauva de la fureur du peuple. Murat, bientôt informé de ce qui se passait, envoya sans retard un bataillon avec deux pièces d'artillerie ; la proximité de son hôtel au palais facilitait la prompte exécution de son ordre. La troupe française, à peine arrivée sur le lieu de la scène, au lieu de contenir les troubles à leur début, sans aucun avertissement ni démonstration préalable, fit une décharge sur les groupes sans défense, les dispersa et occasiona ainsi le soulèvement général ; en effet, les fuyards se répandant rapidement jusque dans les quartiers les plus éloignés, y portèrent avec eux la terreur et l'effroi, si bien qu'en un moment, et comme par enchantement, la population tout entière fut insurgée.

De toutes parts on courut s'armer; à défaut de bonnes armes, on se jetait avidement sur les plus abandonnées et les plus rouillées. Les Français furent impétueusement attaqués partout où le peuple les rencontrait. En général, on épargna ceux qui se trouvaient dans l'intérieur des maisons ou qui marchaient désarmés, mais il n'y eut point de quartier pour ceux qui voulaient rejoindre leurs corps ou qui faisaient feu. Quelques-uns, en jetant leurs armes et demandant merci, eurent la vie sauve et furent gardés en lieu sûr. Générosité admirable au milieu d'une si aveugle et si juste fureur! La foule était immense dans la Rue-Mayor, et dans celles d'Alcala, de la Montera et de las Carretas. Pendant quelque temps, les Français disparurent, et dans leur confiante inexpérience, les habitans de Madrid comptaient déjà sur un triomphe certain; mais ce fut une joie de courte durée.

Les Français, bien informés à l'avance, toujours sur le qui-vive, et redoutant l'agitation d'une cité populeuse, envahirent précipitamment la rue d'Alcala et celle de San-Geronimo, qu'ils balayèrent avec leur artillerie, et la cavalerie de la garde impériale, commandée par le chef d'escadron Daumesnil, chargea la foule et la dispersa. Les lanciers polonais et les mamelucks se signalèrent par leur cruauté; ce furent eux qui, conformément aux ordres des généraux de brigade Guillot et Daubrai, forcèrent les portes de quelques maisons, soit qu'on eût tiré de l'intérieur, soit qu'ils feignissent de le croire, afin de pouvoir les piller et tuer tous ceux qui s'y trouvaient. Entre autres exploits de ce genre, ils assaillirent ainsi, dans la rue San-Geronimo, l'hôtel du duc de Hijar, dont ils fusillèrent le concierge devant sa porte. Le marquis de Villamejor et le comte de Talara furent bien près d'éprouver le même sort, quoiqu'ils n'eussent pris aucune part à l'insurrection : ils furent sauvés par leurs locataires. Le peuple, combattu partout, fut refoulé et dispersé ; quelques hommes seulement continuèrent à se défendre et même à attaquer avec une bravoure sans exemple. On en vit qui, résolus de vendre chèrement leur vie, se précipitèrent au milieu des rangs français, frappant et tuant jusqu'à leur dernier souffle ; il y en eut d'autres qui, s'embusquant dans l'angle des rues, allaient ainsi de l'une à l'autre faisant un feu meurtrier et continuel ; d'autres enfin, au lieu de fuir, attendaient de pied ferme, ou ajustaient leur dernier coup contre le chef ou l'officier qui leur était signalé par ses insignes. Stériles efforts de valeur et d'intrépidité personnelle !

La troupe espagnole était consignée dans ses quartiers par ordre de la junte et du capitaine-général Don Francisco-Xavier Negrete, furieuse et enflammée de colère, mais contenue par la discipline. Cependant, des bourgeois isolés et sans appui coururent s'emparer du parc d'artillerie, dans le quartier de las Maravillas, pour en arracher les canons et résister avec plus d'avantage. Les artilleurs étaient indécis s'ils prendraient ou non parti pour le peuple, quand tout-à-coup l'on apprit qu'une autre caserne venait d'être attaquée par les Français. Déterminés alors, et Don Pédro Velarde s'étant mis à leur tête avec Don Luis Daoiz, ils ouvrirent les portes du parc, enlevèrent trois pièces de canon, et se disposèrent à repousser l'ennemi, soutenus par les bourgeois et un piquet d'infanterie commandé par l'officier Ruiz. Ils firent d'abord quelques prisonniers, mais bientôt une des colonnes françaises cantonnées au couvent de San-Bernardino s'avança sous les ordres du général Lefranc, et il s'engagea des deux côtés une mêlée opiniâtre. Les artilleurs firent une vigoureuse résistance, ils renouvelèrent souvent leurs décharges et jetèrent sur la place un nombre considérable d'ennemis. De notre côté, nous perdîmes aussi assez de monde, tant soldats que bourgeois. L'officier Ruiz fut grièvement blessé dès le commencement du combat; Don Pédro Velarde périt, traversé d'une balle; les moyens de défense se trouvant déjà réduits par tant de pertes, et les Français s'avançant hardiment à la baïonnette, les nôtres commencèrent à perdre courage et voulurent se rendre. Mais au moment où les ennemis paraissaient accepter la capitulation, ils se jetèrent sur les pièces et tuèrent quelques hommes, parmi lesquels le brave Don Luis Daoiz, déjà blessé à la cuisse, qu'ils achevèrent impitoyablement à coups de baïonnettes. Ainsi finirent les illustres et dignes officiers Daoiz et Velarde; honneur et gloire de l'Espagne, vrais modèles de patriotisme, ils serviront d'exemple à ceux qui chérissent l'indépendance et la liberté nationale. L'affaire du parc d'artillerie fut celle qui coûta le plus de sang aux Français, et où il y eut la résistance la mieux ordonnée.

Cependant la timide junte, surprise et déconcertée, pensait à chercher un remède à de si grands maux. Vainement O-Farril et Azanza avaient parcouru les environs du palais. N'étant point écoutés des Français, ils montèrent à cheval pour aller trouver Murat, qui, dès l'origine de l'insurrection, afin d'être plus libre et plus en mesure de donner des ordres, soit aux troupes du dehors, soit à celles du dedans, s'était établi avec le maréchal Moncey et les principaux généraux, hors de la ville, sur la hauteur de la côte de San-Vicente. C'est là qu'arrivèrent les commissaires de la junte, qui déclarèrent au grand-duc que s'il ordonnait qu'on cessât le feu et qu'il voulût bien les faire accompagner par un de ses généraux, ils promettaient de rétablir la tranquillité. Murat y consentit, et nomma à cet effet le général Harispe. Ils se rendirent tous trois aux conseils, et assistés de leurs membres, ils se répandirent par les rues et les places principales, où ils parvinrent à apaiser la multitude en promettant l'oubli du passé et une réconciliation générale. Cette démarche sauva la vie à plusieurs malheureux, notamment à quelques négocians catalans qui furent relâchés à la prière de Don Gonzalo O-Farril.

Les Espagnols s'étant retirés, tous les débouchés de rues et les points importans furent occupés par les Français, qui placèrent particulièrement dans les carrefours des pièces de canon, mèche allumée.

Toute la population était abîmée dans une douleur profonde; toutefois l'on respira un peu à l'idée consolante qu'il y aurait trêve au moins de désolation et de mort. Trompeuse espérance! A trois heures du soir, une rumeur lugubre et épouvantable courut la ville avec la rapidité de la foudre. L'on affirmait que des Espagnols inoffensifs avaient été saisis par les Français, qui les avaient fusillés près de la fontaine de la *Puerta-del-Sol*, ainsi qu'à l'église de la Soledad, et avaient souillé le parvis du temple de leur sang innocent. On ne pouvait croire à tant d'atrocité, et l'on supposait que c'étaient de faux bruits que faisaient courir quelques patriotes emportés par la chaleur de l'entraînement: l'on fut bientôt détrompé. En effet, après que le calme eut été rétabli, les Français s'étaient mis à arrêter beaucoup d'Espagnols, qui, sur la foi des promesses faites, avaient cru pouvoir vaquer librement à leurs occupations. Ils furent pris sous le prétexte qu'ils étaient armés; beaucoup pourtant ne l'étaient pas, et d'autres avaient tout simplement un rasoir ou une paire de ciseaux à leur usage. Quelques-uns furent fusillés immédiatement, d'autres restèrent en dépôt dans l'hôtel des postes et dans les casernes. Les autorités espagnoles, se reposant sur la convention faite avec les chefs français, ne doutaient point de leur fidélité à en exécuter scrupuleusement les dispositions. Nous eûmes le malheur d'être des premiers témoin de cette aveugle confiance. Nous étant transporté chez Don Arias Mon, gouverneur du conseil, avec le désir de sauver la vie à Don Antonio Oviedo, qui avait été pris sans motif en traversant une rue, nous apprîmes que le vénérable vieillard, accablé par la fatigue du matin, faisait tranquillement sa sieste. Nous autorisant des relations habituelles et des liens de parenté qui nous unissaient à lui, nous le fîmes réveiller, et nous eûmes bien de la peine à le persuader de ce qui se passait, car il ne cessait de répondre qu'il était impossible qu'un homme comme le grand-duc de Berg manquât avec impudeur à sa parole.... tant un soupçon d'indélicatesse répugnait à sa haute probité! Convaincu enfin, ce digne magistrat tâcha de réparer pour sa part de si grandes calamités, et il nous délivra en main propre l'ordre de mettre notre ami en liberté. Ses louables efforts furent inutiles, et toutes nos démarches en faveur de Don Antonio Oviedo n'eurent aucun succès. Parvenu à grand'peine à traverser les lignes ennemies, nous dérobant partout au danger à l'aide de la langue française, nous arrivâmes à l'hôtel des postes, où commandait du côté des Espagnols le général Sesti. Nous lui présentâmes l'ordre du gouverneur, et il nous répondit froidement qu'afin de se débarrasser des réclamations continuelles des Français, il leur avait abandonné tous ses prisonniers et les avait remis en leurs mains : ce fut ainsi que cet Italien au service d'Espagne reconnut les témoignages de distinction et de hautes faveurs dont sa patrie adoptive l'avait honoré. Dans cet hôtel des postes s'était formée une commission militaire française avec les apparences d'un tribunal; mais, en général, sans voir les prétendus coupables, sans entendre de témoignage à décharge ni aucune espèce de défense, on les envoyait par peloton les uns après les autres se faire fusiller au Retiro ou au Prado. Beaucoup arrivaient au lieu de leur horrible supplice sans se douter de leur sort; ils étaient attachés par couples; puis, les soldats français tirant sur la masse, ils tombaient morts ou grièvement blessés, et on les enterrait tandis que plusieurs respiraient encore. On avait attendu la fin du jour pour augmenter l'horreur de ces scènes sanglantes. Au bout de vingt ans, nos cheveux se dressent encore au souvenir de cette nuit lugubre et silencieuse dont le calme n'était interrompu que par les cris plaintifs des malheureuses victimes, et par le bruit des fusillades et du canon qui retentissait au loin et se répétait par intervalles. Les habitans, recueillis dans leurs foyers, déploraient le sort cruel qui attendait ou avait déjà frappé un parent, un allié, un ami. Nous, nous gémissions sur le sort du malheureux Oviedo, dont nous n'avions pu obtenir la liberté, au moment même où, sans nous y attendre, nous le vîmes entrer pâle et tremblant dans la maison que nous habitions. Il venait d'être sauvé par la générosité d'un officier français qui avait été touché de ses prières et de son innocence exprimées dans la langue étrangère avec la persuasive éloquence que lui inspirait sa situation critique. Attaché déjà dans une cour du Retiro, et destiné à être fusillé, ses liens furent rompus, et il n'avait pas encore franchi l'enceinte du palais, qu'il entendit les décharges qui terminèrent la longue et horrible agonie de ses compagnons d'infortune. Si je me suis permis de mêler un fait particulier à la relation générale des événemens, c'est qu'il donne une idée précise et exacte de la barbarie avec laquelle on fit périr un grand nombre d'Espagnols, parmi lesquels se trouvaient des prêtres, des vieillards et d'autres personnes respectables. Les ennemis, peu satisfaits du sang versé pendant la nuit, continuèrent encore le lendemain à passer par les armes quelques-uns de ceux arrêtés la veille, et cette exécution se fit dans le voisinage de l'hôtel du prince Pio. Ce dernier massacre termina dignement l'entreprise commencée le 2 mai, jour qui couvrira d'une éternelle infamie le chef de l'armée française, lui qui fit froidement assassiner des hommes innocens et paisibles, envoyés à la mort sans avoir été jugés, sans avoir été défendus. Il était loin de prévoir alors, le fier et orgueilleux Murat, que, quelques années plus tard, saisi lui-même, surpris et presque enchaîné à la manière des Espagnols du 2 mai, il serait fusillé sans l'observation des formes judiciaires et au mépris de ses réclamations, offrant en sa personne un terrible exemple à ceux qui affectent impunément de fouler aux pieds les droits sacrés de la justice et de l'humanité.

Il serait difficile d'évaluer aujourd'hui avec précision les pertes éprouvées des deux côtés. Le conseil, intéressé à les diminuer, réduisit celle du peuple à environ deux cents hommes. Murat augmenta celle des Espagnols et amoindrit la sienne, que le *Moniteur* ne porta qu'à quatre-vingts hommes tant tués que blessés. Les deux évaluations durent être inexactes à raison du temps où elles se firent et de la diversité d'intérêts qui étaient alors en jeu. D'après ce que nous avons vu nous-même et les recherches que nous avons faites depuis, et en considérant le nombre de blessés qui entrèrent dans les hôpitaux, nous croyons qu'approximativement la perte des uns et des autres peut s'élever jusqu'à douze cents hommes.

Les Espagnols ne virent, dans l'événement du 2 mai, qu'une trame ourdie par les Français, et beaucoup d'entre ceux-ci ne manquèrent pas de s'imaginer que c'était une conspiration préparée de longue main par les Espagnols : suppositions fausses et dénuées l'une et l'autre de véritable fondement. Mais, en laissant de côté les bruits du moment, nous inclinons à croire que Murat, enchanté de l'occasion qui lui était offerte, ne voulut pas la laisser échapper, se flattant, comme il le dit depuis, d'avoir humilié par une rude leçon la fierté castillane. Il ne tarda pas à voir combien il s'était mépris dans son jugement précipité. Ce jour fut le signal du soulèvement de l'Espagne contre les Français, à raison surtout de l'affluence des provinciaux qui se trouvaient alors dans la capitale, où les avait attirés l'avénement de Ferdinand VII. Epouvantés et révoltés d'horreur, ils revinrent dans leurs foyers, répandant partout la sinistre nouvelle, et excitant les citoyens à la haine et à l'exécration des barbares et perfides étrangers. La tristesse et l'abattement signalèrent la journée du 3 mai. Les boutiques et les maisons fermées, les rues solitaires et parcourues seulement par des patrouilles françaises, offraient l'image d'une ville déserte et abandonnée. Murat fit afficher au coin des rues une proclamation digne d'Attila(1), respirant le sang et la menace; tellement que l'indignation, bien que concentrée par la peur, en prit un nouveau degré d'accroissement et de violence.

Le peuple de Madrid ainsi attéré, l'on poursuivit le projet de faire passer toute la famille royale en France, et, le même jour 3, l'infant Don Francisco partit pour Bayonne. La nuit ne se passa point sans que le comte de Laforest et M. Fréville fissent entendre à l'infant Don Antonio, dans une conférence secrète, la convenance et la nécessité qu'il y avait de sa part à se réunir aux autres membres de sa famille, afin qu'en présence de tous, et d'accord avec l'em-

(1) N° 7, App.

pereur, on arrêtât les mesures convenables pour régler les affaires d'Espagne. Anéanti par les événemens précédens, l'infant condescendit à tout, et fixa son départ au lendemain 4, à la pointe du jour; il avait pris une voiture de voyage de la duchesse d'Osuna, afin de garder plus facilement l'incognito. Avant son départ, il adressa un billet ou décret (nous ne savons de quel nom l'appeler) à Don Francisco Gil y Lemus, comme étant le plus ancien des membres de la junte et l'homme de sa confiance particulière. Nous serions désolé de manquer à la gravité de l'histoire, mais ce billet est trop curieux, dans le fond et dans la forme, pour que nous puissions nous dispenser de le transcrire ici littéralement : « Au seigneur Gil.— *Je porte
« à la connaissance de la junte et pour sa gouverne,
« que je suis parti pour Bayonne par ordre du roi, et
« j'engage la dite junte à continuer le même système,
« tout comme si j'étais au milieu d'elle.— Que Dieu
« nous la donne bonne.—Adieu, messieurs, jusqu'à la
« vallée de Josaphat.—Antonio Pascual.* » Il ne faut que cette lettre du bon infant Don Antonio pour concevoir combien était supérieur à ses forces le rôle que son neveu lui avait confié. Il avait toujours passé pour un homme assez mal partagé par la nature, et dans la courte durée de sa présidence, il ne gagna ni en intelligence, ni en estime. La reine Maria-Luisa le qualifiait, dans ses lettres, d'homme de *peu de talent et de savoir*, à quoi elle ajoutait encore l'épithète de *cruel*. Ce jugement était dans sa première partie conforme à l'opinion générale; quant à la qualification de *cruel*, si l'on eût su alors ce mot de la reine, on l'eût regardé comme une injustice inspirée par une inimitié personnelle. Mais la fureur haineuse avec laquelle l'infant se prononça, en 1814, contre tous ceux qui furent persécutés et proscrits, justifia de reste malheureusement l'esquisse impartiale et fidèle

que Maria-Luisa avait faite de son caractère. Ici finit, pour ainsi dire, la première époque de la junte de gouvernement. Jusque-là, si l'on regrette de l'avoir vue manquer d'énergie et de prévoyance dans ses mesures, faute excusable en un temps si critique, l'on ne voit du moins dans sa conduite aucune connivence, aucune transaction coupable avec l'étranger. Dans la suite, sa manière de procéder fut différente et devint de plus en plus équivoque. Mais il est temps enfin que nous jetions un regard sur les scènes non moins déplorables qui se passaient en même temps à Bayonne.

Napoléon, le lendemain de son arrivée dans cette ville (16 avril), y reçut une députation portugaise envoyée pour le complimenter; il lui promit qu'il conserverait l'indépendance du Portugal, son intention n'étant point de démembrer aucune portion du territoire, ni de l'agréger à l'Espagne. L'infant Don Carlos se trouvait malade et ne put le voir; mais Napoléon alla en personne rendre visite à Ferdinand, une heure après son arrivée, qui eut lieu, comme nous l'avons dit, dans la journée du 20. Ferdinand descendit pour le recevoir à la porte de la rue; là, ils s'embrassèrent étroitement, passèrent quelques instans ensemble, et ne causèrent que de choses indifférentes. Ferdinand fut invité à dîner ce jour-là même avec l'empereur; à l'heure convenue, celui-ci lui envoya les voitures de sa cour, qui le conduisirent avec toute sa suite au château de Marrac, qui était devenu la résidence impériale. Napoléon sortit pour le recevoir, et s'avança jusqu'au marche-pied de la voiture : étiquette en usage seulement parmi les têtes couronnées. A table, il évita de le traiter comme prince ou comme roi. Après le dîner, ils restèrent peu de temps ensemble, ils prirent bientôt congé l'un de l'autre, et les Espagnols, enchantés de l'accueil qu'on leur avait fait, reprirent l'espoir que tout se passerait à merveille, et se terminerait au gré de leurs vœux. Ferdinand, de retour à son hôtel, y fut bientôt suivi du général Savary, qui était chargé d'un étrange message. Il venait lui déclarer que l'empereur avait irrévocablement résolu de renverser du trône la race des Bourbons, pour y substituer la sienne, et qu'en conséquence, S. M. I. exigeait que le roi, tant en son nom qu'en celui de toute sa famille, renonçât à la couronne d'Espagne et des Indes en faveur de la dynastie de Bonaparte. On ne sait de quoi l'on doit s'étonner le plus, ou de cette résolution en elle-même et du moment choisi pour l'annoncer, ou du sang-froid éhonté de celui qui avait mission d'en porter la nouvelle. Il n'y avait pas encore cinq jours que le général Savary avait répondu sur sa tête que l'empereur reconnaîtrait pour roi le prince des Asturies, si celui-ci lui prouvait ses dispositions amicales en se rendant à Bayonne; et ce même général se chargeait maintenant, non plus de mettre des doutes ou des conditions à cette reconnaissance, mais de signifier au prince et à sa famille qu'ils eussent à se dépouiller pour toujours du trône héréditaire de leurs ancêtres. Quelle audace! Et attendre encore, pour notifier la terrible sentence de Napoléon, le moment où les princes d'Espagne venaient de recevoir les témoignages d'une franche et cordiale hospitalité! c'est, en vérité, un raffinement de barbarie inutile, auquel nous n'eussions pu croire, s'il ne nous eût été attesté par des témoins oculaires. Les héros du politique florentin, César Borgia et Oliveretto di Fermo, dans leurs cruautés et leurs excès assez analogues à ce trait de Napoléon, trouvaient au moins une sorte d'excuse en leur propre faiblesse, et sous ce prétexte, que telle était la route suivie par les princes et la politique de leur temps. Mais l'homme placé à la tête d'une nation grande et puissante, et dans un siècle de mœurs éminemment policées, ne pourra jamais justifier, ni même pallier, soit la perfidie d'une semblable résolution, soit cette forme odieuse de la signifier.

Après cette étrange et désespérante nouvelle, Don Pédro Cévallos et Don Juan Escoiquiz eurent d'importantes conférences. La première entrevue de Cévallos fut avec le ministre Champagny; et, comme l'Espagnol soutenait avec force et dignité les droits de son prince, l'empereur survint tout-à-coup au milieu de la discussion, et fit entrer les deux interlocuteurs dans son cabinet. Là, irrité de ce qu'avait dit Cévallos, car il s'était placé derrière une porte de manière à tout entendre, il l'appela du nom de *traître*, pour avoir accepté auprès de Ferdinand les mêmes fonctions qu'il remplissait sous Charles IV. Après quelques autres insultes, il se calma pourtant et finit par dire « *qu'il avait une politique à lui; qu'il* (Cé- « vallos) *devait adopter des idées plus franches, être* « *moins scrupuleux sur le point d'honneur, et ne pas* « *sacrifier la prospérité de l'Espagne à l'intérêt de* « *la famille des Bourbons.* »

Bientôt après, Escoiquiz eut sa première conférence avec l'empereur lui-même, qui le traita avec plus de douceur et de bonté qu'il n'en avait montré pour Cévallos, grâce sans doute aux éloges que le chanoine dut lui prodiguer avec largesse. Escoiquiz nous a conservé la conversation qu'ils eurent ensemble, et, quoiqu'il ait été le maître de la présenter à son avantage, elle porte un cachet de vérité et d'exactitude, tant par rapport au langage qu'y tient Bonaparte, qu'en ce qu'elle fait pleinement ressortir la simplicité naturelle et la constante duperie d'Escoiquiz. L'empereur, peu sensible à de fades complimens et à des phrases étudiées, insista avec une sorte d'acharnement sur la violence par laquelle on était arrivé à arracher de Charles IV son abdication, car c'était pour lui le point important. Escoiquiz n'en continua pas moins de pérorer longuement; mais sa *harangue ci-*

véronienne, comme disait ironiquement Napoléon, ne toucha pas beaucoup S. M. I., qui mit fin à la conférence en autorisant Escoiquiz à offrir en son nom à Ferdinand le royaume d'Étrurie en échange de la couronne d'Espagne; donnant ainsi à ce prince, disait-il, un témoignage de son estime, et lui promettant d'ailleurs de lui faire épouser une princesse de sa famille. Après quoi, l'empereur, ayant pincé familièrement, mais avec assez de force, le bout de l'oreille du chanoine, à en croire au moins sa relation, l'entretien fut rompu.

Don Juan Escoiquiz revint en toute hâte à l'hôtel du roi Ferdinand, où il était impatiemment attendu. Il fit connaître la nouvelle proposition de Napoléon, et se réunit au conseil qui entourait le roi pour la discuter. En dépit de toutes les déceptions passées, la plupart de ceux qui étaient présens ne voyaient dans ces nouvelles propositions que l'intention de demander beaucoup pour obtenir peu, et tous, à l'exception d'Escoiquiz, furent d'avis de rejeter l'offre du royaume d'Étrurie. Il est certain que si, d'un côté, l'on a horreur des perfidies de Napoléon, d'une autre part, on se sent saisi de je ne sais quel sentiment de pitié et de dégoût à la vue de cet égarement opiniâtre des conseillers de Ferdinand, et de cette incroyable obstination à mettre leurs espérances en l'homme qui n'avait fait preuve encore que de mauvais vouloir. L'opinion d'Escoiquiz surtout était moins excusable; celle des autres conseillers pouvait être fondée sur une fausse appréciation; mais lui, non-seulement il se déshonorait comme Espagnol en consentant à l'échange du trône vaste et puissant de sa patrie contre un état faible et borné; non-seulement il affichait ainsi une ambition misérable et égoïste, mais encore il donnait une nouvelle preuve de son incurable imprévoyance, en s'imaginant que le nouveau roi d'Étrurie aurait plus de droits aux respects de Bonaparte que n'en avaient eu l'ancien souverain de l'Espagne et ses princes légitimes.

Cévallos fit place à Don Pédro Labrador, M. de Pradt, évêque de Poitiers, se mit en communication avec Escoiquiz, et les conférences continuèrent. Labrador rompit bientôt ses négociations avec M. de Champagny : les autres poursuivirent sans résultat leurs relations et explications réciproques. Ce qui donnait lieu à la plupart de ces entrevues, c'était l'hésitation même de Napoléon, qui aurait voulu faire renoncer Ferdinand à ses droits sans être obligé de l'y contraindre par une violence ouverte, et qui, d'ailleurs, trouvait ainsi un moyen de laisser le temps à Charles IV et aux autres membres de l'ancienne cour de se rendre à Bayonne. Aussi, la veille de leur arrivée, l'empereur annonça-t-il à Ferdinand qu'il ne traiterait désormais qu'avec son père.

Nous avons déjà vu comment, le 25 avril, le vieux roi et la reine-mère étaient partis de l'Escurial, impatiens d'embrasser Godoy, et se flattant de l'espoir que Napoléon les replacerait sur le trône, ainsi que le prouvent les conversations qu'ils eurent en route, et principalement l'entretien de la reine avec le duc de Mahon. Comme cette princesse lui demandait ce qu'il y avait de nouveau : « On assure, répondit le duc, « que l'empereur des Français ne réunit la famille « royale d'Espagne à Bayonne que pour la dépouiller « du trône. » La reine demeura comme interdite, et au bout d'un moment de réflexion, elle répliqua : « Napoléon fut toujours grand ennemi de notre fa- « mille : mais cependant il a fait à Charles plusieurs « fois la promesse de le protéger, et je ne puis croire « qu'il donne aujourd'hui le scandale d'une pareille « perfidie. » Ils arrivèrent enfin à Bayonne le 30. Dès la frontière, ils avaient été complimentés et traités en souverains, et avec une distinction bien différente de l'accueil qu'on avait fait à leur fils. Napoléon les vit le jour même de leur arrivée, et ne les invita à dîner que le lendemain 1er mai, pour leur laisser le temps de se remettre de la fatigue du voyage. Dès qu'ils furent débarrassés des premiers visiteurs, parmi lesquels se trouvait Ferdinand, que son auguste père ne voyait que d'un œil de colère et de mépris, Charles IV et Maria-Luisa coururent se jeter dans les bras de leur cher Godoy, qu'ils étreignirent sur leur sein mille et mille fois en poussant des sanglots et des cris.

Le soir indiqué, ils se rendirent au dîner de l'empereur. On avait oublié d'inviter le favori espagnol. Charles IV s'en aperçut avec douleur en se mettant à table, et s'écria, hors de lui : « *Et Manuel?... où est « donc Manuel?* » Napoléon fut obligé de réparer son oubli, ou plutôt de condescendre au désir du vieux roi; tant était puissante l'influence que Godoy avait su prendre sur les habitudes et le caractère de ce prince qu'on eût dit enchaîné à sa dépendance comme par le charme d'un philtre enchanteur.

Les uns et les autres ne tardèrent pas à s'occuper de la grave et importante affaire qui avait provoqué la réunion à Bayonne de tant d'illustres personnages. Peu après leur arrivée, les vieux souverains, d'accord avec Napoléon, et n'admettant guère d'autres conseillers que Godoy, mandèrent Ferdinand devant eux, et Charles, en présence du monarque étranger, lui signifia qu'il eût à lui restituer la couronne dès le lendemain par une cession pure et simple, le menaçant, en cas de refus, « *lui, ses frères et toute sa suite, de les re-« garder dès ce moment comme émigrés, et de les trai-« ter comme tels.* » Napoléon approuva ce langage, et soutint énergiquement le vieux roi. Ferdinand voulut répondre, mais son père s'élançant aussitôt de son siége, lui parla d'un ton digne et terrible; il fut même au moment de le frapper en lui reprochant d'avoir voulu lui enlever la vie avec la couronne. La reine, jusque-là silencieuse, entra alors en fureur, vomit contre

son fils un torrent d'outrages, et s'abandonna tellement aux emportemens de sa colère, au dire de Bonaparte, qu'elle lui demanda à lui-même de faire monter Ferdinand sur l'échafaud; mot horrible dans la bouche d'une mère, s'il est vrai qu'il ait été prononcé. Ferdinand resta muet, et envoya sa renonciation, en date du 1ᵉʳ mai, avec les conditions suivantes: « 1° Que
« le roi Charles IV retournerait à Madrid accompagné
« de Ferdinand, qui le servirait comme le fils le plus
« respectueux; — 2° Que les cortès se réuniraient à
« Madrid, et si S. M. (le roi son père) répugnait trop
« à une si grande mesure, que l'on convoquât tous les
« tribunaux et tous les députés du royaume; — 3° Qu'en
« présence de cette assemblée, Ferdinand formule-
« rait sa renonciation en exposant les motifs qui l'y
« avaient conduit; — 4° Que le roi Charles n'emmè-
« nerait point avec lui les personnes qui s'étaient jus-
« tement attiré la haine de la nation; — 5° Que si
« S. M. ne voulait point régner ni rentrer en Espagne,
« Ferdinand, dans ce cas, gouvernerait en son nom
« royal et comme son lieutenant (*lugarteniente*), per-
« sonne autre ne pouvant lui être préféré. » Ne manquons pas d'observer ici toutes les formalités, toutes les précautions légales qu'on réclamait pour la nouvelle abdication, tandis que, dans celle de Charles, on les avait complètement méconnues et violées. Une chose qui n'est pas moins digne de remarque, c'est que Ferdinand et ses conseillers, qui, pour la plupart, prirent dans la suite en si grande haine jusqu'au nom des cortès, ont été les premiers à en provoquer la convocation, paraissant ainsi reconnaître que, pour légitimer la nouvelle renonciation du fils en faveur du père, on ne pouvait se passer de la sanction des représentans de la nation, ou tout au moins de celle d'une assemblée nombreuse où se fussent réunis les députés des états. C'est ainsi que les hommes font abandon et trafic de leurs opinions, au gré de l'in-

térêt privé, et en immolation de l'utilité publique.

Charles IV, comme on peut le penser, ne souscrivit point aux propositions de son fils. Il lui adressa, le 2, une réponse dans laquelle, au milieu de quelques réflexions non moins justes que sévères, se révèle la main de Napoléon, et jusqu'à des expressions qui ne sont qu'à lui, comme par exemple *« tout doit être fait « pour le peuple et rien par lui…. Je ne puis consentir « à aucune réunion en junte…. nouvelle suggestion des « hommes sans expérience qui vous accompagnent*(1). Telle fut l'aversion constante de Bonaparte pour les assemblées populaires, lui qui, sans leur appui, ne fût jamais sorti de l'humble obscurité où le sort l'avait fait naître. Ferdinand revint, le 4, sur sa première réponse, disant *« que l'exclusion perpétuelle de sa dy- « nastie du trône d'Espagne ne pouvait s'effectuer sans « le consentement exprès de tous ceux qui avaient, « ou pouvaient avoir des prétentions à la couronne, « non plus que sans l'assentiment formel de la nation « espagnole réunie en cortès et en lieu sûr* (2)» : tant Ferdinand était alors pénétré des droits sacrés de la nation, qu'il ne cessait de revendiquer et qu'il démontrait chaque fois avec une puissance de clarté et d'énergie toujours croissante.

Ainsi se poursuivaient les négociations sur cette importante affaire, lorsque, le 5 mai, on reçut de Madrid la nouvelle des événemens du 2. Napoléon s'empressa d'en aller donner connaissance aux vieux souverains; il eut avec eux une longue conférence, à laquelle on se décida ensuite à appeler Ferdinand. Il était cinq heures du soir; tout le monde était assis, excepté le prince. Son père renouvela ses précédentes accusations; l'accabla d'insultes, lui imputa l'insurrection du 2 mai et les massacres qui en avaient été la

(1) N° 8, App.
(2) N° 9, App.

suite; et, lui prodiguant les noms de *perfide* et de *traître*, il lui signifia pour la seconde fois que, s'il ne renonçait pas à la couronne, il allait être traité à l'instant même comme un usurpateur, et accusé avec toute sa maison de conspiration contre la vie de ses souverains. Ferdinand, effrayé, abdiqua, le 6, purement et simplement en faveur de son père, dans les termes que celui-ci lui avait prescrits (1). Charles n'avait point attendu l'abdication de son fils pour conclure avec Napoléon un traité par lequel il lui cédait la couronne sans autre restriction que l'engagement de conserver l'intégrité de la monarchie, ainsi que l'exercice du culte catholique, à l'exclusion de tout autre (2). Le traité fut signé, le 5 mai, par le maréchal Duroc et le prince de la Paix, plénipotentiaires nommés à cet effet: le favori espagnol ne pouvait plus dignement que par cette honteuse transaction couronner le déplorable cours de son existence politique. Il eut l'insigne ingratitude d'apposer son nom à un traité qui ne ravissait pas seulement la couronne à Ferdinand, son ennemi, mais qui excluait du trône, en général et par induction, tous les enfans et toute la dynastie des souverains ses bienfaiteurs, puisque la cession de Charles retombait sur un prince étranger. Petit et mesquin jusqu'au bout, Don Manuel Godoy ne trouva matière à discussion sérieuse que sur l'article des pensions. Du reste, la manière dont Charles se dépouilla de la couronne, toute dégradante qu'elle était pour l'homme chargé de la régulariser par un traité, n'en couvrait pas moins d'opprobre un père qui, d'un trait de plume, déshéritait du sceptre tous ses enfans sans distinction. Cette abdication, faite en pays étranger, manquait aux yeux du monde de ce caractère de libre spontanéité si essentiel à un pareil acte, alors surtout

(1) N° 10, App.
(2) N° 11, App.

que la cession avait lieu en faveur du souverain même dans les états duquel elle était stipulée. C'était également une chose inouïe qu'un monarque, maître si l'on veut de se dépouiller lui-même de ses droits, se permît de céder la couronne sans consulter ses fils ni aucune des personnes de sa dynastie, et sans le libre et entier consentement de la nation espagnole, qu'on passait ainsi à un maître étranger, comme on eût fait d'un champ ou d'un troupeau. Le droit public de tous les pays s'est toujours opposé à un aussi monstrueux abus, et en Espagne, tant qu'on respecta ses franchises et ses libertés, les cortès furent toujours un boulevart inexpugnable contre la volonté arbitraire et capricieuse des rois. Lorsque Alphonse-le-Batailleur eut l'extravagante idée d'instituer pour héritiers de ses états les chevaliers du Temple, les Aragonais, loin de céder à sa folie, nommèrent pour roi d'Aragon, dans les cortès de Borja, Don Ramiro-le-Moine, et les Navarrais, de leur côté, désignèrent Don Garcia Ramirez pour successeur à la couronne de Navarre. Il y eut d'autres cas non moins célèbres où l'on vit ainsi triompher le droit public et les coutumes nationales. L'imbécille Charles II lui-même, quoique ses dispositions testamentaires eussent été faites dans l'intérieur du royaume, et qu'elles ne renfermassent point une violation aussi scandaleuse des droits de la famille royale et de la nation, se crut obligé d'user au moins de cette formule : « *Qu'il entendait que ses dernières volontés fussent va-* « *lides et respectées comme si elles eussent été concertées* « *avec les cortès.* » — Maintenant tout était méconnu, foulé aux pieds, et personne ne s'inquiéta de conserver même quelque apparence de justice et de légalité.

Ainsi finit le règne de Charles IV, dont personne mieux que lui-même ne nous donnera une exacte et véritable idée. Il dînait à Bayonne avec Napoléon quand il prononça ces paroles : « Chaque jour, hiver comme été, « j'allais à la chasse jusqu'à midi, je dînais, et retour-

« nais chasser jusqu'à la chute du jour. Manuel me
« tenait au courant de ce qui se passait, et j'allais me
« coucher pour recommencer la même vie le lende-
« main, à moins que j'en fusse empêché par quelque
« solennité importante. » Ce fut ainsi que régna, pendant vingt ans, ce monarque qui, d'après le portrait
qu'il fait de lui-même, mérite bien le juste surnom de
certains rois de France de la race mérovingienne. Cependant Charles était doué de qualités qui pouvaient
le faire briller comme roi, s'il eût voulu remplir ses
hautes obligations, et que, moins indolent et moins
faible, il ne se fût pas aveuglément abandonné aux
volontés et aux caprices désordonnés de la reine. Il
avait une intelligence prompte et une mémoire facile;
il aimait la justice, et s'il lui arrivait quelquefois de
s'occuper des affaires dans la solitude du cabinet, il
était expéditif et procédait avec une rare habileté;
mais tous ces avantages étaient perdus par son insouciance et sa mollesse. Avec une autre femme que Maria-
Luisa, son règne n'eût pas été indigne de celui de son
prédécesseur; et quoique l'aspect politique de l'Europe se trouvât complètement changé par le fait de
la révolution française, il n'était pas impossible que
l'Espagne, tranquille dans son intérieur et bien gouvernée, avançât sans secousses et sans désordres dans
le développement de l'industrie et de la civilisation.

L'abdication de Ferdinand en faveur de Charles IV,
et celle de ce dernier en faveur de Napoléon, étaient
accomplies; mais il restait encore la renonciation de
Ferdinand en qualité de prince des Asturies, car, s'il
avait fait, le 6 mai, l'abandon de la couronne au profit
de son père, cet acte de cession ne le privait nullement
de ses droits comme successeur immédiat : s'il faut en
croire Don Pédro Cévallos, il paraît que, sur la répugnance que témoignait Ferdinand à consentir à cette
dernière renonciation, Napoléon lui dit : « *Il n'y a pas*

« *de milieu, prince, entre cette cession ou la mort.* »
D'autres ont nié cette menace, et il serait étonnant, en effet, qu'on eût recours à ce moyen extrême avec Ferdinand, dont la faiblesse s'était déjà si clairement révélée. Le maréchal Duroc parla dans le même sens que son maître, et les princes alors se déterminèrent à faire leur renonciation. Duroc et Escoiquiz furent chargés d'en rédiger l'acte, et, le 10, ils signèrent l'un et l'autre un traité qui réglait les termes de la cession du prince des Asturies, et fixait sa pension, ainsi que celle des infans, pourvu qu'ils souscrivissent au traité (1); Don Antonio et Don Carlos y souscrivirent en effet par une proclamation qu'ils publièrent à Bordeaux, le 12 mai, conjointement avec Ferdinand (2). Quant à l'infant don Francisco, soit précipitation, soit en raison de sa minorité, on ne lui fit signer aucun de ces actes.

Quoique Escoiquiz n'eût fait qu'obéir aux ordres de Ferdinand en signant le traité du 10, son nom, assez souillé déjà, n'en demeure pas moins flétri. Godoy et Escoiquiz étaient les deux hommes dont la funeste administration et les mauvais conseils avaient porté les plus grands coups à la monarchie; tous deux, réciproquement l'objet de la faveur intime de Charles et de Ferdinand, leur devaient à ce titre mille fois le sacrifice de la vie plutôt que de laisser méconnaître leurs droits, et c'étaient ces deux mêmes hommes qui venaient sanctionner par leur signature les traités qui interdisaient pour toujours le sol de l'Espagne à la dynastie des Bourbons! La proclamation publiée à Bordeaux, le 12 mai, et dans laquelle on engageait les Espagnols « *à se tenir tranquilles, et à attendre* « *leur bonheur des sages dispositions et de la puissance*

---

(1) N° 12, App.
(2) N° 13, App.

« *de Napoléon* », fut l'œuvre d'Escoiquiz, qui depuis osa prétendre qu'il avait voulu par là exciter les Espagnols à soutenir la cause de leurs princes légitimes. Si ce fut réellement son intention, l'on voit qu'il n'y avait pas plus de clarté dans ses écrits que de prévoyance dans ses actes.

La reine d'Etrurie, malgré les faveurs et les attentions obséquieuses dont elle avait comblé Murat et les Français, ne fut pas plus heureuse dans ses négociations que les autres personnes de sa famille. On ne pouvait pas exécuter à l'égard de son fils le traité de Fontainebleau, parce que l'empereur avait promis aux députés portugais de conserver l'intégrité de leur territoire. On n'avait non plus aucune compensation à lui offrir en Italie, car il était contraire aux *grandes vues* de Napoléon de souffrir sur un point quelconque de ce pays un souveraineté qui tînt de près ou de loin à la race des Bourbons. Force fut donc à la jeune reine de s'en tenir à la pension qui lui fut allouée, et de suivre le sort de ses parens.

Pendant le séjour à Bayonne du prince des Asturies et des infans, l'on concerta plusieurs plans pour leur évasion. Un bourgeois de Cervera de Alhama avait reçu de la junte suprême de Madrid de l'argent pour cet objet. Le duc de Mahon avait offert aussi, de St-Sébastien, une forte somme. Les conseillers de Ferdinand, en son nom et par son ordre, reçurent l'argent, mais l'évasion n'eut pas lieu. L'on avait proposé, comme le moyen le meilleur et le plus exécutable, de faire enlever les deux frères Ferdinand et Don Carlos par des Basques adroits qui connussent bien le terrain, et qui les introduiraient en Espagne par St-Jean-Pied-de-Port. Ce projet fut si sérieux qu'on avait déjà aposté trois cents miquelets à la frontière pour prêter la main à ceux qui étaient en France dans le complot. On voulut ensuite les faire évader par mer; on alla enfin jusqu'à proposer d'attaquer Napoléon dans le palais de Marrac. Dans toutes ces tentatives il y avait bien plutôt des témoignages de patriotisme et de dévoûment que des probabilités de succès. Il eût fallu, pour les mener à bonne fin, moins de vigilance dans le gouvernement français, et plus d'audace dans les princes espagnols, naturellement faibles et timides.

Dès que les actes d'abdication furent revêtus de toutes les formalités, Napoléon, aux termes des conventions qui y étaient stipulées, ne tarda pas à envoyer dans l'intérieur de la France les divers membres de la famille royale d'Espagne. Le 10 mai, Charles IV et son épouse Maria-Luisa, la reine d'Étrurie et ses enfans, l'infant Don Francisco et le prince de la Paix partirent pour Fontainebleau, et passèrent de là à Compiègne. Le 11, Ferdinand VII et les infans Don Carlos et Don Antonio quittèrent aussi Bayonne, d'où ils se rendirent au château de Valençay, propriété du prince de Talleyrand, qui leur fut assignée pour résidence.

Telle fut l'issue des fameuses entrevues de Bayonne entre l'empereur des Français et la malheureuse famille royale d'Espagne. Il faudrait les couleurs les plus sombres pour bien peindre un si triste tableau. On y voit Napoléon, avec sa perfidie et son astuce ; le vieux roi et la reine-mère, sans trône et sans patrie ; Ferdinand et les infans, tremblans et aveuglés ; et enfin les conseillers de ce prince, pour la plupart ignorans ou en désaccord, s'unissant tous pour commencer un drame sanglant, qui les moissonna en partie, qui déchira l'Espagne et troubla jusque dans les fondemens de sa destinée la France elle-même.

Il est vrai que les temps étaient rudes et difficiles ; mais il semble que ceux qui avaient en main la direction des affaires, soit à Bayonne, soit à Madrid, n'excellassent qu'à faire des bévues. Pour les premiers,

nous venons de voir ce qu'ils ont fait de leurs princes ; examinons maintenant quelles mesures prirent les seconds pour défendre l'honneur et la véritable indépendance de la nation, puisque, grâce à leurs divisions et à leurs mauvais conseils, l'Espagne était veuve de son roi et de toute la famille royale. Nous avons déjà parlé du message de Don Evaristo Perez de Castro, qui arriva à Bayonne, sans malencontre, le 4 mai. Il eut aussitôt une entrevue avec Don Pédro Cévallos, qui s'empressa à son tour de communiquer au roi les propositions de la junte suprême de Madrid, dont Perez de Castro était porteur, et que nous avons fait connaître plus haut. En conséquence, deux décrets furent rendus, le 5 mai ; l'un, écrit de la main du roi, était pour la junte suprême ; l'autre, signé par Ferdinand avec la formule usitée *moi, le roi*, était adressé au conseil, ou, à défaut, à une magistrature quelconque dégagée de la tyrannie de l'étranger. Dans le premier, le roi disait « qu'il n'était pas libre,
« qu'il lui était par conséquent impossible de prendre
« par lui-même aucune mesure, tant dans l'intérêt
« de sa propre sûreté, que pour le salut de la monarchie ; que, dans cet état de choses, il investissait la junte des pouvoirs les plus étendus pour que,
« soit en corps, soit représentée par une ou plusieurs personnes de son choix, elle se transportât
« dans l'endroit qui lui semblerait le plus convenable, et qu'au nom de S. M., qu'elle remplacerait
« en personne, elle exerçât toutes les fonctions de la
« souveraineté ; que les hostilités devraient commencer dès le moment qu'on ferait passer S. M. dans
« l'intérieur de la France, ce qui ne se ferait que par
« la violence ; et qu'enfin, si ce cas arrivait, la
« junte devait empêcher par tous les moyens l'entrée
« de nouvelles troupes dans la Péninsule. » — Le décret adressé au conseil portait « que, dans la

« situation où se trouvait le roi, n'étant pas libre
« d'agir par lui-même, sa volonté royale était que
« les cortès fussent convoquées dans le lieu qu'on
« croirait le plus avantageux; qu'aussitôt réunies,
« elles s'occupassent uniquement de procurer les
« moyens et les fonds nécessaires pour pourvoir à la
« défense du royaume, et qu'elles demeurassent en
« permanence pour faire face aux circonstances qui
« pourraient survenir. »

Quelques-uns des ministres ou des conseillers de Ferdinand à Bayonne crurent avec raison que la junte suprême, autorisée comme elle l'avait été de cette ville, à agir avec le pouvoir illimité qui eût appartenu au roi lui-même, aurait d'elle-même arrêté ces mesures, sans encourir les retards d'une consultation; mais la junte, qui n'avait plus les opinions qu'on avait à Bayonne, et qui, au lieu de prendre un parti, s'était contentée de demander de nouvelles instructions, ne fit rien non plus quand elles furent arrivées, donnant pour prétexte à sa persévérante inaction, que les circonstances avaient changé. Il est certain qu'elles n'étaient pas les mêmes, et il sera bien que, pour peser ses raisons, nous rapportions ce qui s'était alors passé à Madrid.

Le matin même du départ de l'infant Don Antonio, le 4 mai, le grand-duc de Berg fit entendre à quelques membres de la junte qu'il était nécessaire qu'on l'associât aux délibérations de ce corps, que le bon ordre et la tranquillité publique y étaient intéressés. On lui opposa quelques objections, il n'insista point; mais, le soir, sans aucun avertissement préalable, il se présenta à la junte pour la présider. Gil y Lemus résista fortement à cette indécente prétention; il paraît que la même opposition fut faite par Azanza et O-Farril, lesquels, après avoir protesté et donné leur démission, finirent pourtant par rester à leur poste. La junte, effrayée de la fausse position où l'engageait Murat, et voulant éviter de plus grands maux, céda à ses désirs, et se détermina à recevoir dans son sein le prince français. L'on attaqua vivement cette résolution ; l'on pensa qu'elle était en dehors des pouvoirs de la junte, surtout quand il s'agissait du chef de l'armée d'occupation, et qu'on n'avait reçu à cet égard ni ordre ni instructions de Bayonne. Il eût été plus conforme à l'opinion générale, que la junte eût refusé de délibérer devant le général français, ou qu'elle eût attendu qu'une violence manifeste pût au moins faire excuser sa soumission. Elle était sans doute au regret de sa facile condescendance, quand un décret de Charles IV lui arriva tout à point pour la tirer un peu de son angoisse (1). Ce décret, daté de Bayonne du 4 mai, et reçu à Madrid le 7, conférait à Murat le titre de lieutenant-général du royaume, et, en cette qualité, la présidence de la junte suprême : c'était l'avant-coureur de l'abdication qui eut lieu le lendemain en faveur de Napoléon. Cette nomination était accompagnée d'une proclamation du vieux roi, qu'il terminait par cette réflexion remarquable, «*qu'il « n'y avait de salut et de prospérité possibles pour les « Espagnols que dans l'amitié du grand empereur, « son allié.*» Bien que la résolution de Charles IV vînt appuyer la disposition prématurément adoptée par la junte, ce décret aurait dû être sans force et de nulle valeur aux yeux de ce corps souverain, qui, tenant son existence et ses pouvoirs de Ferdinand VII, n'avait à reconnaître d'autres ordres que les siens. Cependant il fut arrêté, le lendemain 8, que le décret recevrait son exécution ; seulement la junte se dispensa de le publier, croyant trouver dans cette manière équivoque de procéder un moyen d'échapper à sa

(1) N° 13, App.

fausse position. Elle en sortit enfin par la nouvelle de l'abdication de Ferdinand, et en recevant de ce prince un décret qui lui ordonnait de se soumettre à l'autorité de l'ancien monarque.

Jusqu'au jour où Murat se mit en possession de la présidence, on aurait pu croire que la faiblesse de la junte n'était que de la circonspection, son manque de prévision un excès de prudence, et son indolence une insuffisance de pouvoirs ou la crainte de compromettre la personne du roi. Mais aujourd'hui, les choses avaient changé d'aspect, et, dans cette position nouvelle, ou la junte était en état de prendre les mesures convenables pour sauver l'honneur et l'indépendance de la nation, ou elle ne l'était pas. Dans ce dernier cas, au lieu de souiller son nom en sanctionnant par sa présence les décisions iniques d'un étranger, pourquoi ne pas se retirer et le laisser seul? Et si elle pouvait agir, pourquoi ne pas mettre à exécution les décrets rendus par le roi à Bayonne, quand elle l'avait fait consulter? Pourquoi ne pas permettre la formation déjà autorisée d'une autre junte qui fût en dehors du joug étranger? Loin de se jeter dans ce système, elle en suivit un tout contraire, et mit tous ses efforts à empêcher l'adoption de ces salutaires mesures. Un exprès avait remis aux mains de Don Miguel-José de Azanza les deux décrets du roi; l'un investissait la junte d'une autorité sans limites, l'autre prescrivait au conseil de convoquer les cortès. Azanza les communiqua à ses collègues, et ils décidèrent unanimement que ces décrets ayant été rendus le 5, et l'abdication de Ferdinand étant survenue le lendemain 6, ils devaient être considérés comme non avenus. Chose étrange! des décrets arrachés par la violence, et qui détruisaient les droits légitimes de Ferdinand et de sa dynastie, et anéantissaient ceux de la nation, eurent à leurs yeux plus de force que ceux qui, rendus en secret, et confidentiellement expédiés, avaient le double avantage d'avoir été conçus dans une entière liberté, et d'aviser à tout ce que réclamait l'intérêt de l'honneur national. Ce qui fait mieux ressortir encore la bonne foi des membres de la junte et la droiture de leurs intentions, c'est leur refus de communiquer au conseil le décret qui ordonnait la convocation des cortès, et dont la promulgation et l'exécution étaient particulièrement recommandées à ses soins, tandis qu'il n'appartenait qu'à ce corps d'examiner les raisons de prudence et de convenance publique qui pouvaient faire retenir ce décret ou le promulguer. Peu satisfaits encore, et craignant que la junte nommée pour remplacer celle de Madrid hors de la capitale en cas de besoin, n'exécutât ce qu'ils auraient dû exécuter eux-mêmes, ils prirent des précautions pour l'empêcher. Le comte de Ezpeleta, à qui l'on avait fait signifier d'abord par l'organe de Don José Capeleti l'invitation de présider la junte qui serait substituée à celle de Madrid, si celle-ci venait à n'être plus libre, reçut plus tard un contre-ordre positif; et, pressé par Gil Taboada de se rendre à Saragosse, où celui-ci l'attendait, il lui répondit qu'on lui avait donné postérieurement des instructions contraires.

Sous le prétexte qu'elle n'avait pas de pouvoirs suffisans, quoiqu'elle en eût reçu de Bayonne de très-amples, la junte suprême de Madrid s'était montrée dans le principe négligente et peu active; à présent que ces pouvoirs lui arrivaient plus clairs, et, s'il est possible, plus étendus, elle n'en voulait plus faire usage, alléguant qu'il était trop tard, et ne se souciant pas de se compromettre davantage. Sa conduite paraît plus louche et plus douteuse encore, quand on considère que quelques-uns de ses membres, faibles auparavant, mais résistant du moins à l'étranger, non-seulement firent ensuite leur soumission que la nécessité rendait peut-être excusable, mais qu'ils devinrent les plus fermes soutiens des ennemis du pays, et travaillèrent avec ardeur à étouffer les glorieux efforts de la nation pour défendre son indépendance. Il est vrai de dire aussi qu'à Bayonne, après les événemens qui suivirent l'envoi des deux décrets, tous les Espagnols étaient dans l'inquiétude et tremblaient qu'ils ne fussent exécutés. Ainsi l'annonçait Don Evaristo Perez de Castro, qui retourna à Madrid vers cette époque. Tout cela prouve une chose : c'est que, parmi les Espagnols qui avaient à Bayonne le plus d'influence dans le conseil du roi, non plus que parmi ceux qui gouvernaient en Espagne, il ne se trouvait pas un homme doué de cette puissance de résolution et de cette inébranlable fermeté de caractère que réclament les circonstances extraordinaires.

Napoléon, de son côté, se croyant déjà maître de la couronne d'Espagne, en vertu des abdications faites en sa faveur, avait résolu de la placer sur la tête de son frère aîné, Joseph, roi de Naples; et, toujours fidèle à son système de déception, il voulut donner à cette cession la couleur d'un généreux témoignage de déférence pour le vœu des Espagnols. Ce fut ainsi que, le 8 mai, il adressa ses instructions au grand-duc pour que la junte suprême et le conseil de Castille lui fissent savoir auquel des membres de sa famille il leur serait plus agréable que le trône d'Espagne fût dévolu. Le 12, le conseil répondit, comme il le devait, que les renonciations faites par la famille des Bourbons étant nulles et comme non avenues, il ne lui appartenait point de s'expliquer sur ce qu'on lui demandait. Mais le lendemain au soir, convoqué au palais sans cérémonie, il y fut très-bien accueilli et parfaitement traité par Murat qui souscrivit d'assez bonne grâce aux réserves que le conseil voulait joindre à son exposé de motifs, savoir : «*qu'on ne de-*

« vait pas entendre par là qu'il voulût en rien se mê-
« ler d'approuver ou de désapprouver les actes d'ab-
« dication, et que la désignation qu'on exigeait de lui
« ne devait nullement préjudicier aux droits du roi
« Charles et de son fils ou des autres successeurs de la
« couronne, droits qui demeuraient réglés par les lois
« du royaume; » il céda alors, et il stipula, dans sa décision du 13, adressée au grand-duc, que, relativement aux propositions à lui soumises, « *il lui paraissait*
« *qu'en exécution de la résolution prise par l'empe-*
« *reur, le choix devait tomber sur son frère aîné, le*
« *roi de Naples.* » Ce mode de consulter et de répondre déguisait assez mal le jeu et l'accord secret des deux parties. Qu'importait à Murat ces protestations confidentielles, pourvu qu'il eût un document public des principales autorités du royaume à présenter aux puissances de l'Europe, et que Napoléon pût ainsi faire entendre qu'il avait suivi la volonté du peuple espagnol plutôt que la sienne propre. Le conseil commençant dès lors à entrer dans ce système de milieu et d'artifice qui le guida depuis, système plus digne de fonctionnaires subalternes que d'une magistrature conservatrice des lois, s'accommodait parfaitement de ce qui lui était proposé, s'imaginant par ce moyen garantir son existence précaire, dans la double éventualité de la domination ou du renversement de Napoléon : conduite inhabile dans des temps de trouble et de grandes crises, et à laquelle le conseil dut la perte de son crédit et de son influence au dedans et au dehors. Il adressa aussi une lettre à l'empereur, et, à la prière de Murat, il nomma pour la remettre à Bayonne les membres Don José Colon et Don Manuel de Lardizabal. La junte suprême et la ville de Madrid en agirent de même de leur côté, et demandèrent que Joseph Bonaparte fût choisi pour s'asseoir sur le trône d'Espagne.

Non content de l'abdication des princes, de l'adhésion des premières autorités du royaume et du vœu qu'elles venaient d'exprimer, Napoléon eut la pensée de réunir une députation d'Espagnols qui, représentant un fantôme de cortès, donnassent à Bayonne une espèce de sanction nationale à tout ce qui s'était antérieurement accompli. Nous avons déjà dit que, vers le milieu d'avril, Murat avait eu l'intention de réaliser cette idée ; mais jusqu'au mois de mai elle ne put être mise complètement à exécution. L'ordonnance de convocation parut dans la *Gazette de Madrid*, le 24 du même mois, avec cette singularité qu'elle était sans date. Elle était rendue au nom du grand-duc de Berg et de la junte suprême, et portait en substance que, vu le désir de S. M. I. et R. de réunir à Bayonne une assemblée générale de cent cinquante députés pour le 15 juin suivant, dans le but de s'y occuper des intérêts et du bonheur de l'Espagne, en signalant tous les maux produits par l'ancien système, et en proposant les réformes et les remèdes qui en pourraient prévenir le retour, la junte suprême avait désigné à cet effet plusieurs délégués dont suivaient les noms, réservant à certaines corporations, aux villes qui avaient voté aux cortès et à d'autres encore le droit de procéder à leurs élections respectives. Aux termes du décret, des grands, des nobles, des évêques, des chefs d'ordre religieux, enfin des membres du haut commerce, des universités, de la milice, de la marine, des conseils, et de l'inquisition elle-même, devaient faire partie de l'assemblée. L'on choisit également six membres qui devaient représenter l'Amérique. Azanza, qui, le 23 mai, s'était rendu à Bayonne pour donner compte à l'empereur de l'état des finances, fut retenu par son ordre pour présider la junte ou assemblée générale qui allait se réunir. Plus tard, nous examinerons le caractère et les travaux de cette junte, et nous parlerons de la reconnaissance solennelle qu'elle et tous les Espagnols qui se trouvaient présens firent à l'intrus Joseph.

Murat, à peine à la tête du gouvernement de l'Espagne, craignant que l'agitation générale des esprits n'amenât des soulèvemens plus ou moins partiels, avait adopté diverses mesures pour les prévenir. Il réunit au corps de Dupont deux régimens suisses au service d'Espagne, et mit à la disposition du maréchal Moncey quatre bataillons des gardes espagnoles et wallones, ainsi que les gardes du corps. Il donna des ordres pour envoyer trois mille hommes de Galice à Buenos-Ayres, et, le 19 mai, il confia le commandement de l'escadre de Mahon au général Salcedo, avec ordre de faire voile pour Toulon; ce qui heureusement ne put s'exécuter à raison des événemens qui ne tardèrent pas à survenir. La division espagnole cantonnée en Estrémadure fut envoyée au camp de Saint-Roch; Solano, qui jusque-là en avait été le chef, reçut ordre de retourner à Cadix pour prendre de nouveau le commandement de l'Andalousie, et un officier français du génie, M. Constantin, fut chargé d'aller sonder ses intentions. Ce fut pour remplir une semblable mission, que, sous prétexte de faire examiner la place de Gibraltar, on envoya le chef de bataillon du génie Rogniat auprès du général Don Francisco-Xavier Castaños, qui commandait le camp de Saint-Roch. D'autres commissaires furent expédiés sur Ceuta. On commença à fortifier le Buen-Retiro, en y renfermant force approvisionnemens de bouche et de guerre, après que les Français se furent emparés partout de tous les magasins et dépôts d'armes ou de munitions qui se trouvèrent à leur portée: faibles précautions pour étouffer le mécontentement universel.

Mais à présent que Napoléon en est venu à s'imaginer qu'il pouvait aliéner la couronne d'Espagne au gré de son caprice; à présent que la famile royalle est enfin parquée dans les limites du sol français; que Murat commande à Madrid; que la junte suprême et les conseils ont fléchi le genou, et que Bayonne va devenir le siége d'une députation espagnole, il est bon que, détournant la vue de tant de scènes de découragement et de perfidie, d'imprévoyance et de lâcheté, nous nous arrêtions à contempler un sublime et imposant spectacle.

SOMMAIRE

DU LIVRE TROISIÈME.

Insurrection générale contre les Français. — Soulèvement des Asturies. — Mission en Angleterre. — Soulèvement de la Galice. — Soulèvement de Santander. — Soulèvement de Léon et de la Castille-Vieille. — Soulèvement de Séville. — Reddition de l'escadre française mouillée à Cadix. — Soulèvement de Grenade. — Soulèvement de l'Estrémadure. — Commotions dans la Castille-Neuve. — Soulèvement de Carthagène et de Murcie. — Soulèvement de Valence. — Soulèvement de l'Aragon. — Soulèvement de la Catalogne. — Soulèvement des îles Baléares. — Navarre et provinces basques. — Iles Canaries. — Réflexions générales. — Portugal. — Sa situation. — Des divisions françaises essaient de passer en Espagne. — Les Espagnols se retirent d'Oporto. — Premier soulèvement d'Oporto. — Soulèvement de Tras-os-Montès, et second soulèvement d'Oporto. — On désarme les Espagnols de Lisbonne. — Les Espagnols repoussent les Français à Os-Pégoès. — Soulèvement des Algarves. — Conventions entre quelques juntes d'Espagne et de Portugal.

HISTOIRE

DU

SOULÈVEMENT, DE LA GUERRE

ET DE LA

RÉVOLUTION D'ESPAGNE.

LIVRE TROISIÈME.

Des sentimens bien opposés avaient agité pendant deux mois les vastes provinces d'Espagne. Après l'allégresse du mois de mars, après les espérances aussi flatteuses que rapidement déçues qu'on avait conçues à cette époque, étaient venus les agitations, les soupçons et les craintes d'avril. La nouvelle du 2 mai avait porté de toutes parts l'épouvante, et quand celle des abdications, des perfidies et des honteux événemens de Bayonne vint à se répandre, un cri d'indignation et de guerre, que jetèrent avec une admirable résolution les capitales de provinces, alla se répéter et résonner dans les hameaux et les villages, dans les bourgs et les cités. A l'envi, les femmes et les enfans, les jeunes gens et les vieillards, transportés de colère et échauffés de l'amour de la patrie, demandèrent à grand cris, et d'une voix unanime, une prompte, noble et terrible vengeance. L'Espagne renaquit, pour ainsi dire, forte, vigoureuse, pleine d'audace; elle renaquit au souvenir de ses gloires passées, et ses provinces, agités, soulevées, furieuses, se montraient à l'imagination comme les dépeint Velleius Paterculus, *tam diffusas, tam frequentes, tam feras*. Le voyageur qui, un an plus tôt, avait traversé les vastes campagnes de la Castille au milieu de la solitude et du morne abattement de ses habitans, s'il fût alors revenu les parcourir, en les voyant cette fois si pleines de mouvement, de trouble d'anxiété, il aurait pu, non sans raison, attribuer à quelque magique métamorphose un changement si étrange et si subit. Ces habitans, comme ceux du reste de l'Espagne, naguère indifférens aux affaires publiques, accouraient avec inquiétude s'informer des événemens du jour, et depuis l'alcalde jusqu'au dernier manoeuvre, irrités, furieux, en apprenant les excès et les assassinats de l'étranger, ils éclataient, à ces nouvelles, en larmes d'indignation : tant il est vrai que ces nobles et hauts sentimens qui enfantèrent, dans le seizième siècle, tant de prodiges de valeur, tant de prouesses inouies, étaient assoupis, mais non pas éteints, dans les cœurs espagnols, et qu'au doux nom de patrie, à la voix de leur roi captif, de leur religion menacée, de leurs coutumes foulées aux pieds, ils se réveillèrent avec la vivacité d'une force rajeunie. Plus les outrages avaient été inattendus et violens, plus l'élan public fut terrible et merveilleux. L'histoire ne nous a pas transmis de plus grand exemple d'un soulèvement si prompt, si unanime, contre une invasion étrangère. Comme si un dessein prémédité, comme si une intelligence suprême eût dirigé et gouverné cette glorieuse détermination, la plupart des provinces se levèrent spontanément et presque dans le même jour, sans que plusieurs d'entre elles aient eu la moindre connaissance de l'insurrection des autres, et animées toutes à la fois du même esprit d'exaltation et d'héroïsme. A cette résolution magnanime fut poussée la nation espagnole par les fourberies et les trahisons d'un faux ami, qui, sous le prétexte de la régénérer sans connaître ses lois et ses mœurs, voulut lui en imposer de nouvelles à son caprice, changer la race de ses rois, et détruire ainsi son indépendance véritable et bien entendue, sans laquelle les plus puissans états tombent peu à peu en ruines, et laissent misérablement périr jusqu'à leur nom.

Ce fut dans les Asturies, plus tôt qu'en nul autre endroit, que se manifesta d'une manière plus légale et plus régulière cet unanime et profond sentiment. A cette circonstance concoururent plusieurs raisons puissantes. D'abord, en même temps qu'on avait dans cette principauté l'opinion commune à toute l'Espagne de regarder avec éloignement, avec haine, la domination étrangère, on y conservait en outre un illustre souvenir du temps où son sol, âpre et montueux, avait offert un sûr asile aux vénérables restes des vaillans Espagnols qui, fuyant avec Pélage l'invasion arabe, avaient commencé la longue et sanglante lutte qui se termina par assurer l'indépendance et l'union des peuples de la Péninsule. Ses habitans puisaient aussi de la confiance dans sa position avantageuse et naturellement défendue. Baignées au nord par les flots de l'Océan, entourées sur leurs flancs de chemins souvent impraticables, les Asturies étaient ceintes au midi par de hautes et inaccessibles montagnes. Par hasard aussi, se trouva réunie la junte générale de la principauté, débris heureusement conservé dans le naufrage presque universel de nos antiques franchises. Les pouvoirs de cette assemblée, très-peu clairement tracés, se bornaient aux affaires de pure économie; mais, dans une semblable crise, et composée, comme elle l'était en général, d'individus nommés par les municipalités, on la considéra comme un centre opportun pour légitimer et diriger habilement les mouvemens du peuple. Elle se réunissait tous les trois ans, et, par une heureuse conjoncture, c'était cette année que tombait l'époque de sa convocation; les séances s'étaient ouvertes le 1er mai.

Peu de jours après, et en même temps que la triste nouvelle des événemens du 2 mai, on reçut à Oviédo un ordre qui enjoignait au colonel commandant d'armes, Don Nicolas de Llano-Ponte, de publier le sanguinaire édit que Murat avait publié le 3 dans la capitale du royaume. Les habitans des Asturies, émus et agités autant que ceux du reste de l'Espagne, avaient, dès le 29 avril, assailli à coups de pierres la maison du consul français à Gijon, parce que celui-ci avait osé jeter depuis sa fenêtre divers pamphlets imprimés contre la famille de Bourbon. Dans cet état de choses, et le bruit courant qu'on allait exécuter de rigoureuses instructions arrivées de Madrid pour l'offense commise contre le consul, les esprits s'aigrirent et s'enflammèrent de plus en plus, stimulés par les patriotiques exhortations du marquis de Santa-Cruz de Marcenado, de son parent Don Manuel de Miranda, et de Don Ramon de Llano-Ponte, chanoine de cette église, lequel, ayant précédemment servi dans les gardes, avait toutes les qualités d'un gentilhomme.

L'audience territoriale s'étant décidée, d'accord avec le chef militaire, à publier, le 9, le décret qu'on leur avait envoyé de Madrid, ils commencèrent à parcourir les rues ensemble, lorsqu'au bout de peu de temps des groupes nombreux s'étant réunis pour leur barrer le passage, aux cris de *vive Ferdinand VII et mort à Murat!* force leur fut de céder et d'abandonner leur dessein. Les mutins, parmi lesquels se faisaient remarquer les étudians de l'université, s'attroupèrent alors avec plus d'audace, et, tous réunis, se dirigèrent vers la salle des séances de la junte générale. Ils y trouvèrent, parmi plusieurs membres, un vigoureux appui. Don José del Busto, premier juge de la ville, et secrètement en intelligence avec eux, parla en faveur de leur noble résolution. Il fut soutenu par le comte Marcel de Peñalva et par le comte de Toréno (père de l'auteur de cette histoire), et tous les membres de la junte, sans exception, décidèrent qu'il fallait désobéir aux ordres de Murat, et prendre les mesures analogues à cette détermination hardie. L'audience, cependant, haïe du peuple, soit parce qu'elle instruisait le procès à ceux qui avaient attaqué la maison du consul français, soit aussi parce qu'étant composée en majeure partie de créatures ou de partisans du gouvernement de Godoy, elle voyait de mauvais œil des mouvemens qui devaient lui faire tort en définitive, l'audience, dis-je, essaya par tous les moyens d'apaiser cette première commotion, aussi bien en usant de son influence sur les particuliers, les militaires et les étudians, qu'en donnant secrètement à l'autorité avis de ce qui se passait. Elle obtint aussi que, dans la junte, le député d'Oviédo, Don Francisco Velasco, appuyé par celui de Grado, Don Ignacio Florez, discourût longuement, dans la séance du 13, sur les dangers auxquels les imprudentes résolutions du 9 exposaient la province, et la junte non moins qu'elle, puisqu'elle avait outrepassé ses pouvoirs. Velasco, auquel son expérience éprouvée donnait du crédit, obtint qu'on suspendît l'exécution des mesures arrêtées ; le seul marquis de Santa-Cruz de Marcenado, qui présidait, s'opposa à cette nouvelle résolution avec une admirable fermeté, disant « qu'il « protestait solennellement, et qu'en quelque lieu « qu'il vît un homme se lever contre Napoléon, il « prendrait un fusil et marcherait à ses côtés; » paroles d'autant plus mémorables qu'elles sortaient de la bouche d'un homme qui touchait à soixante ans, riche, grand propriétaire, et tenant aux plus illustres familles du pays. C'était le digne petit-fils du célèbre marquis du même nom, écrivain militaire distingué et diplomate habile, qui, dans le premier tiers du siècle dernier, emporté par ses sentimens d'honneur, avait péri malheureusement, mais avec gloire, dans les plaines d'Oran.

Dès que Murat et la junte suprême de Madrid furent informés de ce qui se passait dans les Asturies, ils essayèrent en toute diligence d'éteindre cette étincelle, appréhendant qu'en se communiquant à d'autres endroits elle ne finît par allumer un incendie général. En conséquence, ils donnèrent à l'audience d'Oviédo des ordres sévères, et envoyèrent à cette ville deux commissaires, le comte del Pinar, magistrat connu par sa sanguinaire sévérité, et le poète Don Juan Mélendez-Valdès, plus fait pour célébrer en beaux vers les triomphes du vainqueur, que pour apaiser des tumultes populaires. On ordonna en même temps à Don Crisostomo de La Llave, commandant-général de la côte de Cantabrie, de passer à Oviédo pour y prendre le commandement de la province, en mettant sous ses ordres un bataillon du régiment d'Hibernia, venant de Santander, et un escadron de carabiniers qui se trouvait en Castille.

Mais ces mesures, au lieu de calmer les esprits, ne firent que les irriter davantage. Les personnes impliquées dans les événemens du 9 y virent le sort qui les attendait, et persistèrent dans leur premier dessein. Les nouvelles de Bayonne, qui provoquaient chaque jour l'agitation et la colère du peuple, leur vinrent en aide, ainsi que les relations des sanguinaires événemens du 2 mai, qu'en faisaient successivement des témoins oculaires échappés de Madrid. Ceux qui avaient pris part à l'émeute du 9 redoublèrent de zèle, et pensèrent enfin à exécuter leur entreprise, suspendue mais non pas abandonnée. Ils se réunissaient dans la maison du chanoine Don Ramon de Llano-Ponte, et avec si peu de réserve, qu'on voyait des gens inconnus, venus de divers points, s'approcher de ce foyer d'insurrection, et présenter toutes sortes d'offres de services. Nous assistions, nous autres récemment arrivés de la capitale, aux réunions secrètes, et nous étions stupéfaits à cette continuelle affluence de paysans et de personnes de toutes classes, qui, dans un noble dévoûment, engageaient leurs fortunes et compromettaient leurs personnes pour la défense des foyers communs. Les rassemblemens se renouvelaient toutes les nuits, et ils avaient été fort tumultueux le 22 et le 23 ; mais on différa d'éclater jusqu'au 24, parce qu'on attendait ce jour-là le nouveau commandant La Llave qu'envoyait Murat. Pour l'exécution du plan, on prévint les paysans de se rendre à Oviédo, au coup de l'*Angelus*, et cela par le moyen de billets circulaires que fit passer Don José del Busto aux alcaldes de sa juridiction. On prit en outre d'autres mesures convenables, et le soin de diriger la multitude fut confié à don Ramon de Llano-Ponte et à Don Manuel de Miranda. Avant l'arrivée de La Llave, on lui avait dépêché en toute hâte un aide-de-camp du maréchal Bessières, Napolitain de nation, qui fut dans la plus vive inquiétude jusqu'à ce qu'il vît le commandant s'approcher des portes de la ville. Celui-ci fit son entrée le 24, accompagné de quelques personnes qui étaient dans le secret de la trame préparée pour cette nuit. On était convenu que l'émeute commencerait à onze heures du soir, au tocsin que sonneraient les cloches des églises de la ville et des villages environnans. Une erreur ayant fait retarder le signal une heure entière, les patriotes conjurés étaient dans des angoisses mortelles; mais enfin, un carillon général à minuit précis les tira d'inquiétude.

Leur première démarche fut de s'emparer de l'arsenal, où se trouvaient en dépôt cent mille fusils, non-seulement fabriqués à Oviédo et ses environs, mais aussi transportés dans cette ville par ordre antérieur du prince de la Paix. L'attaque fut favorisée par les officiers d'artillerie eux-mêmes, qui avaient été mis dans le secret, et parmi lesquels se distingua Don Joaquin Escario. Pendant ce temps, d'autres conjurés pénétrèrent chez le commandant La Llave, et d'autres encore appelant de porte en porte les membres de la junte provinciale, elle s'assembla à cette heure avancée de la nuit, s'adjoignant par extraordinaire quelques votans étrangers. Alors cette junte, reprenant le pouvoir suprême, sanctionna la révolution, nomma pour son président le marquis de Santa-Cruz, et lui confia le commandement militaire. Le lendemain 25, la guerre fut solennellement déclarée à Napoléon, et il n'y eut qu'un seul cri d'indicible enthousiasme. Chose merveilleuse, que, dans un coin de l'Espagne, il se trouvât quelqu'un qui osât défier le pouvoir gigantesque devant lequel se prosternaient les plus grands potentats du continent européen! On pourrait attribuer une telle action au délire, si cette noble résolution, fondée sur le désir de conserver l'honneur et l'indépendance nationale, ne méritait pas d'être traitée avec plus de respect.

La junte se composait des personnes les plus importantes du pays par leurs richesses, leur naissance et leur célébrité. Le procureur-général Don Alvaro Florez-Estrada, informé de longue-main du mouvement prémédité, le soutint vigoureusement, et toute la junte en corps adopta avec activité des mesures utiles pour armer la province et la mettre en état de défense. Les carabiniers royaux arrivèrent bientôt après, ainsi que le bataillon d'Hibernia, et ni les uns ni les autres ne mirent le moindre obstacle au soulèvement. Les premiers retournèrent ensuite en Castille sous les ordres de Don Grégorio de la Cuesta, et l'on tira du bataillon plusieurs officiers, sergens et caporaux, pour les cadres des nouvelles troupes qu'on formait peu à peu. La junte avait résolu de mettre sur pied un corps de dix-huit mille hommes. Elle multiplia inconsidérément les grades militaires, et ce fut avec raison qu'on lui reprocha cet excès. Cependant, ce qui la disculpait un peu, c'était le manque d'anciens officiers pour remplir les places qu'exigeait la mise au complet de l'armée qui se formait. On fit choix d'étudians ou de personnes qui parurent le plus aptes, et réellement, de ces militaires improvisés, il sortit d'excellens officiers, qui, s'ils ne se sacrifièrent pour leur patrie, l'honorèrent par leur conduite, leur courage et leurs connaissances dans l'art de la guerre. Une chose qui contribua à la rapidité de l'organisation des nouvelles troupes, ce furent les dons considérables qu'offrirent généreusement les particuliers, et qui entraient chaque jour dans les caisses publiques.

Comme il n'était intervenu, dans le soulèvement des Asturies, que les personnes les plus notables du pays, nul excès de la populace n'en avait souillé la pureté, et moins encore des violences ou des assassinats; mais au bout de quelques jours, peu s'en fallut qu'un spectacle déplorable et tragique ne fût donné. Les commissaires de Murat, dont nous avons parlé plus haut, le comte del Pinar et Don Juan Melendez-

Valdès, avaient été, pour leur propre sûreté, arrêtés à leur arrivée à Oviédo, ainsi que le commandant La Llave, le colonel du régiment d'Hibernia, Fitzgérald, et le commandant des carabiniers, Ladron de Guévara, lesquels s'étaient seuls séparés de l'unanime décision des officiers de leurs corps respectifs. Dès le commencement, le marquis de Santa-Cruz, homme d'un caractère dur et entêté, n'avait cessé de demander qu'on leur fît un procès criminel. Son opinion plaisait à la multitude; mais la junte ajournait sa décision, espérant que le temps calmerait la haine qui s'était élevée contre les détenus. Il arriva, sur ces entrefaites, que, parmi les nouveaux enrôlés qui se rendaient successivement à Oviédo des points les plus éloignés de la province, vinrent ceux des communes situées entre la Navia et l'Eo, qui se firent remarquer par leur turbulence au milieu des recrues des autres districts. Craignant quelque désordre, la junte résolut d'envoyer les détenus hors des limites de la principauté. Par étourderie, ou par une malice ignorée, on imagina de les tirer de prison en plein jour et publiquement, pour les mettre dans une voiture de voyage. A leur vue, quelques femmes du peuple se mirent à crier : « *Voilà les traîtres qui s'en vont* »; et une bande des recrues dont on vient de parler se réunissant à leurs clameurs, ils s'emparèrent des cinq infortunés, les conduisirent au champ de San-Francisco, hors des murs de la ville, et les ayant attachés à des arbres, se disposèrent à les fusiller. Dans cette extrémité, le chanoine Don Alonzo Ahumada eut l'heureuse idée d'employer contre la multitude débandée le frein de la religion, le seul qui pût encore la contenir; le saint-sacrement à la main, et soutenu par des personnes de marque, il sauva d'une mort imminente les tremblantes victimes, parmi lesquelles, et dans le plus effrayant péril, le colonel du régiment d'Hibernia avait montré un courage impassible. Ainsi, en même temps que leur vie fut sauvée, le beau spectacle du soulèvement des Asturies demeura pur et sans tache. Rare exemple de modération dans ces époques de déchaînement populaire, où souvent, sous le voile du patriotisme, se vengent des inimitiés personnelles.

Du moment que la junte des Asturies prit parti et se déclara souveraine, elle pensa à ouvrir des négociations avec l'Angleterre. Elle choisit, pour qu'ils se rendissent à Londres dans ce but, Don Andrès Angel de la Véga, et le vicomte de Matarrosa (auteur de cette histoire, qui s'appelait ainsi du vivant de son père). La mission était importante et difficile; de son heureux résultat dépendait en grande partie le succès de l'entreprise commencée. Le voyage en lui-même présentait des difficultés, car il n'y avait pas en ce moment un seul croiseur anglais sur toute la côte des Asturies, et il eût été trop hasardeux pour le but désiré de s'aventurer sur un bâtiment national. Trois jours après l'insurrection, un corsaire de Jersey apparut très à propos en vue du cap de Peñas. Soupçonnant quelque stratagème, il refusa d'abord d'entrer en arrangement; mais, cédant à l'appât d'une forte somme, il convint de prendre à son bord les députés nommés, lesquels mirent à la voile de Gijon, le 30 mai.

Ce n'est point un hors-d'œuvre, ni une digression d'amour-propre que de nous arrêter ici pour rapporter quelques détails de cette mission en Angleterre, car elle servit de base à la nouvelle alliance contractée avec ce pays, et d'où naquirent tant d'immenses événemens. Dans la nuit du 6 juin, les députés abordèrent à Falmouth, et, accompagnés d'un officier de la marine anglaise, ils partirent immédiatement en poste pour Londres. Il n'était pas encore sept heures du matin, quand ils entrèrent dans l'hôtel de l'amirauté, et son secrétaire, M. Wellesly Pool, voulait à peine croire ce qu'il entendait, cherchant à découvrir sur la carte d'Europe le point presque imperceptible qui osait se déclarer contre Napoléon. Peu de temps après, et à cette heure si matinale, les députés eurent une entrevue avec M. Canning, alors ministre des relations étrangères. A la vue des proclamations, à la vue du chaleureux enthousiasme qui animait les envoyés asturiens (et que partageaient alors tous les Espagnols), le ministre anglais n'hésita pas un moment à les assurer que le gouvernement de S. M. B. protègerait de tous ses efforts le glorieux soulèvement de la province qu'ils représentaient. Sa prompte et vive pénétration discerna de prime abord quel esprit devait régner dans toute l'Espagne, puisque les Asturies avaient jeté le cri d'indépendance, prévoyant du même coup d'œil les conséquences qu'une insurrection péninsulaire devait avoir sur les destinées de l'Europe et du monde.

Dès le 12 juin, M. Canning faisait aux députés, officiellement et par écrit, la communication suivante : « Le roi me charge d'assurer à VV. SS. que S. M.
« voit avec le plus vif intérêt la détermination loyale
« et valeureuse de la principauté des Asturies pour sou-
« tenir, contre l'atroce usurpation de la France, un
« débat en faveur de la restauration et de l'indépen-
« dance de la monarchie espagnole. S. M. est égale-
« ment disposée à accorder toute espèce de secours et
« d'assistance à un effort si magnanime et si digne de
« louange. Le roi me charge de déclarer à VV. SS. que
« S. M. est prête à étendre son appui à toutes les autres
« parties de la monarchie espagnole qui se montre-
« raient animées du même esprit que les habitans des
« Asturies. »

Cette déclaration fut suivie d'un envoi à cette province de vivres, munitions, armes et équipemens en abondance, et si l'on n'envoya pas dès l'abord de l'argent, c'est parce que les députés ne l'avaient pas jugé nécessaire. Le gouvernement nomma, pour passer aux Astruries, deux officiers anglais et le major-général, sir Thomas Dyer, qui depuis lors fut le protecteur constant et désintéressé des malheureux patriotes espagnols.

A cette époque, le duc de Portland était premier lord de la trésorerie, et parmi les membres de son ministère se trouvaient les noms, depuis si connus, de Castelreagh, Liverpool et Canning. Ils avaient conservé, pour règles de leur politique, celles qui avaient dirigé M. Pitt, avec lequel ils avaient été étroitement unis. Mais quant à la cause espagnole, tous les partis embrassèrent la même opinion, sans qu'il y eût à ce sujet le moindre dissentiment. Cette conformité d'opinion apparut clairement dans la discussion parlementaire du 15 juin, à la chambre des communes. M. Sheridan, l'un des chefs de l'opposition, célèbre comme écrivain et comme orateur, disait à cette séance : « Est-ce que la courageuse décision des Es-
« pagnols ne prendra pas plus d'élan, quand ils sau-
« ront que leur cause n'est pas seulement embrassée
« par les ministres isolément, mais aussi par le parle-
« ment et le peuple d'Angleterre? S'il y a en Espa-
« gne une disposition à ressentir les insultes et les
« outrages que ses habitans ont reçus du tyran de la
« terre, et qui sont trop énormes pour être exprimés
« en paroles, croit-on que cette disposition ne s'é-
« lèverait pas au plus sublime degré avec la certitude
« que leurs efforts doivent être cordialement soute-
« nus par une grande et puissante nation? Je crois
« qu'une crise importante s'approche. Jamais il n'y
« eut rien de plus vaillant, de plus généreux et de plus
« noble que la conduite des Asturiens. »

Les deux côtés de la chambre applaudirent à ces éloquentes paroles qui exprimaient le sentiment commun de tous ses membres. Trafalgar et les fameuses victoires remportées par la marine anglaise n'avaient jamais excité de plus grande joie, de plus universel enthousiasme. L'intérêt national se trouva réuni, dans cette occasion, avec ce que dictait la justice et l'humanité; aussi les opinions les plus divergentes et les plus opposées sur d'autres points, s'unirent alors et se confondirent pour célébrer en commun et d'une manière indicible le soulèvement de l'Espagne. Il ne fallut que la nouvelle de celui des Asturies pour causer un effet aussi prodigieux. Les députés ne pouvaient sortir ni aller en nul endroit, sans qu'on les accueillît par des applaudissemens et des *vivats*. Nous devons ici retenir notre plume, certain qu'on attribuerait à une exagération affectée le récit même abrégé de ce qui se passa réellement. Cependant, au milieu de la satisfaction générale, les députés s'affligeaient, ayant vu passer plusieurs jours sans qu'on reçût des côtes d'Espagne un seul bâtiment, un seul avis. L'enthousiasme des Anglais ne diminua point pour cela; au contraire, il s'augmenta, s'il était possible, lorsque l'arrivée de Don Francisco Sangro, envoyé par la junte de Galice, vint tirer tout le monde de doute et d'inquiétude. Il apportait non-seulement la nouvelle du soulèvement de cette importante et populeuse province, mais du soulèvement de la Péninsule entière.

La Galice, en effet, s'était soulevée le 30 mai, jour de Saint-Ferdinand. L'étendue de ses côtes, le grand nombre de ses embouchures de rivières et de ses ports abrités, les inégalités de son terrain montueux, sa position lointaine et défendue par des entrées étroites et difficiles, ses arsenaux, et enfin ses abondantes ressources, augmentaient l'importance du parti qu'avait embrassé cette province.

Outre la commune inquiétude, nécessaire et générale conséquence du 2 mai, ce qui avait particulièrement agité les esprits à la Corogne, c'était l'apparition de l'officier français Mongat, commissionné pour vérifier l'état des arsenaux d'armes et d'artillerie, celui des troupes de la garnison, et pour examiner en même temps l'état du pays. En l'absence du capitaine-général Don Antonio Filangieri, le commandement appartenait au maréchal-de-camp Don Francisco Biedma, personnage fort mal vu des militaires et des bourgeois de la ville, et peu propre dès lors à calmer l'agitation qui croissait à vue d'œil. Ses mesures l'augmentèrent, car, en plaçant de l'artillerie sur la place de la capitainerie-générale, en doublant sa garde et demeurant toujours sur le qui-vive, il laissa entendre qu'il se disposait à exécuter quelque ordre désagréable. Biedma agissait dans ce sens avec une confiance d'autant plus grande, qu'il restait encore à la Corogne, malgré les forces détachées sur Oporto en vertu du traité de Fontainebleau, le régiment d'infanterie de Navarre, les bataillons provinciaux de Betanzos, Ségovie et Compostelle, le second bataillon des volontaires de Catalogne, et le régiment d'artillerie du département. Pour être plus sûr de ces corps, il pensa se les attacher en leur proposant, suivant les instructions venues de Madrid, les prestations militaires françaises, qui étaient plus avantageuses. Il y eut des chefs qui acceptèrent l'offre, d'autres qui la repoussèrent. Mais cette démarche fut si imprudente qu'elle éveilla chez les soldats un vif soupçon qu'on avait le projet de les envoyer de l'autre côté des Pyrénées, et de remplir leur vide par des troupes françaises. En même temps, la crainte de la conscription vint saisir les bourgeois, crainte confirmée par diverses rumeurs, d'autant mieux accueillies dans de semblables situations, qu'elles sont plus absurdes. Tel fut, par exemple, le bruit que le Français Mongat avait fait fabriquer, dans les ateliers de l'artillerie, des milliers de menottes destinées à mener enchaînés jusqu'à la frontière les jeunes gens qui seraient enrôlés. Quelque mal fondé que fût ce bruit, il n'est pas étonnant qu'il eût trouvé accès dans les esprits prévenus des Galiciens, aux oreilles desquels était arrivée la nouvelle de semblables violences exercées, en France même, contre les conscrits.

Au milieu de l'agitation, arriva à la Corogne un émissaire des Asturies, porteur des nouvelles de la première insurrection de cette province, et qui venait dans l'intention de presser les autorité de Galice d'imiter la conduite de celles des Asturies. Il se présenta à M. Pagola, régent de l'audience, lequel, en le menaçant de le faire poursuivre, l'obligea à se retirer secrètement à Mondoñedo. Cependant l'affaire fut connue, et l'opinion se prononçait chaque jour davantage, sans qu'il y eût de frein pour la contenir. A cette époque, quelques avis parvinrent à Madrid sur l'état d'inquiétude où se trouvait la Galice, et l'on ordonna de s'y rendre au capitaine-général Don Antonio Filangieri. C'était un homme modéré, affable, intelligent, frère du fameux Gaëtan Filangieri, qui, dans son éloquent ouvrage de législation, avait défendu avec tant de science et de zèle les droits de l'humanité. Il était chéri des officiers, aimé de quiconque l'approchait; mais le malheur d'être né à Naples lui ôtait la faveur de la multitude, si ombrageuse dans les temps de troubles publics. Cependant, ayant fait disparaître l'artillerie de devant ses portes, et s'étant montré doux et indulgent, il aurait peut-être arrêté la révolution menaçante, si de nouveaux motifs de mécontentement n'eussent accéléré son explosion. D'abord, on était indisposé de l'arrogance dédaigneuse avec laquelle les Français établis à la Corogne regardaient et traitaient les habitans, depuis que l'officier Mongat leur en donnait l'exemple par sa hauteur intolérable, bien qu'adoucie quelquefois par la prudence de M. Fourcroy, consul de sa nation. Mais ce qui fit plus d'effet encore et décida réellement l'explosion, ce fut la nouvelle des abdications de Bayonne et du transport en France de la famille royale, événemens qui, en même temps qu'ils affaiblissaient et ravalaient le pouvoir de l'autorité, enflammèrent l'ardeur populaire et lui firent franchir l'enceinte de la subordination et de l'obéissance.

Quelques patriotes, enflammés du désir de conserver l'indépendance et l'honneur national, avaient des réunions secrètes avec divers officiers pour donner une sage impulsion au mécontentement public. A ces réunions assistaient des militaires du régiment de Navarre, ce qu'apprenant le capitaine-général, il ordonna que ce corps passât au Ferrol, mesure qui peut-être influa plus tard sur sa lamentable fin. Cette circonstance, au lieu de couper court aux conférences secrètes, ne fit que les rendre plus vives, et déjà l'on touchait au moment d'agir, quand, la veille de la Saint-Ferdinand, arrive à cheval par les rues de la Corogne un jeune homme de belle taille et de bonne mine, si énivré, si transporté, qu'en les traversant avec des cris d'enthousiasme, il excita la curiosité des habitans stupéfaits. Il se rendit chez le régent de l'audience, qui le fit arrêter et mettre au secret à l'hôtel des postes. Aussitôt la multitude s'amassa sur ce point, et l'on apprit que le jeune homme inconnu était un étudiant de Léon, ville dont la population, à l'imitation des Asturies, avait tenté de se soulever et de créer une junte. Ce fut un nouvel aiguillon qui décida ceux qui se concertaient secrètement à ne pas attendre davantage, et à mettre immédiatement le royaume de Galice en pleine insurrection.

Le lendemain, 30 mai, se présenta comme le jour le plus opportun, un incident imprévu poussant à l'exécution du projet. C'était l'usage tous les ans, à pareil jour, d'arborer le drapeau sur les boulevarts et les forts, et l'on remarqua que, ce jour-là, on avait omis cette pratique, qui avait seulement lieu en commémoration du roi saint Ferdinand, sans avoir égard à ce que le souverain régnant portât ou ne portât point ce nom. Mais, comme à présent il sonnait mal aux oreilles des gouvernans de Madrid, soit de leur ordre, soit par flatterie, on suspendit l'antique coutume. Le peuple se montra vivement courroucé de l'absence du drapeau, et les secrets conjurés, saisissant alors cette opportune occasion, lui dépêchèrent, pour l'exciter et le guider, un certain Sinforiano Lopez, sellier de son état, homme hardi, fougueux, et qui, doué de l'éloquence populaire, était chéri de la multitude et la gouvernait à son gré. Dès qu'il se fut approché du palais du capitaine-général, il envoya en avant, pour tâter l'esprit des troupes, quelques enfans, qui, ayant attaché des mouchoirs au bout de quelques bâtons, et criant : *Vive Ferdinand VII, mort à Murat*, essayèrent de se glisser dans leurs rangs. Les soldats, parmi lesquels s'en trouvaient un grand nombre qui étaient d'accord avec les meneurs, riaient de ces enfans, et les laissaient passer et crier, sans interrompre leurs jeux apparens. Les conjurés, s'enhardissant, se précipitèrent en masse du côté du palais, et députèrent quelques-uns d'entre eux pour demander que, selon l'usage, on arborât le drapeau. Cet édifice est situé dans la vieille ville, et, dès que le bruit courut qu'il était envahi, la multitude y accourut de tous les points, se précipitant par la porte Royale et celle de Los Aires. Les premiers qui avaient pénétré dans le palais en députation, n'eurent pas plutôt obtenu qu'on arborât le drapeau, qu'ils demandèrent qu'on fît revenir à la Corogne le régiment de Navarre; et, comme il arrive dans toute sédition populaire, à mesure qu'on y faisait droit, les pétitions se multipliaient. En raison de quoi, et le tumulte ayant violemment éclaté, Don Antonio Filangieri s'échappa par une porte dérobée et se réfugia dans le couvent des dominicains. Don Francisco Biedma et le colonel Fabro ne firent pas ainsi; malgré la haine qu'ils inspiraient tous deux comme partisans du prince de la Paix, ils osèrent sortir par la porte principale. Leur témérité faillit leur coûter cher. Biedma fut blessé d'un coup de pierre, mais légèrement; et Fabro, qui, s'étant mis à la tête des grenadiers de Tolède, corps dont il était chef, frappa du plat de son épée un homme qui pérorait au nom du peuple, fut violemment assailli de coups de bâtons, sans que ses soldats fissent seulement mine de le défendre, tant s'entendaient bien les militaires et les bourgeois.

Comme c'était un jour de fête, et que des avis expédiés aux villages des environs avaient appelé beaucoup de monde à la ville, ceux du dedans et du dehors assaillirent tous ensemble le parc des armes, et y prirent plus de quarante mille fusils. A l'attaque, le commissaire des ateliers d'artillerie, Don Juan Varela, courut un grand danger, parce qu'on l'accusait faussement de tenir cachées les menottes qui devaient accoupler ceux que l'on conduirait en France. Heureusement, Sinforiano Lopez eut l'idée de prendre et de porter en procession le portrait de Ferdinand VII, et attirant à lui la multitude par cet artifice, il sauva Varela d'une mort imminente.

Enfin, le soir, une junte se forma, à la tête de laquelle se mit le capitaine-général; on y fit entrer les autorités principales, et des représentans des différentes classes ou corporations, soit civiles, soit ecclésiastiques. Filangieri étant tombé malade, la junte fut présidée les premiers jours par le maréchal-decamp Don Antonio Alcédo, homme prudent et sensé, qui permit, dans la naissante ferveur, que tout citoyen vînt proposer dans la salle des séances ce qu'il jugerait convenable à la cause publique. Mais on mit bientôt des bornes à une concession, qui, à toute autre époque, aurait été indue et périlleuse.

La junte prit des dispositions promptes, vigoureuses, et qui furent généralement couronnées de succès. Elle donna également, dès le principe, une preuve signalée de son désintéressement, en convoquant une autre junte, qui, librement et paisiblement élue par les villes de Galice, n'eut point la tache originelle d'être le fruit d'une sédition, et de ne représenter qu'une faible partie du territoire. Pour atteindre un si honorable but, on préféra à tout autre mode le plus ancien et le mieux connu. A chaque période de six années, une députation de tout le royaume de Galice se réunissait à la Corogne; elle était composée de sept individus choisis par les municipalités des sept provinces qui le composent. L'objet de cette réunion était d'accorder l'impôt appelé *de millions*, et d'élire un député qui concourût, avec ceux des autres villes ayant voix aux cortès, à former la députation du royaume, laquelle, composée de sept individus, et renouvelée de six ans en six ans, résidait à Madrid, plutôt pour assister aux fêtes publiques et recevoir des faveurs individuelles, que pour défendre les intérêts de ses commettans. Conformément à sa noble résolution, la junte expédia ses lettres convocatoires et envoya de tous côtés des commissaires pour mettre à exécution les mesures de défense et d'armement qu'elle avait décrétées. Comme l'opinion de toutes les communes était unanime, ceux-ci furent reçus en quelque part qu'ils se présentassent avec applaudissemens, soumission et respect. Dans quelques endroits, des mouvemens populaires avaient précédé la nouvelle de celui de la Corogne; mais partout les mesures de la junte trouvèrent une obéissance empressée, et la jeunesse courut s'enrôler avec le plus grand enthousiasme. Au Ferrol seulement, l'autorité du nouveau gouvernement aurait pu être méconnue à cause de l'opposition que montraient le comte de Cartasjal, commandant de la division d'Arès, et le chef d'escadre Obregon, qui commandait les arsenaux; mais les autres officiers et les soldats, partageant les sentimens du peuple, et se prononçant ouvertement pour lui, déconcertèrent les intentions de leurs supérieurs.

Le soulèvement du royaume de Galice étant dès lors complet, on accéléra la formation et l'organisation de son armée. Les recrues furent incorporées dans les régimens anciens, et l'on forma de nouveaux corps, parmi lesquels mérite une mention particulière le bataillon appelé *littéraire*, parce qu'il était composé d'étudians de l'université de Saint-Jacques, animés, comme tous ceux du reste de l'Espagne, d'une vive ardeur pour la cause sacrée de la patrie. Ces forces, réunies à celles qui vinrent s'y joindre postérieurement d'Oporto, montaient en totalité à quarante mille hommes environ.

Les officiers municipaux nommés par les sept chefs-lieux de la province pour représenter son pouvoir suprême ne tardèrent point à se rendre à la Corogne, et l'assemblée s'y installa sous le nom de *junte souveraine de Galice*. Les membres de cette junte s'associèrent l'évêque d'Orense, qui jouissait alors d'une juste popularité, celui de Tuy, et Don Andrès Garcia, confesseur de la défunte princesse des Asturies, par hommage à sa mémoire. On appela aussi, dans les commissions administratives qui se partageaient les divers travaux, des personnes habiles dans chaque branche d'administration.

TOM. I.   13

Le soulèvement de la Galice, comme celui de toute l'Espagne, eut pour principale origine la haine de la domination étrangère et la juste indignation provoquée par les atroces événemens de Madrid et de Bayonne. Dans cette province, les militaires en furent les premiers moteurs, soutenus par la population entière. Le clergé, s'il ne donna pas la première impulsion, y applaudit du moins, et favorisa depuis l'héroïque révolution. Dans la suite, les curés et prêtres de paroisse sse distinguèrent surtout, en entretenant, en étendant la flamme allumée du patriotisme. Néanmoins, dans cette province, les commotions populaires furent vues de mauvais œil par deux ecclésiastiques de la plus haute hiérarchie, Don Rafaël Muzquiz, archevêque de Saint-Jacques, et Don Pédro Acuña, ancien ministre de grâce et de justice ; zélés partisans du prince de la Paix, ils s'alarmèrent à l'avénement de Ferdinand VII au trône, et travaillèrent en secret, mais avec diligence, à faire avorter, ou du moins à embarrasser dans son cours, l'entreprise commencée. L'archevêque de Saint-Jacques, merveilleux assemblage de corruption et de bassesse, essayait de couvrir, sous l'apparence du fanatisme, sa conduite dépravée, de masquer ses vices, et d'accroître l'immense pouvoir que lui donnaient ses richesses et sa haute dignité. Rusé et brouillon, il visa à semer la discorde, sous prétexte de patriotisme. Il existait de vieilles rivalités entre Saint-Jacques, ancienne capitale de la Galice, et la Corogne, qui l'était alors. Pour les réveiller, il offrit un don gratuit de 3,000,000 de réaux, sous la condition séditieuse que la junte souveraine fixerait sa résidence dans la première de ces villes. Il savait bien qu'on n'accèderait pas à sa proposition, et il se flattait d'exciter, par le refus qui lui serait fait, des querelles entre les deux villes rivales, capables d'entraver les résolutions de la nouvelle autorité. Mais la junte montra une fermeté telle, que le vieux et rusé courtisan, alarmé de sa démarche, s'abrita sous le manteau pastoral de l'évêque d'Orense, pour n'être ni recherché, ni poursuivi.

Peu de jours après l'insurrection, le bruit subit et général, répandu dans toute la Galice, que les Français allaient y entrer, donna malheureusement occasion à des désordres, qui, bien que momentanés, ne laissèrent pas cependant d'être regrettables. Ainsi, à Orense, un gentilhomme de Puga tua d'un coup de feu un régidor, à la porte de la municipalité, parce qu'on lui avait dit qu'il était partisan des envahisseurs. Il est vrai que, dans les premiers temps du soulèvement, la Galice n'eut pas à pleurer d'autre mort sur son sol.

Mais elle eut à s'affliger, et elle affligea toute l'Espagne, par l'assassinat de Don Antonio Filangieri, lequel, ayant passé les limites de la province, avait fixé son quartier-général à Villa-Franca del Vierzo, et prenait les plus actives mesures pour organiser et discipliner ses forces. Croyant convenable, aussi bien à ses desseins qu'à la nécessité de couvrir les avenues du pays confié à son commandement, de faire quitter la Corogne à ses troupes, composées en grande partie de recrues et de gens ramassés, il leur fit prendre position sur la cordilière limitrophe du Vierzo, étendant ses postes avancés jusqu'à Manzanal, et placé lui-même dans les gorges qui débouchent sur le territoire d'Astorga. La douceur du caractère de ce général, et la circonstance que la junte le rappelait à la Corogne, enhardirent quelques soldats du régiment de Navarre, qui ne lui avait point pardonné sa translation au Ferrol, à l'assassiner froidement et perfidement, le 24 juin, dans les rues de Villa-Franca. Ce fut un sergent qui les poussa au meurtre; mais quelques personnes cherchèrent plus haut la main cachée qui avait dirigé le coup mortel. Pendant long-temps, ce crime demeura impuni ; mais enfin, au bout de plusieurs années, ceux qui l'avaient commis reçurent leur juste châtiment. Don Joaquin Blake, major-général de l'armée, et précédemment colonel du régiment de la Couronne, avait, dès les premiers jours, succédé dans le commandement à l'infortuné Filangieri. Il avait la réputation d'un militaire instruit et d'un profond tacticien ; la junte l'éleva au grade de lieutenant-général.

Des secours prompts et considérables arrivèrent aussi d'Angleterre à la Galice. Son envoyé, Don Francisco Sangro, fut accueilli avec honneur et distinction par le gouvernement anglais, et les prisonniers espagnols, qui gémissaient depuis longues années sur les pontons britanniques, furent renvoyés libres à la Corogne. Ce fut à ce port qu'aborda sir Charles Stuart, le premier diplomate anglais qui toucha, en cette qualité, le sol espagnol. La junte ne négligea rien pour lui faire une réception brillante, et pour lui donner des preuves du désir constant qu'elle avait de resserrer les nœuds d'alliance et d'amitié avec S. M. B. Les démonstrations de l'intérêt que prenait à la cause de l'Espagne une nation si puissante fortifièrent de plus en plus les changemens opérés, et donnèrent aux plus timides l'espoir d'un heureux succès.

La ville de Santander, toujours émue et agitée, tenait les Français en continuel souci, parce qu'étant située à l'arrière-garde d'une partie considérable de leurs troupes, elle pouvait, en s'insurgeant, couper facilement les communications entre elles. Ils craignaient aussi que la flamme de la sédition, une fois allumée, ne s'étendît dans les provinces basques, et qu'à la faveur d'un terrain montueux, elle ne les enveloppât dans des populations ennemies, qui ne cesseraient de les harceler. Aussi le maréchal Bessières ne tarda point de dépêcher de Burgos à cette ville son adjudant-général, M. de Rigny. Celui-ci portait des dépêches au consul de France, M. de Ranchoup, par lesquelles on avertissait la municipalité que si la tranquillité n'était pas sévèrement maintenue, une division passerait à Santander pour châtier le moindre excès avec la dernière rigueur. De semblables menaces ne firent qu'accroître le mécontentement et la fermentation. Ils étaient au comble, quand une légère dispute entre M. Paul Carreyron, Français établi dans la ville, et le père d'un enfant qu'il avait réprimandé, attira du monde, et le peuple, s'échauffant par degrés, finit par éclater et demander à grands cris qu'on arrêtât les Français.

Aussitôt, les cloches de la cathédrale sonnent le tocsin, les tambours battent la générale, et l'on entend résonner dans les rues les cris de : *Vive Ferdinand VII! mort à Napoléon et à l'adjudant de Bessières!* Armés comme par enchantement, les habitans arrêtèrent les Français, mais avec le plus grand ordre, et lorsque les prisonniers eurent été conduits au château de San-Felipe, on mit des gardes aux portes de leurs maisons, pour qu'ils n'éprouvassent aucun dommage dans leurs propriétés. Ce jour-là, 26 mai, était la fête de l'Ascension, et une nombreuse populace, s'ameutant autour de la maison du consul français, éclata bientôt en injures et en menaces contre sa personne et celle de M. de Rigny. Leurs vies auraient couru grand danger, si les officiers du bataillon provincial de Larédo, qui tenait garnison à Santander, ne les eussent sauvés en s'exposant eux-mêmes à la mort. Ils les tirèrent de la maison consulaire à onze heures du soir, et les plaçant au centre d'un cercle formé de leurs soldats, ils les emmenèrent au même château San-Felipe, et les laissèrent sous la garde des miliciens qui s'y trouvaient casernés.

Le lendemain, 27, une junte se forma des membres de la municipalité et de notables du pays, lesquels élurent pour leur président l'évêque du diocèse, Don Rafaël Menendez de Luarca : celui-ci se trouvait alors à sa maison de campagne de Liaño, et n'avait pu dès lors prendre aucune part aux événemens de la veille. Cependant le gouvernement français, qui ne voulait voir alors dans le soulèvement de l'Espagne que l'œuvre des prêtres et des moines, accusa le révérend évêque de Santander de l'insurrection de la province cantabrique. Mais cette accusation était si peu fondée, que, dans le principe, ce prélat refusa obstinément la présidence que lui offrait la junte, et ce ne fut qu'à force d'instances et de prières qu'on parvint à vaincre son refus. Cet évêque de Santander était un ecclésiastique de mœurs austères, que le peuple vénérait comme un saint; il était certainement doué de qualités recommandables, mais qu'obscurcissaient un fanatisme entêté et des égaremens qui touchaient presque à la folie. Il donna sur-le-champ des preuves de son esprit déréglé, en se parant du titre de régent souverain de Cantabrie, au nom de Ferdinand VII, avec la dénomination d'altesse.

Bientôt après, on apprit l'insurrection des Asturies, ce qui décida le soulèvement de toute la montagne de Santander, et les plus timides prirent de l'assurance. On procéda immédiatement à un enrôlement général, et, sans plus de délai, ces troupes, encore sans discipline, s'avancèrent sur les confins de la province pour en garder les passages. Le commandement militaire avait été remis à Don Juan-Manuel de Velarde, qui, de colonel, fut promu au grade de capitaine-général, lequel alla se porter à Reynosa avec de l'artillerie et cinq mille hommes, paysans pour la plupart, mêlés à quelques miliciens de Larédo. Son fils, Don Emeterio, mort depuis glorieusement à la bataille de la Albuéra, occupa l'Escudo avec deux mille cinq cents hommes, paysans aussi. Un millier d'autres, ramassés dans les districts de Santoña, Larédo et d'autres petits ports, se placèrent sur les hauteurs de los Tornos. Par ces mouvemens rapides, nous voyons comment Santander, malgré sa plus grande proximité des Français, osa se hasarder à tenir tête à leurs injustes prétentions, et à tourner contre eux les faibles ressources que sa situation lui prêtait.

Ce fut sans doute une grande audace de la part de cette province; mais, à l'abri derrière ses chaînes de montagnes, elle n'en montrait pas une égale à celles des villes et des bourgs du pays plat de Castille et Léon. Leurs habitans, sans écouter l'inégalité de leurs forces et les dangers de leur position, suivirent aveuglément les inspirations de leur patriotisme, et cette honorable, mais imprudente hardiesse, coûta cher aux communes voisines des troupes françaises. A peine la ville de Logroño avait-elle élevé le drapeau de l'insurrection, que le général Verdier, accourant de Vitoria avec deux bataillons, défit facilement, le 6 juin, des paysans indisciplinés, et ne se retira qu'après avoir fait fusiller ceux qui furent pris les armes à la main, et que l'on crut les principaux auteurs du soulèvement. La ville de Ségovie ne fut pas plus heureuse dans une semblable tentative. Trop confiante en l'école d'artillerie établie dans son vieux château-fort, elle essaya de faire face avec ce secours aux forces françaises, et ferma l'oreille aux propositions que Murat lui envoya faire par deux gardes du corps. D'après son refus, le général français Frère s'approcha de la ville, le 6 juin, et les artilleurs espagnols placèrent aux portes et aux avenues les canons destinés aux exercices des élèves de l'école. Il n'y avait, pour les soutenir, d'autres troupes que des paysans mal armés, lesquels se débandèrent, abandonnant leurs pièces, dès que l'affaire fut engagée. L'ennemi s'empara de Ségovie ; mais le directeur Don Miguel de Cévallos, les élèves et presque tous les officiers parvinrent à s'enfuir et à rejoindre les armées qui se formaient dans les autres provinces.

En même temps que les choses se passaient ainsi sur des points isolés de la Castille, l'insurrection de Valladolid et de Léon prenait du corps, fortifiée par des ressources plus étendues, et appuyant ses mesures sur les secours qu'elle attendait de la Galice et des Asturies. Depuis le moment que cette dernière province avait, les 23 et 24 mai, proclamé Ferdinand et déclaré la guerre aux Français, celle de Léon avait imité son exemple. Comme des mouvemens partiels y avaient précédé sa résolution définitive, c'était dans une de ces agitations qu'on avait dépêché à la Corogne l'étudiant dont l'arrivée causa tant de tumulte. Mais la ville de Léon étant située en rase campagne, et les Français pouvant sans peine y réprimer toute sédition, ces circonstances avaient retenu l'ardeur populaire. Enfin, huit cents hommes étant arrivés des Asturies pour animer un peu les timides, on forma, le 1er juin, une junte composée des membres de la municipalité et d'autres personnes, à la tête de laquelle fut placé, comme gouverneur militaire de la province, Don Manuel Castañon. Au bout de quelques jours, on transmit la présidence au capitaine-général bailli Don Antonio Valdès, ancien ministre de la marine, lequel, ayant loyalement refusé de se rendre à Bayonne, fut obligé de fuir de Burgos à Palencia, et de se réfugier sur le territoire léonais. Des fusils et des munitions de toutes sortes arrivèrent des Asturies, et par le moyen de cet envoi, on commença l'armement de la province.

Il y avait alors, à Valladolid, pour capitaine-général, Don Gregorio de la Cuesta, vieux militaire, et citoyen respectable, mais d'une humeur dure et capricieuse, et très-obstiné dans ses opinions. Bon Espagnol, il s'affligeait de l'intrusion française; mais, habitué à l'aveugle subordination militaire, il voyait avec dépit que le peuple se mêlât de délibérer sur des matières qui, à son avis, ne le regardaient nullement. Son commandement embrassait les royaumes de Léon et de la Castille-Vieille, provinces dont la séparation géographique n'a pas empêché qu'elles ne se confondissent dans un langage commun, et même dans les affaires de leur gouvernement intérieur. La main pesante de l'autorité les avait toujours violemment pressées, et l'influence du capitaine-général était extrêmement puissante dans les districts dont se composaient ces royaumes. Néanmoins, l'enthousiasme actuel l'emportant sur une antique habitude d'obéissance, nous avons vu déjà comment Léon, sans demander l'agrément de Don Grégorio de la Cuesta, avait jeté le cri d'insurrection. L'entreprise était de plus difficile succès à Valladolid, non-seulement parce que ce chef y résidait, mais aussi parce qu'il y avait l'appui de la chancellerie et de ses dépendances. Cependant l'opinion vainquit encore tous les obstacles.

Dans les derniers jours de mai, le peuple ameuté voulut exiger du capitaine-général qu'il prît les armes et fît la guerre à Napoléon. Cuesta, se présentant au balcon de son hôtel, refusa, et s'efforça par de spécieuses raisons de dissuader les mutins de leur projet insensé. Ceux-ci insistèrent de nouveau, et voyant que tous leurs efforts se brisaient inutilement contre le caractère dur et obstiné du capitaine-général, ils élevèrent une potence, et lui signifièrent, dans leurs vociférations, qu'ils allaient donner une juste récompense à son opiniâtreté, que la populace appelait déjà trahison. Alors Don Gregorio de la Cuesta courba la tête, préférant à cette horrible fin servir de guide à l'insurrection. Il convoqua sans délai une junte où furent admis, avec les principaux habitans, des membres de toutes les corporations. Le vieux général ne permit point que la nouvelle autorité étendît ses pouvoirs au-delà de ce qu'exigeaient l'armement et la défense de la province; il convint seulement qu'à l'exemple de Valladolid, et sous la même restriction, une junte serait instituée dans chacune des villes ayant une intendance. En conséquence, Avila et Salamanque formèrent leurs juntes, mais l'inflexible dureté de Cuesta et les efforts de ces assemblées pour accroître leur pouvoir suscitèrent des chocs perpétuels et des querelles animées. Valladolid et les places libres du joug français se hâtèrent d'enrôler et de discipliner leurs gens, tandis que Zamora et Ciudad-Rodrigo fournissaient autant que possible des armes et des munitions de guerre.

La commune allégresse fut attristée par quelques excès de la populace et de la soldatesque. A Palencia, un certain Ordoñez, homme estimable qui dirigeait la fabrique de farines de Monzon, mourut sous leurs coups. Don Luis Martinez de Ariza, gouverneur de Ciudad-Rodrigo, éprouva le même sort, sans autre motif que l'affection et la faveur que lui accordait le prince de la Paix. Une autre personne périt aussi dans la même ville, et dans la patrie d'Alonzo del Tostado, à Madrigal, le corrégidor fut assassiné, ainsi que quelques alguazils qui s'étaient fait haïr par leur rapacité. Cuesta punit de mort les meurtriers; mais une catastrophe non moins triste et douloureuse souilla le soulèvement de Valladolid. Don Miguel de Cévallos, ce directeur du collége militaire de Ségovie, que nous avons vu s'éloigner de cette ville quand les Français l'occupèrent, fut arrêté à quelque distance, dans le village de Carbonaro, parce qu'on attribuait, sans fondement, à sa trahison l'échec éprouvé. De là, on le conduisit prisonnier à Valladolid. On l'y fit entrer le tantôt; et soit méchanceté, soit hasard, après avoir passé la petite porte de la Merced, ceux qui le conduisaient, se détournant par la rue de *los Toros*, l'amenèrent sur la place appelée *Campo-Grande*, où les nouvelles recrues faisaient l'exercice. A la nouvelle qu'il arrivait, un cri général s'éleva. Il venait à cheval, et sa famille le suivait en voiture. Aussitôt une grêle de pierres lui fut lancée, et malgré les efforts que faisaient pour le garantir les paysans de son escorte, un coup le jeta malheureusement par terre, et de toutes parts alors il fut assailli et frappé. Vainement un prêtre nommé Priéto essaya-t-il de le sauver sous le religieux prétexte de recevoir sa confession; tout ce qu'il obtint, ce fut de le déposer momentanément sous le portail d'une maison, dans laquelle un soldat portugais, de ceux qui étaient venus avec le marquis d'Alorna, le perça d'un coup de baïonnette. La populace, emportée par une nouvelle fureur, traîna par la ville le malheureux Cévallos, et enfin le jeta dans la rivière. Les cris aigus de sa femme, qui, depuis la voiture, invoquait le ciel et les hommes, déchiraient l'âme, tandis que d'autres femmes dénaturées s'acharnaient sur les restes sanglans de la victime. Mais détournons la vue d'un si triste objet, pour continuer à esquisser le magnifique tableau de l'insurrection, dont le fond, bien que souillé de quelques taches, n'en apparaît pas moins admirable et sublime.

Les provinces méridionales de l'Espagne ne se maintinrent ni plus tranquilles, ni moins diligentes que celles que nous venons de parcourir. Leurs habitans, agités de semblables passions, ne s'écartèrent point du sentier glorieux que traçait à tous le sentiment de l'honneur et de l'indépendance nationale. Les causes étant les mêmes, les effets furent pareils dans leur résultats; seulement, les incidens qui servirent d'immédiat aiguillon varièrent quelquefois. L'un de ces incidens, remarquable et inattendu, eut une particulière influence sur les soulèvemens d'Andalousie et d'Estrémadure. Par hasard, résidait alors à Mostolès, bourg à trois lieues de Madrid, Don Juan Perez Villamil, secrétaire de l'amirauté. Quand arriva dans la capitale l'événement du 2 mai, des personnes qui s'étaient échappées au plus fort de l'affaire et réfugiées à Mostolès, racontèrent ce qui se passait, avec les couleurs outrées d'une crainte toute récente. Aussitôt Villamil engagea l'alcalde à ce qu'en écrivant à celui du bourg voisin, et celui-ci à d'autres, la nouvelle pût circuler avec une extrême rapidité. Elle se répandit ainsi, toujours grossissant, de bouche en bouche, et à la fin tellement exagérée, que, lorsqu'elle parvint à Talavera, Madrid était représenté comme en feu sur tous les points, et livré au plus horrible carnage. Le directeur des postes de Talavera expédia des courriers en toute diligence, et bientôt Séville et les autres cités du midi furent informées du déplorable événement.

Les esprits disposés comme ils étaient, il ne fallait plus qu'un léger motif pour les mettre à bout et provoquer une insurrection générale. L'avis parti de Mostolès suffit pour la faire éclater dans le midi. A Séville, la municipalité pensa sérieusement à faire prendre les armes à la province, et l'on agita divers projets d'armement et de défense. Des ordres postérieurs venus de Madrid continrent un moment ce premier symptôme; mais le peuple une fois agité, quelques particuliers s'animèrent à ouvrir l'accès au mécontentement général. L'un des principaux meneurs, dans cette ville, fut le comte de Tilly, d'une illustre maison d'Estrémadure, homme turbulent, brouillon, et fort mal famé pour sa conduite privée.

Bien qu'enclin à la sédition, et aussi grand ami des nouveautés que son frère Guzman, si fameux dans la révolution française, jamais il n'aurait atteint le but de son désir, si la cause qu'il embrassait alors n'eût été tellement sainte, et si, pour ce motif, il n'eût décidé à se joindre à lui d'autres personnes respectables de la ville.

Ils se réunissaient tous dans un endroit nommé el Blanquillo, près de la porte de la Barquéta, et débattaient, dans leurs conférences, les moyens de commencer l'entreprise. Dans le même temps, apparut à Séville un certain Nicolas Tap y Nuñez, homme peu connu et qui était dans cette ville avec l'intention de la soulever à lui seul. Ardent, vif, audacieux, il pérorait par les rues et les places publiques, entraînant et menant à son gré le peuple de Séville. Son effronterie et son audace allèrent à ce point qu'il demanda au chapitre ecclésiastique 12,000 piastres pour opérer le soulèvement contre les Français; ce que cette corporation refusa. Il faisait, auparavant, le commerce clandestin, et s'arrogeant le titre de courtier, il avait d'étroites liaisons avec les gens qui s'occupaient de la contrebande entre Gibraltar et la côte, où il faisait de fréquens voyages. Les autorités dissimulaient, craignant de plus grands maux, et ceux qui machinaient avec le comte de Tilly tentèrent de se bien mettre avec celui qui, en peu de jours, avait acquis plus de renom et de popularité qu'aucun autre. Ils recherchèrent ce Tap y Nuñez, et tombèrent facilement d'accord.

Il ne se passait pas un jour sans que de nouveaux griefs vinssent les affermir dans leur pensée et troubler les plus paisibles citoyens. De cette espèce furent plusieurs pamphlets publiés contre la famille de Bourbon dans le *Journal de Madrid*, qui s'imprimait, depuis le 10 mai, sous l'inspection du Français Esménard. Leurs phrases sonnèrent mal aux oreilles espagnoles, peu faites à pareil langage, et ces factums, destinés à ramener l'opinion en faveur des changemens survenus à Bayonne, l'éloignèrent à jamais de leur approbation. Peu à peu, l'indignation croissait, quand on reçut la nouvelle officielle des abdications faites par les membres de la famille royale d'Espagne en faveur de Napoléon. L'occasion sembla bonne à Tilly, Tap et consorts, et ils se préparèrent à l'explosion.

On choisit, pour insurger Séville, le 26 mai, jour de l'Ascension, et l'heure du soleil couchant. Des soldats du régiment d'Olivenza commencèrent le tumulte, en se dirigeant sur le dépôt de la *Maestranza* royale d'artillerie et des magasins de poudre. Un immense concours de peuple se joignit à eux, et ils s'emparèrent des armes, sans malheur comme sans désordre. Un escadron de cavalerie, commandé par Don Adrian Jacome, se rendit sur les lieux; mais ces troupes, loin d'empêcher le soulèvement, l'approuvèrent et lui prêtèrent assistance. Le feu de l'insurrection ayant gagné, avec une vitesse inexprimable, jusqu'aux quartiers les plus éloignés et les plus pacifiques, la municipalité se transporta à l'hôpital militaire, pour y délibérer avec plus de calme. Mais, dès le matin du 27, le peuple s'étant emparé de l'hôtel-de-ville abandonné, y convoqua une junte suprême des personnes notables de la cité. C'était Tap y Nuñez qui, agissant de bonne foi, se trouvait, par son extrême popularité, chargé d'en choisir les membres; mais d'autres les désignaient à son choix. Aussi, comme étranger au pays, et décidant à l'aventure, il nomma deux personnes qui déplurent par leur conduite précédente et décriée. On l'en prévint, et il voulut plus tard les effacer de la liste; mais ses efforts furent inutiles, et lui valurent même une longue détention, ses partisans s'étant tout-à-coup déclarés ses plus mortels ennemis, sort ordinaire à ceux qui se mettent avec désintéressement et inexpérience dans les révolutions. Les hommes pacifiques les regardent toujours, même en applaudissant à leurs projets, comme des gens dangereux et redoutables; et ceux qui désirent les bouleversemens, pour y trouver leur profit, mettent tous leurs efforts à se débarrasser de l'unique obstacle que rencontrent leurs criminels desseins.

La junte ainsi nommée s'institua junte suprême d'Espagne et des Indes. Une si présomptueuse dénomination piqua les autres et leur déplut; mais, ignorant ce qui se passait ailleurs, peut-être celle-là crut-elle prudent d'offrir un centre commun, qui, contrebalançant l'influence de l'autorité usurpatrice de Madrid, lui fît face avec vigueur et fermeté. Toutefois, ce fut une faute grave que de garder son premier titre, dès qu'elle sut que les autres provinces s'étaient déclarées. Son obstination pouvait causer des débats que prévinrent heureusement la prudence et le tact de quelques patriotes éclairés.

Pour la défense et l'armement de la province, la junte adopta des mesures promptes et judicieuses. Elle ordonna que, sans distinction, on enrôlât les hommes de seize à quarante-cinq ans; des juntes subalternes furent également instituées par ses ordres dans les villes d'au moins deux mille âmes. L'emploi opportun des dons considérables qui étaient déposés, et toute la direction financière, furent remis à des personnes d'une intégrité reconnue. Les villes, les bourgs et les hameaux répondirent avec un plaisir empressé à l'appel de la capitale, et à Carmona comme à Xerez, à Ronda comme à Lebrija, on n'entendit que l'accord de patriotiques accens.

Dans le mouvement de la nuit du 26 et de la matinée du 27, personne n'était sorti des bornes, et ces premières heures n'avaient été troublées par aucun meurtre, par aucun excès notable. Mais il était réservé au soir de ce même jour de voir ensanglanter les murs de la ville par un horrible assassinat. Nous avons déjà rapporté que le corps municipal avait transporté à l'hôpital militaire le lieu de ses séances. Cette démarche donna lieu à quelques propos malveillans. Pour les apaiser et agir de concert avec la junte nouvellement créée, la municipalité y envoya pour commissaire le comte del Aguila, revêtu cette année de la fonction de *procurador-mayor*. Sa vue excita l'irritation de la multitude, qui demanda avec une aveugle fureur la tête du comte. Pour le sauver, la junte promit qu'on allait instruire son procès, et ordonna qu'en attendant il fût envoyé comme détenu à la tour de la porte de Triana. Le comte del Aguila traversa Séville au milieu des insultes, sans recevoir néanmoins ni blessures, ni mauvais traitemens. Mais lorsqu'il montait à la prison qui lui était destinée, une bande de meurtriers y pénétrèrent avec lui; ils lui intimèrent aussitôt d'avoir à se préparer à mourir, et ces assassins, sourds aux prières du comte et aux offres qu'il leur faisait de ses propriétés et de ses richesses, l'attachèrent à la balustrade du balcon, et le tuèrent inhumainement à coups de carabines. Bien des gens pleurèrent la mort de cet innocent gentilhomme, dont la probité et la noble conduite étaient appréciées de la ville entière. Quelques-uns accusèrent le comte de certaines imprudences; le plus grand nombre attribuèrent le coup à la vengeance de quelque secrète inimitié.

Séville, cité riche et populeuse, avantageusement située pour résister à une invasion française, garantit, en se déclarant, le soulèvement de l'Espagne entière. Mais il était nécessaire pour mettre hors de tout danger sa propre résolution, qu'elle se fût assurée du camp de Saint-Roch et de Cadix, où se trouvaient réunies les forces de terre et de mer les plus considérables et les mieux disciplinées qu'il y eût dans tout le royaume. Convaincue de cette vérité, la junte dépêcha immédiatement sur ces points deux officiers d'artillerie qui avaient toute sa confiance. Celui qui se rendit à Saint-Roch accomplit sa mission avec moins de difficulté, car il trouva le commandant Don Francisco-Xavier Castaños disposé à se soumettre à tout ce que prescrivait la junte. Déjà, et à l'avance, ce général avait établi des relations avec sir Hugh Dalrymple, gouverneur de Gibraltar, et loin de les interrompre à l'arrivée à son quartier-général de l'officier français Rognat, de la mission duquel nous avons fait mention dans le livre précédent, il rendit ces communications de plus en plus étroites et fréquentes. Il ne cessa de les entretenir, ni en recevant les offres que lui fit un autre officier de la même nation dépêché à cet effet, ni devant l'amorce de la vice-royauté de Mexico, que l'on tenait en réserve à Madrid, pour flatter d'une dignité si haute l'ambition des généraux dont la décision semblait avoir le plus d'importance. Il est à craindre pourtant que les conférences avec Dalrymple n'eussent mené à rien, si l'envoyé de Séville ne fût arrivé si à propos. A sa réception, Castaños se prononça ouvertement, et la cause commune gagna, par sa déclaration favorable, les huit mille neuf cent quarante-un hommes de troupes réglées qu'il avait sous ses ordres.

A Cadix, de plus grands obstacles arrêtèrent le comte de Téba, l'autre officier envoyé de Séville. C'est dans cette place que résidait habituellement le capitaine-général de l'Andalousie, emploi qu'occupait alors Don Francisco Solano, marquis del Socorro et de la Solana. Il y avait peu de temps qu'il avait repris son poste, au retour de l'expédition de Portugal, où nous l'avons vu rêver des améliorations pour le pays confié à ses soins. Depuis le 2 mai, sollicité et flatté par les Français, vaincu surtout par les conseils de quelques Espagnols, ses anciens amis, il se montrait avec indiscrétion partisan des envahisseurs, et traitait de folie toute tentative de résistance. Déjà, au milieu du mois de mai, il avait couru quelque danger à Badajoz, à cause de l'imprudence avec laquelle il exprimait son opinion. Il ne montra pas plus de réserve sur toute la route. Quand il traversa Séville, ceux qui travaillaient pour y préparer le soulèvement eurent une entrevue avec lui; mais il évita de prendre aucun engagement, et fatigué de leurs instances, ayant demandé du temps pour réfléchir, il se hâta de se rendre à Cadix. Peu satisfaits de son indécision, et dès que le soulèvement du 27 eut eu lieu, quelques-uns des conspirateurs devenus membres de la nouvelle junte engagèrent cette assemblée à dépêcher le lendemain le comte de Téba, qui fit à grand bruit son entrée dans les murs de Cadix. Le général Solano y était très-aimé. Il devait l'affection du peuple à sa conduite antérieure dans le gouvernement de la province, aux efforts constans qu'il avait faits pour être agréable à la garnison et aux habitans. Cette affection se serait changée en idolâtrie, s'il se fût franchement déclaré pour la cause nationale. Il resta vacillant et incertain, et cette hésitation actuelle, dans un homme jusque là prompt et décidé, fut taxée de trahison préméditée. Nous croyons fermement que, d'une part, les espérances et les promesses dont on l'avait bercé, de l'autre, les dangers qu'il envisageait en examinant militairement la situation de l'Espagne, le privèrent de la libre faculté d'embrasser l'honorable parti auquel Séville le conviait. Ainsi, quand il reçut les dépêches de la junte, il imagina de prendre un biais pour se mettre à couvert.

Il convoqua, dans ce but, une réunion de généraux,

pour qu'on y décidât ce qu'il convenait de faire, à propos du message apporté par le comte de Téba. L'objet fut longuement discuté, et l'avis de Solano prévalant, comme il était naturel, on arrêta la publication d'un ordre du jour, dont le style découvrait bien la main qui l'avait écrit. On y donnait les raisons militaires qui faisaient considérer comme téméraire la résistance aux Français, et, après quelques réflexions hors de propos, on finissait par annoncer que, puisque le peuple la désirait, malgré les puissantes raisons alléguées, on allait préparer un enrôlement, et envoyer des commissaires à Séville et à d'autres endroits; on ajoutait que les onze personnes qui signaient l'ordre du jour étaient prêtes à se soumettre à la volonté du peuple. Solano, satisfait de la décision prise, mais n'ayant pas le temps de la faire afficher de jour, fit publier son ordre, de nuit et par les rues, avec des torches allumées et dans le plus grand appareil, comme si l'arrêté seul n'eût pas été suffisant pour alimenter l'inquiétude populaire.

Cette cérémonie inaccoutumée attira une foule de curieux, et dès qu'on entendit la publication officielle, l'irritation saisit tous les assistans, au point que les plus hardis, pensant mettre à profit l'occasion que leur offraient le bruit et le désordre, entraînèrent la multitude à l'hôtel du capitaine-général. Là, un jeune homme appelé Don Manuel Larrus, montant sur les épaules d'un autre, prit la parole, et rétorquant l'une après l'autre toutes les raisons données dans l'arrêté, il finit en demandant au nom de la ville qu'on déclarât la guerre aux Français, et qu'on obligeât à se rendre leur escadre mouillée dans le port. A la voix du jeune homme, l'altier Solano perdit toute assurance, et celui qui, pour son bonheur et celui de sa patrie, aurait pu, en se mettant à leur tête, être le maître et l'arbitre de ses compatriotes, fut contraint de se traîner à la suite d'un inconnu. Il convint de réunir le lendemain les généraux, et promit que tout ce que demandait le peuple serait accompli.

Le tapage excité par la publication de l'ordre du jour continua jusqu'à l'aurore, et la multitude assiégea et rasa la maison du consul français, M. Leroi, dont le langage hautain et grossier lui avait attiré l'aversion même des habitans les plus tranquilles. Le consul se réfugia dans le couvent de San-Agustin, et de là, à bord de l'escadre française. Après cette violence, on relâcha quelques prisonniers, mais le désordre n'alla pas plus loin. Les mutins se portèrent ensuite sur le parc d'artillerie pour s'emparer des armes, et les soldats, loin d'opposer de la résistance, les excitèrent et leur prêtèrent la main.

Le matin du jour suivant, 29 mai, Solano présida la junte de généraux dont il avait promis la convocation, et tous condescendirent aux exigences du peuple. Déjà, quelques-uns d'entre eux, à la vue du mauvais effet causé par la publication de leur arrêté, avaient essayé de rejeter sur le capitaine-général leur propre responsabilité, l'accusant d'avoir emporté la décision par ses efforts personnels : indigne faiblesse, qui ne contribua pas peu à indisposer de plus en plus les esprits contre Solano. Ce qui prêtait encore à l'irritation, c'était la froideur et l'indifférence qu'il montrait avec un caractère naturellement fougueux. Aussi la malveillance et l'inimitié ne manquèrent-elles pas de tourner contre sa personne les apparences qui lui étaient contraires, et ces deux passions attisèrent traîtreusement celles plus nobles qui régnaient alors.

Dans le tantôt, l'adjudant Don José Luquey se présenta sur la place San-Antonio, pour annoncer à la multitude qui s'y était rassemblée que, d'après un conseil tenu par les officiers de marine, il était impossible d'attaquer l'escadre française sans abîmer les bâtimens espagnols qui s'y trouvaient encore mêlés. Les assistans s'irritèrent, et, vers les quatre heures du soir, se dirigèrent sur l'hôtel du général. On y laissa monter trois d'entre eux, parmi lesquels se trouvait un individu qui, de loin, ressemblait à Solano. La foule était immense, et le tapage si grand que personne ne s'entendait. En ce moment, le jeune homme qui avait quelque ressemblance avec Solano se mit au balcon ; la multitude troublée le prit pour Solano lui-même, et les signes qu'il faisait, afin d'être entendu, pour un refus à la demande d'attaquer l'escadre française. Alors, une soixantaine d'hommes qui étaient armés firent feu contre l'hôtel, et le piquet de garde, commandé par l'officier San-Martin, depuis célèbre général au Pérou, se réfugia dedans et barricada la porte. La rage populaire s'accrut ; on amena du parc cinq pièces d'artillerie, et l'on braqua contre la façade, séparée du parapet par une rue basse, un canon de 24 qui s'y trouvait en batterie. Les portes furent brisées en un instant, Solano s'enfuit, et s'échappant par la terrasse qui sert de toiture, il se réfugia chez son voisin et ami l'Irlandais Strange. En arrivant, il y rencontra un certain Don Pedro Olaechea, homme obscur, qui avait été novice dans la chartreuse de Xerez, et que l'on comptait parmi les principaux instigateurs du trouble. Celui-ci, présumant que le général fugitif se serait caché dans cette maison, avait pris les dedans, et y était entré par la porte principale. Solano fut d'abord surpris de cette rencontre inattendue, mais, aidé par le commandant du régiment de Saragosse, Creach, qui venait, par hasard, faire une visite à Mme Strange, ils parvinrent ensemble à enfermer l'ex-chartreux dans un corridor, d'où celui-ci, voulant s'échapper par une lucarne, tomba dans la cour, et mourut de la chute quelques jours après. Mais Solano, ne pouvant s'échapper par aucune issue, se cacha dans l'angle obscur que formait un cabinet meublé à la turque, où malheureusement le rencontra la foule qui courait à sa poursuite. L'épouse de Strange, Maria Tuker, combattit avec courage, mais inutilement, pour le sauver. Elle fut blessée au bras, et enfin l'on arracha de sa maison la victime qu'elle défendait. La multitude alors s'attroupa, et mettant le marquis au centre du groupe, on le mena le long du rempart avec l'intention de l'attacher à la potence. Il marchait avec courage et sérénité, sans qu'on vît sur sa figure ni abattement, ni trouble. En proie aux outrages et aux coups de la populace et de la soldatesque, il reçut, en arrivant sur la place San-Juan-de-Dios, une blessure qui mit fin à ses jours et à ses tourmens. Nous livrerions à l'exécration de la postérité le nom de l'assassin, si nous avions pu le vérifier avec certitude ; nous savons bien sur qui et de quelle manière a porté le soupçon, mais, dans le doute, nous nous abstenons de répéter des accusations trop peu fondées.

Le défunt capitaine-général fut remplacé par Don Tomas de Morla, gouverneur de Cadix. La junte de Séville, ayant confirmé sa nomination, envoya pour l'assister, et peut-être pour le surveiller, le général Don Eusebio-Antonio Herrera, l'un de ses membres. On fit immédiatement partir pour l'intérieur de l'Espagne une partie des troupes qui se trouvaient à Cadix et aux environs, cette place ne conservant pour garnison que les régimens provinciaux de Cordoue, Ecija, Ronda et Xerez, les deux régimens de ligne de Burgos, et des ordres militaires dont il n'existait en quelque sorte que les cadres. Le 31, on proclama solennellement Ferdinand VII, et l'on institua une junte dépendante de la junte suprème de Séville. Le matin du même jour, le chef d'escadre Don Enrique Macdonnell et l'auditeur Don Pédro Creux entrèrent en pourparlers avec les Anglais; ceux-ci approuvèrent les dispositions de la junte de Séville, reconnurent son autorité, et offrirent cinq mille hommes qui, sous les ordres du général Spencer, se rendaient à Gibraltar.

La junte suprême, prenant chaque jour plus d'assurance et de hardiesse, fit, le 6 juin, une solennelle déclaration de guerre à la France, affirmant « qu'elle « ne déposerait pas les armes que l'empereur Napoléon « n'eût rendu à l'Espagne le roi Ferdinand VII et les « autres personnes de la famille royale, et qu'il ne « respectât les droits sacrés de la nation qu'il avait « violés, ainsi que sa liberté, son intégrité et son « indépendance. » Elle publia, en même temps que cette déclaration, d'autres documens de haute importance, entre autres celui connu sous le nom de Préparatifs (*Prevenciones*). On y donnait des règles appropriées à la guerre de partisans, la seule qu'il convînt d'adopter; on y recommandait d'éviter les actions générales, et l'on terminait par l'article suivant, qui est digne d'être reproduit littéralement ici : « On aura « soin de faire entendre et de persuader à la nation « qu'une fois délivrés, comme nous l'espérons, de « cette guerre cruelle à laquelle nous ont forcés les « Français, rendus à la tranquillité et notre roi Ferdinand VII à son trône, sous lui et par lui seront « convoquées les cortès, seront réformés les abus et « établies les lois que le temps et l'expérience dicteront pour le bien public et la félicité du peuple ; « toutes choses que nous savons faire, nous autres « Espagnols, et que nous avons faites avec d'autres « peuples, sans avoir besoin que les Français vinssent « nous les apprendre. » Que l'on juge par ces expressions si le véritable mobile de la glorieuse insurrection de l'Espagne fut un fanatisme aveugle et brutal, comme ont voulu le faire croire des étrangers intéressés à répandre cette opinion, ou d'indignes fils de son propre sol.

Jaén et Cordoue se soulevèrent à la nouvelle du mouvement de Séville, et se soumirent à la junte, tout en créant, pour leur administration particulière, des juntes subalternes où prirent place des personnes de tous rangs. Les habitans de Jaén, se défiant de leur corrégidor Don Antonio-Maria de Lomas, l'envoyèrent, peu de jours après, prisonnier à Valdepeñas de la Sierra, où le peuple mutiné le tua à coups de fusils. Cordoue, s'étant hâtée d'ouvrir des enrôlemens, fit occuper le pont d'Alcoléa par une grande foule de paysans armés, après avoir remis cette troupe, appelée avant-garde d'Andalousie, au commandement de Don Pedro-Agustin de Echavarri. Cette nomination fut approuvée par la junte de Séville, qui ne cessait, de son côté, de prescrire et d'activer les mesures de défense. Elle confia le commandement de toute l'armée à Don Francisco-Xavier Castaños, récompense bien due à sa loyale conduite, et, le 9 juin, ce général se mit en possession de son poste honorable.

Cependant, il restait à terminer une affaire qui, en même temps qu'elle était grave, intéressait la sûreté et même la gloire de Cadix. L'escadre française mouillée dans la rade continuait d'arborer le pavillon national, et le peuple s'affligeait de voir hissé si près de ses murs, et dans la baie même, un drapeau tenu déjà pour ennemi. Il était d'ailleurs à craindre, une fois les communications ouvertes avec les Anglais, que ceux-ci ne consentissent pas à laisser long-temps en parfaite sécurité, et presque à portée de canon de leurs propres vaisseaux, une escadre de leur ennemi mortel. Le peuple, en conséquence, insista pour qu'on intimât promptement l'ordre de se rendre à l'amiral français Rosilly. Le nouveau général Morla, soit prudence pour éviter l'effusion du sang, soit incertitude sur le parti qu'il convenait de prendre (ce que fait soupçonner sa conduite subséquente), essayait de différer les hostilités, détournant l'attention publique par des délais et d'artificieuses paroles. L'amiral français, dans l'espoir que des troupes de sa nation s'avanceraient jusqu'à Cadix, demandait que les choses restassent en cet état jusqu'à ce que l'empereur eût répondu à la demande qu'on lui faisait dans les proclamations et déclarations de guerre, de rendre Ferdinand VII : stratagème qui ne pouvait plus tromper ni surprendre la bonne foi espagnole. Mettant ces retards à profit, les Français prirent une position plus avantageuse en se plaçant dans le canal de l'arsenal de la Carraca, de manière qu'ils ne pouvaient être atteints par le feu des châteaux ni par celui de la flotte espagnole. L'escadre française se composait de cinq vaisseaux et d'une frégate. L'amiral fit ensuite une nouvelle proposition, à savoir, que, pour tranquilliser les esprits, il sortirait de la rade si l'on obtenait pour lui, des Anglais, ancrés à l'embouchure, la permission de mettre à la voile sans être inquiété; ou sinon, qu'il débarquerait ses canons, conserverait ses équipages à bord, et amènerait le pavillon, sous la condition que des ôtages seraient fournis mutuellement et qu'il serait respecté par les Anglais. Morla refusa de prêter l'oreille à aucune proposition qui ne fût la reddition pure et simple.

Ces pourparlers s'étaient prolongés jusqu'au 9 juin, jour où, craignant l'irritation publique, on commença le feu. L'amiral anglais Collingwood, qui, de Toulon, était venu remplacer Purvis, offrit son assistance; mais comme on ne la jugea pas nécessaire, elle fut amicalement refusée. La batterie basse du Trocadéro commença à battre l'ennemi, ayant pour soutenir son feu les bateaux plats de l'arsenal et les gardes-côtes de Cadix, qui s'embossèrent en face de Fort-Louis. Le vaisseau français *l'Algésiras*, incommodé par la batterie de mortiers de la Carrière, la démonta; une chaloupe canonnière commandée par l'enseigne Valdès et le mistic d'Escaléra furent aussi coulés à fond, mais sans autre malheur. La perte fut très-faible des deux côtés. Le feu continua le lendemain 10; mais, vers trois heures, le vaisseau français *le Héros*, que montait l'amiral Rosilly, hissa pavillon espagnol au mât de misaine, et le vaisseau *Principe*, où se trouvait Don Juan Ruiz de Apodaca, commandant de notre escadre, répondit par celui de parlementaire. On ouvrit de nouvelles conférences qui durèrent jusqu'à la nuit du 13, et alors on informa Rosilly que, s'il ne se rendait point, il serait écrasé par le feu de deux batteries élevées près du pont de *la Nueva-Poblacion*. Le 14, à sept heures du matin, le vaisseau *Principe* hissa pavillon d'attaque, et alors les Français se rendirent à la merci du vainqueur. Ce triomphe fut célébré par des transports de joie, non qu'il eût été coûteux et difficile, mais parce que le port de Cadix restait pleinement libre et déblayé, sans qu'on eût eu besoin de recourir aux forces maritimes des nouveaux alliés.

Séville, en même temps, pour accélérer l'armement et l'organisation militaire, envoyait de toutes parts des commissaires et des avertissemens. Les Canaries et les provinces d'Amérique ne furent point oubliées dans sa diligente sollicitude. Elle voulut également établir avec le gouvernement anglais des relations directes d'amitié et d'alliance, ne trouvant point suffisantes celles qu'on avait provisoirement ouvertes avec les amiraux et les généraux de cette nation. Dans ce but, elle envoya, munis de pleins pouvoirs, les généraux Don Adrian Jacome et Don Juan Ruiz de Apodaca, que nous retrouverons plus tard en Angleterre. Il convient maintenant de continuer à raconter l'insurrection des autres provinces.

Nous avons rapporté plus haut que Jaen et Cordoue avaient reconnu la suprématie de Séville. Il n'en fut pas de même à Grenade. Siége d'une capitainerie-générale et d'une chancellerie, cette ville n'était point habituée, aussi bien par les circonstances que par son étendue et sa richesse, à recevoir des ordres d'une autre province. En conséquence, elle résolut d'élire un gouvernement séparé, de lever une armée à elle et de concourir brillamment à la commune défense. Dans les deux derniers mois, on y avait ressenti les mêmes symptômes de trouble que dans les autres parties de l'Espagne; mais ce ne fut que le 29 mai que le mécontentement prit une véritable forme d'insurrection. Ce jour-là, vers une heure, entra dans la ville, à cheval, et avec grand bruit, le lieutenant d'artillerie Don José Santiago, qui apportait des dépêches de Séville. Accompagné d'une foule de paysans des environs et d'autres curieux qui se réunirent d'autant plus facilement que c'était un dimanche, il se rendit à l'hôtel du capitaine-général.

Ce poste était alors aux mains de Don Ventura Escalante, homme pacifique et d'esprit médiocre, lequel, étourdi par les nouvelles de Séville, resta dans l'indécision sans savoir à quel parti s'arrêter. Il se borna, dans le moment, à ordonner en quelques paroles évasives que l'officier se retirât; cela ne fit qu'accroître l'agitation qui se prolongea pendant la nuit, et l'on censura aigrement la conduite timide du général. Ce qui ne contribua pas peu à échauffer les esprits, c'est que le lendemain était la fête de saint Ferdinand. Aussi, dès le matin, la foule s'étant amoncelée sur la place Neuve, où est la chancellerie, résidence du capitaine-général, elle demanda à grands cris qu'on proclamât Ferdinand VII. Dans cet embarras pressant, le général, avec une grande suite d'officiers et de personnes de distinction, et entouré de la foule agitée, sortit à cheval, portant dans les rues, comme en triomphe, le portrait du roi désiré. Mais le peuple, voyant que toutes les mesures prises par l'autorité s'étaient bornées à cette vaine quoique pompeuse promenade, s'indigna de nouveau, et, poussé par quelques meneurs, accourut en masse, pour la seconde fois, devant l'hôtel du général ; on lui exposa nettement que, sa conduite excitant la défiance, il était nécessaire qu'on nommât une junte, laquelle, chargée de l'administration, prendrait en particulier le soin d'armer les habitans. Escalante céda à cette impérieuse insinuation. Il paraît que le principal promoteur de la nomination de la junte, et qui donna la liste de ses membres, fut un moine hiéronimite nommé le P. Puebla, homme de caractère ferme et de grande capacité. Le capitaine-général fut nommé président, et plus de quarante individus de toutes classes furent appelés à faire partie de la nouvelle autorité. On s'occupa sur-le-champ des mesures de guerre ; l'enthousiasme du peuple n'eut pas de bornes, et les enrôlemens furent si nombreux qu'il fallut renvoyer une grande partie des volontaires. Les dons et les engagemens pleuvaient, et bientôt l'on ne vit de tous côtés que des fabriques d'armes et d'uniformes. Grenade peut se glorifier de n'avoir été surpassée en patriotisme et en héroïques efforts par aucune autre province du royaume. Plût à Dieu que toutes eussent montré le même zèle et le même ordre dans l'emploi des ressources.

Mais cette ville, étendue et sans fortifications, aurait néanmoins couru grand risque, si quelque force ennemie se fût approchée de ses portes. Elle était entièrement dégarnie de troupes, celles qui formaient sa garnison ayant été dirigées sur d'autres points. Un seul bataillon suisse qui restait, s'était, par ordre de la cour, mis en marche pour Cadix. Heureusement il n'était pas encore loin ; obéissant à un exprès expédié par la junte, il revint sur ses pas, et servit à soutenir la nouvelle autorité.

La guerre étant déclarée avec enthousiasme à Bonaparte, formalité qui accompagnait toujours l'insurrection, on fit venir de Malaga Don Teodoro Reding, gouverneur de cette place, pour lui donner le commandement des troupes qui se formaient, et la commission spéciale de les instruire et de les discipliner fut confiée au brigadier Don Francisco Abadia, qui la remplit avec zèle et quelque succès. Toutes les communes de la province imitèrent l'exemple de Grenade. A Malaga, périrent malheureusement, le 20 juin, le vice-consul français, M. d'Agand, et Don Juan Crobaré, que la populace arracha par force du fort de Gibralfaro où ils étaient détenus. Mais leurs morts ne furent pas impunies; le gibet les vengea sur un certain Cristoval Avalos et deux autres, que l'on considéra comme les principaux coupables.

La junte de Grenade, non contente des ressources locales et des armes qu'elle attendait de Séville, envoya pour commissaire à Gibraltar Don Francisco Martinez de la Rosa, qui, malgré sa grande jeunesse, était professeur à l'université, et mérita, par ses brillantes et solides qualités, qu'on l'honorât de cette haute mission de confiance. Il trouva quelques difficultés à faire la route, les villages se méfiant de tous les voyageurs qui les traversaient. Comme il était le second commissaire envoyé à Gibraltar pour y annoncer l'insurrection des provinces andalouses, les habitans l'accueillirent avec joie et distinction. Il fut moins bien reçu par le gouverneur, sir Hugh Dalrymple. Prévenu en faveur d'un envoyé de Séville, qui avait précédé celui-ci, l'Anglais redoutait une désunion fatale, si tout le monde ne se soumettait à un centre commun d'autorité. A la fin, il consentit à fournir des fusils et des munitions de guerre au commissaire de Grenade, lequel, avec ces secours et d'autres qu'il obtint d'Algésiras, accomplit sa mission d'une manière satisfaisante. A l'arrivée de ces secours opportuns, l'armement prit une nouvelle activité, et bientôt Grenade put réunir une division considérable aux autres forces de l'Andalousie. Les siennes étaient commandées par Don Teodoro Reding, déjà mentionné, qui avait pour major-général Don Francisco Abadia et pour intendant Don Carlos Veramendi, tous trois également propres aux emplois dont ils étaient revêtus.

Le brillant éclat de la révolution grenadine fut terni par deux déplorables événemens. Don Pédro Truxillo, ancien gouverneur de Malaga, résidait à Grenade, où sa conduite antérieure et ses violentes exactions le faisaient regarder avec une animosité particulière, que n'étaient point faites pour calmer, au milieu des passions du jour, ses liaisons de parenté avec Doña Micaela Tudó, sœur de l'amie du prince de la Paix. On avait fait mille conjectures sur les motifs de sa résidence à Grenade, et on l'accusait enfin d'avoir quelque mission de Murat. Pour le protéger et pour apaiser l'effervescence publique, on l'enferma dans le palais de l'Alhambra. Il fut ensuite décidé qu'on le ferait descendre à la prison *de cour*, contiguë à la chancellerie. Ce fut sa perte; pendant qu'il traversait la place Neuve, des gens s'ameutèrent, jetant des cris sinistres, se jetèrent sur lui à la porte de la prison et l'assassinèrent. Ils traînèrent ensuite, comme des furieux, son cadavre couvert de blessures. On accusa de ce meurtre trois nègres entre autres, qui furent sommairement condamnés, exécutés en prison, et dont les corps furent exposés un matin à la potence. L'assassinat de Truxillo fut suivi de deux autres, celui du corrégidor de Velez-Malaga et celui de Don Barnabé Portillo, homme adonné à l'économie politique, et digne d'estime pour avoir introduit sur la côte abritée de Grenade la culture du coton. Son indiscrétion fut sa perte. Ils avaient été arrêtés tous deux, et déposés à la Chartreuse, hors des murs, pour être plus à l'abri des outrages populaires. Le 23 juin, jour de l'octave de la Fête-Dieu, il y avait une procession dans ce couvent. Les moines, à l'occasion de la fête, détaillaient beaucoup de vin de leur récolte, et c'était un frère-lai qui était chargé de la vente. Celui-ci, voyant les assistans pleins de gaîté et échauffés par la boisson; « il vaudrait mieux, leur dit-il, ne pas « laisser impunis les deux traîtres que nous tenons « là-dedans. » Il ne fut pas nécessaire de répéter deux fois cette perfide insinuation à des hommes ivres et presque hors de sens. Ils se jetèrent dans le couvent, saisirent les deux infortunés, et les poignardèrent en les menant en triomphe. Le peuple, une fois mis en fureur, semblait vouloir se livrer à des atrocités nouvelles, méchamment excité par un moine du nom de Roldan. Il est vraiment douloureux de voir des ministres d'un Dieu de paix, s'enveloppant dans le manteau du patriotisme, se changer en féroces bourreaux. Par bonheur, le syndic de la commune, appelé Garcilaso, parvint à distraire l'attention des séditieux, et leur persuada de ne plus procéder contre d'autres personnes, sans preuves suffisantes. L'autorité mit à profit la nuit qui survint; elle fit arrêter plusieurs mutins, en fit pendre neuf, dont les têtes, enveloppées d'un voile, furent suspendues à la potence, et l'on envoya ensuite le moine Roldan aux galères. Bien que le châtiment fût inusité dans sa forme, et qu'il rappelât le mystérieux secret de Venise, il maintint l'ordre et rendit à ceux qui gouvernaient le prestige et la force. Depuis lors, la tranquillité de Grenade ne fut plus troublée, et les chefs de la ville purent s'occuper avec plus de calme des mesures qu'exigeait sa noble résolution.

L'effervescence avait commencé dans la province d'Estrémadure depuis le fameux avis de l'alcalde de

Mostolès, qui parvint à Badajoz le 4 mai. Le gouverneur et commandant-général était alors le comte de la Torre del Fresno, lequel, dans son embarras, s'en remit à l'avis du marquis del Socorro, général en chef des troupes qui étaient revenues de Portugal. Ils convoquèrent tous deux un conseil de guerre, à la suite duquel on publia, le 5, une proclamation contre les Français, la première peut-être qui ait paru dans ce sens en Espagne; ils envoyèrent en outre à Madrid, à Lisbonne et à Séville, divers officiers avec des commissions à l'avenant. C'était de bonne foi que Torre del Fresno et Socorro agissaient dans une démarche si téméraire; mais recevant de nouveaux avis, qui les informaient que la tranquillité était rétablie dans la capitale, l'un et l'autre changèrent bientôt de langage, et soutinrent avec zèle le gouvernement de Madrid. Socorro avait été à la fois égaré par des lettres de quelques anciens amis, et flatté du procédé de Murat qui lui rendit sa capitainerie-générale d'Andalousie, pour laquelle il partit aussitôt. Son exemple et ses conseils entraînèrent Torre del Fresno, qui manquait des qualités propres à le rehausser personnellement. Général de cour, et protégé, comme compatriote, par le prince de la Paix, il préférait la vie molle des plaisirs aux graves occupations de son emploi. N'ayant pas la fermeté nécessaire, même pour les temps tranquilles, il n'était pas fait pour arrêter le torrent qui menaçait. La fermentation croissait, en même temps que diminuait la confiance en sa personne, et ces publications de Madrid, qui éveillèrent si vivement les passions à Séville, venant aussi les exciter à Badajoz, quelques personnes formèrent le dessein de fomenter le soulèvement général. On comptait parmi eux, et comme les plus signalés, Don José-Maria Calatrava, depuis illustre député aux cortès, le lieutenant de roi Mancio et le trésorier Don Felix

Ovalle, lesquels se réunissaient chez Don Alonzo Caldéron. Dans les diverses réunions qui eurent lieu, on concerta un vaste plan qui devait, les 3 et 4 juin, s'exécuter en même temps à Badajoz et dans les chefs-lieux de districts. Mais avec l'ardeur qui échauffait les cœurs espagnols, il n'était pas permis de calculer froidement l'instant de l'explosion, comme dans les conspirations ordinaires. Alors, tout le monde conspirait, dans les rues et dans les places publiques. Certaines personnes formaient bien quelquefois le projet de se rendre maîtres de cette disposition générale et d'en prendre la direction ; mais, presque toujours, un incident prévenait leurs louables desseins.

C'est ce qui arriva à Badajoz, où un événement pareil à celui de la Corogne précipita l'explosion. Le gouverneur avait ordonné que, le 30, jour de Saint-Ferdinand, on ne fît point le salut et qu'on n'arborât point le drapeau. L'absence de ces cérémonies fut remarquée ; la foule s'attroupa sur les remparts, et une femme hardie, après avoir gourmandé les artilleurs, saisit la mèche et mit le feu à un canon. Les autres pièces furent aussitôt tirées, et, à ce bruit, il s'éleva dans toute la ville un cri général de : *Vive Ferdinand VII, mort aux Français !* Des troupes d'habitans parcoururent les rues avec des banderoles et des tambours de basque, sans commettre aucun excès. Elles se rassemblèrent devant la maison du gouverneur, dont la voix ne fit autre chose que recommander le repos et la tranquillité. Les nombreux assistans s'impatientèrent de ces paroles timides, et l'insultèrent du nom de traître. Dans ce moment, et par fatalité, arriva un postillon avec des dépêches ; aussitôt on se dit à l'oreille que c'était une correspondance secrète et venant d'un général français. Aveuglés par la colère et sourds aux exhortations des plus prudens, les plus furieux se mirent à grimper contre les murs et pénétrèrent dans l'hôtel par les balcons. Dans son effroi, Torre del Fresno s'enfuit par une porte dérobée, et, accompagné de deux personnes, il se dirigea en courant vers la porte de la ville qui donne sur la Guadiana. Les assaillans, ne le trouvant point, le suivirent à la trace, le rencontrèrent, et lui, entouré d'une foule immense, se réfugia dans le corps-degarde sans y trouver personne qui voulût lui obéir. Le bruit se répandit qu'il prenait la fuite, et dans la mêlée qui suivit, les uns voulant le défendre et les autres l'attaquer, un artilleur le blessa, et frappé de nouveaux coups par les soldats et les habitans, il fut renversé sans vie. On traîna son cadavre jusqu'à la porte de son hôtel, devant le seuil de laquelle on l'abandonna. Victime innocente de son imprudence, il n'avait pas mérité l'injurieuse épithète de traître dont on affligea ses derniers momens.

Le brigadier d'artillerie Don José Galluzo fut élevé au commandement en chef, et le lieutenant de roi, Don Juan-Gregorio Mancio, au commandement de la place. Provisoirement, une junte s'assembla, formée d'une vingtaine de personnes choisies parmi les autorités et les hommes de marque. Les districts établirent d'autres juntes particulières, qui obéirent aux ordres du chef-lieu. Le plus grand ordre régna partout, à l'exception des villes de Plasencia et de Los Santos, où le soulèvement fut ensanglanté par le meurtre de deux personnes. Toutes les classes, sans distinction, offrirent à l'envi le sacrifice de leurs personnes et de leurs biens, et les jeunes gens accoururent s'enrôler comme s'il se fût agi d'un pèlerinage de fête.

Les gens sages, cependant, s'attristèrent du pouvoir absolu que s'arrogea pendant quelque temps le capitaine Don Ramon Gavilanès, envoyé de Séville pour annoncer la décision de cette capitale. Au commencement, son arrivée avec l'heureuse nouvelle qu'il apportait combla de joie et de satisfaction. Mais ce sentiment fut bientôt troublé quand on vit que, par la faiblesse de Don José Galluzo, ce Gavilanès agissait en manière de dictateur, et d'un caractère étrange, distribuant des grâces et des honneurs, inventant même des offices et des emplois jusqu'alors inconnus. La junte aussi succomba sous son influence, et ratifia d'abord toutes ses nominations. Mais enfin, revenant à elle, elle mit fin aux excès du capitaine intrus, essayant de faire oublier sa propre faiblesse et sa condescendance par les mesures énergiques qu'elle adopta. Ensuite, elle légitima elle-même l'autorité provinciale en convoquant une junte où furent appelés des représentans du chef-lieu, des autres districts et des principales corporations.

La place de Badajoz se trouvant presque démantelée, et ses habitans dépourvus des objets les plus nécessaires à leur défense, sa résolution fut un peu téméraire, car l'ennemi n'était pas loin de ses portes. Le général Kellermann occupait Elvas, et, pour déguiser l'état de la ville insurgée, on employa mille stratagèmes propres à conjurer une attaque imprévue. La garnison était réduite à cinq cents hommes, et la milice urbaine faisait quelquefois le service ordinaire. L'un des deux régimens provinciaux était hors de l'Estrémadure, l'autre n'était pas armé. Les autres places de la frontière, naturellement faibles, l'étaient encore davantage par l'état de ruine où on avait laissé tomber les fortifications. Peu à peu, le zèle et l'activité remédièrent à tout. A la fin de juin, l'armée d'Estrémadure comptait déjà vingt mille hommes. Ceux qui servirent le plus à sa formation furent les Espagnols qui s'échappaient par petites bandes du Portugal, malgré l'étroite vigilance de Junot; on put même, des déserteurs portugais et de ceux de l'armée française, former un corps d'étrangers. L'insurrection de l'Estrémadure fut d'une grande importance pour l'Espagne, et particulièrement pour Séville. Elle coupa les communications directes des Français de l'Alentejo et de la Manche, et ceux-ci ne purent ni combiner leurs opérations, ni se donner la main pour éteindre le foyer d'insurrection allumé dans la capitale des Andalousies.

Occupées ou observées de près par l'armée française, les cinq provinces dont se compose la Castille-Neuve ne purent en général former des juntes et se constituer une administration stable et régulière. Cependant, leurs habitans s'efforcèrent en plusieurs endroits de coopérer à la défense commune, soit en envoyant des recrues et des secours aux provinces déjà libres, soit en provoquant et en favorisant la défection des régimens espagnols qui se trouvaient sur leur territoire, soit, enfin, en harcelant l'ennemi, en lui interceptant ses courriers et ses communications. La Castille montrait pour la cause de la patrie une ardeur égale à celle des autres provinces du royaume, et parfois de beaux exemples de valeur et de résolution illustrèrent ses habitans. Plus loin, nous verrons quels services y furent rendus, surtout dans le pays ouvert et dépourvu de la Manche. Dès le principe, on y répandit des proclamations pour exciter la guerre; il y eut même quelques endroits où des hommes hardis donnèrent une heureuse impulsion aux efforts individuels.

Pénétrées de sentimens pareils, et encouragées par la protection que leur offraient les circonstances, les troupes qui avaient leurs cantonnemens dans les communes de la Castille purent facilement les abandonner et aller s'incorporer dans les armées qui se levaient de toutes parts. Parmi les actions qui brillèrent d'un plus grand éclat dans ces jours d'enthousiasme et de patriotisme, l'une des plus étonnantes et des plus dignes d'éloge fut la résolution de Don José Véguer, chef de bataillon de sapeurs et de mineurs, lequel, d'Alcala de Henarès où il était à une si petite distance de Madrid, partit, dans les derniers jours de mai, avec cent dix hommes, la caisse, les armes, drapeaux, tambours et munitions; rejetant les promesses que lui fit en route un émissaire de Murat, il parvint, malgré les fatigues et les dangers, avec l'aide des habitans, et en suivant les montagnes de la *Sierra* de Cuenca, à gagner Valence, où il offrit à la junte les services de sa troupe. Excités par l'ardeur de l'insurrection qui se répandait de toutes parts, les autres soldats suivirent le sentier d'honneur tracé par les sapeurs de Véguer. Ainsi, dans la Manche, les carabiniers royaux s'empressèrent de suivre leur glorieux exemple, et à Talavera, les volontaires d'Aragon et un bataillon du régiment de Savoie, qu'on envoyait pour contenir l'Estrémadure. Que dire de plus? A Madrid même, des officiers et des soldats désertaient de tous les corps, et par troupes entières, comme le firent un détachement des dragons de Lusitanie et un autre du régiment d'Espagne, qui sortit sans obstacle par les portes mêmes. Il est facile de se figurer quels étaient la surprise et l'étourdissement des Français en voyant le désordre et l'agitation qui régnaient dans les communes mêmes dont ils étaient maîtres, et quel découragement, quelle méfiance de l'avenir devaient se répandre jusque dans leurs rangs. A chaque moment, leurs inquiétudes s'accroissaient, car chaque jour apportait la nouvelle du soulèvement de quelque province; et rien ne les déconcerta davantage que celle de ce qui se passait dans la partie orientale de l'Espagne, que nous allons maintenant parcourir.

Là, ce fut Carthagène qui donna le premier signal,

en poussant Murcie et les autres communes de la banlieue à lever l'étendard de l'indépendance. Place d'armes et département de marine, Carthagène réunissait une foule d'avantages qui fomentaient le désir de résistance dont elle était agitée. Le 22 mai, le bruit courut que le général Don José-Justo Salcedo passait à Mahon pour reprendre le commandement de l'escadre mouillée dans ce port, et la conduire à Toulon. Une telle mesure intéressait beaucoup Carthagène, car c'était de sa rade que cette escadre avait levé l'ancre, et plusieurs de ses habitans avaient des relations avec les équipages. Le même jour, on apprit les abdications de Bayonne, ce puissant aiguillon du soulèvement de toute l'Espagne, ainsi que d'autres nouvelles tristes et douloureuses. Tant d'événemens extraordinaires, s'amoncelant en un jour, causèrent une effrayante explosion. Le consul de France se réfugia sur un bâtiment danois. Le capitaine-général, Don Francisco de Borja, fut remplacé par Don Baltazar Hidalgo de Cisneros, et peu de temps après, le 10 juin, assassiné dans une émeute à laquelle donna lieu un imprudent article de la *Gazette de Valence*. On choisit pour gouverneur le marquis de Camaréna-la-Réal, colonel du régiment de Valence, et enfin, une junte se forma, composée de personnes distinguées du pays, au nombre desquelles brillait le savant officier de marine, Don Gabriel Ciscar. Carthagène insurgée était un fidèle appui sur qui pouvaient se reposer avec confiance la province de Murcie et tout le littoral. Ses arsenaux et ses dépôts d'armes une fois ouverts, il était naturel qu'ils pourvussent en abondance d'équipemens et de munitions tous ceux qui s'uniraient pour le soutien de la même cause. Rien ne fut omis par cette ville, après son insurrection, pour fomenter celle des autres; l'une des premières et des plus opportunes mesures qu'elle adopta, ce fut de mettre en sûreté l'escadre de Mahon, en dépêchant pour ce port et dans ce but le lieutenant de vaisseau Don José Duelo, lequel, arrivant à temps, empêcha qu'elle ne mît à la voile, ce qu'allait faire son commandant Salcedo, en exécution d'un ordre de Murat, reçu par la voie de Barcelone.

Des émissaires qu'avait envoyés Carthagène en différens endroits, quatre officiers pénétrèrent à Murcie, le 24 mai, à sept heures du matin, proclamant à haute voix Ferdinand VII. Le peuple s'agita à ces cris inaccoutumés, et les étudians de San-Fulgencio, collége célèbre par les hommes distingués qu'il a produits, se signalèrent en embrassant des premiers la cause nationale. Le tumulte s'accroissant, les régidores, avec le chapitre ecclésiastique et la noblesse, se réunirent en conseil municipal, et décidèrent que Ferdinand serait solennellement proclamé ; ce qui s'exécuta au milieu de *vivats* universels. Aucun malheur n'arriva dans cette ville ; quelques personnes seulement furent arrêtées par précaution, de celles que le peuple voyait de mauvais œil, ainsi que le négociant qui remplissait les fonctions de consul de France. Dans la ville de Villéna, le corrégidor fut tué, de même qu'un de ses commis, tous deux haïs antérieurement. On élut une junte de seize personnes, prises parmi les plus importantes du pays, dans la liste desquelles se distinguait le nom du comte de Florida-Blanca, que, malgré son âge, nous rencontrerons encore dans ce récit. Le commandement des troupes fut remis à Don Pédro Gonzalez de Llamas, ancien colonel de milices, et l'on commença à prendre des mesures d'armement et de défense. Comme cette province, quant à la juridiction militaire, dépendait du capitaine-général de Valence, ses troupes agirent presque toujours de concert, au moins dans l'origine, avec celles du reste de la division.

Mais, de toutes les provinces baignées par la Méditerranée, celle de Valence attira surtout l'attention. Il ne pouvait en être autrement, à la vue de ses héroïques efforts, de ses sacrifices, et même, par malheur, de ses lamentables excès. Aux uns, on accorda des éloges mérités ; les autres lui attirèrent de justes et amers reproches. Il ne fallait pas espérer que les habitans de Valence, actifs et industrieux, mais enclins au trouble et à l'insubordination, se maintinssent impassibles et tranquilles, alors que la désobéissance à l'autorité intruse était un titre de gloire. Néanmoins, ni les bouleversemens du mois de mars, ni les merveilleux événemens qui depuis lors s'étaient précipités à la suite l'un de l'autre, n'avaient rien excité de plus que des propos et des rumeurs, jusqu'au 23 mai. Dans la matinée de ce jour, on reçut la *Gazette de Madrid* du 20, qui contenait les abdications faites par la famille royale en faveur de l'empereur des Français. Des gens du peuple avaient alors l'habitude de se réunir, pour lire ce journal, dans un coin de la place de Las Pasas, et là, l'un deux, en lisant à haute voix, était chargé de satisfaire la curiosité des autres assistans. Cette agréable tâche se trouva confiée, le 23, à un homme fougueux et hardi, lequel, en rapportant l'article des abdications, déchira la *Gazette* et jeta le premier cri de *vive Ferdinand VII! mort aux Français!* A cet appel répondirent ses nombreux auditeurs, et courant avec la rapidité de l'éclair, ce même cri fut bientôt répété jusqu'aux extrémités de la ville. A la rumeur toujours croissante, des milliers de personnes s'assemblèrent et se portèrent en masse à l'hôtel du capitaine-général, qui était alors le comte de la Conquista. En vain celui-ci essaya-t-il de les apaiser par de bons propos et de sages raisons. Le tumulte fut au comble, et, principalement sur la place de Santo-Domingo, les mutins se montraient aglomérés et furieux.

Il leur manquait un chef, et ce fut là que, pour la première fois, se présenta devant eux le P. Juan

Rico, religieux franciscain. Ardent, résolu, habile dans l'éloquence populaire, et défendu par sa robe qui le sanctifiait aux yeux de la multitude, il réunissait en lui les plus puissans mobiles pour entraîner le peuple, le dominer, et empêcher qu'il n'énervât sa force dans le désordre.

Il harangua brièvement l'innombrable auditoire, lui fit sentir la nécessité de se donner un chef, et tous le choisirent pour qu'il portât la parole. Rico s'excusa d'abord, le peuple insista, et l'autre cédant enfin, fut porté à bras depuis la place de Santo-Domingo jusqu'au local où les magistrats de l'*acuerdo real* (1) tenaient leurs séances. Un long colloque s'établit entre le P. Rico et les membres de ce tribunal, ceux-ci voulant éluder d'obéir aux exigences du peuple, celui-là persistant avec ténacité dans son invariable résolution. A la fin, l'impatience échauffant les esprits, les autorités se rendirent à ce qu'on exigeait d'elles, et l'on nomma pour général en chef de l'armée qui allait se former le comte de Cervellon, grand d'Espagne et riche propriétaire du pays, mais qui manquait des rares qualités qu'un tel commandement, dans ces temps de trouble, requérait impérieusement. Comme le comte de la Conquista et l'*acuerdo real* ne s'étaient soumis qu'avec répugnance aux injonctions du peuple, ils essayèrent de se prévaloir de la violence qui leur était faite, pour rendre secrètement compte à Madrid de ce qui se passait, et pour demander avec instance un envoi de troupes qui vinssent les protéger. Le peuple, ignorant ce double jeu, se retira tranquillement, et rentra chez lui, la nuit du 23 au 24. Pendant cette même nuit, l'archevêque avait sondé le P. Rico, en lui offrant une somme considérable s'il voulait quitter Valence. Cette démarche, ayant manqué par l'honorable refus de celui-ci, éveilla les soup-

(1) Cour royal.

çons, et les principaux moteurs du trouble, qui s'étaient tenus aux aguets, en préparèrent un plus décisif pour le lendemain matin.

Rico s'était logé cette nuit au couvent du Temple, dans l'appartement d'un ami. De très-grand matin, et lorque le peuple commençait à s'agiter, il reçut la visite du capitaine au régiment de Savoie, Don Vicente Gonzalez Moreno, et de deux officiers du même corps. Leur arrivée avait de l'importance, car, outre l'avantage d'unir ainsi les efforts des militaires et des habitans, Moreno était lié avec des personnes de haute influence dans la ville et la province, entre autres Don Manuel et Don Mariano-Beltran de Lis, lesquels avaient dès long-temps formé des réunions, non-seulement pour déplorer les maux qui menaçaient la patrie, mais pour payer des gens qui prissent parti, et pour attiser le feu caché de l'insurrection. D'accord d'intentions et de sentimens, Moreno et Rico se concertèrent sur les moyens de s'emparer de la citadelle.

Sur ces entrefaites, un incident imprévu faillit couvrir Valence de deuil et de sang; ce fut le sang-froid et le courage d'une jeune dame qui la préservèrent. Le peuple avait exigé, malgré les inutiles efforts de plusieurs personnes pour l'en détourner, qu'on lût publiquement les lettres du courrier qui partait pour Madrid. La malle qui les contenait fut portée chez le comte de Cervellon, et à peine en avait-on commencé l'examen, qu'on rencontra une dépêche qui était le duplicata de celle dont il vient d'être question, et par laquelle l'*acuerdo real*, se disculpant de ce qu'il avait été contraint de faire, demandait un secours de troupes. La fille du comte, qui se trouvait présente à l'opération, voyant l'importance de ce papier, le saisit avec une admirable présence d'esprit au moment où la lecture allait commencer, et, le déchirant en mille pièces, affronta sans pâlir la fureur de la populace mutinée. Celle-ci, quoique transportée de colère, demeura stupéfaite, et respecta l'audace de cette dame qui sauva tant de personnes d'une mort inévitable. Action digne d'une louange éternelle.

Ce même jour, 24, conformément à leurs préparatifs, Rico, Moreno et leurs amis pensèrent à se rendre maîtres de la citadelle. Sous le prétexte de demander des armes pour le peuple, ils se présentèrent en grand nombre devant l'*acuerdo*, et comme les magistrats de ce corps répondaient, comme on le savait d'avance, qu'il n'y en avait point, les mutins demandèrent, pour s'en assurer par leurs propres yeux, qu'on les laissât visiter la citadelle, où ces armes devaient être déposées. On en donna la permission à Rico et à huit autres; mais, dès qu'ils furent arrivés, tout le monde pénétra en masse, le baron de Rus, qui était gouverneur, étant passé dans leur parti. Cet événement donna à la révolution une impulsion puissante, tellement que, sans que l'autorité fît la moindre résistance, on déclara la guerre aux Français, le 25, et l'on créa une junte très-nombreuse, où la plus haute noblesse se trouvait mêlée aux plus humbles artisans.

Toutefois, la situation de Valence eût été bien périlleuse si Carthagène ne lui eût fourni des armes et des munitions. Elle était si complétement dénuée de ressources en ce genre, qu'elle manquait même de plomb. Mais la fortune elle-même vint lui fournir ce qui lui faisait faute. Par un singulier bonheur, un vaisseau français, chargé de quatre mille quintaux de ce métal, vint aborder au Grao; n'ayant aucune nouvelle du soulèvement, il vint se mettre à l'abri sous les batteries du port, pour échapper à un corsaire anglais qui lui donnait la chasse. A son entrée en rade, ce vaisseau fut surpris et saisi, et l'on envoya au corsaire, qui courait des bordées devant le goulet, un parlementaire pour lui annoncer les grands événemens du jour, et lui remettre des dépêches adressées à Gibraltar. Dans ce hasard doublement heureux, le peuple vit la main de la Providence, et la joie fut au comble.

Jusqu'alors, au milieu du conflit qui s'était élevé entre les autorités et les mutins, aucun excès n'avait été commis. Des soupçons nés du hasard commencèrent à souiller la révolution valencienne, et finirent par l'ensanglanter d'une horrible manière.

Don Miguel de Saavedra, baron d'Albalat, avait été l'un des premiers membres nommés de la junte pour y représenter la noblesse. Mais on s'aperçut qu'il n'assistait pas aux séances; on murmura qu'il avait passé à Madrid pour rendre compte en personne à Murat des désordres arrivés : rumeur fausse et sans fondement. Ce qu'il y avait de vrai, c'est que le baron, haï du peuple depuis plusieurs années, parce qu'on disait qu'étant colonel des milices, il avait ordonné de faire feu sur la multitude opposée à l'établissement de ce corps, avait cru prudent de s'éloigner de Valence pendant l'orage, et s'était retiré à Buñol, qui en est distant d'environ sept lieues. Son absence rouvrit la plaie non encore bien cicatrisée, et l'esprit public s'acharna contre lui. Pour apaiser cette haine, la junte ordonna que, puisque le baron avait refusé de se rendre à ses séances, il vînt se constituer prisonnier dans la citadelle. Il obéit, et le 29 mai, tandis qu'il revenait à Valence, il rencontra, à trois lieues dans la plaine, des groupes de peuple, qui, dans leur impatience, étaient allés au-devant du courrier de Madrid. Par une fatale coïncidence, le baron d'Albalat et le courrier arrivaient ensemble, ce qui donna du fondement aux soupçons. Alors, et malgré ses vives réclamations, ils le saisirent, et l'emmenèrent prisonnier. Un détachement de troupes s'avança, pour le protéger, à une demi-lieue de la ville. Leur chef, Don José Ordoñez, cédant aux prières du baron, au lieu de le conduire directement à la citadelle, se détourna pour gagner l'hôtel du comte de Cervellon. Ce changement de route fut en grande partie cause de la catastrophe qui suivit, le bruit de son retour s'étant aussitôt répandu pour attiser la haine publique et même les rancunes privées. Il entra sous le seuil de cette maison, déjà menacé par les poignards de la populace. Le P. Rico accourut, et trouva le baron étendu sur un sopha, pâle et défait. L'infortuné se jeta dans les bras de celui qui pouvait lui tendre une main secourable, et d'une voix émue lui cria : « Père, « sauvez un gentilhomme qui n'a commis d'autre crime « que d'obéir à l'ordre de revenir à Valence. » Rico le lui promit, et comptant sur l'aide de Cervellon, il fut à sa recherche; mais celui-ci, non moins frappé de crainte que le malheureux poursuivi, s'était mis au lit, feignant d'être malade; il refusa de le voir et de prêter assistance à un infortuné auquel l'attachaient les liens du sang et une ancienne amitié. Vile lâcheté, et déshonorant contraste avec l'intrépidité qu'avait montrée sa fille dans l'affaire des lettres lues en public.

Alors le P. Rico, voyant le peuple demander avec rage la tête du baron, décida, pour le sauver, qu'on le conduisît à la citadelle, en le plaçant au milieu d'un carré de troupes commandées par Moreno. Elles parvinrent jusqu'à l'obélisque de la place, sans être rompues par les flots et les secousses de la foule. Mais, en cet endroit, le peuple força le carré, y pénétra de toutes parts, et sourd aux supplications comme aux remontrances de Rico, frappa dans ses bras, à coups de poignards, le malheureux baron, dont la tête, coupée et plantée au bout d'une pique, fut promenée dans toute la ville. Une terreur subite se répandit aussitôt, et, pour éloigner tout soupçon, la noblesse augmenta ses dons et ses offres. Elle forma d'hommes pris dans son sein un régiment de cavalerie, qui ne démentit point par ses actions l'éclat de son berceau.

Quelque triste et douloureux que fût l'assassinat du baron d'Albalat, il disparaît et s'oublie à la vue de l'horrible boucherie que Valence eut à pleurer peu de temps après, et dont le souvenir fait tomber la plume des mains. Le 1ᵉʳ juin, arriva dans cette ville Don Baltazar Calvo, chanoine de la paroisse de San-Isidro de Madrid, homme turbulent, fanatique, emporté, et d'une intelligence passablement subtile. Entre les deux partis qui avaient précédemment divisé les membres de son chapitre en jansénistes et jésuites, il s'était distingué comme chef de ces derniers, et comme ardent persécuteur du parti contraire. Maintenant qu'il s'agissait de façonner à son ambition les doctrines qu'il avait toujours soutenues avec ténacité, il s'aperçut aussitôt que le P. Rico pourrait grandement le servir par son influence, et s'attacha à lier avec lui des relations d'amitié. Mais, soit jalousie, soit que l'un fût de meilleure foi que l'autre, ils ne parurent ni se convenir, ni se mettre d'accord. Le rusé Calvo résolut alors d'ourdir avec d'autres l'horrible trame qu'il méditait. Pour cacher ses manœuvres, il distrayait, sous des apparences de sainteté, l'attention du peuple, disant la messe avec une longueur inusitée, et restant agenouillé dans les temples quatre ou cinq heures de suite, plongé dans une contrite et fervente oraison. Cet homme voulait être le dominateur de Valence; il crut qu'avec ses actes d'hypocrisie, et parvenant à mettre en pratique son infernale machination du meurtre de tous les Français établis dans cette ville, il captiverait l'esprit du peuple qui leur portait tant de haine. Pour atteindre son but, il était d'abord nécessaire de s'emparer de la citadelle, dans l'enceinte de laquelle la junte avait ordonné que tous les Français se réfugiassent, voulant les préserver de toute insulte et respecter religieusement leurs propriétés.

L'entreprise n'était pas difficile, parce qu'on n'y avait laissé de garnison que quelques invalides, depuis le départ de Don Vicente Moreno, auparavant nommé par la junte gouverneur de la citadelle, mais qui avait emmené ses troupes pour former une division à Castellon de la Plana. Calvo reconnut qu'une fois maître de ce point, il tenait en ses mains un gage important, et pourrait impunément commettre les meurtres projetés.

Ils fixèrent, lui et ses complices, le 5 juin pour l'exécution de leur effroyable dessein ; et tout-à-coup, à l'entrée de la nuit, excitant par leurs cris un grand trouble, ils pénétrèrent sans obstacle dans les murs de la citadelle et s'en rendirent maîtres. Calvo entra l'un des premiers, et se hâtant de mettre son projet en œuvre, il se complut à unir à la cruauté la plus insigne perfidie. Se présentant aux Français détenus, il leur dit d'un air de componction « que la « populace ayant envie de les tuer, ému de pitié et de « charité chrétienne, il avait à l'avance préparé les « moyens de les sauver ; que les choses étaient se- « crètement disposées par ses soins pour qu'ils s'é- « chappassent par le guichet qui donnait sur la cam- « pagne, et qu'arrivés au Grao, ils trouveraient des « bâtimens préparés pour les conduire en France. » En même temps qu'il leur tenait ce langage, il avait arrangé, pour les déterminer en les épouvantant, que les gens de sa bande fissent entendre les cris menaçans de *trahison* et *vengeance*. Devant de semblables menaces, les prisonniers cédèrent aux insinuations de leur perfide ami, et se décidèrent à fuir par le guichet indiqué. Au moment d'exécuter leur résolution, le bruit courut que les Français se sauvaient, et des hommes qu'aveuglait la rage se précipitèrent dans leur réduit. Là, commença l'horrible massacre auquel présidait le prêtre féroce. Il y eut seulement un sursis pendant lequel on appela des confesseurs pour assister les victimes à leurs derniers momens. Mettant ces courts instans à profit, quelques personnes humaines volèrent à leur secours, accompagnées de reliques et de saintes images que révéraient les Valenciens. Leur présence et les supplications des confesseurs attendrissaient quelquefois les bourreaux; mais l'impitoyable Calvo, changé en bête dévorante, faisait taire par la terreur les larmes et les prières de ceux qui intercédaient en faveur de tant d'innocens, et stimulait ses sicaires en ajoutant aux espérances d'un salaire proportionné, ce blasphème, que rien n'était plus agréable aux yeux de la divinité que le meurtre des Français. Une soixantaine de ces infortunés étaient encore vivans, et les exécuteurs, moins barbares que leur chef, suspendirent le massacre, et demandèrent qu'on leur fît grâce. Calvo feignit de se rendre à leur prière, certain qu'il aurait vainement ordonné que la tuerie continuât, et donna l'ordre qu'on les conduisît, par le dehors des murs, à la tour de Cuarte. Mais (qui pourrait croire à tant de férocité!) ce tigre avait d'avance aposté une troupe de bandits près de la place de los Toros, et en atteignant cet endroit, les malheureux, qui se croyaient déjà libres, furent assaillis par les assassins embusqués, qui les percèrent froidement de leurs épées et de leurs poignards. Dans cette nuit, trois cent trente Français périrent. On espérait que le jour mettrait un terme à cette exécrable fureur; mais celle de Calvo n'était pas encore assouvie.

Quand le tumulte commença, la junte avait chargé Rico de l'apaiser, et de prévenir les malheurs qui menaçaient. Mais offres, prières, menaces, tout fut inutile. La voix de leur premier chef fut aussi bien méconnue par les mutins que lorsqu'ils avaient tué le baron d'Albalat. Nouvelle preuve, si elle était né-

cessaire, que « les tribuns du peuple, selon l'ex-
« pression de Tite-Live, ne conduisent pas, mais
« sont conduits par la multitude. » Calvo, énorgueilli,
s'érigea en maître absolu, et pendant la boucherie
de la citadelle, il expédia des ordres à toutes les
autorités, et toutes se soumirent humblement, en commençant par le capitaine-général. Rico, découragé et
craignant pour sa personne, se cacha dans un asile
éloigné; cependant, recouvrant au matin ses forces
abattues, il monta à cheval, et supposant que, dans
son inconstance ordinaire, la multitude abandonnait
son nouveau maître, il tenta de l'arrêter. Il était au
moment de remporter sur son rival un triomphe
certain, quand le colonel Don Mariano Usel proposa
à la junte de nommer Calvo un de ses membres. Son
avis fut soutenu par deux autres personnes, ce qui
les fit soupçonner tous trois de n'avoir pas ignoré
l'origine des atrocités commises.

Dans la matinée du 6, Calvo, les mains encore teintes du sang innocent, vint prendre siége au milieu de
la junte. Tous les membres étaient consternés, et Rico
seul, désespéré des événemens de la nuit passée, prit
la parole, apostropha énergiquement Calvo lui-même,
lui reprocha sa conduite, et assura que Valence était
perdue, si, à l'instant même, on ne coupait la tête à ce
pervers. Calvo se troubla, les autres assistans s'effrayèrent, quand une bande de populace détachée par son
chef sanguinaire, après avoir parcouru les maisons où
s'étaient réfugiés quelques Français et les avoir assassinés, traîna jusque devant la junte huit de ces malheureux, voulant les immoler dans la salle même des
séances. Le consul anglais Tupper, qui en avait déjà
sauvé quelques-uns, essaya, mais en vain, et avec de
grands dangers pour sa vie, de délivrer ceux-là. Les
membres de la junte se dispersèrent épouvantés, emportant sur leurs habits des éclats du sang de ces huit

malheureux Français qui furent impitoyablement massacrés sous leurs yeux. Tout fut alors terreur et épouvante. Rico se cacha, et fut obligé de changer à deux fois de déguisement, craignant l'inévitable vengeance de Calvo, lequel, triomphant et dominant seul, se préparait à exécuter des actes de férocité inouie.

Heureusement que tout le monde ne manqua pas de cœur. Au contraire, quelques personnes, travaillant en silence pendant la nuit, purent convoquer la junte pour la matinée du 7. Rico, revenu à lui, parla le plus chaudement, et les assistans, voulant ne point être enveloppés dans la commune ruine qui menaçait leur pays, décrétèrent l'arrestation de Calvo. Avant que celui-ci pût être averti, ils se hâtèrent d'exécuter leur résolution, le surprirent, et le déposèrent sans retard à bord d'un bâtiment qui le transporta à Mayorque. Il y resta jusqu'à la fin de juin, et alors on le ramena prisonnier à Valence, pour y être jugé. Dans l'intervalle, cette ville avait été le théâtre de grands et honorables événemens, qui lavèrent quelque peu la sombre tache que ces assassinats avaient faite à sa gloire. Maintenant, bien que nous anticipions sur l'ordre des faits, il sera bon d'en finir avec Calvo et ses complices. Leur prompt et sévère châtiment fera respirer le lecteur après le récit de tant d'horribles forfaits.

Calvo, de retour à Valence, présenta, selon la doctrine de son école, une défense écrite, dans laquelle il alléguait que, s'il avait agi mal, c'avait été pour bien faire, l'intention devant le mettre à l'abri de tout reproche. Voilà donc renouvelée la règle invariable des sectateurs de Loyola, auxquels tout était permis, pourvu, comme dit Pascal, qu'ils sussent *diriger l'intention*. Elle ne servit pas à justifier Calvo, car, ayant été condamné à la peine du *garrote*, il fut étranglé dans la prison, le 3 juillet, à minuit, et son cadavre exposé publiquement le lendemain matin. Il y eut, dans l'instruction et dans le jugement de son procès, quelques irrégularités qu'on devait éviter, malgré l'énormité des crimes du prévenu. On accusa également Calvo d'avoir agi en vertu d'une commission de Murat; aucun fondement, aucune vraisemblance n'appuyait cette étrange inculpation, qui fut inventée pour le rendre odieux à la multitude, et pouvoir plus aisément réprimer ses excès. Ce fut un homme ambitieux et fanatique, qui, mêlant à des principes erronés ses passions féroces, ne regarda point aux moyens de faire réussir un projet qui devait lui donner la principale et peut-être l'exclusive influence sur les affaires du jour.

La junte voulut aussi faire un grand exemple sur les autres coupables. Elle créa, dans ce but, un tribunal de sûreté publique, composé de trois magistrats de l'audience, Don José Manescau, et MM. Villafañe et Fuster. La prévoyance du premier avait préparé un moyen facile de découvrir les assassins, moyen qu'il dut en partie au hasard. Dans la matinée qui suivit la boucherie des Français, quinze à vingt des meurtriers, les mains encore teintes de sang, croyant avoir agi suivant les désirs de la junte, se présentèrent pour remettre les montres et les bijoux dont ils avaient dépouillé les victimes, et demandèrent quelque récompense pour leur action patriotique. Le prudent Manescau consentit à leur donner à chacun trente réaux, mais avec la précaution de faire prendre leurs noms au greffier, sous prétexte que cette formalité était nécessaire pour justifier du paiement. A la faveur de cet antécédent, on put prouver quels étaient les coupables, et, dans l'espace de deux mois, plus de deux cents individus furent pendus publiquement, ou étranglés en secret. Cette sévérité parut excessive à quelques-uns, mais, sans elle, on n'aurait qu'à grand' peine réprimé l'anarchie à Valence et dans d'autres villes de la province, parmi lesquelles Castellon de la Plana et Ayora avaient aussi vu périr, l'un son gouverneur, l'autre son premier alcalde. Cet exemple rendit à l'autorité la force nécessaire.

Dès que la junte se vit débarrassée de Calvo et de ses infernales machinations, elle s'occupa plus librement de l'enrôlement et de l'organisation de son armée. Le temps pressait; des avis répétés annonçaient qu'une expédition française se disposait contre cette province, et il fallait bien employer de si précieux momens. Carthagène fournit aussitôt des secours de guerre, qui, joints à ceux du pays, permirent de mettre la ville en état de défense. En même temps, on dirigea sur Almansa un corps de quinze mille hommes sous les ordres du comte de Cervellon, auquel vint se réunir, depuis Murcie, Don Pédro Gonzalez de Llamas, et un autre corps de huit mille hommes, commandé par Don Pédro Adorno, prit position aux Cabrillas. Telle était la situation du royaume de Valence avant d'être attaqué par le maréchal Moncey, dont nous raconterons plus loin la campagne.

La juste indignation que recélaient tous les cœurs bouillait avec énergie dans celui des habitans de l'antique siége des libertés espagnoles, l'immortelle Saragosse. Une gloire impérissable lui était réservée, et la patrie du justicier La Nuza renouvela de nos jours des prouesses qu'on a l'habitude de rejeter parmi les fables de l'histoire. Son soulèvement, néanmoins, n'offrit rien de nouveau ni de singulier, cheminant sur les mêmes traces qu'avaient suivies quelques autres provinces. Avec le mois de mai, commencèrent les propos populaires, et, à l'arrivée du courrier de Madrid, les habitans se réunissaient par groupes pour se répéter les nouvelles qu'il apportait. Comme ces nouvelles étaient chaque jour plus tristes et plus déplorables, tout le monde s'attendait à ce que cette inquiète curiosité finirait par une bruyante explosion. En effet, le 24, après la distribution des lettres, le bruit courut rapidement de bouche en bouche que Napoléon s'érigeait en maître de la monarchie espagnole, ayant forcé la famille de Bourbon à abdiquer en sa faveur. Aussitôt l'émeute éclata ; hommes, femmes et enfans se précipitèrent vers l'hôtel du capitaine-général, Don Jorge-Juan de Guillelmi. Les habitans des paroisses de la Magdalena et de San-Pablo accoururent en grand nombre, conduits par quelques-uns d'entre eux, entre autres le *père* Jorge, qui était du faubourg. Ce dernier se distingua par dessus tous les autres. L'énergie de son attitude, la netteté de son jugement, la droiture de ses intentions et le mâle courage avec lequel il exposa depuis sa vie, le rendent digne d'une honorable et particulière mention. Homme illétré et sans éducation, il trouva, dans la noblesse de son cœur, et comme par instinct, les sentimens élevés qui font les hommes illustres. Son nom modeste peut être écrit près des leurs, et sans les ternir.

La multitude exigea que le capitaine-général donnât sa démission du commandement. Il coûta beaucoup à Guillelmi de se résoudre à ce sacrifice ; mais contraint à le faire, et conduit prisonnier à la Aljafería, on lui substitua provisoirement son second, le général Mori. A l'entrée de la nuit, le tumulte s'accrut, et comme on se défiait du nouveau chef, parce qu'il était Italien de naissance, on offrit le commandement à Don Antonio Cornel, ancien ministre de la guerre, qui refusa de l'accepter.

Le 25, Mori convoqua une junte, laquelle, timide comme son président, cherchait des palliatifs qui tirassent ses membres, sans danger et sans déshonneur, du pas difficile où ils se trouvaient engagés : inutiles et chétifs moyens dans les temps de crises violentes.

Le peuple se fâcha de tous ces retards, et tourna ses regards inquiets sur Don José Palafox y Melci. Le lecteur se rappellera qu'à la fin d'avril, ce militaire, par commission de son chef, le marquis de Castelar, avait été à Bayonne informer le roi de ce qui s'était passé lors de l'élargissement et de la remise du prince de la Paix. Il y séjourna jusqu'aux premiers jours de mai, et revint alors en Espagne, avec une commission semblable, à ce qu'on assure, à celle que reçut en même temps la junte suprême de Madrid, pour résister ouvertement aux Français. Palafox pénétra par le Guipuzcoa, d'où il se rendit à la tour d'Alfranca, maison de campagne que possédait sa famille auprès de Saragosse. Comme il séjournait mystérieusement dans sa retraite, il donna des soupçons au général Guillelmi, qui lui intima l'ordre de sortir du royaume d'Aragon. Nous tenons pour certain que Palafox, piqué, mécontent de cette mesure, chercha un appui dans ceux qui appelaient un soulèvement de leurs vœux, et que ce ne fut pas sans qu'il en eût connaissance qu'éclata la révolution de Saragosse. Enfin, au commencement de la nuit du 25, Guillelmi déposé et le peuple mécontent de Mori, on dépêcha cinquante paysans à Alfranca pour ramener Palafox à la ville. D'abord il refusa d'y aller, opposant de feintes excuses, et il ne céda qu'à l'ordre exprès que lui envoya le provisoire capitaine-général.

En entrant à Saragosse, il demanda que la junte se réunît, le 26 au matin, pour qu'il lui communiquât des choses du plus haut intérêt. Dans la séance ouverte ce jour-là, il fit usage des insinuations qu'il avait reçues à Bayonne sur la nécessité de résister aux Français, et sur lesquelles on avait gardé le plus profond silence, parce que S. M. se trouvait au pouvoir de l'ennemi. Il demanda ensuite qu'on le délivrât des exigences du peuple qui manifestait le désir de le nommer pour chef, ajoutant qu'il était prêt à immoler avec joie sa vie et ses biens sur l'autel de la patrie. Tout le monde resta muet, et l'on s'aperçut aisément que Palafox écoutait sans déplaisir les cris que poussait le peuple à sa louange. La multitude impatiente attendait aux portes de la salle, et demandant par deux fois qu'on élût son favori capitaine-général, elle obtint l'objet de sa demande, Mori cédant le poste qu'il occupait.

Elevé à la dignité suprême de la province, Don José Palafox y Melci fut obéi partout, et les Aragonais, au-deçà comme au-delà de l'Ebre, se soumirent joyeusement à sa voix. L'on fut étonné de son élévation, et plus encore de ce que sa conduite ne démentît point la confiance que le peuple avait mise en lui. Tout jeune encore, car il atteignait à peine vingt-huit ans, de beau visage et de taille élégante, de manières affables et polies, Palafox captivait l'affection de tous ceux qui le voyaient ou traitaient avec lui. Mais si la nature lui avait prodigué à pleines mains les perfections corporelles, on n'avait pas cru jusqu'alors qu'elle eût été aussi généreuse envers lui pour les qualités de l'intelligence. Aimé et recherché des dames à la cour corrompue de Charles IV, on nous a assuré qu'il avait rejeté avec obstination et dédain les offres galantes de celle qui était, parmi toutes les autres, sinon la plus belle, au moins la plus élevée. Cette fermeté indomptable fut une des principales qualités de son âme, et il l'employa plus utilement et plus dignement dans la mémorable défense de Saragosse. Sans pratique de la guerre, sans connaissance des affaires publiques, il eut le bon esprit de s'entourer de personnes qui, par leur énergie, leur savoir et leur expérience, l'aidassent de leurs conseils et le soutinssent dans les momens critiques. Tels furent le P. Don Basilio Bogiero, de l'Ecole-Pie, son ancien maître; Don Lorenzo

Calvo de Rozas, qui, arrivé de Madrid le 28 mai, fut nommé corrégidor et intendant, et l'officier d'artillerie, Don Ignacio Lopez, auquel on dut, dans le premier siége, la direction des opérations les plus importantes. Pour légitimer le soulèvement d'une manière solennelle, Palafox convoqua à cortès le royaume d'Aragon. Les députés accoururent à Saragosse, et, le 9 juin, les séances s'ouvrirent dans l'hôtel-de-ville; trente-quatre membres y assistaient pour représenter les quatre ordres (*brazos*), au nombre desquels figurait celui des huit villes ayant le droit de représentation aux cortès. Celles-ci approuvèrent tout ce qui s'était fait avant leur réunion, et, après avoir nommé Don José Robolledo de Palafox y Melci capitaine-général, elles crurent prudent de se dissoudre, en formant une junte de six individus, qui devait, d'accord avec le chef militaire, pourvoir à la défense commune. L'autorité de ce nouveau corps fut plus limitée que celle des juntes des autres provinces, et Palafox fut la véritable, ou, pour mieux dire, l'unique tête de l'administration. Cette différence dépendit surtout de la situation particulière de Saragosse, qui, dans la crainte d'être promptement attaquée par les Français, avait besoin d'un bras vigoureux qui la conduisît et la protégeât. C'était d'autant plus urgent que la ville était dépourvue de toutes choses. Les troupes qui formaient sa garnison ne montaient pas à deux mille hommes, en y comprenant les miquelets et quelques détachemens en recrue. Toute l'artillerie se composait de douze canons, encore de petit calibre, et les autres munitions manquaient encore davantage. A la vue d'une telle misère, Palafox et ses conseillers se hâtèrent de réunir les recrues qui se présentaient de toutes parts, et de les organiser avec le secours des officiers en retraite, et de ceux qui, de Pampelune, de Saint-Sébastien, de Madrid, d'Alcala et d'autres points, s'échappaient successivement. On rétablit, pour la formation de ces nouveaux corps, le nom déjà inusité de *tercios*, sous lequel l'ancienne infanterie espagnole avait gagné tant de gloire, et parmi ces *tercios* régénérés se distingua surtout celui des étudians de l'université, qu'avait discipliné le baron de Versages. On recueillit de tous côtés des fusils de munition, des escopettes et d'autres armes; on monta quelques vieilles pièces mises au rebut, et la fabrique de poudre de Villafeliche fournit des munitions. Bien faibles ressources, si n'eussent à tout suppléé la valeur et la constance aragonaises.

Le soulèvement se fit à Saragosse sans que, par bonheur, une goutte de sang fût versée. On arrêta seulement quelques personnes qui donnaient de l'ombrage au peuple.

Son premier manifeste fut énergique comme les autres, et remarquable en particulier par les deux articles suivans qu'il contenait : « 1.° Que l'em-
« pereur, tous les membres de sa famille, et fina-
« lement tout général français, étaient personnel-
« lement responsables de la sûreté du roi, de son
« frère et de son oncle; 2.° Que, dans le cas d'un at-
« tentat contre des vies si précieuses, pour que l'Es-
« pagne ne manquât point de souverain, *la nation*
« *userait de son droit électif* en faveur de l'archiduc
« Charles, comme petit-fils de Charles III, dans le
« cas où le prince de Sicile, l'infant Don Pédro et les
« autres héritiers ne pussent concourir. » On peut voir, par la clause transcrite en italique, qu'en même temps que les Aragonais se montraient fermement attachés à la forme monarchique de leur gouvernement, ils n'avaient pas effacé de leur mémoire ces antiques priviléges qui, dans la junte de Caspé, leur avaient donné le droit d'élire un roi, conformément à la justice et au bien public.

La Catalogne, « l'une des provinces, comme dit « l'historien Mello, de plus bel aspect et de plus « grande estime que l'on puisse trouver dans cette « grande congrégation d'états et de royaumes dont se « forma la nation espagnole, » releva noblement sa tête humiliée par ceux dont la perfidie seule lui avait enlevé ses principales forteresses. Mais ses habitans, dépourvus de cet appui, privés surtout de Barcelone, grande et importante pour les armes, les équipemens, les troupes, les officiers et les ressources abondantes que renfermait son enceinte, se trouvèrent manquer d'un centre d'où partissent, avec une impulsion uniforme, les mesures propres à soulever les villes et les villages de son territoire. Cependant leurs efforts n'en furent pas moins prodigieux, et, par son admirable constance, la belliqueuse Catalogne passa toutes les autres provinces. Mais couverte et coupée par l'armée ennemie, elle ne put d'abord se lever contre elle que désarmée et par morceaux, une junte unique et générale pour la province n'ayant pu se former qu'au bout de quelque temps.

Les mouvemens commencèrent à la fin de mai et au commencement de juin. Dans Barcelone même, on arracha, le 31 mai, les affiches qui proclamaient la nouvelle dynastie. Il y eut des réunions tumultueuses, on en vint parfois aux mains et le sang coula. Les Français se montraient inquiets, tant à cause de la grande population de la ville, que parce qu'en s'ameutant, cette population pouvait être soutenue par trois mille cinq cents hommes de bonnes troupes espagnoles, qui séjournaient encore dans la place, et dont l'esprit était très-contraire aux envahisseurs. Cependant les mutineries y cessèrent; mais il n'en fut pas de même dans les communes sur lesquelles ne pouvait s'étendre la main française.

Le général Duhesme avait pensé à se rendre maître

de Lérida pour conserver ses communications avec Saragosse. Il obtint à cet effet un ordre de la junte de Madrid, non plus faible, mais déjà coupable, qui ordonnait la remise de la place aux troupes étrangères. Pour agir prudemment, le général français envoya en avant-garde le régiment espagnol d'Estrémadure, qui, ne pouvant éveiller les soupçons des habitans de Lérida, devait aplanir tout obstacle à l'occupation. Ceux-ci, cependant, pénétrèrent cette intention rusée, et faisant en personne la garde de leurs murailles, ils prièrent les soldats d'Estrémadure de rester en dehors. Ceux-ci cédèrent volontiers, et attendirent dans la petite ville de Tarréga une conjoncture favorable pour passer à Saragosse, pendant le siège de laquelle ils se distinguèrent au service de leur patrie. Lérida fut, en conséquence, la première ville qui s'arma et se prononça formellement. En même temps, Manresa brûlait publiquement les proclamations et les décrets du gouvernement de Madrid. Tortose, dès qu'elle fut informée des événemens de Valence, imita son exemple, et malheureusement aussi ses désordres; le gouverneur Don Santiago de Guzman y Villoria y périt misérablement. Celui de Villafranca de Panadès, Don Juan de Toda, eut le même sort. Ainsi, toutes les communes l'une après l'autre, et presque au même instant, se prononcèrent avec courage, car dans ce pays il fallait combattre en même temps que se déclarer. Ces deux choses marchant de front pour elles, nous nous réservons d'en parler avec plus de détails quand nous arriverons au récit des actions de guerre. La principauté de Catalogne réunit, à la fin de juin, une junte générale formée de représentans de tous ses districts, et la ville de Lérida fut alors choisie pour siège de l'assemblée.

Les îles Baléares étant séparées par un large bras de mer du continent espagnol, non-seulement on devait espérer qu'elles méconnaîtraient l'autorité étrangère, défendues comme elles étaient par la nature et à l'abri de toute surprise, mais on devait désirer vivement qu'elles embrassassent la cause commune, parce que leur territoire pourrait au besoin servir d'asile dans les malheurs publics, et parce que leur soulèvement rendrait à la patrie les forces considérables de terre et de mer qui s'y trouvaient réunies. Outre l'escadre mouillée à Mahon, dont nous avons déjà parlé, on comptait dans les îles environ dix mille hommes de troupes réglées, nombre bien important, à voir le peu d'anciens soldats que possédait l'Espagne.

On avait observé dans toutes les Baléares des symptômes semblables à ceux qui agitaient la Péninsule, et, pendant les incertitudes et les doutes, aborda, le 29 mai, un bâtiment de Valence qui apportait la nouvelle des événemens arrivés, le 23, dans cette ville. Le général était alors Don Juan-Miguel de Vivès; d'accord avec le peuple, il se montra d'abord disposé à suivre les mêmes erremens. Mais ensuite, il se rétracta, à la réception de dépêches que, peu d'heures après, un officier français lui apporta de Madrid. Leur contenu le fit hésiter, et il convoqua le corps municipal pour conférer avec lui des moyens de conserver la tranquillité. On devina son intention, et le soir même, des jeunes gens de la noblesse réunis à des officiers formèrent le projet de changer l'ordre de choses en profitant des bonnes dispositions du peuple. Ils voulurent, comme démarche préliminaire, sonder le second chef, le maréchal-de-camp Don Juan Oneille, dans le dessein de l'élever à la place du capitaine-général, lequel, averti de ce qui se tramait, para le coup en réunissant, à neuf heures de la nuit, dans la maison de ville, une junte d'autorités. On illumina la façade de l'édifice, et l'on annonça au peuple la résolution de ne pas reconnaître d'autre gouvernement que celui de Ferdinand VII. Alors, la joie fut universelle, et éclata en cordiales démonstrations de patriotisme. L'opportune résolution du général évita les désordres et les malheurs. Le lendemain 30, la junte, dont l'établissement avait été convenu la nuit précédente, fut installée. Elle était présidée par le capitaine-général, et composée de plus de vingt membres, pris parmi les autorités ou nommés par les ordres et les corporations. On y agrégea postérieurement deux députés pour Minorque, deux pour Iviza, et un autre pour l'escadre mouillée à Mahon.

Dans cette dernière ville, qui était pour les Baléares le chef-lieu militaire et maritime, on avait déposé et mis en état d'accusation le gouverneur et le colonel de Soria-Cabrera, après avoir ouvertement refusé de reconnaître les ordres de Murat. Le commandement fut remis au chef intérimaire de l'escadre; mais, sur ses instances, la junte de Mayorque envoya, pour le relever dans ce poste, le marquis del Palacio, peu avant colonel des hussards espagnols.

La tranquillité n'avait été nullement troublée à Palma ni dans les autres villes. Seulement, dès le 29 mai, et pour garantir sa personne, on avait enfermé dans le château de Bellver l'officier français porteur des dépêches de Murat. On eut la douleur d'être obligé de recourir à la même précaution pour les deux illustres membres de l'Institut de France, Arago et Biot, lesquels, en compagnie des astronomes espagnols Don José Rodriguez et Don José Chaix, s'étaient rendus dans cette île avec une importante commission scientifique. C'était celle de prolonger jusqu'à l'île de Fromentière la mesure de l'arc du méridien, précédemment observé et mesuré depuis Dunkerque jusqu'au fort Monjuich à Barcelone par les savans Méchain et Delambre. L'opération s'était heureusement terminée avant que les provinces se soulevassent, et cet événement n'empêcha rien autre chose que de mesurer une base de vérification projetée dans le royaume de Valence. Déjà le peuple ignorant avait regardé les astronomes français d'un œil de défiance, quand ils exécutaient, pour remplir leur mission, les observations géodésiques et astronomiques indispensables. On s'imagina que c'étaient des plans que Napoléon faisait lever pour ses desseins politiques et militaires. Ces soupçons étaient autorisés par les ruses et les supercheries qu'avaient employées les armées françaises pour pénétrer dans l'intérieur du royaume; et, vraiment, jamais l'ignorance ne pouvait alléguer de motifs qui parussent mieux fondés. Dans le principe, la junte n'osa point lutter contre le torrent de l'opinion populaire; mais, reconnaissant le mérite des savans étrangers et l'utilité de leurs travaux, elle les préserva de toute injure; et ne pouvant, à cause de la guerre, les renvoyer directement en France, elle saisit l'occasion de les mettre à bord d'un bâtiment qui faisait voile pour Alger, pays neutre alors, d'où ils trouvèrent moyen de regagner leur patrie.

A Mayorque, où l'enthousiasme fut universel, les dames surtout se firent gloire de le manifester; et si, dans toute l'île, comme dit le cardinal de Retz, « il n'y a pas une femme laide », on peut juger quelle puissante influence elles eurent sur le soulèvement de ce pays.

Dans la ville de Palma, on créa un corps de volontaires, qui alla depuis servir sous ce nom en Catalogne; et quoique, dans l'origine, et par mesure de prudence, la junte ne permit point que les troupes qui formaient la garnison des îles passassent sur le continent, à la fin, elles les autorisa successivement à s'incorporer aux armées qui soutenaient la guerre.

Nous avons maintenant parcouru les unes après les

autres toutes les provinces d'Espagne, et raconté leur glorieux soulèvement. On s'étonnera peut-être de ne pas voir figurer parmi elles la Navarre et les provinces basques. Mais confinant à la France, privées de leurs deux plus importantes places de guerre, entourées, pressées de toutes parts, elles ne purent ni s'agiter, ni établir dès l'abord aucune administration. Cependant, animées d'un ardent patriotisme, elles poussèrent à la désertion le peu de soldats espagnols qui se trouvaient sur leur territoire, elles aidèrent de tous leurs moyens les provinces engagées dans la lutte, et dès qu'elles furent libres et débarrassées de l'ennemi, elles s'unirent aux autres, pour coopérer par un effort égal à la destruction de l'ennemi commun. Plus loin, lorsque leur territoire était de nouveau envahi et occupé, nous les verrons combattre avec ardeur et constance par leurs *guerillas* et leurs corps francs.

Malgré leur éloignement des côtes espagnoles, les îles Canaries suivirent l'impulsion donnée par Séville. On douta, dans l'origine, des événemens de Bayonne, que l'on considérait comme une invention de la malveillance, ou comme des bruits répandus à dessein par les partisans des Anglais. Mais la nouvelle de l'insurrection de Séville et de l'installation de la junte suprême étant parvenue aux Canaries dans le mois de juillet, le capitaine-général, marquis de Casa-Cagigal, ordonna que l'on proclamât Ferdinand VII, et les habitans de toutes les îles imitèrent avec enthousiasme le noble exemple de la Péninsule. Il y eut cependant quelques débats entre elles, la Grande-Canarie ayant renouvelé ses anciennes prétentions de prééminence contre Ténérife. Dans chacune de ces îles, se formèrent des juntes séparées, et Casa-Cagigal, que tout le monde haïssait, ayant été, dans cette dernière, déposé du commandement, on mit à sa place le lieutenant de roi Don Carlos O'Donnell. Des plaintes fort amères s'élevèrent depuis contre ce chef de la junte de Ténérife, et ces plaintes ne cessèrent qu'après que le gouvernement suprême de la junte central y eut fait droit.

Sans doute, le tableau que nous venons de tracer de l'insurrection espagnole paraîtra à quelques-uns incomplet et trop concis, à d'autres, diffus et trop circonstancié. Nous répondrons aux premiers que, notre dessein n'ayant pas été d'écrire l'histoire particulière du soulèvement de chaque province, il n'eût pas été raisonnable d'entrer dans de plus minutieux détails; aux seconds, qu'en voyant la grandeur du sujet et l'ignorance vraie ou simulée qu'ont montrée bien des gens sur son origine et ses progrès, il n'était pas hors de propos de faire connaître avec quelque étendue une révolution mémorable, qui, par la négligence des uns et la malice des autres, allait se perdre dans l'oubli, ou se défigurait d'une manière également rapide et regrettable. Pour achever de remplir notre but, il sera bon, en nous fondant sur la véridique relation qui précède, et dont les détails sont puisés aux meilleures sources, que nous ajoutions quelques réflexions succinctes. Elles pourront jeter assez de nouvelles lumières pour réfuter les grossières erreurs où trop de gens sont tombés.

Parmi ces erreurs, la plus accréditée peut-être a été d'attribuer les commotions de l'Espagne à l'aveugle fanatisme de la nation, aux manœuvres et à l'influence du clergé. Rien n'est moins vrai. Nous avons vu qu'en beaucoup de provinces, le soulèvement fut spontané, sans qu'il y eût aucun mobile secret; et que si, dans les autres, des personnes mirent à profit l'esprit public pour en diriger l'explosion, ce ne furent ni des ecclésiastiques ni des individus d'aucune classe déterminée, mais bien de toutes les classes indistinctement. Le clergé sans doute ne s'opposa point à l'insurrection ; mais il n'en fut pas non plus l'auteur. Il s'y jeta comme toute la nation, emporté par un honorable sentiment de patriotisme, et non par la crainte immédiate qu'on le dépouillât de ses biens. Jusqu'alors, les Français n'avaient, sur ce point, donné lieu à aucun soupçon, et, avant les événemens de Bayonne, le clergé espagnol était bien plutôt le partisan que l'ennemi de Napoléon, parce qu'il voyait en lui l'homme qui avait rétabli dans toute la France les solennités du culte. La résistance de l'Espagne naquit donc uniquement de sa haine contre la domination étrangère. Le prêtre comme le philosophe, le militaire comme le bourgeois, le noble comme le plébéien, se soulevèrent par la même impulsion, dans le même instant, et sans consulter généralement d'autre intérêt que celui de la dignité et de l'indépendance nationales. Tous les Espagnols qui ont assisté à ces journées d'universel enthousiasme, et grand nombre d'entre eux vivent encore, peuvent attester la vérité de cette assertion.

Une autre erreur, moins générale, il est vrai, mais aussi peu fondée, ç'a été d'attribuer l'insurrection espagnole aux manœuvres des Anglais, par le moyen d'agens secrets. Napoléon et ses partisans, qui ne voyaient partout ou feignaient de ne voir que la main britannique, furent les auteurs de cette invention bizarre. On a pu voir, par ce qui précède, combien le gouvernement anglais était étranger à cet événement, et combien le surprit l'arrivée à Londres des députés asturiens qui lui en donnèrent la première nouvelle. Plusieurs des côtes de l'Espagne étaient sans croiseurs anglais qui pussent les observer et y fomenter des troubles, et quant aux provinces intérieures, elles ne pouvaient ni avoir de rapports avec eux, ni espérer leur prompte et efficace protection. A Cadix même, où il y avait une escadre en croisière, on refusa leur aide, bien qu'amicalement, pour un combat maritime où ils avaient un intérêt spécial à prendre part. Qu'on voie si la réunion de tous ces faits fournit le moindre indice que l'Angleterre ait préparé le premier et général soulèvement de l'Espagne.

Mais cette abondance de documens qui prouvent le contraire vînt-elle à manquer, l'homme méditatif et impartial reconnaîtra facilement qu'il n'était donné ni aux prêtres, ni aux Anglais, ni à aucune classe ou puissance, quelque formidable qu'elle fût, de provoquer, par des agens et des manœuvres secrètes, dans une nation tout entière, un mouvement si énergique, si unanime, si instantané. Il en cherchera l'origine dans des causes plus naturelles, et son esprit attentif la découvrira sans efforts dans les désordres du gouvernement antérieur, dans les vicissitudes qui précédèrent l'explosion, enfin, dans le comble de trahisons et de perfidies dont Napoléon et ses sujets offensèrent l'orgueil espagnol.

Il ne suffisait pas aux détracteurs de donner au fanatisme ou aux Anglais la première place dans ce grand événement. On a pris également plaisir à enternir l'éclat par l'exagération des meurtres et des excès commis au milieu de la tempête populaire. Quand nous avons rapporté ces lamentables excès, en couvrant leurs auteurs de l'opprobre qu'ils méritent, nous n'en avons omis aucun qui fût de quelque importance. Dans ce cas, que l'on nous dise de bonne foi si cette masse de soulèvemens partiels fut accompagnée de désordres assez horribles pour mériter les anathèmes que leur ont lancés quelques personnes. Ce n'est qu'à Valence qu'on pourrait les adresser, et non pas à la généralité du royaume; et là même, les excès furent immédiatement réprimés, et châtiés avec une rigueur que l'on déploie rarement contre les auteurs de tels crimes dans les grandes révolutions. Mais tandis que nous déplorons profondément ce désastre, qu'il nous soit permis de faire observer, que nous avons parcouru des provinces entières, sans rencontrer la moindre trace de violences; et que, dans toutes les autres, on ne saurait porter à trente le nombre des personnes mortes dans les tumultes. Mais, dans la situation de l'Espagne, lorsque tous les liens de la subordination et de l'obéissance étaient rompus, lorsque les autorités étaient généralement composées de créatures ou de partisans de Godoy, vues de mauvais œil et souvent détestées, ne faut-il pas s'étonner plutôt que les passions, déchaînées n'aient pas exercé plus de vengeances, et qu'en se multipliant, les désordres et les violences n'aient franchi toutes les barrières? Une telle nation mérite-t-elle qu'on la marque au front du nom de cruelle et de barbare? Quelle autre, dans une si formidable tempête, aurait montré plus de retenue et de modération? Qu'on nous cite un changement si complet, un bouleversement si radical (je ne dis pas si juste et honorable), où les excès n'aient de beaucoup surpassé ceux qui se sont commis dans l'insurrection espagnole. Notre âge a été témoin d'autres grands bouleversemens parmi des nations que, par excellence, on appelle éclairées; en vérité, l'impartial examen et le parallèle de leurs excès avec les nôtres ne seraient pas à leur avantage.

Après avoir essayé de confondre et de détruire des erreurs si communes, voyons à présent ce que furent les juntes, et de quels vices leur organisation était attaquée. Réunion incohérente et trop nombreuse d'individus, où se confondaient l'homme du peuple avec le noble, le prêtre et le militaire, ces autorités étaient animées d'un pur patriotisme, mais le plus souvent manquaient des lumières convenables. Plusieurs d'entre elles mirent tous leurs efforts à étouffer l'esprit populaire, qui leur avait donné la naissance, et sans lui substituer la sage et prudente direction qu'auraient pu donner aux affaires des hommes d'expérience et de capacité. Qu'arriva-t-il ? c'est qu'elles se virent promptement privées des intarissables ressources que fournit l'enthousiasme, dans tout bouleversement social, et que facilite même le renversement des anciennes entraves; et cela, sans pouvoir les remplacer par l'ordre et la fixité des règles, soit parce que les circonstances y faisaient obstacles, soit aussi parce que leurs membres ne possédaient pas les qualités nécessaires. De tels hommes, rares en tous pays, devaient naturellement l'être davantage en Espagne, où l'oppressive humiliation du gouvernement avait en grande partie étouffé les heureuses dispositions des citoyens. Voilà ce qui explique comment, à la première et sublime insurrection, fille d'un noble sentiment d'honneur et d'indépendance nationale qu'un si long despotisme n'avait pu déraciner, ne correspondirent point les mesures de gouvernement, d'administration économique, et d'organisation militaire qui, dès le principe, devaient être adoptées. Néanmoins, il est juste de dire que les efforts des juntes n'ont pas été aussi faibles, aussi limités, que l'ont prétendu quelques-uns; et que même, parmi des nations d'une civilisation plus avancée, de telles assemblées publiques n'auraient peut-être rien fait au-delà, si elles eussent été tenues de lutter dans l'intérieur contre une armée étrangère, manquant elles-mêmes de troupes qui pussent s'appeler ainsi, ne trouvant que des caisses vide et des arsenaux guère mieux pourvus.

Il fut très-utile, dans la première ferveur de l'insurrection, qu'il se formât en chaque province une junte séparée. Cette espèce de gouvernement fédératif, mortel dans les temps tranquilles pour l'Espagne, comme nation contiguë par mer et par terre à des états puissans, doubla alors et multiplia ses moyens et ses ressources. Il excita une émulation jusqu'à certain point salutaire, et surtout il évita que les manœuvres de l'étranger, profitant de la faiblesse ou de la vénalité de quelques hommes, n'eussent sourdement coulé à fond la cause sacrée de la patrie. Un gouvernement unique et central, avant que la révolution eût jeté de solides racines, aurait plus facilement plié sous des insinuations perfides, ou sa constance se serait plus promptement abattue sous les revers. Des autorités éparses, comme les juntes, n'offraient pas un but distinct sur lequel pussent se diriger les coups de l'intrigue, et même il ne leur eût pas été possible (chose dont elles furent toutes éloignées) de se mettre d'accord pour l'abandon et la perte de la cause qu'elles défendaient.

Au sentiment unanime de résistance à l'étranger s'en joignit un autre, non moins important, d'amélioration et de réforme. Celui-ci, assurément, ne se fit pas voir avec autant d'évidence et d'universalité que celui-là : pour l'un, il suffisait d'être Espagnol et homme d'honneur ; pour l'autre, il fallait plus de savoir que n'en possédait une nation soumise depuis des siècles à un système de persécution, d'intolérance politique et religieuse. Et cependant, à peine y eut-il une proclamation, un manifeste, un avertissement des juntes dans lesquels, après avoir déploré les maximes qui avaient précédemment régné, on ne fît voir la volonté de prendre une marche toute contraire, annonçant pour l'avenir, soit la convocation des cortès, soit le rétablissement des antiques libertés, soit la réparation des griefs passés. On peut inférer de là quelle était sur ces matières l'opinion générale, lorsqu'on voyait s'exprimer ainsi des autorités qui, formées pour la plupart de membres des classes privilégiées, essayaient plutôt de contenir que de stimuler cette universelle tendance. Ce fut donc de ses propres pas que l'Espagne s'achemina vers les réformes; elle convoqua ses cortès sans avoir besoin de suivre les conseils ou les préceptes de l'étranger; et plût à Dieu qu'elle ne les eût jamais suivis! Les années où nous écrivons ont été les témoins que l'intervention étrangère n'a servi qu'à la faire reculer à des temps comparables à ceux de la plus profonde barbarie.

Ce qui vient d'être dit suffit, il nous semble, pour détruire les erreurs qu'ont fait naître le silence de quelques écrivains espagnols, la vengeance de quelques autres, et la légèreté que mettent la plupart des étrangers à juger les affaires de l'Espagne, pays aussi mal apprécié que peu connu.

Avant de terminer le présent livre, il est convenable de rendre compte, au moins succinctement, de l'insurrection du Portugal, dont l'histoire se trouve à cette époque si étroitement liée à la nôtre.

Ce royaume, bien que tranquille en apparence, accablé qu'il était sous des contributions extraordinaires, et offensé des outrages que recevaient ses habitans, ne désirait qu'une occasion opportune de secouer le joug qui l'opprimait.

Junot, dans son vertige d'orgueil, avait maintes fois rêvé de ceindre la couronne de Portugal. Des insinuations se firent à ce sujet, de sourdes intrigues, des projets de constitution, et d'autres démarches enfin qui, n'étant pas de notre sujet, doivent être passées sous silence. Il dut se contenter à la fin de la dignité de duc d'Abrantès, à laquelle l'éleva son maître en récompense de ses services.

Dès le mois de mars, le rappel des troupes espagnoles donna de l'inquiétude au général français, qui craignait de voir croître le danger à mesure que ses forces diminuaient. Il se tranquillisa quelque peu quand il vit qu'à l'avénement de Ferdinand VII, les Espagnols avaient reçu contre-ordre. Il arriva, comme nous l'avons dit, que ceux d'Oporto revinrent dans leurs cantonnemens : ceux aux ordres de Don Juan Carrafa se tinrent paisiblement à Lisbonne et ses environs; et quant à ceux commandés par Solano, quatre bataillons seulement regagnèrent Sétubal, Junot n'ayant pas cru convenable de recevoir les autres. Ce général préféra garder pour lui l'Alentejo, et il envoya Kellermann pour remplacer Solano, qui fut d'autant plus regretté par les habitans, que le nouveau commandant débuta par les frapper d'une contribution tellement onéreuse que Junot lui-même fut contraint de la désapprouver. Kellermann transféra à Elvas son quartier-général pour observer de près Solano, lequel, après avoir séjourné sur la frontière jusqu'au mois de mai, se retira en Andalousie.

Les choses de Portugal étaient dans cet état, lorsqu'après l'événement du 2 mai à Madrid, Napoléon, craignant de nouveaux troubles en Espagne, donna l'ordre à Junot d'envoyer du côté de Ciudad-Rodrigo quatre mille hommes pour agir de concert avec le maréchal Bessières, et quatre mille autres pour aider Dupont, qui avançait vers la Sierra-Moréna. Au commencement de juin, le premier corps arriva au pied du fort de la Conception, qui, situé sur une hauteur appelée le *Gardon*, sert comme de phare pour observer la frontière portugaise, ainsi que les places d'Alméida et de Castel-Rodrigo. Le général

Loison, qui commandait les Français, offrit au commandant quelques compagnies pour renforcer la garnison du fort contre les communs ennemis des deux nations. Ce stratagème, tant de fois répété, était devenu trop grossier pour tromper personne; mais n'ayant pas assez de forces pour se défendre, le commandant abandonna le fort pendant la nuit, et se réfugia à Ciudad-Rodrigo. Cette place, distante de cinq lieues, et soulevée comme toute la province de Salamanque, redoubla de vigilance, et déconcerta ainsi les sinistres desseins de Loison. Du côté du midi, les quatre mille Français qui devaient pénétrer dans les Andalousies, commandés par le général Avril, se dirigèrent sur Mertola, et descendant les rives de la Guadiana, voulurent déboucher inopinément dans le comté de Niébla. Mais l'insurrection avait pris, dans cette province, un tel accroissement, qu'ils n'osèrent point continuer une entreprise si aventureuse. Tandis que les plans de Napoléon, qui n'auraient pas laissé de réussir s'ils eussent pu s'exécuter plus à temps, étaient ainsi déconcertés, les événemens du nord du Portugal vinrent complètement renverser Junot, et allumer dans ce royaume un incendie général.

A leur retour à Oporto, les Espagnols avaient été mis sous les ordres du général français Quesnel; cette mesure déplut: elle était imprudente dans un temps où l'indignation croissait par degrés, et inutile, n'étant point soutenue par des troupes françaises. Le soldat espagnol était donc vivement irrité, quand, après le soulèvement de la Galice, la junte de cette province envoya des avis pour que la garnison d'Oporto vînt s'incorporer à son armée, emmenant avec elle autant de Français qu'elle pourrait en prendre. Les principaux chefs se concertèrent; ils mirent à leur tête le maréchal-de-camp Don Domingo Belesta, comme ayant le plus haut grade, et le 6 juin, après avoir fait prisonniers Quesnel et les siens, qui étaient très-peu nombreux, toute la division espagnole qui occupait Oporto prit le chemin de Galice. Avant de partir, Belesta dit aux Portugais qu'il les laissait libres d'embrasser le parti qu'ils voudraient, soit celui de la France, soit celui de leur propre pays : ils choisirent le dernier, comme il était naturel ; mais dès que les Espagnols se furent éloignés, les autorités intimidées firent de nouveau leur soumission à Junot.

Les choses restèrent ainsi quelques jours, jusqu'à ce que la province de Tras-os-Montes s'étant soulevée le 11 juin, et ayant élu pour chef le vieux général Manuel Gomez de Sépulvéda, l'insurrection gagna la province de Entre-Duero-et-Minho, et éclata une seconde fois à Oporto, où l'on mit à la tête du mouvement Don Antonio de San-José de Castro, évêque du diocèse. Elle s'étendit aussitôt à Coïmbre et dans le reste de la Béira, où quelques détachemens isolés de Français furent poursuivis ou faits prisonniers. Loison, qui avait tenté de passer d'Alméida à Oporto, fut contraint de revenir sur ses pas, attaqué par la population insurgée des rives du Duéro.

Une junte se forma à Oporto, laquelle, partageant le pouvoir avec l'évêque, fut reconnue par tout le nord du Portugal ; elle ouvrit aussitôt des négociations avec l'Angleterre, et députa à Londres le vicomte de Belsemao avec un magistrat ; d'autres relations furent également nouées avec la Galice, et les deux juntes conclurent une convention ou traité d'alliance offensive et défensive.

On sut à Lisbonne, le 9 juin, le départ des troupes espagnoles d'Oporto, et ce qui s'était en outre passé dans cette ville. Junot se décida aussitôt à prendre une mesure rigoureuse à l'égard des corps de la même nation qu'il avait avec lui, et dont les soldats montraient un esprit aussi disposé à la mutinerie que tous leurs compatriotes : on craignait de leur part un soulèvement, et non sans motif. Déjà, dans le mois précédent, et lorsque le malheureux Torre del Fresno publia, le 5 mai, en Estrémadure, la proclamation dont nous avons parlé, on avait envoyé de Badajoz l'officier Don Federico Moreti pour qu'il se concertât avec le général Don Juan Carrafa, et qu'ils préparassent le retour de ses troupes en Espagne. La mission de Moreti n'eut aucun résultat, non-seulement parce qu'elle était trop précoce et trop aventureuse, mais aussi par la faiblesse et l'irrésolution que montra Carrafa. Depuis, l'insurrection espagnole se propageant et se fortifiant, des émissaires accoururent de plusieurs points pour l'étendre parmi les troupes en Portugal, et il ne manquait plus à l'explosion qu'une occasion opportune; les événemens d'Oporto l'offraient, et, dans le but de prévenir un coup si fatal, Junot voulut, avant que la nouvelle s'en répandît, surprendre les nôtres et les désarmer. Cependant, le marquis de Malespina put s'échapper de Mafra et passer en Espagne avec le régiment des dragons de la reine. Pour tromper les autres, les Français employèrent divers stratagèmes, arrêtant les uns dans leurs casernes, les autres isolés ; douze cents d'entre eux, qui étaient au camp d'Amérique, refusèrent de se rendre au couvent de San-Francisco, prévoyant qu'on leur tendait quelque piége : alors Junot les fit appeler au Terreiro do Pazo, feignant l'intention de les faire embarquer pour l'Espagne. Ravis d'une si agréable nouvelle, ils accouraient à cette place, quand ils se virent cernés par trois mille Français et l'artillerie braquée contre leurs rangs, à l'entrée des rues. Ils furent tous désarmés et conduits à bord des pontons qui se trouvaient dans le Tage. Les officiers ne furent pas compris dans l'emploi de cette précaution rigoureuse; mais quelques-uns d'entre eux n'ayant pas cru devoir respecter une parole d'honneur qu'on leur avait arrachée après une trahison, s'enfuirent en Espagne, et, par suite, leurs camarades furent soumis au même sort que les soldats.

Il ne fut pas aussi facile de surprendre et de tromper ceux qui, se trouvant sur la rive gauche du Tage, vivaient en plus grande liberté. Aussi, vit-on déserter la plus grande partie du régiment de cavalerie de Maria-Luisa, et l'insubordination fut assez grande dans les corps de Valence et de Murcie, pour qu'un grand nombre de soldats se sauvassent en Espagne avec un drapeau. Ils étaient alors à Sétubal, et le général français Graindorge, qui commandait dans cette place, se mit à leur poursuite. Il y eut une rencontre à Os-Pegoès, et les Français, ayant été repoussés, ne purent arrêter les nôtres dans leur marche.

Le désarmement des Espagnols de Lisbonne motiva l'insurrection des Algarves, et conséquemment de tout le midi du Portugal. C'était le général Maurin qui gouvernait cette province pour les Français; mais, étant malade, il était remplacé par le colonel Maransin. Les troupes sous ses ordres étaient fort peu nombreuses, et dans la crainte des troubles, ce commandant était parti pour Villa-Real, où il faisait construire une batterie qui protégeât ce point contre les attaques du fort de Ayamonte. Tandis qu'il se mettait à l'abri d'un péril, un autre, bien plus immédiat, vint le distraire et le consterner. On était au 16 juin, quand Olhá, petit village de pêcheurs à une lieue de Faro, se souleva, à la lecture d'une proclamation qu'avait publiée Junot, après le désarmement des Espagnols. Ce fut le colonel José Lopez de Souza qui jeta contre les Français le premier appel aux armes, et son cri fut répété par tous les habitans du pays. Ce premier trouble fut sur le point d'être comprimé; mais Maransin, ayant été contraint de sortir de Faro, au premier bruit, pour combattre les paysans insurgés qui descendaient des montagnes frontières de l'Alentejo, cette ville de Faro se souleva à son tour, forma sa junte, se mit en communication avec les Anglais, et fit porter à bord de leurs vaisseaux le malade général Maurin, et le peu de Français qui se trouvaient avec lui. Maransin, voyant la petitesse des forces qui lui restaient, se retira à Mertola, pour y donner plus facilement la main aux généraux Kellerman et Avril qui occupaient l'Alentejo. Il s'approcha ensuite de Beja, et quelques-uns de ses soldats ayant été assassinés près de cette ville, il la prit et la livra au pillage le 25 juin. Le feu de l'insurrection s'alluma sur d'autres points, et partout où l'esprit public ne fut pas comprimé par la supériorité des forces françaises, on vit le même spectacle et les mêmes mouvemens que dans le reste de la Péninsule. Une querelle s'éleva entre la junte de Faro et les Espagnols, parce que ceux-ci avaient détruit les fortifications de Castro-Marin. Des deux côtés de satisfaisantes explications furent données, et un traité, basé sur les circonstances, fut amiablement conclu entre les nouveaux gouvernemens de Séville et de Faro.

On ne manqua pas de voir, dans cet arrangement, comme dans celui qui avait été précédemment stipulé entre la Galice et Oporto, un acheminement à des traités de plus haute importance qui auraient pu se terminer par la réunion amicale des deux peuples. Malheureusement, divers obstacles, joints aux graves soucis de l'époque, ne laissèrent pas donner cours à un dessein d'une telle gravité. Il est à désirer, néanmoins, qu'un temps vienne, où, reconnaissant leurs mutuels intérêts, et oubliant d'anciennes rivalités, d'indissolubles liens rattachent deux nations qui, réunies, présenteraient un invincible rempart à l'ambition étrangère, tandis que, séparées, elles sont les victimes et la proie des passions du dehors.

SOMMAIRE

DU LIVRE QUATRIÈME.

Junte de Madrid. — Commission qu'elle donne au marquis de Lazan. — Sa proclamation du 4 juin. — Son zèle en faveur de la députation de Bayonne. — Valdès. — Le marquis d'Astorga. — L'évêque d'Orense. — Proclamation adressée de Bayonne aux Saragossains. — Commissaires envoyés à Saragosse. — Avis envoyés par Napoléon en Amérique. — Napoléon transmet la couronne d'Espagne à Joseph. — Arrivée de Joseph à Bayonne. — Réception de Joseph à Marrac. — Députations espagnoles. — Celle des grands. — Celle du conseil de Castille. — Celle de l'inquisition. — Celle de l'armée. — Autre proclamation faite à Bayonne. — Dispositions préliminaires pour ouvrir le congrès de Bayonne. — Ouverture des séances. — Discussions. — Si le congrès jouissait de sa liberté. — Serment prêté à la constitution. — Réflexions sur la constitution. — Visite de la junte de Bayonne à Napoléon. — Félicitations de la maison de Ferdinand. — Félicitations de Ferdinand lui-même. — Ministère nommé par Joseph. — Jovellanos. — Emplois du palais. — Joseph entre en Espagne le 9 juillet. — Première expédition des Français contre Santander. — Expédition contre Valladolid. — Incendie de Torquemada. — Entrée à Palencia. — Affaire de Cabezon. — Entrée des Français à Valladolid. — Seconde expédition contre Santander. — L'évêque de Santander. — Noble action de la junte de cette ville. — Expédition contre Saragosse. — Affaire de Mallen. — D'Alagon. — Catalogne. — Affaire del Bruch. — Défense d'Esparraguera. — Chabran à Tarragonne. — Rencontre d'Arbos. — Sac de Villafranca de Penalès. — Seconde affaire del Bruch. — Expédition de Duhesme contre Gironne. — Résistance de Mongat. — Sac de Mataro. — Attaque des Français contre Gironne. — Duhesme retourne à Barcelonne. — Rencontre de Granollers. — *Somatènes* du Llobregat. — Murat. — Il envoie Dupont en Andalousie. — Affaire d'Alcoléa. — Sac de Cordoue. — Situation critique des Français. — Excès des paysans espagnols. — Résistance de Valdepeñas. — Dupont se retire à Andujar. — Sac de Jaen. — Expédition de Moncey contre Valence. — Rencontre de Puerto-Pajazo. — De Las-Cabrillas. — Préparatifs de défense à Valence. — Combat dans le village de Cuarte. — Défense de Valence. — Propositions de capitulation présentées par Moncey. — Belles actions de quelques Espagnols. — Moncey se retire. — Inaction de Cervellon. — Conduite louable de Llamas. — Maladie de Murat. — Maladies dans son armée. — Opinion de Larrey. — Savary succède à Murat. — Singulière commission de Savary. — Sa conduite. — Il envoie Védel de renfort à Dupont. — Passage de la Sierra-Moréna. — Renforts envoyés à Moncey. — Caulincourt. — Sac de Cuenca. — Frère. — Second renfort amené à Dupont par le général Gobert. — On néglige Bessières. — Cuesta. — Armée de Galice depuis la mort de Filangieri. — Bataille de Rio-Seco, 14 juillet. — Bessières avance jusqu'à Léon. — Sa correspondance avec Blake. — Voyage de Joseph à Madrid. — Portrait de Joseph. — Son couronnement. — Il est reconnu roi. — Conseil de Castille. — Evénemens qui précédèrent la bataille de Baylen. — Distribution de l'armée espagnole en Andalousie. — Conseil tenu pour attaquer les Français. — Affaire de Mengibar. — Bataille de Baylen, 19 juillet. — Capitulation de l'armée française. — Les Français rendent les armes. — Réflexions sur la bataille. — L'armée prisonnière se met en marche pour la côte. — Désordres à Lebrija, causés par la présence des prisonniers. — Au port de Santa-Maria. — Correspondance entre Dupont et Morla. — Consternation du gouvernement français à Madrid. — Joseph se retire. — Espagnols qui l'accompagnent. — Désastres de la retraite.

HISTOIRE

DU

SOULÈVEMENT, DE LA GUERRE

ET DE LA

RÉVOLUTION D'ESPAGNE.

LIVRE QUATRIÈME.

Avant que l'insurrection d'Espagne eût pris l'immense essor que lui donnèrent, dans les derniers jours du mois de mai, les abdications de Bayonne, le lecteur se rappellera comment des émissaires français et espagnols s'étaient répandus dans les provinces, cherchant à séduire par de brillantes promesses les hommes qui les gouvernaient alors. La junte suprême de Madrid, principale instigatrice de semblables mesures, se voyant ainsi compromise, poursuivit son but avec une opiniâtre persistance. Aux premières rumeurs d'une insurrection générale, réitérant aussitôt à ses agens les avis, les instructions, les lettres confidentielles de toute espèce, elle raviva le zèle imprudent qui l'animait en faveur de l'usurpation étrangère, toujours dans l'aveugle et vain espoir de contenir, à l'aide de si faibles moyens, l'admirable élan d'une grande et généreuse nation.

Sérieusement effrayée, d'ailleurs, du mouvement de Saragosse, elle se hâta d'aviser à sa répression. Ce qui l'affectait dans cet événement n'était pas tant son importance que, sans doute, la crainte de voir transpirer dans le public les ordres qu'elle avait secrètement reçus de Bayonne pour résister aux Français, ordres auxquels elle avait si ouvertement désobéi. Elle présumait que Palafox en avait connaissance, et que, porteur d'ordres pareils ou du moins analogues, il leur donnerait une entière publicité, et mettrait ainsi au grand jour la répréhensible omission de la junte : il n'en devenait que plus urgent pour elle d'apaiser ce mouvement. Un homme de tact lui devenant indispensable en pareille occurrence, elle fit choix du marquis de Lazan, frère aîné du nouveau capitaine-général, qui réunissait à l'influence de son nom toutes les qualités désirables pour ne pas éveiller les soupçons d'un peuple ombrageux, et pour agir en pleine liberté et avec espoir de succès sur l'esprit de ce chef militaire. Mais Lazan, aussitôt arrivé à Saragosse, au lieu de seconder les intentions de ceux qui l'envoyaient, et persuadé d'ailleurs de l'irrésistible empire qu'exercerait l'enthousiasme des habitans, s'unit à son frère, et ne cessa plus dès lors de partager avec lui les travaux et les fatigues de la guerre.

L'aspect du royaume se rembrunissait de plus en plus, et les choses en étaient arrivées au point de laisser craindre que l'on en viendrait aux mains ; la junte, d'accord avec Murat, fit répandre, le 4 juin, une proclamation dans laquelle on faisait parade des avantages qui résulteraient pour le pays entier de conserver la paix et d'attendre que « *le héros qui étonnait le monde vînt achever le grand œuvre de la régénération politique auquel il travaillait.* » De pareilles expressions, loin de calmer les esprits, ne faisaient que les agiter davantage; et certes, c'était, de la part d'une autorité espagnole, toucher de près à l'effronterie que d'oser préconiser ainsi l'auteur des scènes encore récentes de Bayonne; c'était encore, pour ainsi dire, un singulier débordement d'amour-propre, que de s'imaginer qu'à l'aide d'un pareil langage on parviendrait plus promptement à mettre un terme à l'insurrection.

Voyant l'inutilité de ses efforts, et impatiente d'ailleurs de se créer partout des appuis et de trouver des excuses aux embarras de sa position, la junte travailla avec ardeur à l'envoi des individus qui devaient former la députation convoquée à Bayonne. Les émeutes des provinces et le refus de plusieurs députés d'accepter leur mandat augmentaient, en attendant, les difficultés de cette réunion. Nous avons déjà dit comment le bailli Don Antonio Valdès refusa de s'y rendre, et préféra fuir, au péril de ses jours, de Burgos où il avait sa résidence, à la honte de sanctionner par sa présence les actes scandaleux de Bayonne. Le marquis d'Astorga refusa de même, sans penser qu'en sa qualité d'un des premiers grands du royaume, la main de l'ennemi, s'acharnant à sa poursuite, le dépouillerait de ses vastes domaines et de ses immenses richesses. Mais celui qui se distingua le plus par sa résistance, fut le révérend évêque d'Orense, Don Pédro de Quévédo y Quintano. La réponse de ce prélat à l'appel qui lui fut adressé de Bayonne, œuvre remarquable du plus ardent patriotisme, réunissait à la solidité des argumens une hardiesse jusqu'alors inconnue à Napoléon et à ses partisans. A la manière des plus excellens orateurs de l'antiquité, il employa avec art l'arme puissante de l'ironie, sans jamais la déparer par la bassesse ou l'impropriété des expressions. D'Orense, et à la date du 29 mai, il adressa sa réponse au ministre de la justice : la Galice n'avait pas encore fait son mouvement, et n'avait pas même connaissance de la manière dont les autres provinces s'étaient prononcées. Comme cet important document renferme l'exposé des doctrines les plus saines et les argumens les plus convaincans en faveur des droits de la nation et de la dynastie régnante, nous en recommandons très-particulièrement la lecture, et nous l'avons inséré littéralement dans l'appendice de ce livre (1). Il serait difficile, en effet, de tracer avec plus de vigueur et d'habileté les vérités qui s'y reproduisent. Aussi, cette réponse se grava-t-elle bien avant dans tous les cœurs, et causa la plus profonde et durable impression. Mais Murat et la junte de Madrid n'en continuèrent pas moins leurs imprudentes tentatives, et pressèrent, avec une fatale ardeur, le départ des députés que l'on prenait au hasard pour remplir le vide que laissaient tous ceux qui esquivaient le malencontreux voyage de Bayonne.

Le 15 juin, devaient s'ouvrir les séances de cette fameuse assemblée, et, dans les premiers jours du même mois, il n'y avait pas même encore trente personnes réunies à Bayonne. Pendant que les autres arrivaient, et pour ne pas donner de relâche aux députés présens, Napoléon obligea ceux-ci à donner une proclamation pour exhorter les Saragossains à la paix et au repos. Mais, voulant ajouter aux exhorta-

(1) N° 15, App.

tions écrites les moyens de persuasion oraux, il chargea de cette mission le prince de Castel-Franco, Don Ignacio Martinez de Villéla, conseiller de Castille, et l'alcalde de cour Don Luis-Marcelino Péreira. Il ne leur fut pas possible de pénétrer dans Saragosse, et moins encore de faire prêter l'oreille à leurs intempestives admonitions. Ils se réputèrent même fort heureux de pouvoir retourner à Bayonne, grâce aux Français qui leur servaient de garde, et dont la protection leur permit de revenir sur leurs pas sans accident fâcheux, mais non sans honte et sans alarmes.

Napoléon, qui regardait déjà comme sien le sol péninsulaire, chercha pour lors à étendre également sa puissante influence au-delà des mers. Il expédia donc pour l'Amérique espagnole des navires, dont l'arrivée devait prévenir les desseins des Anglais, et préparer les habitans de ces vastes et lointaines régions à admettre sans répugnance la domination d'un nouveau souverain de la race impériale. Il lesta en même temps ces navires de proclamations et de circulaires signées par le ministre Don Miguel de Azanza, qui, déjà fermement dévoué au parti de Napoléon, ne pouvait se figurer que l'empereur des Français touchât au lien d'unité et d'intégrité qui rattachait ces provinces à l'Espagne, et qu'il voulût suivre à leur égard les inconstantes inspirations de l'intérêt ou du caprice.

Dès que Ferdinand VII et son père eurent renoncé à la couronne, on présuma que Napoléon céderait ses prétendus droits à quelqu'un de sa famille. Cette conjecture se fondait principalement sur le conseil donné par Murat à la junte de Madrid et au conseil royal, de demander pour roi Joseph Bonaparte. Toutefois, on en était encore à ignorer officiellement si telle était la pensée de Napoléon, lorsqu'il parut une proclamation de lui, adressée aux Espagnols, dans laquelle il leur assurait « qu'il ne voulait pas régner sur leur « pays, mais bien acquérir des droits éternels à l'a- « mour et à la reconnaissance de leur postérité. » Ce document révéla donc d'une manière authentique que Napoléon pensait à se dessaisir du sceptre espagnol; mais l'empereur n'en gardait pas moins encore le silence sur la personne destinée à le porter. Enfin, le 6 juin, il se prononça clairement en donnant à Bayonne un décret de la teneur suivante : « Napoléon, par « la grâce de Dieu, etc., à tous ceux qui les présen- « tes verront, salut. La junte d'état, le conseil de « Castille, la municipalité de Madrid, etc., etc., « nous ayant fait entendre que le bonheur de l'Es- « pagne exigeait que l'on mît un prompt terme à « l'interrègne, nous avons résolu de proclamer, « comme nous proclamons par les présentes, roi « d'Espagne et des Indes, notre bien-aimé frère « Joseph Napoléon, actuellement roi de Naples et de « Sicile.

« Nous garantissons au roi des Espagnes l'indépen- « dance et l'intégrité de ses états, aussi bien de ceux « d'Europe que de ceux d'Afrique, d'Asie et d'Améri- « que, et nous chargeons, etc. » (Suit la formule accoutumée).

Ce décret était l'annonce précurseur de l'arrivée de Joseph Bonaparte, qui entra à Pau le 7, à huit heures du matin, et se mettant peu après en route pour Bayonne, se rencontra avec Napoléon, à six lieues de cette ville, où le dernier était allé l'attendre. Celui-ci ne montrait du reste tant d'empressement que parce que, n'ayant pas consulté d'avance son frère sur ce changement de position, il craignait qu'il n'acceptât pas cette nouvelle couronne, et voulait être en mesure d'écarter promptement tout obstacle qui pourrait lui être opposé de ce côté. En effet, Joseph Bonaparte, satisfait de son beau royaume de Naples, ne venait nullement décidé à admettre un échange qui aurait été si flatteur pour d'autres. Et voilà cependant comment une couronne, arrachée par la violence à Ferdinand VII, se trouva placée sur la tête de celui qu'on désignait malgré lui pour la porter.

Napoléon, attentif à éluder le refus de son frère, le fit monter en voiture avec lui, et là, il lui développa les vues politiques qu'il avait en le portant sur le trône espagnol; il chercha à le pénétrer plus particulièrement de ce qu'exigeaient leurs intérêts de famille, et lui démontra la convenance de conserver dans la leur la couronne de France. Dans ce but, et pour se prémunir contre l'ambition de Murat et d'autres étrangers, rien n'était plus sage, ajoutait-il, que de placer Joseph comme une sentinelle avancée en Espagne, d'où il parviendrait plus facilement, et avec des moyens bien supérieurs, à prendre possession du trône de France, en cas qu'il dût inopinément rester vacant. Il lui assura d'ailleurs avoir déjà disposé du royaume de Naples en faveur de Lucien. Cette dernière considération, à ce que l'on assure, agit plus puissamment que toute autre sur Joseph Bonaparte, à cause du tendre attachement qu'il portait à Lucien. Quoi qu'il en soit, il demeura certain que Napoléon avait arrangé les choses de manière que, sans laisser à son frère le temps de la réflexion, celui-ci fut reconnu et salué roi d'Espagne.

C'est ainsi qu'en arrivant à la nuit tombante à Marrac, il fut complimenté sur sa nouvelle royauté de la bouche même de l'impératrice, qui était venue à sa rencontre avec ses dames pour le recevoir au pied de l'escalier. Les Espagnols réunis à Bayonne étaient déjà à l'attendre dans l'intérieur du palais, où ils avaient été mandés à l'avance. Telle était l'impatience de Napoléon de faire reconnaître le nouveau roi, qu'il ne permit pas à son frère de prendre aucune nourriture ni aucun repos avant d'avoir accompli cette cérémonie, qui se prolongea jusqu'à dix heures de la nuit.

Il était naturel, du reste, qu'elle durât plus qu'il n'était nécessaire, vu que les Espagnols qui devaient y assister ignorèrent jusqu'au dernier moment le motif pour lequel on les avait fait appeler. Avertis un peu tard, ils durent se concerter à la hâte, et sur les lieux mêmes, dans un des salons du palais, et convenir du mode de félicitation qu'ils employeraient vis-à-vis du souverain qui venait d'arriver. Ils se partagèrent à cet effet en quatre députations, à savoir : celle des grands du royaume, celle du conseil de Castille, celle des conseils de l'inquisition, des Indes et des finances, réunies tous trois en une seule, et celle de l'armée. Elles composèrent chacune séparément, et par écrit, une adresse de félicitation, et avant d'en faire la lecture solennelle à Joseph, elles allèrent l'une après l'autre la présenter à l'approbation de Napoléon : honteuse censure et tout-à-fait indigne de la haute hiérarchie des hommes qui s'y soumirent.

La députation des grands avait pris rang sur les autres, et à sa tête marchait le duc de l'Infantado, qui avait été chargé de rédiger l'adresse de félicitation. Il la commençait par un compliment banal et la terminait en disant : « Les lois d'Espagne ne nous permettent pas « d'offrir autre chose à votre majesté. Nous attendons « que la nation se prononce, et nous autorise à don-« ner un essor plus libre à nos sentimens. » Il serait difficile d'exprimer l'irritation que produisit dans l'âme hautaine de Napoléon cette restriction inattendue. Hors de lui, et s'élançant sur le duc, il lui dit que, « puisqu'il était gentilhomme, il se conduisît comme « tel; et qu'au lieu de disputer sur les termes d'un « serment, qu'il chercherait sans doute à violer aus-

« sitôt qu'il le pourrait, il ferait mieux d'aller se
« mettre à la tête de son parti, et d'y combattre fran-
« chement et loyalement... Mais qu'il se tînt pour
« averti que, s'il manquait au serment qu'il allait prê-
« ter, avant huit jours peut-être il serait fusillé. » Les
scrupules du duc étaient à la vérité un peu tardifs, et
il aurait dû, ou les ensevelir dans le secret de son
cœur, ou, s'il lui fallait pour apaiser le cri de sa conscience donner un libre cours à ses sentimens, les soutenir du moins avec une énergie digne de l'illustre
race dont il descendait. Mais Infantado s'intimida et
recula devant le courroux de Napoléon. C'est pour
cette raison que bien des gens prétendirent que la restriction introduite dans le discours du duc lui fut
suggérée par un tiers, ne lui laissant que la gloire
de l'avoir écrite, sans penser au terrible embarras
dans lequel il allait se trouver. Les grands corrigèrent
en conséquence leur adresse primitive, reconnurent
pour roi Joseph Bonaparte, et Don Miguel-José de
Azanza, bien qu'il n'appartînt pas à cette classe, se
chargea de faire lecture du discours.

Les magistrats qui portaient la parole au nom du
conseil de Castille brûlèrent leur encens devant le
nouveau roi, en lui disant : « Votre majesté est
« un des principaux rameaux d'une famille destinée
« par le ciel à régner sur les peuples. » Mais ils
éludèrent aussi, quoique d'une manière plus déguisée
que les grands, la reconnaissance pure et simple du
nouveau souverain, se bornant, à défaut d'autorisation, comme ils l'assuraient, à déclarer quels étaient
leurs vœux : tel était le soin qu'apportaient le conseil
et ses membres à ne se compromettre ouvertement
dans aucun cas.

A tous les complimens qu'on lui adressa, Joseph
répondit avec une politesse pleine d'affabilité; et la
manière dont il s'exprima vis-à-vis de l'inquisiteur,

Don Raimundo Ethenard y Salinas, est digne d'une mention toute particulière. « La religion, lui dit-il, « est la base de la morale et de la prospérité publique, « et quoiqu'il y ait des pays où plusieurs cultes sont « admis, l'Espagne peut se réputer heureuse de ce « que, chez elle, on n'honore que le seul véritable. » Après un éloge aussi clair des avantages d'une religion exclusive, les inquisiteurs, qui regardaient avec raison leur tribunal comme le premier rempart de l'intolérance, le crurent tout-à-fait à l'abri des événemens. Déjà, avant ce temps, ils nourrissaient l'espoir de se maintenir, depuis que Murat lui-même avait répondu à leurs félicitations par de flatteuses et bienveillantes paroles.

Que ce tribunal terrible n'eût pas été aboli par la constitution de Bayonne, et que même un de ses ministres eût revêtu cet acte de sa signature en qualité de représentant de ce même tribunal, c'étaient deux circonstances qui accrurent la confiance de ceux que sa conservation intéressait, et qui jetèrent en même temps l'épouvante dans l'âme de ceux que son nom faisait trembler. Maintenant que de longues années ont passé sur cette époque, et que d'autres excès ont presque effacé ceux de Napoléon, on regardera comme l'effet d'un songe chez les partisans du saint-office, d'avoir pu s'imaginer jamais que cet empereur maintiendrait une institution aussi odieuse. Mais si nous nous rappelons que, dans les premiers temps de l'irruption des Français, plus d'un émissaire de son gouvernement vantait l'utilité de l'inquisition comme instrument politique ; si nous nous arrêtons aux mesures arbitraires et inquisitoriales employées alors dans cette France si éclairée pour diminuer et restreindre la liberté de penser et d'écrire, les espérances des inquisiteurs ne nous paraîtront plus si vaines et si folles. Peut-être Joseph Bonaparte et quelques personnes de son parti eussent-ils voulu l'abolition immédiate de ce tribunal ; mais que pouvait le premier et qu'étaient les autres, auprès de l'impérieuse volonté de Napoléon ? Que celui-ci ait renversé plus tard, au mois de juin 1808, le tribunal de l'inquisition, cela ne détruit en rien la force de nos doutes. Rétablie pour lors, ainsi que nous le verrons bientôt, par la junte centrale, au grand détriment de la réputation de celle-ci, le souverain français pensa que c'était le moment favorable de déraciner une aussi mauvaise plante. Il cherchait, par ce moyen, et en établissant un pareil contraste en regard des mesures de l'autorité nationale, à se concilier l'estime de plusieurs hommes éclairés que la renaissance de cet odieux tribunal avait frappés de dégoût et de frayeur.

Dans la réponse de Joseph au duc del Parque, comme représentant de l'armée, nous avons aussi remarqué quelques expressions assez singulières. « Je m'honore, dit-il, du titre de premier soldat « de l'armée, et soit qu'il devienne nécessaire, comme « dans les anciens temps, de combattre les Mores, « soit qu'il faille repousser les injustes agressions « des éternels ennemis du continent, je partagerai « tous vos périls. » Singulier assemblage, que de mettre sur une même ligne les Anglais avec les Mores et leurs vieilles guerres! Ce fut probablement un ornement de rhétorique mal choisi. Mais comme il n'était pas croyable que, par ces paroles, il eût voulu désigner, de nos jours, quelques craintes sur une irruption sarrazine, il fallait forcément s'imaginer que ces mêmes paroles renfermaient une allusion au futur projet d'envahir la côte d'Afrique; et certes, si la première de ces pensées passait les bornes de l'extravagance, la seconde pouvait justement être taxée de trop précoce chez un souverain dont la couronne avait à peine eu le temps de ceindre son front.

Le nombre des députés réunis à Bayonne était encore fort peu considérable, lorsque ceux qui étaient présens donnèrent, le 8 juin, une nouvelle proclamation adressée à tous les Espagnols, pour recommander à leur affection la nouvelle dynastie, et pour réprimer l'insurrection. Joseph Bonaparte, par un décret en date du 10, accepta pour sa part la cession de la couronne d'Espagne faite en sa faveur par son frère, et confirma Murat dans la lieutenance du royaume, poste que celui-ci avait successivement rempli au nom de Charles IV et de Napoléon. Ce décret était accompagné d'un autre, dans lequel le nouveau roi déclarait quelles étaient ses intentions, et donnait déjà aux Espagnols le nom de son peuple. Ces documens se répandaient avec difficulté dans les provinces ; mais si quelque exemplaire parvenait à s'y introduire, c'était plutôt pour attiser le feu de l'insurrection que pour l'éteindre.

Le jour de l'ouverture du congrès de Bayonne approchait, et ce n'était qu'à grand'peine que s'augmentait le nombre des individus qui devaient le composer. Enfin il en arriva quelques-uns, soit de ceux que l'on obligeait par force à quitter Madrid, soit de ceux que l'on arrachait des endroits occupés par les troupes françaises. Il y en eut bien peu du reste qui se rendirent de bon gré à l'appel qui leur était fait ; et il ne pouvait guère en être autrement pour eux lorsqu'ils voyaient le feu de l'insurrection prendre de toutes partsi et les terribles embarras auxquels ils allaient s'exposer. Avant d'ouvrir la session, Napoléon remit à Don Miguel-José de Azanza un projet de constitution. Une extrême curiosité s'éveilla aussitôt pour parvenir à en connaître l'auteur. Mais alors, comme à présent, il demeura impossible de le découvrir, quoiqu'il soit facile de remarquer, dans une grande partie de cette œuvre, la coopération d'une main espagnole. Quant à nous, quel que soit d'ailleurs le degré de probabilité de nos conjectures, nous ne voulons en aventurer aucune sur ce point; mais nous pouvons dire qu'une personne bien instruite nous a assuré, de manière à ne nous permettre aucun doute, que la constitution de Bayonne, ou du moins ses bases les plus essentielles, furent mises entre les mains de l'empereur français à Berlin, après la bataille de Jéna. Ce document dut par conséquent sortir d'une plume qui entrevoyait dès lors le sort que réservait à l'Espagne la politique vacillante du prince de la Paix et l'excessive ambition du cabinet de France. Napoléon choisit pour présider le congrès Don Miguel de Azanza, ainsi que nous l'avons indiqué dans un des livres précédens, et nomma secrétaires de cette assemblée Don Mariano-Luis de Urquijo, membre du conseil d'état, ainsi que Don Antonio Ranz Romanillos, membre de celui des finances. Il recommanda en même temps l'élection de deux commissions chargées d'examiner les travaux préparatoires pour les affaires qui devaient être soumises aux débats, et de proposer les modifications qu'il paraîtrait convenable d'apporter à la nouvelle constitution.

Ces arrangemens préliminaires terminés, la junte de Bayonne ouvrit ses séances, le 15 juin, jour fixé d'avance pour cette solennité. Don Miguel d'Azanza prononça, en sa qualité de président, le discours d'ouverture. Il y disait : « Grâces et honneur im-
« mortel soient rendus à cet homme extraordinaire
« (Napoléon) qui nous rend une patrie que nous
« avions perdue. » « Il a voulu qu'au lieu même
« de sa résidence, et en sa propre présence, se réu-
« nissent les députés des villes principales et d'autres
« personnes respectables de notre pays, pour discu-

« ter en commun les moyens de réparer les maux « que nous avons soufferts, et sanctionner la consti- « tution que notre régénérateur lui-même a pris la « peine de préparer pour qu'elle devienne la règle « inaltérable de notre gouvernement.... C'est de cette « manière que nos travaux pourront être utiles, et « que pourront s'accomplir les sublimes desseins du « héros qui nous a convoqués.... » Il fait peine qu'un homme, dont la réputation de probité s'était conservée jusqu'alors sans tache, descende à des expressions louangeuses si peu dignes de la bouche d'un ministre pur et intègre. Car enfin, où étaient les députés des villes principales? Et si la patrie était perdue, *l'homme extraordinaire* n'avait-il pas contribué grandement à la plonger dans l'abîme? Où et comment nous l'avait-il rendue? Sans la persévérance des Espagnols, sans une opiniâtre guerre de six ans, cette patrie eût été traitée avec autant de mépris que d'autres états, partagée ensuite et démembrée au gré du caprice de l'étranger : sort qu'elle eût mérité, en effet, si elle se fût laissée tranquillement humilier et opprimer. Azanza aurait pu, certes, remplir ses devoirs de président, sans prendre l'officieux emploi d'un courtisan louangeur.

Les séances de la junte de Bayonne se réduisirent à douze. Dans celle du 15, on procéda tout de suite à la vérification des pouvoirs, et on y lut le décret en vertu duquel Napoléon cédait la couronne d'Espagne à son frère Joseph. Dans celle du 17, on convint d'aller complimenter le nouveau monarque. Les discours que l'on prononça à cette occasion ne furent remarquables en rien, excepté celui de la junte, dans lequel il était particulièrement spécifié « qu'ils avaient fait « (ses membres) et feraient tout ce qui dépendrait « d'eux pour faire revenir à l'ordre et au repos les « provinces actuellement soulevées. » Selon l'usage, la réponse de Joseph fut calquée sur le même modèle, sans qu'on oubliât l'éternel refrain, que c'étaient les Anglais qui fomentaient le trouble dans les populations.

Le 20, fut présenté le projet de constitution, dont la junte ordonna l'impression, et, les jours suivans, on entendit différens discours, qui eurent pour objet la discussion de ses articles. On agita aussi quelques autres questions, et, dans cette même séance, on proposa, pour faire une chose agréable au peuple, de supprimer les quatre maravédis perçus sur la demi-pinte de vin, et les contributions de trois et un tiers pour cent sur les produits de la terre non sujets à la dîme : arrêté qui fut approuvé le jour suivant par Joseph. Dans la séance du 22, Don Ignacio de Tejada prononça un discours véhément pour soutenir la convenance qu'il y avait à garantir l'union des provinces américaines avec la métropole. Quatre religieux, qui avaient voix dans l'assemblée comme députés du clergé régulier, demandèrent, dans une autre séance, que les couvens ne fussent pas entièrement supprimés, et que l'on se bornât à en diminuer le nombre. Plût à Dieu qu'ils se fussent toujours montrés aussi soumis et aussi résignés! Don Pablo Arribas, appuyé par Don José Gomez Hermosilla, osa proposer l'abolition du saint-office, mais l'inquisiteur Ethenard, se levant dans une agitation extrême, s'opposa à la proposition, et chercha même à prouver l'utilité de cette institution, considérée sous le point de vue politique. Les conseillers de Castille l'appuyèrent avec force. Il était bien naturel, du reste, que deux corporations qui, dans l'exercice de leurs juridictions respectives, avaient fait tant de mal à l'Espagne, s'unissent étroitement pour leur commune défense. Le duc de l'Infantado voulait que l'on ne réduisît pas le maximum des majorats au-dessous de 80,000 ducats. La réduction proposée à cet égard fut d'ailleurs rejetée, et les deux autres propositions n'eurent pas de suite. Celle de Don Ignacio Martinez de Villela, quoiqu'elle n'eût pas un meilleur succès que les autres, fut néanmoins digne d'éloge : elle tendait à introduire dans la loi fondamentale un article portant que nul ne pourrait être recherché pour ses opinions politiques ou religieuses. On pourrait s'étonner que ce même magistrat fût devenu, quelques années plus tard, le persécuteur le plus constant et le plus inflexible de ses ennemis politiques, si, par malheur, la faiblesse humaine, l'envie et les passions haineuses des partis, ou souvent, encore, une ambition désordonnée, n'offraient que trop d'exemples de pareils changemens. Les discussions roulèrent sur différens points, jusqu'au 30, où elles finirent, et les débats se terminèrent sur les articles de la constitution. On y ajouta cependant, le même jour, un dernier article, par lequel il était déclaré, qu'après l'année 1820, on présenterait, par ordre du roi, les améliorations et les modifications que l'expérience aurait démontré être nécessaires et convenables.

Quelques personnes, et de celles qui essayèrent plus tard de justifier leur conduite, se sont prévalues de l'addition de ce même article et de la courte durée des débats, pour prétendre que la junte avait agi en toute liberté. Mais si on leur concède la vérité de cette assertion, il faut alors adresser une grave accusation à ses membres pour n'avoir pas mieux soutenu les droits de la nation, s'ils avaient cru inutile de rappeler ceux de Ferdinand et de sa famille. Il paraîtrait en effet impossible, si on ne le lisait dans leurs ouvrages, que des hommes graves aient voulu persuader au public qu'on avait procédé sans entrave à la discussion des matières, et que les votes étaient émis avec franchise et en toute liberté de conscience. Il n'est pas douteux que, sur des points accessoires, il fut permis de parler librement, et même d'indiquer quelques légères modifications. Mais que serait-il arrivé, si quelqu'un avait eu l'indiscrétion, non de renouveler la question déjà décidée du changement de dynastie, mais seulement de corriger un des articles essentiels de la constitution? Si l'on eût osé réclamer la liberté de la presse, la publicité des discussions, un mode enfin plus convenable de se constituer en assemblée de cortès? L'audacieux député dont la bouche aurait laissé entendre une pareille proposition, se serait tu à tout jamais, ou l'assemblée de Bayonne eût été aussitôt dissoute avec éclat. Ainsi, dans le court intervalle de douze séances, furent remplies les formalités d'usage, touchées diverses matières, discutée et approuvée une constitution en cent quarante-six articles. Mais, pourquoi chercher d'autres preuves? Afin d'avoir une idée de la liberté dont jouissaient les députés, il suffit de savoir que ce fut à Bayonne, et sous les yeux de Napoléon, qu'ils tinrent leurs séances.

Enfin, le 7 juillet, l'assemblée s'étant réunie dans le même lieu que les jours précédens, c'est-à-dire dans le palais connu sous le nom de l'Ancien-Evêché, Joseph Bonaparte prêta, entre les mains de l'archevêque de Burgos, le serment d'observer la constitution. Le même serment fut également prêté, et la constitution reconnue et signée, par les députés, dont le nombre ne dépassait pas celui de quatre-vingt-onze; encore est-il à remarquer que, parmi ceux-ci, vingt à peine avaient été nommés par les provinces. On avait choisi les autres parmi les personnes qui accompagnèrent le roi Ferdinand, ou parmi les membres des divers ordres et corporations résidant à Madrid ou dans d'autres villes qui étaient sous le joug des soldats français. Pour en élever le chiffre, on alla jusqu'à obliger des Espagnols, qui ne se trouvaient qu'accidentellement à Bayonne, d'apposer leur signature à la nouvelle constitution. Mais, malgré de pareils efforts, on ne put jamais compléter le nombre de cent cinquante, qui avait été fixé par les lettres de convocation.

Il serait à propos maintenant d'entrer dans l'examen de cette constitution, si elle avait régi, au moins de fait, la monarchie. Mais, illégitime dans sa source, produit bâtard d'un sol étranger, qui ne jeta jamais de racines dans le nôtre, il ne serait pas juste que son analyse nous arrêtât long-temps, ni qu'elle coupât le fil de notre récit. Ayant égard, cependant, à l'éloge qu'en ont fait certaines personnes, qu'il nous soit permis de présenter ici quelques observations, qui, bien que restreintes et générales, ne laisseront pas de donner une idée des principaux défauts qui en gâtaient et annulaient l'ensemble.

On remarque tout d'abord qu'il manque à cette constitution ce qui forme la base de tout gouvernement représentatif, c'est-à-dire la publicité. C'est la publicité qui éclaire et montre l'opinion, et c'est l'opinion qui guide et dirige ceux qui gouvernent dans des états ainsi constitués. Il n'y a que deux seuls et véritables moyens d'obtenir que la voix publique s'élève avec rapidité jusqu'aux oreilles des représentans d'une grande nation, et que la voix de ceux-ci descende et pénètre jusque dans les dernières classes du peuple : ce sont la liberté de la presse, et la publicité des débats dans le corps ou les corps délibérans. C'est par celle-ci, comme le disait Burke lui-même, qu'arrive à la connaissance de ceux qui donnent le pouvoir la manière de penser et d'agir de leurs mandataires; et c'est elle aussi qui sert d'utile enseignement à la jeunesse. Quant à la première, comme elle est essentiellement liée à la nature d'un état libre, selon l'expression du grand jurisconsulte Blackstone, c'est par elle que les gouvernans arrivent à la connaissance des changemens de l'opinion et des mesures qu'elle réclame. Au moyen de ce franc et mutuel échange de communications, les données et les lumières s'accumulent, et les déterminations que l'on prend dans une nation gouvernée de cette manière ne s'écartent jamais, en général, de ce que commande l'intérêt bien compris du pays. Que seront, auprès d'un pareil bienfait, les légers inconvéniens que la publicité pourrait entraîner après elle dans un petit nombre de cas, et dont aucune institution humaine ne fut jamais exempte! Eh bien! ces deux moyens si nécessaires à toute constitution qui prétend au nom de représentative, ne se soupçonnaient même pas dans celle de Bayonne. Au contraire, il était prévu par l'article 80, « que les « séances des *cortès* ne devaient pas être publiques. » Et c'était avec tant de soin que l'on évitait la concession de ce droit, que, dans l'article 81, on allait jusqu'à qualifier de rebellion la publication par imprimés ou affiches des avis et des votes de l'assemblée. On ne pouvait attendre de celui qui avait si soigneusement entravé la liberté des députés, qu'il en agirait plus généreusement à l'égard de celle de la presse. Aussi en avait-on ajourné la jouissance à deux ans après l'établissement de la constitution, et encore celle-ci ne devait pas recevoir sa pleine et entière exécution avant l'année 1813. Mais alors même, outre les restrictions que l'on aurait introduites dans la loi, il paraît que jamais les feuilles périodiques n'y eussent été comprises. C'est du moins ce que l'on peut induire des dispositions de l'article 45. Car en même temps qu'il était créé une junte de cinq sénateurs avec la mission de veiller à la liberté de la presse, on exceptait expressément ces sortes de publications, dont le gouvernement se réservait sans doute à lui seul le sévère examen. Qu'on juge d'après cela combien cette importante concession eût été tardive et restreinte.

D'un autre côté, les limites du pouvoir législatif n'avaient pas été plus habilement ni tracées ni réglées. A entendre le nom de sénat, chacun se serait figuré que ce corps devait avoir été formé dans le but d'avoir une seconde chambre entièrement indépendante de l'autre, qui prît part à la discussion et à l'approbation des lois ; mais il n'en était pas ainsi. Ses facultés, bornées, en temps tranquilles, à veiller au maintien de la liberté individuelle et de celle de la presse, s'étendaient, dans les temps orageux ou qui pouvaient paraître tels au pouvoir exécutif, jusqu'à suspendre le régime de la constitution, et adopter les mesures qu'exigeait la sûreté de l'état. Un corps pourvu d'aussi amples pouvoirs, aurait dû au moins retrouver un juste équilibre dans son indépendance. Mais composé seulement de vingt-quatre personnes nommées par le roi, et choisies parmi d'anciens employés, il devenait plutôt un soutien du pouvoir exécutif qu'un rempart contre ses usurpations.

Pour conjurer celles-ci, ou leur résister avec succès, la manière dont se constituaient les cortès n'était ni plus avantageuse, ni plus recommandable. Privées du seul appui solide sur lequel elles pussent compter pour leur conservation, la publicité, elles portaient en outre dans leur sein le germe de leur propre destruction. D'abord, le roi n'était obligé de les convoquer que seulement tous les trois ans, et, comme les contributions devaient être votées pour tout ce laps de temps, il n'est pas probable qu'on les eût plus fréquemment convoquées. Le nombre des votans était restreint à cent soixante-deux personnes, divisées en trois ordres, le clergé, la noblesse et le peuple, dont les deux premiers ne se composaient que de cinquante membres. Ils devaient, réunis dans une même salle, discuter les affaires et les décider, à la pluralité des voix, et non en faisant voter chaque ordre à part. De cette manière de procéder, ne pouvait résulter aucun des avantages que présentent, en Angleterre la chambre des lords, aux Etats-Unis le corps des sénateurs, en servant réciproquement de contre-poids au pouvoir exécutif ou royal et au démocratique : ici, les états ou différens *bras*, entassés pêle-mêle, n'auraient présenté que l'image du désordre et de la confusion. Lorsque le corps qui doit faire les lois est divisé en deux chambres, au choc funeste entre ces différens ordres de l'état, toujours à craindre quand les privilégiés se trouvent en face de ceux qui ne le sont pas, succède, lorsqu'ils délibèrent séparément, le salutaire contrepoids des opinions individuelles : il s'établit même un accord mutuel entre les votans des deux chambres qui ne diffèrent pas dans leur manière de penser, sans égard d'ailleurs à l'ordre auxquels ils appartiennent. C'est ainsi, du moins, que nous le démontre l'expérience, grande autorité en pareilles matières. Mais plus on réfléchit aux combinaisons sur lesquelles reposait cette constitution, plus on demeure convaincu que c'était le nom seul d'un gouvernement monarchique représentatif qu'on voulait donner à l'Espagne.

Il y avait néanmoins quelques articles dignes d'éloge, tels que ceux qui voulaient la suppression des priviléges onéreux, l'abolition de la question, la publicité des débats dans les causes criminelles, et la fixation de 20,000 piastres de rente, comme limite à l'excessive accumulation des majorats. Mais ces améliorations, qui disparaissaient déjà sous les nombreuses et essentielles imperfections que nous avons citées plus haut, étaient déparées et mises tout-à-fait dans l'ombre par la monstruosité (on ne peut lui donner d'autre nom) de cette déclaration introduite dans la loi fondamentale de l'état, qu'il devait y avoir à perpétuité une alliance offensive et défensive, tant par terre que par mer, entre l'Espagne et la France. Tout traité ou ligue quelconque, toujours variable de sa nature, suppose au moins la convenance réciproque de deux ou plusieurs gouvernemens que son accomplissement intéresse. On pouvait exiger encore davantage dans ce cas : puisqu'on voulait absolument donner à l'alliance toutes les conditions de force et de durée qui caractérisent une loi fondamentale, du moins fallait-il que l'autre partie contractante, la France, eût consigné de pareils engagemens dans les constitutions de l'empire. On pourra rétorquer cet argument, en objectant que cette détermination était soumise à un traité postérieur entre deux nations. Mais, d'après l'article 24 de la constitution, le même qui posait ce principe, le traité devait se borner à spécifier le contingent que chacune des deux parties aurait à livrer, et n'autorisait d'aucune manière à changer la base adoptée pour une alliance offensive et défensive à perpétuité. Ce n'est pas ici la place d'examiner l'utilité ou le désavantage qu'aurait trouvé l'Espagne, pays presque entièrement isolé, s'attacher par de semblables liens au sort de la France, non plus qu'à embrasser toutes les querelles d'une nation attenant comme elle à tant d'autres, et ayant des intérêts si compliqués. Nous ne considérons ici que la question constitutionnelle, et, sous ce rapport, la prétention de la France ne pouvait être ni plus étrange ni plus hors de saison. En voyant adopter un pareil article, nous ne pouvons que nous étonner encore une fois qu'il y ait eu, parmi les signataires, des Espagnols qui se soient oubliés au point d'assurer, dans leur justification, que l'on avait joui à Bayonne d'une liberté entière et sans limites. Car s'ils ont pu, avec connaissance et volonté, l'admettre et l'approuver, comment pourraient-ils se justifier d'avoir enchaîné le sort de leur patrie à celui d'une autre nation, sans que celle-ci se fût engagée à son tour par les liens d'une parfaite réciprocité ? Mais heureusement, et pour l'honneur du nom espagnol, il est juste de dire que, s'il y en eut quelques-uns qui signèrent avec plaisir la constitution de Bayonne, le plus grand nombre ne le firent que pressés par la pénible situation où les avait placés leur mauvaise étoile.

Dans la même journée du 7 juillet, Don Miguel de Azanza fit la proposition, qui fut acceptée, de frapper deux médailles destinées à perpétuer le souvenir du serment prêté à la constitution ; ensuite la junte se rendit en corps au palais de Marrac pour complimenter Napoléon. Le président porta la parole, puis tout le monde attendit avec une impatiente curiosité la réponse que ferait le souverain français au milieu de son entourage de députés espagnols. Le discours de ce dernier dura trois quarts d'heure, aussi embarrassé dans l'élocution que stérile en pensées. Levant la tête, et jetant un regard dédaigneux et farouche, il la laissait ensuite retomber sur sa poitrine, puis il articulait de temps en temps quelques mots détachés et quelques phrases coupées, s'interrompant à chaque minute, sans laisser échapper une seule étincelle de cette éloquente originalité qui jetait quelquefois un si vif éclat sur ses conversations et ses harangues. Sa voix paraissait révéler l'état de sa conscience. Tout le monde s'impatientait ; mais la dissimulation régnait partout. Les courtisans restèrent immobiles, et les Espagnols stupéfaits de voir ce qui leur avait paru de loin si gigantesque se rapetisser tout-à-coup sous leurs yeux. L'auditoire était fatigué ; peut-être Napoléon l'était-il lui-même ; enfin il congédia les députés, qui se retirèrent chez eux en silence, et pleins d'une pénible surprise. Rien de ce qui touchait l'Espagne ne devait lui réussir.

Les débats sur la constitution duraient encore,

lorsqu'il arriva à Bayonne une lettre écrite de Valençay, à la date du 22 juin, dans laquelle les gens de la maison de Ferdinand et des infans « prêtaient « serment(1) d'obéissance à la nouvelle constitution et « de fidélité au roi d'Espagne Joseph Ier. » Suivant Escoiquiz, ce fut le résultat d'une injonction du prince de Talleyrand faite au nom de Napoléon, et le même auteur ajoute qu'ils y cédèrent afin d'éviter de plus grands malheurs, et que lui-même se chargea de rédiger la lettre dans des termes étudiés et mesurés. Si les choses s'étaient passées ainsi, Escoiquiz et ses compagnons seraient excusables; mais il en fut tout autrement. Ou celui-ci s'imagina que le contenu de sa lettre ne transpirerait pas, ou bien ses infortunes lui firent entièrement perdre la mémoire. Dans cette lettre, le serment était prêté d'une manière claire, précise, nullement équivoque, et ce qu'il y avait de pire, c'est qu'on y sollicitait de nouvelles grâces, dont une note annexée contenait le détail, et que les signataires y affirmaient aussi « *qu'ils étaient prêts à obéir* « *aveuglément à sa volonté* (celle de Joseph) *jusque* « *dans la moindre chose.*» Voilà donc ce qu'Escoiquiz appelait un serment conditionnel et fait en l'air, une lettre écrite dans des termes mesurés.

C'est à la même date que Ferdinand écrivit aussi, en son propre nom et au nom de son frère et de son oncle, à Napoléon, pour le féliciter de l'installation de son frère Joseph sur le trône d'Espagne (2). Une autre lettre adressée à ce dernier, lue, le 30 juin, en présence des députés réunis à Bayonne, était incluse dans la première : après l'avoir également félicité sur son avénement au trône, Ferdinand y disait « qu'il « se regardait comme un membre de l'auguste famille « de Napoléon, puisqu'il avait demandé à l'empereur

(1) N° 16, App.
(2) N° 17, App.

« une de ses nièces pour épouse et qu'il espérait l'ob-
« tenir.» C'est ainsi qu'on traînait dans la poussière
la couronne de Charles-Quint et de Philippe II.

Le 4 juillet, Joseph Bonaparte avait définitivement composé son ministère. Ce fut à Don Mariano-Luis de Urquijo que fut remise la secrétairerie d'état, poste auquel était réservée, d'après la constitution de Bayonne, l'attribution de contresigner tous les décrets. Urquijo avait déjà été nommé, sous le règne de Charles IV, et jeune encore, ministre d'état par intérim. Orné de certaines qualités brillantes, mais tout extérieures, il n'avait pas la réputation d'un homme de beaucoup de savoir : on le taxait même de présomption. Il avait voulu, pendant son ministère, tenir en bride le tribunal de l'inquisition et rétablir les évêques dans leurs droits primitifs, ce qui lui attira l'inimitié de Rome et d'une partie du clergé espagnol. Cette circonstance, jointe au retour du prince de la Paix à une faveur illimitée, firent tomber Urquijo en disgrâce. Renfermé d'abord dans la citadelle de Pampelune, il fut exilé plus tard à Bilbao, sa ville natale. Il n'eut aucune part dans les fausses démarches qui furent faites à Madrid et Bayonne, et il ne se rendit dans cette dernière ville que sur les invitations réitérées de Napoléon, qui l'éblouit et enivra son amour-propre en lui prodiguant des éloges. Don Pédro Cévallos se chargea du ministère des affaires étrangères, avec répugnance et contrainte, d'après lui, d'après d'autres, avec plaisir et à sa propre demande. Don Sebastian de Piñuela et Don Gonzalo O-Farril conservèrent leurs portefeuilles respectifs de la justice et de la guerre. Le ministère des Indes fut donné à Don Miguel-José de Azanza, et on réserva celui de la marine pour Don José Mazarredo, qui jouissait dans cette branche de l'administration d'une haute réputation de savoir, et qui avait déjà illustré son nom dans mainte expédition navale. Ce dernier n'avait toutefois aucune expérience des affaires politiques; et, plein de préjugés et de petitesses dans les autres, il embrassa sans discernement, avec une ardeur pour ainsi dire frénétique, le parti du roi intrus. Les finances furent confiées aux soins de Cabarrus, Français d'origine, mais Espagnol par goût et par des relations de cœur. Décidé d'abord, à Saragosse, à épouser la glorieuse cause de ses habitans, il changea plus tard d'avis, soit par crainte, soit par ressentiment de certain danger qu'il courut à Agreda, et accepta le ministère que lui offrit Joseph; « homme « extraordinaire (d'après le portrait qu'en fait son « ami Joyellanos); chez lequel les talens le disputaient aux extravagances, et les plus nobles qualités « aux plus notables défauts. » Il n'était pas facile que, dans un temps où le nouveau roi ambitionnait de se concilier l'estime publique, il eût oublié dans la distribution des grâces et des emplois l'homme remarquable que nous venons de citer, Don Gaspar-Melchor de Joyellanos. Délivré de sa longue et pénible réclusion, lors de l'avénement de Ferdinand VII, il s'était retiré à Jadraque, chez un de ses amis, pour recouvrer sa santé qu'avaient altérée les mauvais traitemens et une souffrance prolongée. Murat fut le chercher au fond de sa retraite, et lui ordonna de se rendre à Madrid; mais il refusa, prétextant le triste état auquel il se trouvait physiquement et moralement réduit; bientôt après, il fut accablé d'instances par tous ceux qui étaient à Bayonne: Joseph le pressait officiellement de passer dans les Asturies pour y faire rentrer dans l'ordre ses compatriotes, et Don Miguel de Azanza, confidentiellement, en lui annonçant qu'on lui destinait le ministère de l'intérieur. Il s'excusa auprès du premier à peu près dans les mêmes termes dont il s'était servi à l'égard de Murat, et il déclara au second « qu'il « était bien éloigné d'admettre ni la mission, ni le « ministère qu'on lui offrait, et qu'il lui semblait « d'ailleurs que ce serait bien vainement qu'on s'obs- « tinerait à soumettre à l'aide d'exhortations un « peuple aussi brave et si fermement résolu de dé- « fendre sa liberté. » Les mêmes instances lui furent renouvelées par O-Farril, Mazarredo et Cabarrus. Mandé de tous les côtés, il témoigna enfin dans une de ses réponses « que lors même que la cause de « la patrie serait aussi désespérée qu'ils le pensaient, « ce serait toujours la cause de l'honneur et de la « loyauté, et celle qu'un bon Espagnol devait em- « brasser à tout risque. » En dépit de ses argumens et de ses excuses, on le nomma malgré lui ministre, et on publia sa nomination dans la *Gazette de Madrid*; insigne perfidie, au moyen de laquelle on cherchait à le compromettre. Par bonheur, la pureté et la noblesse de sa conduite lui sauvèrent l'honneur, et la victoire de Baïlen vint mettre obstacle aux persécutions qu'aurait pu lui attirer sa constante résistance. Nous avons mis quelque prolixité à rapporter ce fait, parce que nous le regardons comme un exemple digne d'être transmis à la postérité.

Dès que le roi intrus eut formé son ministère, il s'occupa de distribuer les emplois de cour parmi les grands qui se trouvaient à Bayonne, et dont nous omettons l'énumération comme inutile et fastidieuse. Le duc del Infantado fut nommé colonel des gardes espagnoles, et le prince de Castel-Franco colonel des gardes wallones. Le premier perdit grandement dans l'opinion lorsque la nation le vit revenir entouré des faveurs d'une dynastie qui avait dépouillé le roi Ferdinand d'une couronne dont la perte provenait en grande partie d'avoir écouté les conseils du duc. Peu de Français accompagnèrent Joseph, et

celui-ci, à son tour, n'en éleva aucun à un poste éminent, si ce n'est le général Saligny, duc de Saint-Germain, qui fut choisi pour remplir une des places de capitaine des gardes du corps. Il imita en cela la politique de Louis XIV, qui, suivant les expressions du marquis de San-Felipe, « ordonna très-pru-
« demment qu'aucun de ses sujets n'entrât en Es-
« pagne......... Il donnait par là à entendre qu'il
« remettait le roi (Philippe V) entièrement à la
« discrétion des Espagnols, et que nulle préférence
« dans la faveur royale ni dans l'exercice du pouvoir
« ne devait troubler la tranquillité publique. »

Enfin, après avoir réglé tout ce qui concernait le service intérieur du palais et l'installation du nouveau gouvernement, Joseph, d'accord avec son frère, se décida à entrer en Espagne le 9 juillet, comptant tous deux qu'à la faveur de quelques avantages remportés par les armes françaises, il serait facile d'arriver sans empêchement à la capitale du royaume. C'est donc ici le moment de parler de quelques actions de guerre et rencontres entre les troupes des deux nations, avant d'aller plus en avant dans notre récit.

Santander, point maritime rapproché des confins de la France, fixa le premier l'attention de Napoléon. Par son ordre, le maréchal Bessières fut chargé de détacher des forces suffisantes pour étouffer l'insurrection de la province de ce nom. Il fit en conséquence partir, le 2 juin, de Burgos, le général Merle, en mettant sous ses ordres six bataillons et deux cents chevaux. Nous avons déjà dit que, lors du soulèvement de Santander, les nouvelles recrues avaient été se placer dans les gorges principales de la chaîne de montagnes qui traverse cette province. Les chefs espagnols, avertis, le 4, que l'ennemi s'avançait, et résolus de lui barrer le passage, prirent le parti de se replier pour aller occuper de meilleures positions. Ils s'attendaient à être attaqués dans la matinée du 5; mais lorsque le jour vint à poindre, et que les épais brouillards qui couvrent fréquemment les points élevés de ces montagnes se furent dissipés, ils remarquèrent avec surprise que les Français avaient levé le camp et disparu. En soldats inexpérimentés, ils attribuèrent la retraite de l'ennemi aux craintes qu'ils lui inspiraient, et se livrèrent à une fatale et aveugle confiance; mais cette retraite avait une tout autre cause.

Valladolid s'était insurgée; le feu de la sédition se propageant de ville en ville, et arrivant jusque sous les murs de Burgos, le maréchal Bessières, qui avait établi son quartier-général dans cette ville, craignit de voir couper ses communications, s'il n'y portait un prompt remède. Vis-à-vis d'un chef de renom comme l'était Don Grégorio de la Cuesta, le danger de commotions aussi rapprochées lui paraissait acquérir un plus haut degré de gravité. Aussi lui parut-il prudent, dans un semblable état de choses, de ne pas éloigner ni éparpiller ses forces, et d'agir seulement contre l'ennemi qui le menaçait de plus près. Il ordonna donc aux troupes qui avaient pris la route de Santander de rétrograder et de venir à la rencontre du général Lassalle, qui, avec quatre bataillons et sept cents chevaux, se portait sur Valladolid. Ce dernier était parti de Burgos le 5 juin, et le 6, à la nuit tombante, il arriva à Torquemada, ville située sur les bords du Pisuerga, et qui domine la plaine de la rive opposée. Beaucoup d'habitans quittèrent la ville; quelques-uns cependant y restèrent, et, se préparant à faire résistance, ils barrèrent, au moyen de chaînes et de chariots, le pont assez long qui conduit à la ville. Une centaine des plus courageux, retranchés derrière ces obstacles, ou cachés dans les églises et les maisons les plus rapprochées, tirèrent sur l'ennemi qui s'avançait. Mais les Français, loin de se laisser arrêter par le feu lointain et mal dirigé des habitans, doublèrent le pas, et, débarrassant bientôt le pont de tout ce qui obstruait le passage, ils pénétrèrent dans les rues de la ville, dont ils pillèrent et brûlèrent sans pitié les maisons et les édifices. Pour ses défenseurs, ils tombèrent, après leur dispersion, les uns sous le sabre des cavaliers, les autres sous la baïonnette de l'infanterie, et le reste des habitans fut traité avec toute la rigueur des lois de la guerre, et sans distinction d'âge ni de sexe.

A Palencia aussi, la jeunesse s'était réunie à quelques soldats épars aux ordres du vieux général Don Diégo de Tordésillas. Mais, intimidés par l'incendie de Torquemada, ils se retirèrent dans la province de Léon, laissant à leur évêque le soin de recevoir les Français et d'apaiser, à force d'égards, leur impétueux ressentiment. Ceux-ci entrèrent, le 7, à Palencia, et, cédant aux prières des habitans, ils se contentèrent de les désarmer, et de les frapper, en outre, d'une contribution assez forte.

A Dueñas, la divison de Merle, de retour de Reinosa, vint grossir celle de Lassalle, et là, les deux chefs se concertèrent sur la manière d'attaquer Don Grégorio de la Cuesta. Le général espagnol avait occupé Cabezon, à deux lieues de Valladolid. Il comptait sous ses ordres cinq mille bourgeois et paysans mal armés et sans instruction militaire, cent gardes du corps, du nombre de ceux qui avaient accompagné à Bayonne la famille royale, et deux cents hommes du régiment de cavalerie de la reine. Son artillerie se réduisait à quatre pièces de canon qu'étaient parvenus à sauver les officiers et les cadets de l'école de Ségovie. Cabezon, situé sur la rive gauche du Pisuerga, tout près du pont où vient aboutir la chaussée de Burgos, et sur un terrain qui la domine, eût offert à ce ramassis de gens de guerre un abri assuré, si Cuesta avait su ou voulu tirer avantage d'une aussi bonne position. Mais, à l'étonnement de tout le monde, faisant passer le gros de ses troupes de l'autre côté de la rivière, il rangea, sur une même ligne, la cavalerie et les bourgeois armés, parmi lesquels le corps d'étudians se faisait distinguer par une meilleure tenue et discipline. Puis, il plaça à l'issue du pont deux de ses pièces, et laissa les deux autres du côté de Cabezon. Du même côté restèrent aussi quelques compagnies de paysans des paroisses voisines de Valladolid, chacune avec sa bannière, pour garder les endroits guéables de la rivière : inexplicables dispositions de bataille chez un général vétéran.

Le 12 au matin, de bonne heure, commença l'attaque. Le général français Lassalle s'avança sur la grande route, cachant le mouvement de son aile gauche derrière le monastère des bernardins de Palazuelo. Le général Merle se dirigea, sur sa droite, vers Cigales, dans l'intention de couper Cuesta s'il voulait se retirer sur Léon, ainsi que le pensaient les ennemis, qui, le voyant passer la rivière, ne pouvaient attribuer une pareille détermination à ignorance de sa part. La mêlée ne fut ni sanglante ni longue. Dès les premières décharges, les chevaux, qui se trouvaient en avant de la ligne, et à découvert en rase campagne, commencèrent à s'inquiéter sans que leurs cavaliers fussent maîtres de les retenir. Cette agitation se communiqua bientôt à l'infanterie, et jeta le trouble et le désordre dans ses rangs. Aussitôt, le signal de la retraite fut donné, et la cavalerie se précipita pêle-mêle sur le pont, devancée par le général Cuesta et Don Francisco Eguia, son major-général. Les étudians tinrent bon encore quelque temps, mais ils ne tardèrent pas à être culbutés. Fuyant alors du côté de

Cigalès, les uns furent faits prisonniers par les Français, ou sabrés dans un bois-taillis où ils s'étaient réfugiés. D'autres, cherchant, dans leur anxiété, à passer la rivière à gué ou à la nage, finirent par s'y noyer. Pour ceux qui se dirigèrent sur le pont, ils ne furent pas plus heureux. Long et étroit, il ne pouvait contenir tous ceux qui s'y jetaient; aussi les fuyards tombaient étouffés par la foule, ou atteints à la fois par le feu de l'ennemi et par celui d'un détachement espagnol placé au pied de l'ermitage de la Vierge del Manzano, dont les coups mal ajustés faisaient plus de mal aux nôtres qu'à l'ennemi. La perte fut grande de notre côté, et très-faible du côté des Français. Quant au général Cuesta, il continua tranquillement sa retraite, et, sans s'arrêter, il se replia avec sa cavalerie sur Rioseco, en passant par Valladolid. On ne manqua pas d'attribuer son étrange conduite à trahison de sa part, ou au désir de se venger d'avoir été forcé de se compromettre dans l'insurrection. Mais plus tard d'autres batailles où, tout en s'exposant de sa personne, il ne fut pas plus heureux dans les dispositions du combat, prouvèrent qu'il n'était pas de mauvaise foi, mais seulement qu'il avait peu de connaissances stratégiques.

Les ennemis, craignant quelque embuscade, canonnèrent d'abord Cabezon avant d'y entrer. Le bruit de l'artillerie et l'effet des boulets ayant chassé les habitans, ce ne fut que vers midi que les Français pénétrèrent dans les maisons, dont ils brûlèrent sur les places publiques tous les meubles qu'ils ne purent emporter avec eux après le pillage. Le butin fut abondant, parce que l'attaque ayant eu lieu un dimanche, presque tous les habitans de Valladolid étaient accourus comme pour une fête ou un pèlerinage, s'imaginant, dans leur inexpérience de la guerre, que la victoire serait sûre et facile. Tout le chemin de Cabezon était jonché des dépouilles d'une immense multitude qui voulait en toute hâte échapper au danger. Les Français s'avancèrent lentement et n'entrèrent à Valladolid qu'à cinq heures du soir. L'évêque et quelques régidores allèrent les recevoir et tâcher de calmer leur courroux. Les ennemis cependant respectèrent la ville, ôtèrent les armes aux habitans, en emmenèrent quelques-uns pour ôtages, et chargèrent les citoyens d'une forte contribution. Ils ne s'arrêtèrent du reste à Valladolid que jusqu'au 16, jour où ils partirent pour aller étouffer l'insurrection de Santander.

Le général Lassalle prit position à Palencia pour observer les mouvemens de Cuesta et appuyer l'expédition qui se dirigeait sur les montagnes de Santander, commandée par le général Merle. Celui-ci arriva à Reinosa le 20, avec des forces considérables, et, le 21, il marcha sur Lantueno. L'entrée des montagnes était gardée de ce côté par Don Juan-Manuel Velarde, avec trente mille hommes, paysans pour la plupart, et deux pièces de gros calibre. Lors de la première retraite de l'ennemi, les Espagnols, au lieu de redoubler d'efforts, négligèrent tout préparatif de défense, et comme des gens neufs à la guerre et encore indisciplinés, ils se débandèrent en partie, jugeant que leur secours était déjà devenu inutile. Les Français attaquèrent sur deux colonnes : on ne leur opposa qu'une faible résistance; car les nouvelles recrues, cédant bientôt le terrain à l'expérience militaire de leurs ennemis, se sauvèrent pour la plupart dans l'épaisseur des bois, et bien peu d'entre eux allèrent se réfugier derrière la seconde ligne de défense établie entre Fraguas et Somahoz. Là, le chemin se rétrécissant entre un précipice d'un côté et la roche Tajada de l'autre, il fut facile de l'obstruer à l'aide de branchages, de rochers et de troncs d'arbres, et de placer derrière quelques pièces de canon. Mais les Espagnols, découragés par leur premier échec, et voyant en outre que les troupes légères de l'ennemi avançaient à la fois sur leur droite et sur leur gauche et allaient les tourner malgré l'aspérité du terrain, se retirèrent en hâte, laissant un libre passage au général Merle, qui s'empara de Santander le 23.

Du côté de l'Escudo, les éclaireurs de la division espagnole qui occupait cette position sous les ordres de Don Emeterio Velarde avaient, dès le 19, reconnu l'ennemi qui venait sur eux avec douze mille hommes d'infanterie et soixante cuirassiers. Cette troupe était commandée par le général de brigade Ducos, qui était parti de Miranda de Ebro et avait commencé son mouvement en même temps que Merle. Les Espagnols étaient encore plus faibles de ce côté que de celui de Reinosa, et n'avaient qu'un seul canon en état de servir. D'abord, cependant, ils repoussèrent l'ennemi. Mais lorsqu'ils se disposaient à soutenir leur résistance, Don Emeterio, informé de la déroute de Lautueno, assembla un conseil de guerre, et il y fut décidé de profiter des épais brouillards qui enveloppaient les montagnes pour masquer leur retraite : raison qui avait déjà fait cesser le feu de part et d'autre. Le général Ducos poussa alors en avant, et opérant sa jonction avec Merle, ils arrivèrent ensemble à Santander.

L'évêque de cette ville, dès qu'il apprit l'approche des Français, entraîné d'abord par un élan d'enthousiasme, monta sur une mule, et se dirigea, armé de pied en cap, du côté où l'armée campait; mais la trouvant bientôt défaite et dispersée, le cœur lui manqua, et il prit la fuite comme tous les autres pour aller se réfugier dans les Asturies : ce qui fit courir le bruit qu'en cette conjoncture le prélat avait servi de guide aux troupes pour effectuer leur retraite.

Peu de jours après le soulèvement de Santander, un navire français, venant des colonies avec une riche cargaison, avait relâché dans ce port. La junte, au milieu de ses embarras pécuniaires, eut la générosité de ne pas profiter du précieux secours que lui envoyait le hasard, et permit au navire de continuer sa route pour la France; elle alla même jusqu'à rendre à la liberté et faire passer à bord le consul et les autres Français qu'on avait arrêtés dans les premiers jours de l'insurrection. Un trait de noblesse aussi rare n'évita pas à Santander d'être grevé plus tard de réquisitions et de contributions extraordinaires.

La vigilante sollicitude de Napoléon ne s'endormait point au sujet de l'Aragon; il décida que le général de brigade Lefebvre-Desnouettes partirait le 7 juin de Pampelune, avec cinq mille hommes d'infanterie et huit cents chevaux. Ce général arriva, le 8, devant Tudéla. Les habitans avaient coupé le pont de l'Ebre dans le dessein de défendre le passage de ce fleuve; mais les Français l'ayant traversé à l'aide de barques, s'emparèrent de la ville, malgré les troupes que Saragosse avait envoyées à son secours, sous les ordres du marquis de Lazan. L'ennemi fusilla pour l'exemple quelques personnes, comme si c'eût été un crime de défendre ses foyers contre un envahisseur étranger; il répara le pont, et continua sa marche. Le marquis de Lazan, qui s'était avancé jusque sur Tudéla avec des troupes levées à la hâte, se replia aussitôt, et prit position, le 12, près d'un bois d'oliviers, appuyant sa gauche sur la ville de Mallen et sa droite sur le canal d'Aragon. Ses soldats soutinrent avec courage les premiers chocs de l'ennemi; mais à la suite d'une vigoureuse attaque sur un de leurs flancs, ils commencèrent à plier, et une charge de lanciers polonais acheva de mettre le désordre dans leurs rangs. Mais ce revers n'abattit pas les Aragonais, et, le 18, à Gallur, ils combattirent encore, quoique avec le même désavantage. Sur ces entrefaites, le général Palafox, instruit de la déroute des troupes de son frère, quitta en personne Saragosse, le 14, de bon matin, suivi de cinq mille bourgeois et paysans mal armés, de deux pièces d'artillerie, de quatre-vingts chevaux du régiment de dragons du roi et de plusieurs autres officiers et soldats détachés de différens corps, et se dirigea sur la ville d'Alagon, à quatre lieues de distance de cette capitale. Il lui paraissait opportun de s'emparer de ce point, dont la position élevée entre la rivière du Jalon et l'Ebre était en outre favorisée par les bois d'oliviers et les enclos qui resserrent de ce côté le chemin qui vient de Navarre. A trois heures de l'après-midi, le général Palafox rangea son monde de l'autre côté de la ville, distribua des tirailleurs en avant de ses flancs, et plaça les deux canons qu'il avait de manière à pouvoir enfiler le chemin d'entrée. Les bourgeois armés furent facilement culbutés par les troupes aguerries de l'ennemi. Ce fut en vain qu'on chercha à les arrêter dans leur fuite. Cependant, à l'aide des plus braves ou des plus calmes d'entre eux, de quelques soldats de la ligne qui se trouvaient là et de l'artillerie, on défendit long-temps et vivement l'entrée de la ville. Palafox se décida enfin à la retraite, avec deux cent cinquante hommes qui lui restaient, au nombre desquels on comptait des soldats du premier bataillon de volontaires d'Aragon, les cavaliers du régiment du roi et quelques bons tirailleurs. Parmi les bourgeois et paysans armés, beaucoup d'entre eux appartenaient au district d'Alcañiz; ceux-ci se retirèrent pour la plupart dans leurs foyers, et ceux qui étaient de Saragosse y rentrèrent de nuit avec Palafox. Alors les Français s'approchèrent de cette ville, dans les environs de laquelle nous les laisserons, pour reprendre plus tard le fil de notre récit et ne pas interrompre celui du siége mémorable qu'elle eut à soutenir.

L'armée française de Catalogne devait donner la main aux opérations de celle d'Aragon. Se figurant que, maître de Barcelone et de Figuières, il l'était de toute la province, Napoléon ne crut rien risquer en retirant une partie des forces qui l'occupaient. Il ordonna donc qu'on prît sur ce point des renforts pour les envoyer en Aragon et à Valence. Pour se conformer à ces ordres, le général Duhesme arrêta que trois mille huit cents hommes, commandés par le général Schwartz, se dirigeraient sur Saragosse, et que quatre mille deux cents autres, sous les ordres de Chabran, s'empareraient de Tarragone et de Tortose, puis continueraient leur marche sur Valence. Les premiers devaient châtier en passant Manresa pour sa précédente révolte, brûler ses moulins à poudre, et imposer à sa population 750,000 francs de contribution. Les deux expéditions partirent de la capitale, le 4 juin. Celle de Schwartz s'arrêta à Martorell, le 5, à cause d'une forte pluie qui tomba ce jour-là : heureux retard, qui permit aux avis secrets envoyés à Igualada et Manresa d'arriver encore à temps. L'insurrection déjà commencée prit un élan et un accroissement extraordinaires ; on sonna le tocsin pour le *somaten*, on dépêcha des exprès dans toutes les directions, et on résolut d'attendre l'ennemi en prenant position à Bruch et Casa-Masana.

Le *somaten* est en Catalogne «un genre de secours, « comme le dit Zurita, subit et certain qui souvent « a été d'un grand effet. » Il est connu de temps immémorial, et consiste dans l'obligation pour tous les hommes en état de porter les armes dans les différentes vigueries ou banlieues d'accourir au son de la cloche municipale, suivant l'ancienne coutume de Barcelone. Dans cette conjoncture, il ne devint pas moins utile qu'il l'avait été anciennement dans d'autres circonstances célèbres. Il y avait peu d'armes, et les munitions étaient si rares, que, manquant de balles de fusils, on coupa en morceaux les tringles de fer des rideaux pour y suppléer.

Les *somatènes* d'Igualada et de Manresa furent les premiers sur pied : ils avaient pour principal chef le fils d'un marchand, nommé Francisco Riera. Cette troupe armée alla se poster et se cacher derrière les buissons et les arbres qui couvrent les hauteurs de Bruch. A peine la colonne française avait-elle passé les maisons qui portent le même nom, et pris le détour que forme la grande route avant de s'unir à celle de Manresa, qu'elle fut arrêtée par le feu inattendu de l'embuscade des *somatènes*. Schwartz, après un moment d'attente, attaqua ses adversaires; ceux-ci se replièrent d'abord, puis, défendant le terrain pas à pas, ils finirent par se séparer, les uns prenant la direction d'Igualada, les autres celle de Casa-Masana. Mais, délogés encore de cette dernière position, et se regardant comme perdus, ils se retirèrent en hâte, et leur déroute eût été complète, si Schwartz n'eût heureusement cessé sa poursuite. Pour les habitans de Manresa, étonnés de voir les Français arrêtés dans leur marche, ils prirent courage, et renforcés du *somaten* de San-Pedor, composé d'excellens tireurs, ils revinrent à la charge. Parmi les nouveaux venus, se trouvait un tambour, lequel, comme le plus expérimenté de la troupe, remplit les fonctions de général en chef. Puis tous ensemble, ils attaquèrent vivement les Français, arrivés à Casa-Masana, et les forcèrent à rejoindre le gros de la colonne, qui était à prendre son repas à l'arrière-garde.

Le nombre des *somatènes* s'accroissait à chaque instant, et leur courage s'enflammait à mesure qu'ils allaient remportant quelque avantage sur les Français, que cette attaque imprévue avait déconcertés. Schwartz, voyant son avant-garde battre en retraite au bruit du tambour du *somaten* de San-Pedor, se persuada que des troupes de ligne étaient venues au secours de la milice bourgeoise. Il ordonna alors de former le carré dans la crainte d'être enveloppé, et au bout de quelques instans, il se détermina à rétrograder sur Barcelone. C'est ainsi que l'ennemi, bien qu'incommodé sur son flanc et sur son arrière-garde par les *somatènes*, arriva en assez bon ordre à Esparraguera.

Les habitans de cette ville, faisant sentinelle et sachant que l'ennemi battait en retraite, barricadèrent la longue et étroite rue qui la traverse, à l'aide de tout genre d'obstacles et surtout avec des meubles et des ustensiles de ménage. A la nuit tombante, les Français s'approchèrent de la ville : la tête de leur colonne pénétra imprudemment dans la rue et tomba dans l'embuscade qu'on lui avait préparée. Alors on commença à l'assaillir de toute part à coups de tuiles et de pierres entremêlés de quelques coups de fusil : on alla même jusqu'à lui jeter des chaudières d'eau bouillante. Schwartz s'arrêta aussitôt, et, divisant son monde en deux corps, il les fit cheminer à droite et à gauche de la ville. Puis, il accéléra la marche durant la nuit, et la continua, toujours harcelé par les *somatènes*, qui lui prirent un canon à la Riéra de Cabrera, et le poursuivirent jusqu'à Martorell. Les habitans de cette dernière ville n'imitèrent pas l'exemple de ceux d'Esparraguera ; et c'est ainsi que les Français purent rentrer à Barcelone, le 8 juin, mais tellement abattus et dans un si triste état, qu'ils ne purent cacher la déroute qu'ils venaient d'essuyer. Leur perte ne laissa pas que d'être considérable, eu égard à la classe de gens auxquels ils eurent à faire, et qui, ramassés pêle-mêle dans les campagnes, avaient à peine quelques mauvaises armes. Il ne périt que peu des nôtres, qui, tout le temps de l'attaque, favorisés par le terrain, étaient en outre protégés par les populations.

C'est aux Catalans qu'appartient la gloire d'avoir été les premiers en Espagne à abattre par un succès l'orgueil de l'envahisseur étranger. La victoire de Bruch fut en effet celle qui, de préférence à toute autre, mérita ce nom. Un pareil triomphe, admirable par ses circonstances, en retentissant dans toute la principauté, excita une noble émulation chez tous les habitans, qui dès lors se prononcèrent à l'envi les uns des autres, et avec une rare hardiesse, contre l'ennemi commun.

Ce fut avec raison que Duhesme s'alarma d'une défaite aussi imprévue, moins à cause de son importance que de son effet moral sur l'esprit des insurgés, comme on les appelait alors.

Prenant garde au petit nombre de troupes qu'il commandait, il agit sagement en ne s'exposant pas davantage à de nouveaux échecs et en concentrant ses forces. Conserver ses communications avec la France devait être son principal but, et ce n'était pas en dispersant ses soldats de tous côtés qu'il l'eût atteint : aussi rappela-t-il Chabran à Barcelone.

Celui-ci avait donné à son expédition sur Valence un plus heureux commencement que Schwartz à la sienne; il était entré sans obstacle, le 7 juin, dans les murs de Tarragone. La garnison de la place se composait du régiment suisse de Wimpffen, au service d'Espagne, dont les officiers surent se conduire avec tant de sagesse qu'ils n'excitèrent aucun soupçon chez les Français, et parvinrent ainsi à conserver intact un corps qui, plus tard, offrit à la bonne cause l'appui le plus signalé. Le général Chabran, obéissant aux ordres de son chef, évacua Tarragone le 9; mais à son retour, il rencontra le même pays, qu'il avait paisiblement traversé peu de temps avant, entièrement soulevé. A Vendrell et Arbos il trouva même une opiniâtre résistance. Trois cents Suisses du régiment de Wimpffen, qui allaient rejoindre leur corps à Tarragone, aidèrent et soutinrent les bourgeois, et ils défendirent ensemble avec une remarquable bravoure la position d'Arbos, quoique le terrain ne fût pas favorable à des soldats novices. Après plusieurs attaques, les Français parvinrent à mettre en fuite les *somatènes* et à s'emparer de l'artillerie qu'ils avaient avec eux. Ils entrèrent à Arbos, et pour se venger de la témérité des habitans, ils en maltraitèrent et tuèrent un grand nombre. Poursuivant sa marche et ses ravages, Chabran arriva à Villa-Franca de Panadès ; là aussi, il pilla et brûla les maisons et les édifices pour venger, disait-il, l'assassinat du gouverneur espagnol Toda, dont nous avons déjà parlé : singulière justice à coup sûr, que celle de punir une population entière pour le crime de quelques individus isolés. Duhesme, ayant appris que les troupes qui revenaient de Tarragone avaient essuyé quelque résistance sur leur route, partit à leur rencontre, et tous ensemble, ils rentrèrent le 12 à Barcelone.

Quoique résolus à ne plus entreprendre des expéditions lointaines, ni aucune opération importante, hors celles que pourrait exiger le maintien d'une libre communication avec la France, lorsqu'ils se virent cependant tous rassemblés sur un même point, ils voulurent encore tenter la fortune, dans le désir de châtier les bourgeois de Manresa et de ses environs. Pour cet effet, les colonnes réunies de Schwartz et de Chabran partirent le 13, sous les ordres du dernier, et prirent le même chemin que la première fois. L'ennemi pilla et brûla sur son passage quantité de maisons de Martorell et d'Esparraguera, prise cette fois au dépourvu, et commit toute espèce d'excès et de désordre : conduite qui provoquait bien la colère du tenace Catalan, mais ne le décourageait point.

La gloire des habitans de Manresa était intéressée à soutenir le siége de Bruch, témoin de leurs premiers succès; aussi s'étaient-ils efforcés, d'accord avec la junte de Lérida et les populations des alentours, de fortifier ce point et de le garnir de troupes. Ayant appelé leurs *somatènes*, ils leur agrégèrent des soldats échappés de Barcelone, et quatre compagnies de volontaires de Lérida, aux ordres de Don Juan Baguet, avec quelques pièces d'artillerie tirées des forteresses de la principauté. Le 14, Chabran tenta de forcer la position, mais bien que les Français arrivassent avec le double de forces, et qu'ils fussent cette fois sur leurs gardes, l'entreprise ne réussit pas mieux. Leur orgueil sans bornes vint échouer aux pieds du *somaten* catalan, et de quelques soldats mal commandés. Répétant plusieurs fois l'attaque, ils voulaient à toute force se rendre maîtres de la position : mais repoussés autant de fois, ils retournèrent enfin sur leurs pas, après une perte de cinq cents hommes et de quelque artillerie, et poursuivis, harcelés surtout par les paysans armés, ils se réfugièrent honteusement à Barcelone.

Les premières tentatives une fois manquées, Duhesme, n'ayant pu remplir les ordres de l'empereur, suspendit leur exécution, et tourna exclusivement ses regards sur le maintien de la sûreté et de la liberté de ses communications avec la France. Il partit, en conséquence, de Barcelone, le 17 juin, avec sept bataillons, cinq escadrons et huit pièces d'artillerie, prenant, de préférence au chemin qui passe par Hostalrich, celui qui longe la mer. Les paysans de Vallés s'étaient armés et attendaient, au nombre de neuf mille, les Français sur la crête de la montagne de Mongat.

Sans expérience de la guerre, les *somatènes* s'imaginèrent qu'ils ne devaient être attaqués que de front; mais le général français, masquant, au moyen de plusieurs fausses attaques, le point sur lequel il pensait porter la véritable, tourna leur droite et les eut bientôt dispersés et défaits. Maître de Mongat, d'où son artillerie pouvait battre toute la côte, l'ennemi exerça des cruautés inouïes sur les paysans. Mataró, qui avait pensé à se défendre, ne recula pas devant le malheureux événement qui venait de se passer. Plaçant de l'artillerie dans toutes les avenues du chemin de Barcelone, les habitans firent feu à l'approche des colonnes françaises. Ils ne tardèrent pas du reste à être culbutés, et le même jour, le 17, les ennemis entrèrent à Mataró, et la saccagèrent entièrement. C'était une ville de vingt mille âmes, riche par ses fabriques de coton, de verre et de dentelles; aussi offrit-elle un abondant butin au vainqueur, dont la cupidité sans bornes n'épargna pas même les habits des femmes, ni des objets de la plus mince valeur, ni ceux même destinés aux usages les plus communs de la vie. L'assassinat et les violences commises sur des vierges de l'âge le plus tendre accompagnèrent les scènes de pillage, et souvent le général et le soldat se voyaient confondus dans un même débordement de licence : long-temps encore, Mataró pleurera sur le souvenir de cette cruelle et déplorable journée.

Le lendemain matin, les Français continuèrent leur marché sur Gironne. Partout, sur leur chemin, ils laissèrent de sanglantes et funestes traces, par les meurtres, les vols et les ravages de tout genre qu'ils exercèrent sur les malheureuses populations qu'ils traversaient. C'est à ce point d'inhumanité que la guerre amène les soldats d'une nation civilisée. Il n'y avait pas d'autre garnison à Gironne que trois cents hommes du régiment d'Ultonia et quelques artilleurs, lesquels, conjointement avec des marins de la côte avoisinante, dirigèrent le feu des pièces qui se trouvaient dans la ville. Faible garnison, il est vrai, si les nobles, le clergé et tous les autres habitans sans exception, enflammés d'une ardeur patriotique, n'eussent défendu avec la plus grande vigueur tous les points confiés à leur garde. Don Julian Bolivar remplissait temporairement les fonctions de gouverneur de la ville.

Le 20, à neuf heures du matin, l'ennemi se présenta sur les hauteurs du village de Palau-Sacosta; mais, incommodé bientôt par quelques coups de canon tirés du bastion de la Merced et du fort des Capucins, il se replia sur les villages de Salt et de Santa-Eugenia, qu'il mit à feu et à sang. Dans l'après-midi, après avoir fait plusieurs reconnaissances, il commença dans toutes les règles l'attaque de la place; dirigeant sa gauche sur les villages dont nous venons de parler, tandis que sa droite traversait l'Oña, il attaqua avec impétuosité, et tenta de forcer l'entrée de la ville par la porte del Carmen; mais les assiégés le repoussèrent avec calme et courage. Les soldats du régiment d'Ultonia se distinguèrent surtout dans l'action, et leur lieutenant-colonel, Don Pédro O-Dally, y reçut une blessure. L'ennemi attaqua ensuite le fort des Capucins, où il fut également repoussé, et essuya une perte considérable. Voyant ses espérances déçues, il plaça enfin une batterie près de la croix de Santa-Eugenia; il causa ainsi quelque dommage au collége de Trente et à quelques autres édifices : les batteries de la place répondirent avec succès au feu de l'ennemi; puis, la nuit vint mettre fin au combat.

Elle fut extrêmement obscure, et les Français, profitant de la circonstance, s'approchèrent en silence des murs avec tant de hardiesse, qu'ils ne furent aperçus que lorsqu'ils en étaient déjà tout près. On combattit alors des deux côtés avec furie : le feu du canon éclairait seul cette scène de carnage, et le silence de la nuit n'était interrompu que par le tonnerre de l'artillerie et les cris des blessés et des mourans. Enfin, l'ennemi osa jeter des échelles sur le bastion de Santa-Clara: quelques-uns de ses soldats étaient déjà arrivés au haut du mur et leurs camarades se pressaient de les suivre, lorsqu'un détachement du régiment d'Ultonia accourut, et, tuant ceux qui étaient déjà montés sur le rempart, il précipita les autres des échelles, et déjoua ainsi leurs projets. Le feu ne cessa pourtant que lorsque les batteries du bastion de San-Narciso, tirant tout-à-coup à mitraille sur les assaillans, parvinrent à les disperser et à joncher, comme on le vit plus tard, le champ de bataille de morts et de blessés. Ne perdant pas encore courage, les Français renouvelèrent leur attaque à minuit, et voulurent donner l'assaut au bastion de San-Pédro; mais repoussés cette fois-ci de manière à leur faire abandonner l'entreprise, ils se retirèrent le lendemain 21, de bon matin, par la route de Barcelone. Quoique de courte durée, cette première défense de Girone fut remarquable, et annonça ce qu'on devait attendre d'une place qui acquit bientôt, dans une seconde attaque, et surtout dans le siége qu'elle eut à soutenir l'année suivante, tant d'éclat et de célébrité. Les *somatènes* incommodèrent l'ennemi sur tous les points, et concoururent même à l'empêcher de passer de l'autre côté du Ter. La perte des Français ne fut pas évaluée à moins de sept cents hommes; quant à celle des Espagnols, elle fut beaucoup moindre.

Duhesme retourna à Barcelonne, laissant à Mataró une partie de son armée, qu'il confia au commandement de Chabran : ce corps, composé de trois mille cinq cents hommes, se porta sur Vallés pour y chercher des vivres. Toujours harcelés par les populations, les Français furent obligés, à Moncada, de rompre de vive force un cordon de *somatènes*, et finirent par être arrêtés dans leur marche, à Granollers, par le lieutenant-colonel Don Francisco Milans, qui les mit en fuite, et leur enleva leur artillerie. Comme de coutume, ils dévastèrent dans leur retraite tout le pays qui se trouvait sur leur passage.

En même temps que l'armée envahissante était si maltraitée dans cette partie de la Catalogne, les habitans du pays se préparaient à une égale résistance dans le midi de cette province. C'est ainsi que se forma sur les bords du Llobrégat une ligne d'hommes belliqueux qui gardaient les chemins de Garraf, Ordal et Esparraguera. Ils avaient à leur tête Don Juan Baguet, le même qui, avec les volontaires de Lérida, avait contribué à Bruch à repousser les Français pour la seconde fois ; de leurs positions, ils envoyaient des partis d'éclaireurs qui parcouraient le pays dans tous les sens. Duhesme, courroucé de se voir cerner ainsi, fit marcher contre eux le général Lecchi, qui, le 30 juin, obligea en effet les *somatènes* à quitter leur position et leur prit quelques pièces de canon, se distinguant du reste entre tous les siens par ses nombreux excès. Mais les vaincus ne se laissèrent pas abattre par ce revers, et bientôt ils vinrent se montrer jusque dans le voisinage même de Barcelone.

C'est ainsi, et avec ces alternatives de succès, que furent exécutés les ordres de Napoléon en Catalogne, Aragon et Castille. A l'égard des autres provinces, de pareils ordres avaient été donnés au grand-duc de Berg, dont l'active sollicitude s'efforça de détruire autour de lui le germe d'insurrection qui se propageait avec tant de vigueur. Nous avons déjà indiqué plusieurs de ses mesures et celles qu'il prit, d'accord avec la junte, pour chercher à réprimer la sédition, sans qu'il fût besoin d'en venir aux mains ; mais tous ses efforts furent inutiles, comme le seront toujours ceux qui ne tendront à contenir le soulèvement d'une nation entière que par le seul effet de la persuasion. Peut-être Murat n'en fut-il pas fâché, car ses inclinations, aussi bien que ses précédens, le portaient plutôt à l'emploi des armes qu'à celui des discours. C'est ainsi que, par ses ordres, les troupes françaises accompagnaient souvent, et d'autres fois suivaient de près l'envoi des proclamations et des exhortations de la junte. Il considérait les Andalousies et Valence comme d'une importance majeure, aussi chercha-t-il avant tout à s'assurer de ces provinces, et surtout, lorsque Séville eut montré, dès les premiers jours du mois de mai, les symptômes les plus graves d'agitation et de trouble.

Dupont, qui avait pris ses quartiers à Tolède, reçut l'ordre de se diriger sur Cadix, et, le 24 du même mois, il se mit en marche. Il emmenait avec lui les deux régimens suisses de Reding et de Preux au service d'Espagne, la division d'infanterie du général Barbou, composée de six mille hommes, et, en outre, cinq cents marins de la garde impériale, avec trois mille chevaux commandés par le général Frésia. Ils avaient tous une telle confiance dans l'heureuse issue de leur entreprise, que Dupont marquait d'avance au ministre de la guerre français le jour qu'il devait entrer à Cadix. Il traversèrent paisiblement la Manche, et y trouvèrent des vivres en si grande abondance qu'ils laissèrent en dépôt, dans le magasin à blé de Santa-Cruz de Mudela, le biscuit et les autres provisions de bouche qu'ils portaient avec eux ; provisions dont s'emparèrent peu de jours après les habitans eux-mêmes, après avoir tué ou pris les soldats qui gardaient le magasin. Le 2 juin, les Français pénétrèrent dans les défilés de la Sierra-Moréna. Jusqu'alors, ils avaient bien remarqué dans les habitans de l'inquiétude et de l'éloignement, mais aucun symptôme plus grave ne s'était encore manifesté. Arrivés à la Carolina, leurs soupçons s'éveillèrent, en voyant ce bourg abandonné et désert; et, en entrant à Andujar, ils apprirent le soulèvement général de Séville et l'établissement d'une junte suprême. Ils n'en continuèrent pas moins leur marche, et arrivèrent le 7, au point du jour, en face du pont d'Alcoléa. Don Pédro-Agustin de Echavarri, officier doué de certaine bravoure, mais sans aucune connaissance de l'art de la guerre, le même que l'on vit plus tard à la tête de l'insurrection de Cordoue, s'était posté en cet endroit. Il avait sous ses ordres trois mille hommes de ligne, que composaient partie d'un bataillon de Campo-Mayor, quelques soldats et grenadiers de différens régimens provinciaux, auxquels s'étaient réunis quelque cavalerie, et un détachement de Suisses. Il n'y avait pas parmi eux un seul corps qui fût complet. Les bourgeois armés formaient le plus grand nombre, et cette troupe avait reçu une artillerie assez nombreuse de Séville. Les Espagnols avaient levé une tête de pont, et y avaient placé douze pièces de canon, pour défendre le passage du Guadalquivir, et couvrir de cette manière la ville de Cordoue, située sur la rive droite de ce fleuve, et éloignée de trois lieues des *ventas* d'Alcoléa. Le pont du même nom est très-allongé et forme un angle ou courbure qui l'empêche d'être enfilé dans toute sa longueur par le feu du canon. La cavalerie espagnole était restée sur la gauche du fleuve, dans le but de se porter en même temps sur le flanc et les derrières de l'ennemi, dès qu'il aurait commencé son attaque de front. Les Français, pour s'en débarrasser, exécutèrent sur elle une charge vigoureuse, et parvinrent, en la répétant, à tenir en respect les cavaliers espagnols, mais non pas à les entamer. Peu d'instans après, l'infanterie française avança sur le pont. Les feux bien dirigés de l'ouvrage de campagne qu'on venait de construire, et la valeureuse défense de l'officier Lasala, qui commandait les soldats du régiment de Campo-Mayor et les grenadiers provinciaux, servirent à maintenir quelque temps, avec vigueur, la position attaquée. Mais les paysans armés, qui se trouvaient pour la première fois au feu, abandonnant tout-à-coup la troupe de ligne, permirent aux Français d'escalader la tête de pont, qui, levée à la hâte, n'était pas encore achevée. La cavalerie espagnole, qui n'avait cependant pas perdu courage, cherchant à protéger les siens, attaqua de nouveau, et avec succès, la cavalerie française. Dupont, forcé d'envoyer une brigade au secours de son monde, suspendit alors la poursuite de l'infanterie espagnole, qui, se retirant en bon ordre, ne perdit qu'un canon, dont l'affût était endommagé. L'action dura deux heures. Elle coûta aux Français deux cents hommes, et pas davantage aux Espagnols, à cause du calme avec lequel ils opérèrent leur retraite. Echavarri, jugeant qu'il lui était impossible de défendre Cordoue, abandonna la ville sans s'arrêter dans ses murs.

Les Français arrivèrent en vue de Cordoue le même jour (7 juin), à trois heures de l'après-midi. Les habitans en avaient fermé les portes, plutôt pour avoir le temps de capituler que pour se défendre. On était en pourparlers à ce sujet, lorsque, sous prétexte que des coups étaient partis des tours qui flanquaient les murs de la ville et d'une maison voisine, les ennemis pointèrent leurs canons sur la Porte-Neuve, et l'enfoncèrent bientôt sans grands efforts. Ils pénétrèrent dans la ville, frappant, tuant et poursuivant partout ceux qu'ils trouvaient sur leur passage; ils saccagèrent les maisons, les temples, et jusqu'à l'humble réduit du pauvre. La célèbre cathédrale, l'antique mosquée des Arabes, jadis rivale en sainteté de Médine et de la Mecque, et bien supérieure en magnificence, en splendeur et en richesses, devint la proie de l'insatiable et destructive rapacité de l'étranger. Les couvens del Carmen, de San-Juan-de-Dios et des Tercaires, furent ruinés de fond en comble, tandis que l'église de Fuensanta, et d'autres lieux non moins vénérés des habitans, devinrent des lieux d'infâmes débauches. Le massacre fut grand, et grande aussi la quantité d'objets précieux, volés dans l'enceinte de Cordoue. Une ville comme celle-là, de quarante mille âmes, opulente, et renfermant des temples où la dévotion des fidèles avait accumulé de grands trésors, devenait un immense appât pour la cupidité de ses envahisseurs. Des seuls dépôts de la trésorerie et de la *consolidation*, le général Dupont tira plus de 10,000,000 de réaux, sans compter toutes les sommes enlevées dans les caisses publiques et particulières. C'est ainsi que fut livrée au pillage une population qui n'avait ni fait, ni tenté de faire la moindre résistance. Se frayant un passage par le fer et le feu, les Français, sous de faux prétextes, pénétrèrent dans les rues de Cordoue, alors même qu'on était en pourparlers; et, non contens encore de porter partout la ruine et la désolation, ils achevèrent d'opprimer les malheureux habitans en les frappant d'énormes impôts. Mais une si injuste et si atroce conduite reçut bientôt le châtiment qu'elle méritait; car le cupide empressement de conserver des trésors mal acquis au pillage de cette ville fut peut-être la cause principale des désastres qu'essuya bientôt l'armée de Dupont.

Malgré le triomphe qu'il venait d'obtenir, le général français n'était pas sans inquiétude. Ses forces étaient peu nombreuses; l'insurrection le cernait de toutes parts : c'était avec instance qu'il envoyait demander du secours à Madrid, dont les communications, interceptées une première fois, finirent par être tout-à-fait coupées. Des bandes de paysans armés vinrent, le 9 juin, jusque dans Andujar, tomber sur son arrière-garde, jeter de nuit la confusion dans la ville, et faire prisonnier le détachement français qui y était cantonné, après avoir tué son commandant et trois autres hommes de garde qui voulurent opposer quelque résistance dans la maison de Don Juan Salazar où ils s'étaient retranchés. Celui qui fit le plus de mal à l'ennemi fut Don Juan de la Torre, alcalde de Montoro, qui avait levé à ses propres frais un corps de troupes considérable ; fait prisonnier plus tard, par surprise, il dut la vie à la généreuse intercession du général Frésia, qu'il avait jadis accueilli et fêté dans sa maison. Dans les défilés du Puerto-del-Rey, les montagnards enlevèrent plusieurs convois, à la faveur des anfractuosités du terrain ; il arriva même que le bruit de ce qui s'était passé à Cordoue, s'étant répandu dans le pays, il y eut telle occasion où le peuple, sous prétexte de prendre sa revanche, se porta sur les prisonniers à des raffinemens de barbarie. Le général René devint une des premières victimes ; fait prisonnier et blessé par les paysans, il fut tué par eux : événement déplorable, mais qui n'était malheureusement que l'inévitable conséquence des excès commis à Cordoue et dans d'autres lieux par le soldat étranger. Car, s'il était, en effet, difficile de contenir, dans une guerre de cette nature, le soldat d'une nation aussi éclairée que la France, un soldat soumis à toute la sévérité de la discipline militaire, combien ne le devenait-il pas davantage de réprimer les excès du paysan espagnol, qui, aveugle et sans frein dans sa vengeance, voyait dévaster ses champs et brûler la paisible demeure de ses pères, par ceux-là mêmes qui peu de jours avant se vantaient d'être ses amis. De la Sierra, le soulèvement avait gagné la Manche, et, le 5 juin, les habitans de Santa-Cruz-de-Mudela attaquèrent près de quatre cents Français qui s'y trouvaient, et, après en avoir tué plusieurs, obligèrent les autres à fuir du côté de Valdepeñas. Mais, dans cette ville, les citoyens s'opposèrent à leur passage. Alors, pour éviter une rencontre avec eux, les Français passèrent en dehors de la ville, et, regagnant ensuite la grande route, ils furent attendre des renforts à un quart de lieue de là, dans un endroit appelé la Aguzadera. Ces renforts ne tardèrent pas, en effet, à leur arriver; car, le même jour (le 6 juin), le général Liger-Belair, venant de Manzanarès avec six cents chevaux, les rencontra, et, se réunissant à eux, il retournèrent tous ensemble sur Valdepeñas.

Les habitans de cette ville, encouragés par la retraite que venaient d'effectuer les Français, et craignant aussi qu'ils ne voulussent se venger, résolurent d'empêcher leur entrée. Valdepeñas est un bourg fort riche, de trois mille habitans, situé dans les plaines de la Manche, et auquel ses vins ont donné de la célébrité. Une rue qui porte le nom de Royale, et n'a pas moins d'une lieue de longueur, le traverse en entier : c'est le passage ordinaire de ceux qui vont de la Castille en Andalousie. Profitant donc de son étendue, ils la disposèrent de manière à pouvoir entraver la marche des Français. Ils couvrirent cette rue de sable, semant par-dessous des clous et des fers aigus; puis, de distance en distance, ils attachèrent, de manière à n'être pas vus, des cordes aux barreaux des fenêtres; ils fermèrent et barricadèrent les portes des maisons, et obstruèrent enfin les ruelles qui conduisaient à l'avenue principale. Mais, non contens de se défendre derrière des murs, ils osèrent se ranger, au nombre de mille, en dehors du bourg. Voyant cependant la nombreuse cavalerie qu'amenait l'ennemi, après une courte fusillade, ils allèrent se cacher dans l'intérieur, munis d'armes et d'autres moyens offensifs.

Les Français, en s'approchant, se firent devancer de quelques éclaireurs, qui, suivant leur coutume, accélérèrent le pas et pénétrèrent dans la ville. Mais bientôt, les chevaux, bronchant et tombant les uns sur les autres, culbutèrent leurs cavaliers. Alors, de toutes parts, commença sur eux une pluie de pierres, de tuiles, et même d'eau et d'huile bouillantes qui meurtrissait et brûlait cruellement leurs chairs. D'autres de leurs camarades voulurent leur porter secours, mais ils vinrent partager le même sort. Liger-Belair, irrité de cette résistance, entra dans la ville par les côtés, incendiant et détruisant toutes les maisons sur son passage. Il y en eut plus de quatre-vingts de brûlées, et une foule de personnes massacrées jusque dans les champs et dans les caves. Les ennemis avaient déjà perdu plus de cent hommes, tandis que la ville s'écroulait et tombait en ruines. Alors, plusieurs des principaux habitans, effrayés de la totale destruction qui la menaçait, et craignant pour leur propre sort, résolurent d'aller, le premier alcalde Don Francisco-Maria Osorio à leur tête, s'aboucher avec le général Liger-Belair. Celui-ci, également inquiet pour les siens, écouta leurs propositions, les accepta, puis tous ensemble, et portant une bannière blanche, ils mirent un terme au massacre. Mais le combat avait été si acharné, que les Français, après cette expérience, n'osèrent pas pousser plus avant, et trouvèrent prudent de se retirer à Madrilejos.

Dupont, tout-à-fait isolé et sans nouvelles de ce qui

se passait de l'autre côté des montagnes, stupéfait aussi de ce qu'il voyait maintenant de près, songea à la retraite, et, le 16 juin, sortant le soir de Cordoue, il se dirigea sur Andujar, où il prit position le 19. De là, dans le but d'approvisionner ses troupes, et désirant aussi ne pas quitter ce territoire sans avoir châtié Jaen, ville qu'il accusait d'avoir pris part à l'émeute dans laquelle fut tué le commandant français d'Andujar, il fit marcher, le 20, sur cette première ville, l'officier Baste à la tête de forces suffisantes. Les ennemis y entrèrent sans rencontrer la moindre résistance, et, cependant, ils la pillèrent et la traitèrent d'une horrible façon. Ils allèrent même jusqu'à massacrer des enfans et des vieillards, et à exercer les dernières cruautés sur quelques religieux malades appartenant aux couvens de Santo-Domingo et de San-Agustin : tel fut le dernier et le plus grand acte de férocité qu'aient commis les Français en Andalousie, avant de rendre les armes aux troupes espagnoles.

A peu près vers le même temps, Murat résolut d'envoyer aussi une expédition contre Valence. Elle fut commandée par le maréchal Moncey, et se composait de huit mille hommes de troupes françaises auxquels devaient se réunir des gardes espagnoles et wallones et des gardes du corps. Mais la plupart de ces derniers se débandèrent à la première occasion, et, prenant des sentiers et des chemins de traverse, allèrent rejoindre leurs compatiotes. Moncey partit de Madrid le 5 juin; il arriva à Cuenca le 11, où il s'arrêta quelques jours. Cela déplut à Murat, qui, pour l'aiguillonner, dépêcha auprès de lui le général de cavalerie Excelmans avec beaucoup d'autres officiers, lesquels, arrêtés à Saelices et conduits prisonniers à Valence, terminèrent leur mission tout autrement qu'ils ne s'y attendaient. A Cuenca, les Français furent reçus avec froideur, mais sans hostilité. En poursuivant leur marche, ils trouvèrent les villes et les villages abandonnés par leurs habitans, ce qui leur prophétisait déjà la résistance qu'ils allaient rencontrer.

Sur ces entrefaites, la junte de Valence avait pris à la hâte les mesures que le temps lui permettait pour faire une vigoureuse défense. Redoublant d'activité, dès qu'elle apprit que Moncey s'avançait du côté de Cuenca, elle envoya de nouveaux ordres et instructions au maréchal-de-camp Don Pédro Adorno, au commandement duquel, ainsi que nous l'avons dit, avaient été confiées les troupes postées à l'entrée des défilés de las Cabrillas, vers lesquels se dirigeait l'ennemi. C'étaient pour la plupart des recrues sans discipline, raison pour laquelle il convenait de profiter des avantages du terrain. Il s'agissait d'abord de disputer aux Français le passage du Cabriel par le pont Pajazo, où va aboutir la descente de Contreras, et à la tête duquel les Espagnols élevèrent une mauvaise batterie de quatre canons, défendue par quelques soldats d'un régiment suisse : le reste de la troupe alla se placer sur divers points de la colline que nous venons de nommer. Les Français firent halte, jusqu'à ce qu'ils eussent pu, à grand'peine, faire avancer quelques pièces de canon en les traînant à bras par des sentiers et des chemins presque impraticables. A l'aide de leur artillerie, ils ouvrirent le feu dans la journée du 30, et les uns passant la rivière à gué, les autres attaquant les Espagnols de front, ils s'emparèrent de la batterie : plusieurs Suisses passèrent en même temps de leur côté. Les nouvelles recrues, qui n'avaient jamais vu le feu, se voyant abandonnées de ces vétérans, ne tardèrent pas à se débander, et se replièrent en partie avec quelques soldats espagnols sur las Cabrillas.

La nouvelle de cette défaite se répandit rapidement,

et avec elle, la frayeur et la consternation. Dès que la junte de Valence l'eut apprise, dans cette circonstance critique, elle envoya en mission à l'armée un de ses membres, le P. Rico, soit que les uns voulussent se venger ainsi de l'embarras où ils les avait mis, soit que d'autres pensassent que, jouissant d'une grande popularité, sa présence serait le moyen le plus sûr de calmer l'agitation publique et d'éloigner les soupçons. Rico obéit, et le 20 il arriva à las Cabrillas, lieu situé à huit lieues de Valence, où les montagnes du même nom forment les limites de ce royaume du côté de Castille. Les vaincus du Cabriel s'étaient réfugiés sur les cimes de ces montagnes : le P. Rico y rencontra cent quatre-vingts hommes du régiment de Savoie, commandés par le capitaine Gamendez, trois corps de nouvelle création, quelques chevaux et quelques artilleurs qui avaient conservé deux canons et un obusier. Tous ensemble formaient une troupe d'à peu près trois mille hommes. Les officiers vétérans y étaient en petit nombre, et celui du plus haut grade parmi eux était le brigadier-général de gardes espagnoles Marimon. On ignorait ce qu'était devenu Adorno. Tous ces débris d'armée réunis allèrent prendre une position avantageuse derrière Siete-Aguas, à une lieue et demie de cet endroit, et poussant leur reconnaissance jusqu'auprès des maisons. Gamendez commandait le centre, Marimon la gauche, et des *guerrillas* détachées furent placées sur la droite. Le 24, les Français avancèrent, et les nôtres, favorisés par les accidens du terrain, les incommodèrent beaucoup. Moncey s'en impatienta, et détacha sur sa gauche, du côté des montagnes de los Ajos, le général Harispe avec des Basques accoutumés à grimper sur les rochers des Pyrénées. Parvenus sur les hauteurs, malgré les précipices et les aspérités du terrain, ils culbutèrent les *guerrillas* et facilitèrent ainsi une attaque de front. Les soldats du régiment de Savoie se défendirent vigoureusement et restèrent pour la plupart morts sur la place; les artilleurs se firent aussi tuer sur leurs canons, et le commandant Gamendez fut fait prisonnier. Quant au reste de la troupe, composée de recrues, elle se mit rapidement en fuite. La perte des Espagnols s'éleva à six cents hommes, celle de l'ennemi fut beaucoup moins forte. Moncey n'hésita pas à traverser, par la petite gorge de las Cabrillas, la chaîne de montagnes qu'il avait devant lui, et ses soldats harrassés, en découvrant de loin les riches et fertiles campagnes du *jardin* de Valence, sentirent s'enflammer leur impatiente cupidité. S'il avait pour lors poursuivi sa marche, il se serait facilement rendu maître de la ville; mais obligé de s'arrêter le 25, à la *venta* de Buñol, pour attendre son artillerie, et voulant ne s'avancer qu'avec précaution, il donna le temps à Rico, qui revint à Valence à l'aube du jour, d'appeler tout le monde aux armes dans ses murs.

Valence est située à la droite du Guadalaviar ou Turia; cent mille âmes forment sa population; mais plus de soixante mille habitent les hameaux, maisons de campagne et métairies de sa délicieuse plaine. Ceinte d'un vieux mur de pierres brutes, et protégée par une mauvaise citadelle, elle ne pouvait présenter à l'ennemi, sous le point de vue militaire, une longue et régulière défense. Mais, à la nouvelle du revers essuyé à las Cabrillas, au lieu de défaillir, son enthousiasme s'éleva au plus haut degré. La junte prit aussitôt les plus efficaces mesures, et les habitans, non-seulement les exécutèrent avec ponctualité, mais cherchèrent eux-mêmes à donner aux travaux de défense toute l'extension et la perfection que leur permettait le peu de temps qu'ils avaient devant eux. Sans distinction de sexe ni de rang, tout le monde s'empressa de travailler aux fortifications que l'on élevait. Dans le court espace de soixante heures, l'on construisit devant les portes deux batteries faites avec des sacs remplis de terre. A la porte de Cuarte, celle vers laquelle on pensait voir s'avancer l'ennemi, outre deux canons de vingt-quatre, on en plaça un autre au premier étage de la tour, et l'on ouvrit en même temps, au milieu de la rue du faubourg que le feu de la batterie devait balayer, un large et profond fossé. A droite de la même porte, et avant d'arriver à celle de San-José, entre les murs de la ville et la rivière, l'on établit quatre canons et deux obusiers ; mais il fallut renoncer à y ouvrir un fossé, à cause de la dureté des pierres dont est construite la jetée. On nomma cet ouvrage batterie de Santa-Catalina, du nom de la tour, à présent démolie, qui occupait autrefois le même emplacement. Nous en parlons ici à cause de l'importance qu'elle avait dans le système général de défense. Dans l'enceinte intérieure de la ville on coupa et obstrua les rues, les ruelles et les principales avenues au moyen de poutres, de carrosses, de charrettes et de tartanes. On boucha les portes et les fenêtres des maisons avec des matelas, des tables, des chaises et toute sorte de meubles, et l'on couvrit de la même manière et avec le même soin le haut des terrasses et des plates-formes. Derrière ces espèces de retranchemens, les maîtres des maisons attendaient l'ennemi, pourvus de projectiles et d'armes à feu, et il y eut même des femmes qui n'oublièrent pas parmi ces moyens de défense l'huile bouillante. Tous n'étaient occupés qu'à s'encourager réciproquement, résolus qu'ils étaient de défendre héroïquement leurs foyers.

La junte, en outre, pour retarder l'approche des Français, s'occupa de former un camp avancé à la sortie du bourg de Cuarte, à une lieue de distance de Valence. Il était composé de différens corps de nouvelle formation, et l'on en confia le commandement à Don Félipe Saint-March. Ces troupes prirent position près de l'ermitage de San-Onofre, sur la lisière du canal d'arrosement qui traverse le chemin conduisant à las Cabrillas. Sur ces entrefaites, Don José Caro, nommé brigadier-général dès le commencement de l'insurrection, et qui commandait à l'armée de Cervellon une division de paysans armés, accourut en toute hâte d'Almansa, où nous avons déjà dit qu'il avait pris position, au secours de la capitale, dès qu'il apprit les progrès que faisait l'ennemi. A son arrivée il se réunit à Saint-March, et tous deux se concertèrent sur les mesures à prendre pour s'opposer au maréchal français. Ils embusquèrent donc, au milieu des caroubiers, des vignes et des oliviers qui peuplent les environs, des tirailleurs adroits et courageux. Le gros de l'armée se plaça derrière une batterie qui enfilait le chemin creux par où l'on pouvait croire que la cavalerie ennemie viendrait l'assaillir, et dont le pont avait été coupé. Comme les généraux avaient prévu qu'il leur faudrait à la fin céder à la supériorité de la tactique et de la discipline françaises, ils voulurent au moins que leur retraite ne jetât pas l'alarme dans Valence : c'est pourquoi ils avaient songé, Caro à se replier sur sa gauche, et Saint-March à passer la rivière sur sa droite, et à se placer ensuite sur le monticule du magasin à poudre. Mais afin d'exécuter, au cas échéant, leur mouvement avec ordre, et d'éviter qu'ils arrivassent à la débandade en ville, ils établirent à leur arrière-garde une seconde ligne de défense prise du bourg de Cuarte, dont ils garnirent les maisons de troupes, en ayant soin de faire des coupures au chemin qui y conduit. Le 27, à onze heures du matin, commença le feu, qui fut soutenu de part et d'autre très-vivement pendant deux heures, et dura jusqu'à trois heures de l'après-midi. Enfin les Français traversèrent le canal et forcèrent la première ligne. Caro et Saint-March se retirèrent alors, comme ils en étaient convenus avant. Les Français vainqueurs se disposaient à les poursuivre lorsqu'ils s'aperçurent qu'on faisait feu sur eux du bourg de Cuarte. Incommodés d'un autre côté par celui que ne discontinuaient pas les paysans cachés dans les chenevières des alentours, ce ne fut qu'à six heures qu'ils parvinrent à entrer dans le bourg, dont les habitans se sauvèrent à l'abri des canaux, des chenevières et des mûriers qui couvrent la campagne. La perte fut considérable de part et d'autre : l'artillerie resta au pouvoir des Français.

Moncey s'avança alors jusque auprès du *jardin de Julia*, à une demi-lieue de Valence; la même nuit, il écrivit au capitaine-général comte de la Conquista pour le sommer de rendre la place : le colonel Solano fut chargé de cette dépêche. La junte s'assembla aussitôt, et on lui adjoignit, pour délibérer sur une affaire aussi épineuse, la municipalité, le corps de la noblesse, et celui des métiers (*gremios*). Le comte de la Conquista penchait pour la reddition de la place, voyant toute l'impossibilité qu'il y aurait à résister à un ennemi aguerri, avec des troupes ramassées à la hâte, et au milieu d'une ville pour ainsi dire ouverte; l'émissaire du maréchal, Solano, soutint la même opinion, et s'efforça de prouver qu'il n'y avait rien à craindre par rapport au passé, tant à cause de la douceur et de la noblesse de caractère du général français, qu'en raison des liens qui l'unissaient aux Valenciens : il voulait sans doute faire allusion aux familles du nom de Moncey qui étaient connues dans ce royaume, et à l'opinion de certaines personnes qui le considéraient comme originaire du même pays. On en était à ces discussions, lorsque le peuple, averti que l'on négociait, se porta en foule à la salle des séances; ce mouvement effraya ceux qui, au sein de la junte, opinaient pour la reddition, et encouragea en même temps le parti opposé, de manière que l'on n'hésita plus à rejeter la demande de l'ennemi. Alors tous les membres de l'assemblée, se mettant eux-mêmes à la tête du peuple, parcoururent toute la ligne, appelant et excitant tout le monde au combat. Une résolution si opportune enflamma tellement le peuple, qu'il n'y eut bientôt plus qu'un seul cri, celui de vaincre ou mourir.

Le 28, à onze heures du matin, on ouvrit le feu. Comme Moncey était maître de presque tout le faubourg de Cuarte, il lui fut facile de ranger ses bataillons derrière le couvent de San-Sebastian. A la faveur de cet abri, les ennemis pointèrent leurs canons sur la porte de Cuarte et la batterie de Santa-Catalina. Trois attaques consécutives furent dirigées avec la plus grande impétuosité sur le premier point, et autant de fois repoussées ; le feu de la batterie espagnole était conduit avec beaucoup d'habileté par le capitaine Don José Ruiz de Alcala, et le poste avait pour commandans les colonels baron de Petrès, et Don Bartholomé de Georget. Les ennemis ne négligèrent aucun moyen d'attaquer les nôtres de flanc, en se portant à la fois sur leur droite et leur gauche; mais, d'un côté, ils en étaient empêchés par les feux de la batterie de Santa-Catalina, et, de l'autre, par le feu de mousqueterie que les habitans faisaient sur eux du haut des remparts. L'enthousiasme des défenseurs de Valence allait jusqu'à la frénésie, chaque fois que l'ennemi reculait, mais ils n'en conservaient pas moins le meilleur ordre. L'on craignit un moment de manquer de mitraille, et aussitôt de toutes les maisons voisines l'on arracha les châssis des fenêtres et l'on envoya de tous côtés des barres et d'autres instrumens de fer, pour que, coupés en petits morceaux, ils pussent suppléer au manque de projectiles : les dames, même du plus haut rang, se disputèrent l'honneur de coudre les gargousses destinées à recevoir cette nouvelle mitraille. Après un tel exemple, quel est l'homme dont le bras eût laissé passage à l'ennemi? Le capitaine-général, les magistrats, l'archevêque lui-même, venaient de temps en temps se présenter au milieu de ce poste important, et inspirer par leur présence du courage aux moins braves.

Moncey, voulant changer son plan d'attaque, se replia avec ses soldats jusqu'à la croix de Mislata, et après un moment de répit, il attaqua la batterie de Santa-Catalina, située, ainsi que nous l'avons dit, à la droite de celle de Cuarte. Le colonel Don Firmo Valles commandait sur ce point, et la batterie était sous les ordres de Don Manuel Velasco et de Don José Soler. Les Français attaquèrent deux fois avec furie : la première, ils reculèrent, dévorés par le feu du canon et celui de la mousqueterie qui venait tomber sur leur flanc gauche; mais la seconde, ils prirent la fuite pêle-mêle, sans que la voix de leurs chefs parvînt à les retenir. Moncey s'obstinait toujours, et feignant de vouloir attaquer le rempart du côté où il donne sur la place du Carbon, il renouvela l'attaque sur la batterie de Santa-Catalina. Vain entêtement! Ses soldats, repoussés encore, abandonnèrent le terrain arrosé de leur sang. C'est dans cette attaque que se distingua l'officier Don Santiago O'Lalor, qui, le jour même, tomba lâchement assassiné par une main inconnue.

Les Français, déconcertés d'une défense si inattendue et si opiniâtre, tentèrent un dernier effort sur la ville. Il était cinq heures du soir, lorsque Moncey, se portant avec le gros de son armée sur la porte de Cuarte, fit passer une colonne par le couvent de Jésus pour aller attaquer la porte de San-Vicente, située à gauche de la première, et dont la garde était confiée au colonel Don Bruno Barrera, sous les ordres duquel les officiers Don Francisco Caro et Don Luis Almela commandaient l'artillerie. On regardait cette partie des remparts comme la plus faible, surtout vers le centre où se trouve placée, entre deux autres, la porte murée de Santa-Luisa, anciennement appelée porte de la Boatella. L'attaque commença, et les Espagnols pointèrent leurs canons avec tant de justesse, qu'ils parvinrent à démonter ceux de l'ennemi, et à le déloger de la position qu'il occupait, après avoir fait un terrible carnage dans ses rangs. Dès ce moment, et il était déjà huit heures du soir, le feu cessa des deux côtés. Dans toutes ces différentes attaques, des Français lancèrent dans la ville des grenades qui ne causèrent aucun dommage.

Le P. Rico se trouva constamment dans les endroits où il y avait le plus de danger, et contribua grandement à la défense de la ville par son énergie et son courageux maintien. Un autre Espagnol qui déploya une imperturbable valeur fut Juan-Bautista Moreno; sans fusil, et l'épée à la main, il ne cessait d'encourager ses camarades, et prit à sa charge d'ouvrir et de fermer les portes, sans s'inquiéter des périls qui le menaçaient à chaque pas. Mais un exemple de courage encore plus sublime fut donné par Miguel Garcia, aubergiste de la rue de San-Vicente, qui à lui seul fit cinq sorties à cheval, et, prenant chaque fois quarante cartouches, les employa toutes avec le succès d'un adroit tireur. Des faits comme ceux-ci sont dignes du burin de l'histoire, et ne doivent pas être dédaignés, lors même qu'ils partent d'humble lieu. Il convient au contraire de les répéter et de les graver dans le souvenir des bons citoyens, afin que de pareils exemples trouvent des imitateurs dans les circonstances où l'indépendance de la patrie serait en péril.

La résistance de Valence, quoique de courte durée, tint du merveilleux. Cette ville n'avait pas de soldats pour la défendre : ceux qui formaient auparavant sa garnison avaient été envoyés sur d'autres points, et ses chefs les plus entendus furent des officiers subalternes qui servirent de guide à la bravoure des habitans. Les Français perdirent plus de deux mille hommes, et parmi eux, le général du génie Cazal, avec d'autres officiers supérieurs. Les Espagnols, à l'abri des remparts et de leurs batteries, n'eurent à regretter que peu de leurs compatriotes, et dans le nombre personne de marque.

Le 29, à l'aube du jour, Don Pédro Tupper, placé en vigie sur le *miguelet*, ou tour de la cathédrale, donna avis que les ennemis semblaient vouloir se retirer. A peine pouvait-on croire à une si heureuse nouvelle; mais bientôt tout le monde put s'en assurer en voyant l'ennemi se diriger par Torrente pour prendre la route d'Almansa. La joie fut à son comble, et l'on espérait que le comte de Cervellon achèverait de détruire l'armée du maréchal Moncey, ou du moins le harcellerait et tomberait sur son arrière-garde. Mais le général espagnol était loin d'agir d'après le vœu commun. Il était venu à Alcira, lorsqu'il sut le passage des Français par las Cabrillas et leur marche sur Valence. Là, il resta tranquille, et ne chercha pas à disputer à Moncey le passage du Jucar, après la déroute qu'il venait d'essuyer devant les murs de la capitale. Cette conduite fut taxée d'indolente et de lâche; surtout parce qu'ayant consulté les officiers supérieurs de son armée sur la marche qu'il conviendrait de suivre en pareille conjoncture, tous opinèrent pour empêcher les Français de traverser la rivière; quant à lui, il se fonda, pour ne pas adopter leur avis, sur le peu de progrès qu'avaient encore faits ses soldats dans la discipline militaire : prudence peut-être louable, mais qui ne laissa pas, dans le temps, d'être amèrement censurée.

Ce qui acheva de nuire à sa réputation, même dans l'esprit des hommes les plus sensés, ce fut le contraste qu'offrit avec sa conduite celle de Don Pédro Gonzalez de Llamas et celle de Don José Caro. Nous avons vu, en effet, celui-ci accourir au secours de Valence, et si son mouvement n'eut pas de succès, du moins servit-il à retarder la marche de l'ennemi, ce qui fut d'une grande utilité pour donner aux habitans de la ville le temps de se préparer à faire une aussi remarquable et heureuse résistance. Le général Llamas, qui, de son côté, était venu de Murcie pour se rapprocher des montagnes d'Almansa, ayant appris que les Français allaient attaquer Valence, s'était avancé rapidement, et avait été se placer sur leurs derrières à Chiva, coupant ainsi leurs communications avec le chemin de Cuenca. Puis, obéissant plus tard aux ordres de la junte provinciale, il harcela l'ennemi jusque auprès du Jucar, où il s'arrêta, étonné de voir que Cervellon était resté inactif. On prodigua donc les louanges à Llamas et l'on imputa à Cervellon la faute de n'avoir pas taillé en pièces l'armée de Moncey avant qu'elle sortît du territoire valencien. Quoi qu'il en soit, cette manière d'agir, qualifiée par la plupart de répréhensible timidité, finit par lui coûter le commandement. Moncey poursuivit cependant sa retraite, harcelé par les populations au point de ne pas oser s'écarter de la grande route. Le 2 juillet, il passa les défilés d'Almansa, et à Albacete, il fit halte, pour donner du repos à ses troupes harrassées de fatigue.

En attendant, le gouvernement de Madrid ne savait quel parti il lui convenait d'embrasser. Il voyait avec douleur toutes ses espérances déçues, parce qu'il n'avait pu réprimer promptement l'insurrection des provinces au moyen des expéditions qu'il y avait envoyées. Il craignait aussi que les troupes éloignées de la capitale, éparpillées sur différens points du royaume, et sans cesse harcelées par les populations, ne finissent par perdre toute discipline. La maladie grave dont le grand-duc de Berg fut attaqué dans les premiers jours de juin ne contribua pas peu à augmenter la confusion, en enlevant aux membres de la junte un centre principal d'union et de force. Parmi les compatriotes de Murat, il y eut des gens qui le crurent empoisonné, et, parmi les Espagnols, il n'en manqua pas non plus qui regardèrent son mal comme un châtiment du ciel pour les violences et les assassinats exercés par ses ordres dans la mémorable journée du 2 mai. Les oisifs et les mauvaises langues allaient au contraire en chercher le principe à une source impure; et les faiblesses dont le duc n'était pas exempt justifiaient en quelque sorte la légèreté de leurs propos. Mais la véritable maladie de celui-ci était une de ces coliques, malheureusement si communes dans la capitale du royaume, et que leur fréquence même a fait désigner, dans une dissertation du savant Luzuriaga, sous le nom de coliques de Madrid. Il s'y joignait encore une fièvre tierce tellement violente et obstinée, que Murat, faiblissant chaque jour davantage d'esprit et de corps, fut obligé de se soumettre à l'avis des médecins qui lui conseillaient de retourner en France pour y prendre les eaux thermales de Baréges. Ce qui fit naître aussi le soupçon d'empoisonnement, ce fut que plusieurs soldats tombèrent malades en même temps et que quelques-uns moururent avec des symptômes d'un caractère douteux. Aussi, pour calmer les esprits, le baron Larrey, premier chirurgien de l'armée étrangère, examina les alimens, et le pharmacien en chef, M. Laubert, analysa soigneusement le vin qu'on vendait aux Français dans les différens cabarets et tavernes, tant à Madrid que hors de ses murs. L'on ne découvrit rien de nuisible dans les liquides : seulement, parfois on pouvait y remarquer un mélange de substances narcotiques plus ou moins excitatives, telles que l'eau de laurier et le poivron, que les marchands de vin et les cabaretiers ajoutent souvent à celui de la Manche, comme l'oxide de plomb ou la litharge qu'emploient ceux de France pour corriger l'aigreur de leurs vins. Ce mélange ne causait pas d'incommodité aux Espagnols, à cause de l'habitude qu'ils en avaient, et surtout de leur sobriété; mais il faisait beaucoup de mal aux Français, qui n'étaient pas accoutumés à cette boisson et faisaient d'ailleurs un grand abus des vins forts et spiritueux de notre terroir. L'examen et la déclaration faits par Larrey et Laubert tranquillisèrent les Français, qui redoutaient toujours quelque embûche de la part d'une nation qu'ils avaient si gravement offensée; mais le peuple espagnol aurait difficilement eu recours, pour venger ses offenses, à un moyen si peu dans ses habitudes, lorsqu'il s'en offrait d'autres dont il pouvait faire un juste et noble emploi.

A la place de Murat, Napoléon envoya à Madrid le général Savary, qui y arriva le 15 juin. Ce choix ne plut pas aux Français, à l'armée desquels se trouvaient plusieurs chefs qui se réputaient bien supérieurs à ce général en grade et en réputation militaire. Ce qui, dans l'esprit de quelques-uns, faisait aussi grand tort à la considération de la personne choisie, c'était qu'elle avait été souvent employée à des missions plus dignes d'un agent de police que d'un homme qui avait servi dans l'honorable carrière des armes. Savary n'était pas jugé plus avantageusement chez les Espagnols, parce que, surveillant assidu de Ferdinand pendant son voyage, c'était lui qui, par de trompeuses promesses, avait aidé à l'entraîner à Bayonne. Cependant son nom n'était ni aussi connu, ni aussi odieux que celui de Murat; il arrivait en outre dans un moment où l'on s'inquiétait peu dans les provinces de ce qui se faisait ou se défaisait à Madrid. Des affaires d'une plus grande et plus immédiate importance absorbaient alors toute l'attention.

L'emploi confié à Savary était nouveau et étrange en sa forme. Revêtu des mêmes pouvoirs que le lieutenant-royal Murat, il ne pouvait apposer sa signature à aucune résolution. C'était au général Belliard qu'il appartenait de légaliser tous les actes par la sienne; l'un lisait les lettres, les rapports, les dépêches adressés au lieutenant du royaume, il répondait, et décidait; l'autre se bornait, comme un cachet vivant, à signer ce qui lui était prescrit. Les décrets étaient intitulés au nom du grand-duc, comme s'il eût été présent, ou qu'il eût laissé ses pouvoirs à Savary; et voir celui-ci décider souverainement de toute chose mécontentait plusieurs autres chefs, qui se trouvaient blessés d'avoir à lui obéir.

Savary, pour montrer qu'il était le chef suprême, se logea au palais, et prit sans retard des mesures analogues aux circonstances. Il continua les fortifications du Retiro, et fit construire une redoute à l'entour de la fabrique royale de porcelaine établie dans ce jardin, et que l'on nomme *casa de la China*; c'est là qu'il emmagasina les vivres et les munitions de guerre. Ensuite il s'occupa de renforcer les armées éparses dans les provinces. Tel avait été l'ordre verbal de Napoléon, qui jugeait « qu'il était important d'occuper un « grand nombre de points, afin de répandre de toutes « parts les nouveautés qu'il voulait introduire. » Suivant ses ordres, et incertain du sort de Dupont, dont la correspondance était coupée, Savary résolut de lui envoyer le renfort des troupes commandées par le général Védel, qui se trouvaient à Tolède. Elles montaient à six mille fantassins, sept cents chevaux et douze canons. Le 19 juin ce corps quitta la ville, et fut rejoint en route par les détachemens des généraux Roize et Liger-Belair, que nous avons vus obligés de se réfugier à Madrilejos, à cause de l'insurrection générale de la Manche.

Les Français rencontraient partout des villages abandonnés et solitaires; ils étaient sans cesse incommodés par les coups de feu des paysans qui se cachaient dans les hauts blés, et malheur à ceux qui restaient en arrière! Cependant ils arrivèrent, sans contre-temps notable, devant Despeñaperros, à l'entrée de la Sierra-Moréna, dans la matinée du 26 juin. La position était occupée par le lieutenant-colonel espagnol Don Pédro Valdecañas, chargé auparavant de la poursuite des contrebandiers dans ces montagnes, et maintenant aposté en cet endroit pour s'établir à l'arrière-garde de Dupont, intercepter ses correspondances, et fermer le passage aux secours qui lui venaient de Madrid. Il avait coupé le chemin dans le plus étroit passage avec des rochers, des troncs et des branches d'arbres; il avait détruit le parapet du côté du précipice, et placé six canons derrière le retranchement. N'ayant guère que des paysans dans sa troupe, et peu au fait lui-même de cette espèce de guerre, il ne sut pas mettre à profit la supériorité que lui donnait le terrain. Les nôtres cédèrent promptement à l'attaque bien dirigée des Français; ils perdirent leur artillerie, et Védel poursuivit sans obstacle sa route jusqu'à la Carolina, où il s'incorpora un détachement que lui envoyait Dupont sous les ordres de l'officier Baste, le saccageur de Jaen. L'expédition arrivée à bon terme, Védel crut convenable de renvoyer en arrière quelques troupes pour fortifier certains points importans et tenir les communications ouvertes. Et cependant, bien que les intentions de l'ennemi parussent remplies par la jonction de Dupont et de Védel, puisqu'il pouvait dès lors, non-seulement correspondre avec Madrid, mais encore faire face aux Espagnols et détruire leur naissante armée, nous ne tarderons pas à voir comment les choses tournèrent bien autrement qu'il ne l'attendait.

Savary s'inquiétait également de Moncey, dont il ignorait le sort. Depuis que ce maréchal s'était avancé au-delà de la province de Cuenca, ses communications avaient été coupées, et on lui enlevait non-seulement des soldats isolés ou égarés, mais quelquefois des détachemens. Comme un nombre considérable de paysans s'étaient réunis, encouragés par ces petits succès qu'ils appelaient des victoires, il fut nécessaire de penser à les disperser. Dans ce but, on donna l'ordre au général Caulincourt, posté à Tarancon, de marcher avec une brigade sur Cuenca. Il arriva en vue de la ville, le 3 juillet, et, dans les environs, une troupe d'hommes sans chef fit une décharge sur ses troupes. C'en fut assez pour livrer cette malheureuse ville à toutes les horreurs d'une prise d'assaut. Des officiers municipaux et des membres du chapitre ecclésiastique, s'avançant avec une bannière blanche, voulurent implorer la clémence de l'ennemi. Mais celui-ci, résolu au pillage, et sans regarder au signal de paix, les força de fuir en les recevant à coups de canon. Les habitans s'effrayèrent à ce bruit, et s'enfuirent presque tous; il ne resta dans la ville que les vieillards, les malades et cinq communautés religieuses. Les Français n'épargnèrent ni maison, ni temple; tout fut profané et détruit, et nulle femme, quelque malade ou décrépite qu'elle fût, n'échappa à leur fureur brutale. Ils massacrèrent cruellement le vénérable prêtre Don-Antonio Lorenzo Urban, âgé de quatre-vingt-trois ans, exemple de toutes les vertus, après avoir reçu de ses propres mains le faible pécule que son ardente charité n'avait pas encore distribué aux pauvres. Ils mirent à la torture le père franciscain Gaspar Navarro, également octogénaire, pour lui faire déclarer de l'argent qu'il n'avait pas. Enfin d'autres actions non moins atroces et barbares souillèrent le nom français dans le sac immérité de Cuenca.

Non content du secours qu'il envoyait à Moncey sous le commandement de Caulincourt, Savary lui en expédia un second aux ordres du général Frère, le même qui avait été précédemment pacifier Ségovie. Celui-ci arriva à Requena le 5 juillet; mais apprenant que Moncey se retirait du côté d'Almansa, et que le passage de las Cabrillas était gardé par le général espagnol Llamas, il revint sur San-Clemente, et fit sa jonction avec le maréchal. Peu après, Savary étant informé que les débris de l'expédition de Valence étaient en sûreté, et désirant augmenter ses forces autour de lui, donna l'ordre à Caulincourt et à Frère de revenir à Madrid. Moncey, dont la division se trouvait affaiblie d'autant, et peut-être offensé de ce qu'un officier inférieur en grade et en services pût disposer des troupes qui devaient lui obéir, se désista de toute entreprise ultérieure, et se replia sur les bords du Tage.

Les Français, qui, en se divisant, n'avaient point obtenu les avantages qu'ils espéraient, commencèrent à s'apercevoir qu'il fallait changer de plan et concentrer leurs forces davantage. Toutefois Napoléon, obstiné dans ses desseins, persistait à vouloir que Dupont demeurât en Andalousie, en même temps qu'il désapprouvait qu'on lui envoyât continuellement des renforts. Mais, se trouvant sur le théâtre des événemens, et confiant d'ailleurs en la faveur dont il jouissait, Savary prit sur lui d'adopter une marche opposée, et fit connaître à Dupont qu'il était convenable d'abandonner les provinces qu'occupait celui-ci. Et pour que ce général pût plus facilement opérer son mouvement de retraite, il dirigea sur Manzanarès le général Gobert avec sa division, dans laquelle se trouvait la brigade de cuirassiers qui était en Espagne. Mais Dupont, soit par la crainte que lui donnait sa position, soit par le désir de se maintenir en Andalousie, donna l'ordre à Gobert de venir faire avec lui sa jonction, ordre auquel obéit celui-ci, après avoir laissé un bataillon à Manzanarès et un autre au Puerto-del-Rey.

Les chefs, comme il arrive dans les temps de trouble, étaient en perpétuel désaccord, et ne s'entendaient que pour augmenter sans cesse leurs forces au midi. En même temps, le point qu'il était le plus urgent de couvrir, celui de Bessières, que menaçaient les troupes de Galice, de Léon et des Asturies, restait sans secours. Il était clair pourtant qu'un avantage obtenu de ce côté par les Espagnols eût compromis le sort des Français dans toute la Péninsule, eût coupé leurs communications avec la frontière, et leur eût rendu toute retraite impossible. Cependant, en dépit d'une réflexion si palpable, on négligea Bessières, auquel on n'envoya de Madrid, et fort tard, que le secours d'une brigade et trois cents chevaux. Heureusement pour l'ennemi que, de ce côté, la fortune lui fut plus favorable, grâce à l'incapacité de certains chefs espagnols.

Après la bataille de Cabezon, le général Cuesta s'était retiré à Benavente. Il y recueillit les troupes dispersées, poursuivit les enrôlemens, et reçut le renfort du corps des étudians de Léon et de celui de Covadonga des Asturies. Ce fut là qu'on donna les premières leçons de l'art militaire aux nouvelles recrues, et qu'on les divisa en bataillons qui furent nommés *tercios*. Don José de Zayas se fit remarquer dans ces soins d'organisation. L'infanterie de Cuesta se composait de ces nouvelles troupes, et il n'avait d'autre cavalerie que le régiment de la reine, les gardes du corps qui s'étaient trouvés à Cabezon et l'escadron de carabiniers qui avait d'abord passé dans les Asturies. C'était une armée trop faible pour entrer en campagne, à moins que les troupes de cette dernière province et celles de la Galice n'agissent de concert. Le général Cuesta demanda donc avec instance qu'elles s'avançassent et vinssent faire leur jonction avec les siennes. La junte des Asturies, prête à condescendre à ses prières, fut retenue par les sages réflexions de son président, le marquis de Santa-Cruz de Marcenado, lequel fut d'avis que, loin d'accéder à la demande du capitaine-général de Castille, il fallait l'exhorter à quitter les plaines de cette province, pour se mettre à l'abri derrière les montagnes; car, n'ayant point de soldats, ni les uns ni les autres, mais seulement des hommes, ils seraient infailliblement défaits en rase campagne, et qu'ainsi s'éteindrait l'enthousiasme dont les populations étaient animées. La junte, convaincue de la justesse des raisons du marquis, résolut de ne point se défaire de son armée; elle consentit seulement, pour plaire à la multitude, à envoyer aux Castillans le régiment de Covadonga, composé de plus de mille hommes, aux ordres de Don Pédro Mendez de Vigo, et d'en faire, en outre, descendre à Léon, du port de Leitariégo, un égal nombre, sous la conduite du maréchal-de-camp comte de Toréno, père de l'auteur de cette histoire.

La demande de Cuesta rencontra également en Galice de graves difficultés. Le plan de Filangieri avait été de fortifier Manzanal, et d'organiser ses soldats en cet endroit et d'autres points du Vierzo, avant de risquer aucune bataille rangée. Mais la junte de Galice, se fondant sur la mauvaise santé de ce général, et sur ce que sa qualité d'étranger le faisait voir avec éloignement, l'avait dépouillé du commandement actif pour le rappeler à la Corogne, et avait nommé à sa place le quartier-maître-général Don Joaquin Blake. Celui-ci se mit, le 21 juin, à la tête de l'armée, et Filangieri, poursuivi par son mauvais destin, périt le 24, comme nous l'avons rapporté. Blake persista d'abord dans le plan d'instruire les troupes avant tout, espérant qu'avec les corps qu'il y avait en Galice, avec ceux d'Oporto, et les nouveaux enrôlés, il pourrait armer et discipliner quarante mille hommes. Les inquiétudes du temps l'empêchèrent de mener à bonne fin son louable projet. Désireux d'examiner et de reconnaître par lui-même la montagne et les chemins de Fuencebadon et Manzanal, il était sorti de Villafranca, et trouvant bon de prendre position sur les hauteurs qui forment une cordilière en avant de celle de Cébréro et Piedra Fita, limites de Galice, il s'y établit, étendant sa droite jusqu'au mont Teleno, qui regarde Sanabria, et sa gauche jusqu'auprès de Léon, par la Cépéda. De cette manière, non-seulement il défendait toutes les entrées principales de la Galice, mais il jouissait aussi des secours que lui offrait le Vierzo. Il commençait donc à mettre en œuvre le dessein d'exercer et d'organiser son monde, quand, le 28 juin, il reçut la visite de Don José de Zayas, qui vint lui demander, au nom du général Cuesta, d'avancer en Castille avec tout ou partie de son armée. Blake refusa, et le messager de Cuesta continua son chemin pour s'adresser à la junte de la Corogne, dont Blake dépendait. La triste fin de Filangieri, la terreur qu'avait répandue sa mort, les instances de Cuesta et les désirs de la multitude qui se gouverne plutôt par d'aveugles élans que par les conseils de la raison, firent triompher le plus pernicieux parti. On prévint Blake qu'il eût à se réunir à l'armée de Castille dans les plaines. Un peu avant d'en recevoir l'ordre, ce général avait réduit à quatre divisions les six qui, au commencement de juin, composaient les forces sous son commandement, et dont le nombre s'élevait à vingt-sept mille hommes d'infanterie, avec plus de trente pièces de campagne, et cent cinquante chevaux de différens corps. Il prit d'autres dispositions avec justesse et célérité, et s'il eût réuni au savoir et à la pratique militaire qu'il possédait, assez de fermeté ou d'influence pour tenir tête à l'opinion commune, il aurait à la fin mis sur un bon pied l'armée sous ses ordres. Mais, cédant à l'irrésistible tyrannie de l'opinion, il alla, dans les premiers jours de juillet, rejoindre à Benavente le général Cuesta. Il laissa seulement à Manzanal la seconde division, forte d'environ six mille hommes, aux ordres du maréchal-de-camp Don Rafaël Martinengo, et à la Puebla de Sanabria, un corps de mille hommes, commandé par le marquis de Valladorès, lequel agit ensuite en Portugal, de concert avec l'armée de ce pays. Quand il fut arrivé à Benavente avec les trois autres divisions, il y laissa la troisième, forte de cinq mille hommes, sous le commandement du brigadier Don Francisco Riquelme, pour qu'elle servît de réserve. Il se mit en mouvement dans la direction de Rioseco, avec les première et quatrième divisions, qui avaient à leur tête le chef d'escadre Don Felipe Xado Cagigal et le maréchal-de-camp marquis de Portago; il menait en outre avec lui le bataillon des volontaires de Navarre, qui appartenait à la troisième. On avait aussi disposé pour la marche une avant-garde conduite par le comte de Macéda, grand d'Espagne, et colonel du régiment d'infanterie de Saragosse. Le nombre de ces troupes montait à quinze mille hommes, lesquelles formaient avec celles de Cuesta un total de vingt-deux mille combattans. Mais on comptait dans les unes et les autres un grand nombre de paysans vêtus encore de leurs habits grossiers, et la cavalerie n'allait pas à cinq cents hommes. Les deux généraux s'étant réunis, celui de Castille prit le commandement en chef, comme plus ancien, et quoique ses troupes fussent très-inférieures en nombre et en qualité. L'harmonie désirable était loin de régner entre eux ; Blake désapprouvait bien des idées de Cuesta, et celui-ci s'offensait de ce qu'un général nouvellement promu par une autorité populaire pût mettre obstacle à ses plans. Mais le premier se soumettant par malheur à la supériorité que donnaient à l'autre les années, l'habitude du commandement et surtout cette circonstance que son avis était embrassé avec enthousiasme par la multitude, ne s'opposa, comme nous avons vu, ni à la sortie de Benavente, ni à ce projet obstiné d'aller à la rencontre de l'ennemi par les plaines qui s'étendaient devant son front.

Les Français, ayant reçu avis de l'intention des Espagnols, voulurent prendre les devans, et le 9, le maréchal Bessières sortit de Burgos. Le 13, les deux armées étaient à peu de distance, et, le 14 juillet au matin, leurs avant-postes se rencontrèrent à Palacios, à une lieue et demie de Rioseco. Celle des Français comptait douze mille fantassins et plus de quinze cents chevaux. Celle des Espagnols était supérieure en nombre, mais très-inférieure en discipline, en équipement et surtout en cavalerie, si nécessaire sur ce terrain plat, au point qu'il est incroyable qu'avec une armée si nouvelle et si dépourvue, Cuesta ait osé risquer une bataille rangée.

La désunion qui régnait entre les deux généraux espagnols, bien qu'elle n'eût pas encore éclaté, et le caractère entêté, impérieux, de celui de Castille, empêchèrent qu'ils ne prissent à l'avance et de concert toutes les mesures convenables. Blake, dans le tantôt du 13 et sur l'avis de l'approche des Français, se rendit de Castromonte, où il avait son quartier-général, à Rioseco, ville où se trouvait celui de Cuesta. Ils se contentèrent d'aller ensemble reconnaître le chemin qui conduit à Valladolid, le dernier étant convaincu que c'était par là qu'attaqueraient les Français. C'est à cela que se bornèrent les dispositions convenues d'avance.

Don Joaquin Blake, de retour à son camp, prépara ses troupes, reconnut de nouveau le terrain, et, le 14, à deux heures du matin, il établit ses divisions dans la situation qui lui parut la plus avantageuse, n'espérant pas grand secours de la coopération de Cuesta. Celui-ci, néanmoins, mit ses troupes en mouvement, dans la même direction, à quatre heures du matin. Mais, tout-à-coup, il fit halte, apprenant que l'ennemi s'avançait du côté de Palacios, à la gauche du chemin qui va de Rioseco à Valladolid. Blake, averti, fut aussi contraint de changer de plan et de s'acheminer sur ce point. On peut déjà comprendre quel préjudice dut causer au succès de la journée ce mouvement inattendu qu'il fallait faire opérer à des paysans et à des recrues. Ce fut une impardonnable faute au général de Castille de ne pas être mieux informé des mouvemens de l'ennemi, lorsque tout le monde s'offrait volontairement à les épier. Cuesta, craignant d'être attaqué, demanda du secours au général Blake, qui lui envoya sa quatrième division, aux ordres du marquis de Portago, et se plaça lui-même, avec l'avant-garde, les volontaires de Navarre et la première division, sur un plateau en haut d'une colline à droite du chemin de Rioseco à Palacios, et dans une plaine que les gens du pays appellent champs de Monclin. Ces forces réunies s'élevaient à neuf mille hommes. La position qu'il avait choisie n'était pas forte, car on pouvait aisément l'aborder par plusieurs points. Cuesta prit position en arrière, sur l'autre côté du chemin, laissant entre ses divisions et celles de Blake un grand espace vide. Il resta ainsi éloigné, ayant pris, à ce qu'il paraît, pour des Français les soldats du régiment provincial de Léon qui se montraient au loin sur sa gauche, et peut-être aussi poussé par la jalousie qui l'animait contre l'autre général, son collègue.

Arrivé en leur présence, le maréchal Bessières hésita un moment à attaquer les Espagnols, pensant qu'ils lui étaient très-supérieurs en nombre. Mais, ayant examiné de plus près cette étrange disposition, par laquelle il restait dans les troupes du front de bataille un vide tellement large et spacieux qu'elles semblaient plutôt deux armées distinctes que les corps échelonnés d'une même armée, alors il se rappela ce qui venait d'arriver à Cabezon, et donnant aussitôt l'ordre d'attaque, il résolut de se placer entre Blake et Cuesta. Le général français avait jugé que c'étaient deux lignes différentes, et que l'ignorance, l'incapacité des chefs avait placé les soldats si loin les uns des autres. Il était certainement difficile de présumer que l'intérêt de la patrie, ou, pour le moins, l'honneur militaire n'aurait pas fait taire, un jour de bataille, de petites et misérables passions. Nous croyons, quant à nous, qu'il y eut du côté de Cuesta le désir d'en avoir seul tout l'honneur, et, pour cela, d'accourir empêcher la défaite, lorsqu'il aurait vu son rival rompu ou, du moins, très-compromis. Il n'était pas permis à son orgueil blessé de voir combien un tel dessein était hasardeux et même téméraire. De son côté, Blake aurait agi avec plus de prudence, si, connaissant l'inflexible dureté de Cuesta, il eût évité de s'exposer à livrer bataille avec une partie seulement de l'armée.

Bessières, poursuivant son plan d'action, ordonna que les généraux Merle et Sabathier attaquassent, le premier la gauche, et le second le centre de la position de Blake. Le général Lassalle marchait avec eux;

à la tête de deux escadrons de cavalerie. Les nôtres résistèrent avec courage, et plusieurs d'entre eux, quoique nouveaux soldats, soutinrent l'attaque comme s'ils eussent été depuis long-temps accoutumés au feu. Cependant, le général Merle ayant gravi l'escarpement du plateau, les nôtres commencèrent à plier, et la gauche de Blake se mit en désordre. En même temps, Mouton avançait pour attaquer le corps de Cuesta, et s'établir entre les deux grandes moitiés de l'armée espagnole. A sa vue, les carabiniers royaux et les gardes du corps s'ébranlèrent sans attendre d'avis, et, dans une charge brillante, ayant culbuté les troupes légères de l'ennemi, les jetèrent dans un ravin, de ceux que les pluies creusent en ce pays. La cavalerie de la garde impériale s'élança au secours des siens, et nos cavaliers, cédant au nombre, se retirèrent derrière l'infanterie. Dans cette rencontre, les adjudans-majors de carabiniers, Escovedo et Chaperon, tombèrent morts, après avoir bravement combattu corps à corps avec divers soldats de l'armée ennemie. Au moment où la mêlée devenait plus vive, la quatrième division de l'armée de Galice se porta en avant, celle qui avait passé, du consentement de Blake, aux ordres immédiats de Cuesta. Les uns disent qu'elle agit de son propre mouvement, d'autres par une habile disposition du général. Il s'y trouvait deux bataillons de grenadiers tirés de divers corps, le régiment provincial de Santiago et le régiment de ligne de Toléde, auxquels se réunirent quelques recrues, entre autres du corps volontaire de Covadonga. Ils attaquèrent avec tant de résolution que les Français furent repoussés, défaits, et que les nôtres prirent quatre canons : moment critique pour l'ennemi, et qui fit voir quelle aurait pu être l'issue de la bataille, s'il y eût eu plus d'accord entre les généraux espagnols. Mais cet avantage dura peu. Dans l'intervalle, le désordre et la déroute s'étaient accrus parmi les troupes de Blake. En vain ce général avait voulu contenir l'ennemi avec la colonne de grenadiers provinciaux qu'il tenait comme en réserve; ceux-ci ne répondirent point à l'attente que donnait leur réputation, en grande partie par la faute de quelques chefs. Ils furent, comme les autres, enveloppés dans le désordre, et des chevaux ennemis qui atteignirent la hauteur achevèrent d'y porter la confusion. Alors Merle, plus libre dans ses mouvemens, se rejeta sur la quatrième division qui avait remporté l'avantage dont nous venons de parler, et la prenant en flanc par la droite, il la contint et la rompit. Les Français attaquèrent aussitôt avec intrépidité sur tous les points, couvrirent le plateau qui formait le haut de la position de Blake, et la peur se mettant avec la confusion parmi nos troupes inaguerries, ils les mirent en complète déroute. Il y eut des soldats individuellement, et surtout des officiers qui vendirent chèrement leur vie; parmi les plus braves, il faut compter l'illustre comte de Maceda, lequel, *prodigue de sa grande âme*, comme un autre Paul-Emile, préféra se jeter au devant de la mort, à voir de ses yeux la défaite de ses soldats. Ce fut vainement que le général Blake et son état-major, particulièrement les officiers Don Juan Moscoso, Don Antonio Buriel et Don José Maldonado, firent tous leurs efforts pour rallier leurs troupes. Les soldats étaient sourds à leur voix, et le seul bataillon des volontaires de Navarre, commandé par le colonel Don Gabriel de Mendizabal, se maintint à sa place, toujours uni et combattant. Le désordre s'accrut au point qu'il ne fut pas possible à Cuesta d'empêcher que la confusion ne gagnât ses troupes, et les deux généraux espagnols se retirèrent à peu de distance l'un de l'autre, sans être fort inquiétés par l'ennemi, mais conservant entre eux plus de rancune et de haine. Ils prirent le chemin de Villalpando et de Benavente. La perte des nôtres passa quatre mille hommes, en morts, blessés, prisonniers; égarés, auxquels il faut ajouter plusieurs pièces d'artillerie. L'ennemi eut environ trois cents morts et plus de sept cents blessés. Lamentable journée, dont la perte est due à l'ignorance et à l'aveugle obstination de Cuesta, au manque d'accord entre Blake et lui, à la faible et coupable condescendance de la junte de Galice. Les recrues et même les paysans ayant combattu avec enthousiasme et résolution, firent bien voir qu'avec plus de discipline et meilleure intelligence entre les chefs, ils auraient pu mener l'affaire à une glorieuse fin. Ce triste événement nuisit beaucoup à la cause de la patrie; on y perdit des hommes, des armes, des munitions, et, ce qui est pire, la confiance.

Rioseco paya durement la défaite essuyée presqu'à ses portes. Jamais le droit de la guerre ne put autoriser le sac et la destruction d'une ville qui n'avait par elle-même opposé aucune résistance. Mais l'ennemi, sous prétexte que des soldats dispersés avaient fait feu depuis les faubourgs, entra dans la ville, massacrant dans les places et les rues. Presque tous les habitans qui voulurent s'enfuir furent tués à la sortie de leurs demeures. Les Français renversèrent les maisons, les couvens, les églises, détruisirent les fabriques, et brûlèrent ce qu'ils ne purent emporter. Ils ôtèrent la vie à une foule de vieillards, d'enfans, de religieux, de moines et de femmes enfin auxquelles ils faisaient violence en présence de leurs pères ou de leurs maris. Ils emmenèrent dans leur camp d'autres femmes, dont ils abusèrent jusqu'à ce qu'elles expirassent. Ils brûlèrent plus de quarante maisons, et couronnèrent cette horrible journée en faisant de la belle église de Santa-Cruz un lieu de prostitution où furent victimes des passions de la soldatesque une foule de religieuses, sans qu'on respectât même les plus vieilles. Ces horribles excès durèrent plusieurs heures.

Bessières, après s'être avancé jusqu'à Benavente, poursuivit Cuesta sur le chemin de Léon, ville où celui-ci était arrivé le 17, et qu'il avait quittée le 18, pour se retirer vers Salamanque. Le général français, qui avait hésité jusque-là pour savoir s'il gagnerait ou non le Portugal, voyant ce mouvement, et sachant que Blake s'était replié avec les Asturiens derrière les montagnes, changea d'avis, et se contenta d'entrer à Léon et de parcourir le pays plat. Depuis le 22, le maréchal français avait ouvert une correspondance avec le général Blake, pour lui faire les offres les plus brillantes s'il voulait, lui et son armée, reconnaître Joseph. Le général espagnol répondit d'une manière ferme et digne, et ces communications se terminèrent par une lettre du premier, respirant un orgueil extrême, et par une réponse de l'autre, qui ne gardait plus de mesure, et n'exprimait que haine et mépris.

La bataille de Rioseco, fatale aux Espagnols, remplit de joie Napoléon; il la comparait à celle de Villaviciosa qui assura la couronne sur le front de Philippe V. Satisfait de cette heureuse nouvelle, ou s'en faisant plutôt un prétexte honorable, il quitta Bayonne, le 21 juillet, pour retourner à Paris, après avoir visité les départemens du midi de la France. Ce ne fut ni la première ni l'unique fois où, s'éloignant à propos, il cherchait à faire retomber sur d'autres les fautes qui seraient commises en son absence.

Joseph, que nous avons laissé sur la frontière d'Espagne et touchant le sol de ce royaume, avait, le 9 juillet, continué sa route à petites journées. Partout où il arrivait, on l'accueillait froidement; les rues des pays qu'il traversait étaient désertes, et il ne trouvait à sa rencontre que les autorités qui venaient lui débiter des harangues, contraintes par l'occupation française. Il apprit à Burgos le résultat de la bataille de Rioseco, ce qui lui permit de continuer plus à l'aise son voyage à Madrid. Dans le trajet, il voulut se montrer affable, mais il donna seulement occasion aux plaisanteries satiriques de ceux qui l'entendaient; car, peu formé encore dans la langue espagnole, il y mêlait des mots et des accens italiens, et ses discours, au lieu de captiver les esprits, ne faisaient qu'exciter le rire et la raillerie.

Le 20 enfin, il arriva à Chamartin vers midi, et descendant à la maison de campagne du duc del Infantado, il se disposa à faire son entrée à Madrid. Elle eut lieu, en effet, le soir même, à six heures et demie, et son cortége, entré par la porte de Recoletos, suivit la rue d'Alcala et la rue Mayor jusqu'au palais. On avait ordonné que les maisons fussent tendues et ornées en cérémonie; il n'y eut peut-être pas un habitant qui obéît. Joseph marchait escorté, pour plus de sûreté et de pompe, de plusieurs corps d'infanterie et de cavalerie, d'un nombreux état-major, et de quelques Espagnols des plus compromis. La silencieuse marche du cortége n'était interrompue que par les *vivats* de quelques Français établis à Madrid et par le bruit de l'artillerie. Les cloches, au lieu de carillonner comme en un jour de fête, sonnaient plutôt comme pour un enterrement. Bien peu d'habitans se montrèrent aux fenêtres, ou sortirent pour voir le spectacle de la solennité; et même la voix d'un individu qui poussa le cri de *vive Ferdinand VII !* causa quelque désordre, en faisant craindre l'explosion d'une trame. Cet accueil retraçait parfaitement l'état des esprits, et formait un étrange contraste avec celui qu'avait reçu Ferdinand VII, le 24 mars précédent. C'était la répétition de l'accueil fait à Charles d'Autriche, en 1710, où se mêlèrent à quelques cris en son honneur des acclamations pour Philippe V. Joseph ne s'offensa point, comme l'Autrichien, ni des clameurs ennemies, ni de la solitude significative. L'autre, en arrivant à la porte de Guadalajara, avait tourné à droite et s'était en allé par la rue d'Alcala, en disant : « C'est « une capitale sans population »; Joseph s'installa dans le palais, et depuis lors admit à le complimenter les autorités, les conseils et les personnages mandés à cet effet.

Maintenant, il ne semblera pas hors de propos que nous suspendions ce récit pour donner une idée succincte du nouveau roi, de son caractère et de ses qualités. Nous commencerons par affirmer, avec une liberté dépouillée de toute passion, que, dans des temps calmes, et pourvu d'une autorité, sinon plus légitime, au moins d'une origine moins odieuse, le monarque intrus, loin de déshonorer le trône, aurait aidé à la félicité de l'Espagne. Joseph était né en Corse, dans l'année 1768. Après avoir étudié au collége d'Autun en Bourgogne, il revint, en 1785, dans sa patrie, où il fut depuis membre de l'administration départementale, à la tête de laquelle était le célèbre Paoli. Marié en 1794 à une fille de M. Clary, l'un des plus riches habitans de Marseille, il accompagna le général Bonaparte dans sa première campagne d'Italie. Il était ambassadeur à Rome, lorsque, dans un soulèvement populaire, la multitude attaqua son palais et tua le général Duphot à ses côtés. A son retour, membre du conseil des cinq-cents, il défendit avec énergie son frère, alors en Égypte, et que le directoire attaquait vivement. Après avoir rempli d'importantes missions, après avoir signé le concordat, les traités de Lunéville, d'Amiens et d'autres encore, il prit place au sénat. Mais lorsque Napoléon convertit la France en un vaste camp, et ses habitans en soldats, il obligea son frère à ceindre l'épée, en lui donnant le commandement du quatrième régiment de ligne, un de ceux destinés à la fameuse descente en Angleterre. Mais Joseph n'excella point dans les armes, comme il aurait convenu à celui qui devait régner un jour sur une nation fière et hautaine comme l'espagnole. Napoléon, en montant au trône, offrit à Joseph la couronne de Lombardie, que celui-ci refusa; plus tard, en 1806, il accepta celle de Naples, et gouverna ce royaume avec assez d'intelligence et de succès. Il fut plus malheureux en Espagne, malgré les qualités réelles dont il était doué. Né dans une classe ordinaire, et ayant traversé tous les bouleversemens d'une grande révolution politique, il possédait à fond la connaissance des affaires et des hommes. Doux de caractère, gracieux de visage, instruit, poli et délicat dans ses manières, il aurait captivé les Espagnols, s'il ne les eût auparavant si grièvement blessés dans leur point d'honneur et leur fierté. En outre, l'extrême propension de Joseph à la mollesse et aux plaisirs, obscurcissant quelque peu ses belles qualités, donnèrent lieu à ce qu'on inventât sur sa personne des fables ridicules et des contes de bonnes femmes, qu'adoptait la multitude dans son inimitié passionnée. Ce fut au point que, non content de l'accuser d'être ivrogne et dissolu, on alla jusqu'à prêter des défauts à son corps; on prétendit qu'il était borgne. Son élocution aisée et fleurie lui devint elle-même très-nuisible; car, emporté par cette facilité, il se risquait, comme nous l'avons remarqué déjà, à prononcer des discours dans une langue qui ne lui était pas familière, et dont l'usage imprudent, joint au bruit exagéré de ses défauts, fit composer des farces populaires qui, représentées sur tous les théâtres du royaume, contribuèrent à déverser sur sa personne, non la haine, mais le mépris; et c'est, de tous les sentimens de l'âme, le plus terrible contre celui qui veut assurer une couronne sur son front. En résumé, Joseph, bien que pourvu de plusieurs louables qualités, manquait de ces vertus austères et belliqueuses qu'exigeait alors l'Espagne, et ses imperfections, faibles taches à toute autre époque, se grossissaient démesurément aux yeux d'une nation offensée et furieuse.

Le peu de jours que le nouveau roi résida à Madrid se passèrent en cérémonies d'étiquette. On fixa au 25 juillet celle de son couronnement (*proclamacion*); ce jour fut préféré parce que c'était la fête de Saint-Jacques, et que l'on croyait plaire en cela à la dévotion espagnole qui le reconnaît pour patron du royaume. Les fonctions de grand porte-étendart (*alferez-mayor*) furent remplies par le comte de Campo-Alange, en l'absence et sur le refus du marquis d'Astorga, auquel elles appartenaient de droit.

Toutes les autorités, après avoir complimenté Joseph, lui prêtèrent, ainsi que les principaux personnages, serment de fidélité. Il n'y eut que le conseil de Castille et la cour des alcaldes qui s'y refusèrent. La conduite du premier de ces corps serait bien digne d'éloges, s'il eût précédemment opposé une résistance honorable et constante aux résolutions du pouvoir intrus. Il avait bien quelquefois, en publiant ses décrets, supprimé la formule *qu'on les gardât et accomplît*; mais il les laissait imprimer et répandre sous son nom. Le peuple, qui ne s'attachait point aux menues formalités, blâmait le conseil et lui reprochait la sanction de tels documens, tandis que les hommes éclairés déploraient qu'il fît usage d'un échappatoire indigne de magistrats suprêmes. En effet, en même temps que les membres du conseil courbaient le front devant l'usurpateur, ils cherchaient, dans des subtilités et des subterfuges, à se décharger de la responsabilité grave qui pesait sur eux : conduite qui les mit mal avec tous les partis.

Depuis l'arrivée de Joseph en Espagne, on avait ordonné au conseil qu'il se disposât à prêter le serment d'usage. Le 22 juillet, on lui avait expressément réitéré l'ordre d'accomplir cet acte, suivant les stipulations de la constitution de Bayonne, qu'on lui avait fait répandre officiellement d'avance. Le conseil, instruit de la résistance générale des provinces, et prévoyant la responsabilité qu'il pouvait encourir, avait essayé de gagner du temps, et ne répondit point, avant le 24, aux ordres reçus. Ce jour-là, il remit deux représentations, qui embrassaient les deux points du serment et de la constitution. A l'égard de la dernière, il exposa « qu'il ne représentait pas la nation, « que ce droit appartenait uniquement aux cortès, « lesquelles n'avaient point admis la constitution. Que « ce serait une infraction manifeste de tous les droits « les plus sacrés, puisqu'il ne s'agissait plus de l'éta- « blissement d'une loi, mais de l'abolition de tous « les codes et de la formation d'autres codes nou- « veaux, que de l'obliger à en jurer l'observation, « avant que la nation les eût reconnus et acceptés. » Juste et salutaire doctrine, dont le même conseil s'éloigna trop souvent dans la suite.

Même dans la présente affaire, il céda finalement en ce qui touchait la constitution de Bayonne, qui fut publiée et communiquée, avec son autorisation, le 26 juillet. Il fut encouragé à tenir bon sur le refus de serment par les avis confidentiels qui commençaient à faire connaître la situation critique des Français en Andalousie. En conséquence, il persista, le 28, dans les motifs allégués, en ajoutant de plus des scrupules de conscience. La nécessité l'aurait bien contraint de sacrifier les uns et les autres, et de se soumettre aux ordres qui lui étaient donnés, comme il lui était arrivé précédemment en toutes choses, si de grands événemens, survenus de l'autre côté de la Sierra-Moréna, n'eussent distrait des scrupules du conseil, et suscité au gouvernement intrus des embarras inespérés.

En cet endroit, la bataille de Bailen se nomme

d'elle-même : événement mémorable, qui exige de nous un récit détaillé.

Le lecteur n'aura point oublié que Dupont, après avoir abandonné Cordoue, s'était replié sur Andujar, et qu'ayant établi dans cette ville son quartier-général, il y avait successivement reçu les renforts amenés par les généraux Védel et Gobert. Avant cette retraite, et pour l'empêcher, les Espagnols avaient formé un plan de campagne. Don Francisco-Xavier Castaños s'opposait à ce qu'il fût suivi, pensant, peut-être avec raison, qu'il fallait avant tout organiser l'armée dans un camp retranché devant Cadix. Pendant ce temps, Dupont déjoua par son mouvement rétrograde l'intention qu'on avait de le cerner. Les nôtres en prirent d'autant plus de résolution, et le seul Castaños persista dans son premier avis. La junte de Séville inclinait à l'adopter, jusqu'à ce qu'emportée par la voix publique, et sachant que des troupes de renfort s'avançaient pour se réunir à l'ennemi, elle décida qu'on l'attaquerait dans Andujar.

Castaños, depuis qu'il avait pris le commandement de l'armée d'Andalousie, s'était occupé de la grossir, et de discipliner les innombrables paysans qui venaient volontairement s'y enrôler. Il établit son quartier-général à Utréra, et ce fut dans cette ville et à Carmona que se réunirent successivement toutes ses forces, tant celles qui venaient du camp de Saint-Roch, de Cadix et de Séville, que celles qui avaient combattu avec Echavarri à Alcoléa. Celles de Grenade ne tardèrent pas à s'approcher et à donner la main aux autres. Pour plus de sûreté, Castaños pria le général Spencer, qui était à Cadix avec cinq mille Anglais, à bord de l'escadre de sa nation, de débarquer et de prendre position à Xerez. Dans le premier moment, ce général n'accéda point au désir de Castaños, et préféra se rendre à Ayamonte pour y soutenir l'insurrection portugaise; mais il revint peu de temps après débarquer au port Sainte-Marie, où il ne fit qu'un court séjour, sans prendre aucune part à la guerre d'Andalousie.

Les chefs espagnols, une fois tombés d'accord, disposèrent leurs armées en trois divisions avec un corps de réserve. La première était commandée par Don Téodoro Reding, qui avait sous ses ordres les troupes de Grenade; la seconde, par le marquis de Coupigny, et la troisième, par don Félix Jones, qui devait agir de concert avec la réserve commandée par Don Manuel de la Peña. Le total des forces montait à vingt-huit mille fantassins et deux mille chevaux. Sous les ordres de Don Juan de la Cruz, se trouvait une faible division, formée des compagnies de chasseurs de quelques régimens, de paysans et d'autres troupes légères, et enfin de petits pelotons de cavalerie. Cette division pouvait monter à un millier d'hommes. Don Pédro Valdecañas commandait aussi, d'un autre côté, quelques détachemens de gens ramassés sans choix.

En s'avançant, les Espagnols s'étendirent, le 1.er juillet, jusqu'au bourg du Carpio, sur la rive gauche du Guadalquivir. Les Français, pour faire des vivres et couvrir leur flanc, avaient envoyé dans le même instant, à Jaen, le général de brigade Cassagne avec mille cinq cents hommes. A onze heures de ce même jour, et à leur approche de la ville, les Français eurent diverses rencontres avec les nôtres, et jusqu'à la nuit du 3, qu'ils l'abandonnèrent, ils furent perpétuellement en alertes et en combats, soit contre des paysans, soit contre le régiment suisse de Reding et les volontaires de Grenade, qui étaient accourus à la défense de leurs voisins. Dupont, instruit du mouvement du général Castaños, et voulant concentrer ses forces, avait ordonné à Cassagne de revenir, ce qui délivra Jaen de la seconde occupation de soldats qui lui avaient fait tant de mal à la première.

Comme on insistait de toutes parts pour attaquer vigoureusement l'ennemi, les chefs espagnols tinrent à Porcuna, le 11 juillet, un conseil de guerre, où l'on arrêta un plan d'attaque. Suivant les résolutions prises, Don Teodoro Reding devait traverser le Guadalquivir par Mengibar, et se diriger sur Bailen, soutenu par le marquis de Coupigny, qui devait passer le fleuve à Villanueva. Don Francisco-Xavier Castaños fut chargé d'avancer en même temps avec la troisième division et la réserve, et d'attaquer de front l'ennemi, dont le flanc droit devait être inquiété par les troupes légères et les corps francs de Don Juan de la Cruz, lequel, passant sur le pont de Marmolejo, qui, bien qu'antérieurement coupé, était déjà franchissable, prit en effet position sur les hauteurs de Sementera.

Le 13, on commença de mettre à exécution le mouvement concerté, et, le 15, il y eut différentes escarmouches. Dupont, inquiet des troupes qu'il voyait devant lui, demanda à Védel de lui envoyer de Bailen le secours d'une brigade. Mais celui-ci, ne voulant point se séparer de ses soldats, vint en personne avec toute sa division, laissant seulement Liger-Belair avec mille trois cents hommes pour garder le passage de Mengibar. Le même jour, 15, les Français attaquèrent Cruz, qui, après avoir vaillamment combattu, se retira à Peñascal-de-Moralés, tandis que les ennemis se repliaient sur leurs positions. Le 16, il n'y eut au corps de bataille, c'est-à-dire dans la division de Castaños, qu'une vive canonnade; mais le combat que soutint ce même jour le général Reding fut important et glorieux pour les Espagnols.

Selon le plan convenu, ce général se prépara à attaquer l'ennemi, et, tout en le menaçant dans sa position de Mengibar, à quatre heures du matin, il traversa le fleuve à une demi-lieue, au gué nommé *del Rincon*. Il le délogea ensuite de tous les points qu'il occupait, et força Liger-Belair à se retirer sur Bailen. En volant de cette ville au secours de celui-ci, le général Gobert reçut une balle dans la tête, dont il mourut peu de momens après. Des corps nouveaux, comme celui d'Antéquera et quelques autres, firent ce jour-là leurs premières armes d'une manière brillante, et le major-général Don Francisco-Xavier Abadia, militaire expérimenté, contribua beaucoup à la justesse et à l'à-propos des mouvemens. Rien n'arrêtait plus la marche victorieuse des Espagnols. Mais Reding, en prudent capitaine, suspendit la poursuite de l'ennemi, et, repassant le fleuve dans le tantôt, il attendit que Coupigny fit sa jonction. Ce jour sembla de bon augure, car en 1212, le même 16 de juillet, suivant le comput du temps, avait été gagnée, par Alphonse IX sur les Mores, la célèbre bataille de Las-Navas de Tolosa, village peu distant. On peut même remarquer que l'endroit où se fit le plus grand carnage des Mores, et qui conserve encore le nom de *Champ du Massacre*, fut le même où le général Gobert tomba mortellement blessé.

Par suite de cet échec, Dupont décida que Védel revînt à Bailen et rejetât les Espagnols de l'autre côté du fleuve. L'effroi commençait à déconcerter les Français. Il s'augmenta par la nouvelle qui leur parvint des événemens de Valence, et de tous côtés ils ne voyaient et ne rêvaient que des corps ennemis. Il résulta de cette disposition que Dufour, successeur de Gobert, et Liger-Belair, avertis par la perte qu'ils avaient essuyée le 16, à Mengibar, et craignant que les Espagnols, commandés par Don Pedro Valdecañas, qui avaient attaqué et surpris à Linarès un détachement français, ne s'emparassent des passages de la montagne et ne fussent ensuite soutenus par la division victorieuse de Reding, au lieu de se maintenir à Bailen, se mirent en route pour gagner le village de Guacoman, à trois lieues de là. Ils étaient déjà en marche, quand Védel, au retour d'Andujar, arriva dans la première de ces communes. Sans attendre aucun avis, craignant que Dufour et son collègue ne fussent attaqués, il passa outre, et, s'étant joint à eux, ils s'avancèrent tous ensemble à la Carolina et à Santa-Helena.

Dans l'intervalle, et le lendemain de la glorieuse affaire qu'il avait remportée, le général Reding leva son camp, repassa de nouveau le fleuve, dans le tantôt du 17, et, s'incorporant le matin du 18 la division du marquis de Coupigny, ils entrèrent tous deux à Bailen le même jour. Sans laisser à leurs troupes un long repos, ils se disposaient à retourner sur Andujar, dans le dessein d'enfermer Dupont entre leurs divisions et celles qui étaient restées sur les hauteurs, quand tout-à-coup ils rencontrèrent les troupes de ce général, qui marchaient en hâte et silencieusement. Les Français étaient partis d'Andujar le 18, à l'entrée de la nuit, après avoir détruit le pont et les ouvrages qu'ils avaient élevés pour sa défense. Ils choisirent l'obscurité, dans le désir de cacher leur mouvement et de sauver l'immense bagage qui suivait leurs corps.

Dupont ouvrait la marche avec deux mille six cents combattans, et Barbou commandait la colonne d'arrière-garde. Ni les Français, ni les Espagnols n'imaginaient être si proches; mais ils furent désabusés par la fusillade que l'on commença à entendre de nuit aux avant-postes. Les généraux espagnols, qui étaient réunis dans un moulin d'huile à la gauche du chemin d'Andujar, restèrent un moment à douter si les coups de fusils étaient une imprudence de nouvelles recrues, ou une rencontre de l'ennemi. Mais ils furent bientôt tirés de ce doute par une grenade qui tomba presque à leurs pieds, à minuit et quelques minutes, c'est-à-dire au commencement du 19. C'était, en effet, le feu des troupes françaises, qui, étant sorties les premières et de meilleure heure d'Andujar, avaient eu le temps d'arriver jusque-là. Les chefs espagnols firent faire halte, et Don Francisco Venegas Saavedra, qui commandait l'avant-garde pendant la marche, maintint l'ordre convenable et arrêta l'ennemi par une diversion, tandis que le reste des troupes, qui s'étaient déjà mises en chemin, retournaient se placer aux positions qu'elles occupaient précédemment. Les Français, de leur côté, avancèrent jusqu'au-delà du pont qui se trouve à une demi-lieue de Bailen. De l'une et de l'autre part, la bataille ne commença formellement à s'engager que vers quatre heures du matin. Bien que les deux grands corps ou divisions qui formaient les forces espagnoles présentes à l'action fussent aux ordres des généraux Reding et Coupigny, celui-ci obéissant au premier, les deux chefs accouraient indistinctement avec l'élite de leurs troupes sur les points attaqués avec le plus de vigueur. Le savoir et le tact du major-général Abadia les aidèrent puissamment pour le succès des mesures.

La première attaque eut lieu sur le point où se trouvait Coupigny ; ses soldats la repoussèrent vigoureusement, et les gardes wallones, les Suisses, les régimens de Bujalance, de Ciudad-Real, de Truxillo, de Cuenca, les sapeurs et la cavalerie du régiment d'Espagne attaquèrent ensemble les hauteurs qu'occupait l'ennemi, et l'en délogèrent. Celui-ci, entièrement rompu, se réfugia sur le pont et recula même à une grande distance. Dupont, ralliant alors ses forces, revint à la charge, reprit une partie du terrain perdu, et étendit son attaque contre le centre et l'aile droite espagnole où se trouvait Don Pédro Grimarest. Les nôtres fléchissaient de ce côté ; mais ils furent à propos secourus par Don Francisco Vénegas, et les Français, mis en désordre, furent contraints de se replier. Les ennemis répétèrent à plusieurs reprises, et avec acharnement, leurs tentatives contre toute la ligne, et chaque fois ils furent repoussés avec un égal succès. Notre artillerie fut parfaitement servie par les soldats et les officiers de cette arme, aux ordres des colonels Don José Juncar et Don Antonio de la Cruz, qui parvinrent à démonter d'une manière surprenante l'artillerie de l'ennemi. La soif causée par l'excessive chaleur était si forte, que les combattans ne mirent nulle part plus d'acharnement que pour s'emparer, tantôt les uns, tantôt les autres, d'une citerne placée un peu plus bas que le moulin d'huile dont il a été fait mention.

A midi et demi, Dupont, plein de dépit et de rage, se mit avec tous les généraux à la tête des colonnes, et ils firent à la fois une charge désespérée contre l'armée espagnole. Ils essayèrent surtout, par un choc furieux, de rompre notre centre, où étaient les généraux Reding et Abadia, et les marins de la garde impériale s'avancèrent jusqu'à toucher presque les canons. Mais leurs efforts furent inutiles. Tant d'habileté et d'audace se brisa contre la bravoure et la constance de nos soldats. Enfin, l'ennemi, harrassé, perdant courage, voyant ses bataillons éclaircis et n'apercevant aucun refuge, aucune issue, proposa une suspension d'armes que Reding accepta.

Tandis que la victoire couronnait ce général, Don Juan de la Cruz n'était pas resté dans l'inaction. Informé du mouvement de Dupont, dans cette même nuit du 18, il s'était avancé jusqu'à los Baños, et, prenant position près du Herrumblar, à la gauche de l'ennemi, il le harcela beaucoup. Castaños ne dut savoir que plus tard la retraite des Français, car ce ne fut que le matin du 19 qu'il ordonna à Don Manuel de la Peña de se mettre en marche. Celui-ci mena avec lui la troisième division renforcée, la réserve demeurant à Andujar avec le général en chef. Peña arriva sur le champ de bataille au moment où l'on capitulait. Il avait auparavant fait tirer quelques coups de canon pour avertir Reding de son approche, et peut-être que cet avis décida les Français à se rendre.

Védel, qui n'avait découvert aucune troupe espagnole pendant toute sa course dans la Sierra-Moréna, s'étant réuni à Dufour, passa, le 18, à la Carolina, après avoir laissé, pour défendre le passage à Santa-Helena et Despeña-Perros, deux bataillons et quelques compagnies. Il était dans ce village, quand, au point du jour du 19, entendant la canonnade du côté de Bailen, il se mit en marche, quoique lentement, vers le point d'où venait le bruit. Il touchait déjà aux avant-postes espagnols, que ceux-là reposaient encore sous la foi de la trêve conclue. Cependant Reding, averti, envoya au général français un parlementaire avec la nouvelle de ce qui venait d'arriver. Védel balança, ne sachant s'il respecterait ou non la suspension convenue; mais à la fin, il dépêcha un de ses officiers pour s'assurer du fait.

Les Espagnols occupaient de ce côté les deux bords du chemin; près de l'ermitage de San-Cristoval, qui est à la gauche en allant de Bailen à la Carolina, s'étaient placés un bataillon du régiment d'Irlande, et le régiment des ordres militaires aux ordres de son brave colonel Don Francisco-de-Paula Soler. En face, et de l'autre côté, était un autre bataillon du régiment d'Irlande, avec deux canons. Védel, fâché d'avoir suspendu sa marche, ou peut-être agissant avec déloyauté, une demi-heure après avoir reçu le parlementaire de Reding et envoyé un officier à Dupont, donna l'ordre au général Cassagne d'attaquer la position des Espagnols qui vient d'être indiquée. Nos soldats reposant sous la foi du traité, il fut facile aux Français de mettre en déroute le bataillon d'Irlande qui se trouvait là, de lui faire un grand nombre de prisonniers, et même de lui enlever les deux canons. L'ennemi rencontra plus de résistance dans les troupes que commandait Soler, lequel soutint intrépidement l'attaque du chef de bataillon Roche. Ce point de l'ermitage de San-Cristoval était pour les Français d'une grande importance, parce qu'ils ouvraient, en s'en emparant, les communications avec Dupont. Voyant l'habile et vigoureuse résistance qu'opposaient les Espagnols, Védel allait attaquer en personne l'ermitage, lorsqu'il reçut de son général en chef l'ordre de ne faire aucun mouvement, ce qui l'arrêta dans un projet que les Espagnols qualifièrent de trahison.

On négociait cependant les conditions de l'armistice précédemment conclu. Dupont envoya, pour ouvrir les négociations, le capitaine Villoutreys, de son état-major. Le général français demandait la suspension d'armes, et la faculté de se retirer librement à Madrid. Reding accorda la première demande, faisant observer que, pour la seconde, il fallait s'aboucher avec Don Francisco-Xavier Castaños, qui commandait en chef. On recourut donc à celui-ci, les Français ayant donné pouvoir au général Chabert de signer un arrangement. Castaños penchait à accepter la proposition de laisser l'ennemi repasser sans obstacle la Sierra-Moréna. Mais l'arrogance française ayant choqué tout le monde, excita le comte de Tilly à s'opposer à l'avis du général; et celui du comte était de grand poids, comme venant d'un membre de la junte de Séville et d'un homme qui avait pris grande part à la révolution. Une circonstance vint à son aide : on avait intercepté une dépêche du général Savary dont un officier français, M. de Fénélon, était porteur. On y informait Dupont qu'il eût à se retirer à l'instant même sur Madrid, pour coopérer au mouvement des troupes qui allaient faire face aux généraux Cuesta et Blake, lesquels s'avançaient par la Castille-Vieille. A la lecture de cette dépêche, Tilly persista vivement dans son opinion, ajoutant que la victoire remportée dans les champs de Baïlen ne servirait à rien autre chose qu'à favoriser les désirs de l'ennemi, si l'on permettait aux troupes françaises d'aller rejoindre celles qui étaient au-delà des montagnes. A ces paroles, les négociateurs français, irrités, s'emportèrent en invectives contre les Espagnols volontaires, exagérant les excès commis par ces derniers. Les nôtres ne restèrent point en arrière dans leur réplique, reprochant aux Français leurs scandales, leurs perfidies et leurs pillages; et les esprits s'aigrissant des deux parts, les négociations furent brusquement rompues.

Mais les Français ne tardèrent pas à les reprendre. La situation de leur armée devenait à chaque instant plus critique et plus périlleuse. Au bruit de la victoire, toute la population du district était accourue en armes, et l'ennemi, cerné par ces masses et par les soldats vainqueurs, harrassé de fatigues, suffoqué de chaleur et mourant de soif, tombait dans le découragement et le désespoir. Les chefs français ne pouvant supporter le douloureux spectacle qu'offraient leurs soldats, et quelques-uns, quoiqu'en petit nombre, craignant de perdre le riche butin qu'ils emportaient, insistèrent généralement pour qu'une capitulation fût conclue. Comme les premières conférences n'avaient pas eu d'heureuse issue, on choisit pour les diriger le général Marescot, qui s'était par hasard réuni à l'armée de Dupont. Le nouveau plénipotentiaire était connu dès long-temps du général Castaños, et ceux qui l'élurent se flattèrent qu'à la faveur de cette ancienne amitié il pourrait conduire les négociations à prompte et bonne fin.

Déjà de nouvelles conférences étaient ouvertes, et cependant il y eut des officiers français qui, écoutant plutôt les souvenirs de la gloire acquise que ce qu'exigeaient leur triste situation et leur foi engagée, proposèrent d'attaquer subitement les lignes espagnoles, et, faisant leur jonction avec Védel, de se sauver à tout risque. Dupont lui-même, surpris et troublé, donna des ordres contradictoires, dans l'un desquels il insinuait au général Védel de se regarder comme libre de se mettre en sûreté. Une telle autorisation suffit à ce général pour commencer, dès la nuit, son mouvement de retraite, rompant ainsi la trêve. Les Espagnols s'étant aperçus de sa fuite, signifièrent à Dupont que, si lui et les siens ne remplissaient pas la parole donnée, non-seulement la négociation serait rompue, mais que toutes ses divisions seraient passées au fil de l'épée. Intimidé par cette menace, le général français expédia des officiers de son état-major pour arrêter Védel dans sa marche, lequel, bien qu'enveloppé par des essaims de paysans et harcelé par l'armée espagnole, hésitait encore s'il devait obéir. Mais les officiers et les soldats de son corps étaient tellement démoralisés, que, sur vingt-trois chefs qu'il convoqua en conseil de guerre, quatre seulement opinèrent pour que l'on continuât la retraite commencée. Védel se soumit à contre-cœur à l'avis de la majorité.

On termina donc la capitulation, obscure et contradictoire en quelques-unes de ses parties, ce qui donna lieu plus tard à des démêlés et à des disputes (1). Suivant les premiers articles, on faisait une différence bien marquée entre les troupes de Dupont et celles de Védel. Les unes étaient considérées comme prisonnières de guerre, devant rendre les armes et se soumettre aux conditions de cet état; les autres, bien qu'obligées d'évacuer l'Andalousie, ne devaient livrer leurs armes qu'en dépôt, pour qu'elles leur fussent rendues à leur embarquement. Mais cette distinction disparaissait dans l'article 6, où il était stipulé que toutes les troupes françaises d'Andalousie mettraient à la voile de San-Lucar et de Rota pour Rochefort, sur des bâtimens portant équipages espagnols. Nous

(1) N° 18, App.

ignorons s'il y eut ou non malice dans l'insertion de cet article; mais si elle vint d'une ruse des négociateurs français, ils se prirent alors à leur propre piége, car il était impossible de frêter assez de bâtimens avec des équipages nationaux. Nous croyons beaucoup plus probable que tout le monde désirant ardemment d'en finir, on se hâta de rédiger et de fermer la convention, et qu'on la laissa en partie vague et ambiguë.

La capitulation fut signée à Andujar, le 22 juillet, par le général Castaños et le comte de Tilly, du côté des Espagnols, par les généraux Marescot et Chabert, du côté des Français. Le lendemain, les forces aux ordres immédiats du général Dupont défilèrent devant la réserve et la troisième division espagnoles ayant à leur tête les généraux Castaños et Don Manuel de la Peña. On trouva généralement mauvais que le plus grand honneur de la victoire fût précisément donné aux troupes qui avaient le moins contribué à la remporter. Le premier corps français se composait de huit mille deux cent quarante-huit hommes, qui déposèrent les armes à quatre cents toises du camp. Le 24, Castaños se rendit à Bailen, où les divisions Védel et Dufour, qui comptaient neuf mille trois cent quatre-vingt treize hommes, abandonnèrent leurs fusils après les avoir formés en faisceaux sur le front de bandière. Ils livrèrent en outre, les uns et les autres, leurs aigles, leurs chevaux et leur artillerie qui comprenait quatre pièces. De sorte qu'en ajoutant aux soldats qui avaient péri dans la bataille, les corps qui déposèrent les armes, et les détachemens qui se rendirent ensuite isolément dans la montagne et dans la Manche, la perte totale de l'ennemi dépassait vingt-un mille hommes. Le nombre de ses morts montait à plus de deux mille, et celui des blessés n'était pas moins considérable. Parmi les premiers, étaient le général Dupré et plusieurs officiers supérieurs. Dupont reçut également une contusion. De notre part, il y eut deux cent quarante-trois morts et plus de sept cents blessés.

Ce fut un jour de bonheur et de gloire pour les Espagnols, d'éternelle renommée pour ses soldats, de terrible et douloureuse humiliation pour leurs ennemis. Jusqu'alors vainqueurs des troupes les plus aguerries de l'Europe, ils durent rendre les armes à une armée de recrues, composée en grande partie de paysans, et levée si à la hâte que plusieurs soldats, n'ayant point d'uniforme, conservaient encore leurs grossiers vêtemens. Les Français néanmoins combattirent avec honneur et vaillance; ils cédèrent à la nécessité, mais cédèrent sans honte. Quelques-uns de leurs chefs ne purent échapper à une juste et sévère censure. A Rome, dans un semblable désastre, les consuls passèrent sous le joug dépouillés et à demi-nus, au dire de Tite-Live; « ici, il y eut des chefs qui s'occupèrent « plus de conserver leurs richesses mal acquises que « leur bonne renommée. » Bien des gens, parmi leurs compatriotes, ont attribué la capitulation au désir qu'ils avaient de ne point perdre l'immense butin qu'ils traînaient après eux. Une si vile pensée put bien se glisser au cœur de quelques officiers, mais non du plus grand nombre et des plus respectables. Vieux et braves guerriers, ils combattirent avec courage, avec habileté, mais ils durent céder à leur mauvaise étoile, au bonheur et à l'énergique fermeté des Espagnols.

La victoire, pesée à la balance de la raison, tint presque du prodige. Il est vrai que les divisions de Reding et de Coupigny, les seules qui furent réellement engagées, étaient fortes d'un tiers de plus que celle de Dupont, celle-ci comptant huit mille hommes, et les autres quatorze mille. Mais quelle différence dans leur composition ! Les corps français, très-supérieurs en discipline, sous des généraux et des officiers intelligens et aguerris, bien équipés, pourvus d'une artillerie nombreuse et bien servie, avaient la confiance que donnent de si grands avantages et une série non interrompue de victoires. Les corps espagnols, mal vêtus et mal armés, formés d'officiers peu au fait pour la plupart de l'art de la guerre, et de soldats inexpérimentés, étaient plutôt une masse d'hommes réunis tout-à-coup qu'une armée dont les rangs offrissent l'ordre et la discipline nécessaires un jour de bataille. Notre cavalerie, à cause de sa mauvaise organisation, était réputée pour nulle, malgré le courage des cavaliers, tandis que la cavalerie française se faisait admirer par son bon ordre et son adresse. La position occupée par les Espagnols ne fut pas plus favorable que celle de l'ennemi; au contraire, celui-ci eut l'avantage d'attaquer le premier les nôtres qui commençaient leur marche. On peut alléguer que les forces de Castaños et de Peña, se trouvant à l'arrière-garde de Dupont, rendaient vaine la supériorité de celui-ci, qui était pris entre deux feux. Mais nous répondrons que Reding avait sur ses derrières les troupes de Védel, avec la différence que celles de Peña n'arrivèrent jamais à l'attaque, tandis que celles-ci l'effectuèrent à deux reprises. Il n'est pas étonnant que les vaincus, humiliés par cette défaite inattendue, l'aient attribuée à la détresse des soldats, à la fatigue, à la chaleur insupportable dans cette saison et dans ce climat. Mais si les vivres abondaient dans le camp des Espagnols, la fatigue de leur côté était au moins égale, et les rayons du soleil ne frappaient pas avec moins de violence beaucoup d'entre eux, qui, venant de provinces plus tempérées, n'étaient pas plus accoutumés que les Français aux ardeurs du midi, tellement que plusieurs tombèrent suffoqués et morts. On a reproché de grandes fautes à Dupont et à ses généraux; mais les Espagnols n'en commirent-ils point? Si Védel et son corps d'armée, coururent à la Carolina à la suite d'un ennemi qui n'existait pas, Castaños et Peña s'arrêtèrent trop long-temps sur les hauteurs d'Andujar, croyant toujours avoir devant eux un ennemi qui avait disparu. Le général français, réputé l'un des premiers de sa nation, surpassait de beaucoup l'Espagnol en célébrité, puisqu'il s'était illustré par de glorieux faits d'armes en Italie, et sur les bords de l'Elbe et du Danube. Castaños, après avoir servi avec distinction dans la campagne de France, en 1793, avait la réputation d'un bon officier, et d'un brave militaire, mais il n'avait encore eu aucune occasion de se signaler comme général en chef. La douceur de son caractère le faisait aimer de ses subalternes; mais l'habileté de sa conduite le faisait accuser par quelques-uns de savoir tourner à son profit les exploits des autres. Aussi voulut-on le priver de tout honneur et de toute gloire dans le triomphe de Bailen : opinion injuste et passionnée; car, s'il est vrai qu'il n'assista point en personne à l'action, et qu'il mit quelque lenteur à s'avancer d'Andujar, il ne laissa pas néanmoins de prendre part au plan et aux dispositions arrêtées pour attaquer et détruire l'ennemi. Du reste, le véritable et réel avantage qui soutint les Espagnols dans cette célèbre journée, ce fut le noble enthousiasme qui les animait, ce fut le sentiment de la justice de leur cause, tandis que les Français, découragés au milieu d'un peuple qui les détestait, embarrassés par leur bagage et leurs richesses, conservaient bien la valeur de la discipline et celle qui leur est propre, mais non cette exaltation sublime dont ils avaient émerveillé le monde dans les premières campagnes de la révolution.

Si nous nous sommes arrêté quelque peu sur le parallèle des armées aux prises et sur celui de leurs opérations, ce n'était point pour donner la préférence dans les armes à l'un des deux peuples, mais seulement pour découvrir la vérité, pour la mettre en lumière et à son vrai jour. Les habitans de l'Espagne, comme ceux de la France, comme ceux de toute l'Europe, également braves et propres aux actions éclatantes, ont eu leur temps de gloire et de décadence, de fortune et de revers, et leurs victoires ont dépendu, soit de la prévoyance et du tact de leurs gouvernemens, soit de l'habileté de leurs chefs, soit enfin de ces hasards si communs dans la guerre, et qui ont fait dire avec raison que les armes ont leurs jours.

Les Français, après leur reddition, commencèrent leur marche vers le rivage maritime, de nuit et à petites journées. Outre les contradictions et les embarras que la capitulation renfermait en elle, les circonstances du moment en rendaient presque impossible l'exécution; l'autorité, dépourvue de la force nécessaire, ne pouvait brider la haine qu'on portait aux Français, promoteurs d'une guerre que Napoléon lui-même qualifia quelquefois de sacrilége (1). La manière perfide dont elle avait commencé, les excès, les vols, les pillages commis à Cordoue et dans sa banlieue, d'autant plus sensibles qu'ils étaient éprouvés par des pays qui, depuis des siècles, n'avaient vu l'ennemi chez eux, excitaient une clameur universelle, et l'on croyait généralement qu'il ne fallait garder aucun traité, avec ceux qui n'en avaient respecté aucun. Dans un tel conflit, la junte de Séville consulta les généraux Morla et Castaños sur une affaire si grave : leurs avis furent diamétralement contraires; le dernier soutenait avec justice le fidèle accomplissement de la convention stipulée, en opposition du premier, qui

(1) N° 19, App.

ne recherchait que l'approbation et les applaudissemens populaires. Ce fut à l'avis de Morla, bien qu'injuste et illicite, qu'adhéra la junte. Pour se justifier, elle publia une apologie dans le but de prouver que c'étaient les Français qui avaient enfreint la capitulation, et que la faute en était à eux si elle ne s'exécutait pas : subterfuge indigne de l'autorité souveraine, surtout quand elle avait à donner une raison bien plus puissante et plus fondée, comme était le manque absolu de transports et d'équipages.

Une petite circonstance vint encore accroître les difficultés : il arriva qu'à Lebrija, on découvrit par hasard que les soldats portaient dans leurs sacs plus d'argent que n'en comportaient leur état et leur situation actuelle. Le peuple s'irrita, et ceux-ci, pour échapper à l'indignation qu'avait excitée la découverte de leurs richesses, essayèrent de se justifier en accusant leurs officiers. Du trouble et des querelles qui suivirent résultèrent des blessures et des meurtres. On proposa alors aux prisonniers, pour éviter de nouvelles dissentions, de se soumettre à la vérification de leurs équipages, et de les déposer aux mains de l'autorité; ils ne consentirent point au moyen qu'on leur proposait, et un autre incident fit naître, à Port-Sainte-Marie, un autre tumulte : au moment de s'y embarquer, le 4 août, pour passer la baie, il tomba de la valise d'un officier une patène et la coupe d'un calice. Il est facile de deviner quel effet produisit la vue de semblables objets; ce n'était point seulement une contravention aux clauses de la capitulation, où l'on avait expressément stipulé la restitution de tous les vases sacrés, c'était donner un immense scandale dans un pays où l'on a tant de vénération pour ces objets précieux. Les esprits s'irritant, on visita de force la plupart des équipages, on maltraita plusieurs prisonniers, et on les dépouilla en général de tout ce qu'ils possédaient.

Ces incidens provoquèrent des réclamations très-vives de la part du général Dupont, et donnèrent lieu à une correspondance entre lui et Don Tomas de Morla, gouverneur de Cadix. Le Français y demandait la restitution des équipages qu'on avait enlevés à ses soldats, et comme il insistait sur cette réclamation, Morla lui répondit entre autres choses : « Si une capitulation qui ne parlait que de la sûreté « de ses équipages pouvait donner à son armée la « propriété des trésors qu'elle avait accumulés à Cor- « doue et dans d'autres villes, par des assassinats, « des profanations de lieux et d'objets sacrés, des « cruautés et des violences ? Y a-t-il quelque raison, « continuait-il, quelque droit, quelque principe qui « prescrive d'observer les lois de la bonne foi ni « même de l'humanité envers une armée qui est « entrée dans un royaume allié et ami, sous des pré- « textes fallacieux et perfides; qui s'est emparée de « son roi innocent et bien-aimé, et de toute sa « famille avec la même perfidie; qui leur a arraché « par la violence des abdications impossibles en « faveur de son souverain, et qui s'en est crue au- « torisée à piller les palais et les communes de ce « pays, duquel, parce que les habitans ne donnent « pas les mains à cet inique procédé, ils profanent « les temples et les saccagent, ils violent les vierges « consacrées, ils s'emparent et se chargent de tout « ce qui peut se transporter, et détruisent ce qui ne « peut l'être? Est-il possible que de tels gens aient « l'audace, quand ils sont vaincus et qu'on leur en- « lève ces horribles fruits de leur iniquité, d'invo- « quer *les principes de l'honneur et de la probité?* » C'étaient des vérités, mal exprimées sans doute, mais patentes et reconnues de tout le monde. Toutefois, les perfidies et les scandales passés n'autorisaient pas la violation d'une capitulation librement contractée par les généraux espagnols. Qu'arriverait-il des nations, qu'arriverait-il de leurs progrès et de leur civilisation, si, en se reprochant mutuellement leurs excès et leurs violences, elles oubliaient la foi promise, et renversaient toutes les barrières qu'ont élevées le droit public et le droit des gens ! Ce langage fut d'autant plus répréhensible dans la bouche de Morla, que c'était un ancien militaire, et que depuis, aux premières disgrâces de sa patrie, il la trahit lâchement et déserta aux rangs ennemis.

Tandis que la nouvelle des victoires de Baïlen excitait dans les provinces une allégresse universelle et un enthousiasme extrême, elle jeta le gouvernement de Madrid dans l'abattement et la consternation. Dès le 23, on commença à répandre sourdement le bruit de cette importante affaire ; mais comme, d'avance et à plusieurs reprises, on avait annoncé cette victoire désirée, de même que si elle eût été certaine, les Français qualifiaient ce bruit de bannalités sans fondement. Ils furent tirés de cette erreur par'avis qu'un de leurs officiers en apportait la nouvelle. Celui-ci arriva bientôt en effet, et ils apprirent les détails du malheureux événement. On avait précisément chargé de ce triste message le même M. de Villoutreys qui avait ouvert à Baïlen les premières négociations, et qu'un destin contraire semblait réserver aux missions les plus pénibles. Suivant les clauses de la capitulation, un officier français, escorté par des soldats espagnols, devait en personne la communiquer au duc de Rovigo, général en chef de l'armée ennemie, et ordonner également, dans son passage par la Sierra-Moréna et la Manche, aux détachemens distribués sur la route et qui faisaient partie des divisions prisonnières, d'aller rejoindre leurs camarades déjà rendus pour partager leur sort. M. de Villoutreys remplit fidèlement son devoir, et tous les détachemens obéirent jusques et y compris celui de Manzanarès. Ce fut celui de Madrilejos qui refusa le premier de se soumettre à l'ordre communiqué.

Le fatal messager arriva à Madrid le 29 juillet. Joseph convoqua sans délai un conseil composé des personnes les plus importantes de son parti. Les avis furent différens. Celui du général Savary fut de se retirer sur l'Ebre. Tous à la fin se rangèrent à son opinion, non-seulement parce qu'elle sortait de la bouche du favori de l'empereur, mais aussi parce que des avis continuels annonçaient que l'aspect des choses allait toujours en empirant. De tous côtés, s'agitaient les communes voisines de la capitale, sans que la proximité des troupes ennemies les intimidât; on coupait les communications; dans la Manche, on attaquait les détachemens isolés, et, peu auparavant, les habitans de Villarta avait défait et intercepté un convoi considérable. Les revers et les contre-temps se suivaient coup sur coup; il y eut, à Madrid, bien peu d'hommes parmi les Français et leurs partisans qui ne fussent abattus, démoralisés, et le temps semblait manquer à plusieurs pour s'éloigner d'un pays qui leur était si contraire et si fatal.

Joseph, résolu de partir, laissa au libre choix des Espagnols qui s'étaient compromis pour sa cause, de rester ou de le suivre dans la retraite. On compta ceux qui voulurent l'accompagner. Des sept ministres, Cabarrus, O-Farril, Mazarredo, Urquijo et Azanza restèrent dévoués à sa personne, et ne quittèrent pas ses côtés. Peñuela et Cévallos restèrent à Madrid. Leur exemple fut imité par les ducs del Infantado et del Parque, comme presque par tous ceux qui avaient été témoins des événemens de Bayonne, et qui avaient assisté au congrès de cette ville. Il ne manqua pas de gens pour les accuser d'inconséquence et de déloyauté; d'autres jugeaient diversement, disant que la plupart d'entre eux avaient été entraînés en France par force ou par supercherie, et que, si quelques-uns s'étaient dégradés à demander des emplois et des grâces, il n'était jamais trop tard pour se réconcilier avec sa patrie, pour se repentir d'une faute causée par la crainte ou l'aveugle ambition, pour se rallier enfin à la juste cause en faveur de laquelle s'était prononcée la nation tout entière. Il est certain que pas un peut-être de ceux qui suivirent Joseph n'aurait embrassé ce parti, sans la crainte des inimitiés et des haines que les passions du moment avaient excitées contre leurs personnes.

Avant de se mettre en marche, l'ennemi concentra autour de Madrid les forces de Moncey et celles qui se trouvaient dispersées sur les bords du Tage. Les Français enclouèrent au Retiro et à la fabrique de porcelaine plus de quatre-vingts canons, emportant les vaisselles et les bijoux des palais de la capitale et des résidences royales qui n'avaient pas été précédemment volés. Ces mesures prises, ils commencèrent immédiatement à évacuer la capitale. Joseph partit le 30, et le maréchal Moncey forma l'arrière-garde dans la nuit du 31. Les habitans de Madrid purent respirer à l'aise dans la matinée du 1er août. Le 9, le roi fugitif entra à Burgos, en même temps que Bessières, qui, suivant les ordres qu'il avait reçus, s'était replié de la province de Léon sur cette ville.

Les Français furent accompagnés dans leur retraite par les larmes et les malédictions publiques. Des soldats débandés, des troupes de partisans répandirent la désolation et l'épouvante dans tous les pays que traversait ou qui bordaient leur chemin. Ils restaient en arrière des colonnes, s'écartaient pour marauder et piller, dévastaient les maisons, ravageaient les champs, sans respect pour les personnes et les lieux les plus sacrés. Buitrago, el Molar, Iglesias, Pedrezuela, Gandullas, Broajos et surtout le bourg de Venturada incendié et détruit de fond en comble, conserveront long-temps le triste souvenir de l'horrible passage des étrangers.

Joseph continua sa marche, et fit halte à Miranda de Ebro, l'avant-garde de son armée, aux ordres du maréchal Bessières, s'étendant jusqu'aux portes de Burgos. Ainsi se termina son court et malencontreux voyage à Madrid. C'est de là que nous passerons, plus libre et moins pressé par les événemens, au récit des nouveaux et brillans triomphes que remportèrent les armes espagnoles dans les provinces de Catalogne et d'Aragon.

APPENDICE
AU TOME PREMIER.

NOTES ET PIÈCES JUSTIFICATIVES (*).

I. — *Proclamation de Don Manuel Godoy.*

Dans des circonstances moins critiques que celles où nous vivons, de fidèles Espagnols sont venus en aide à leurs souverains par des dons et des offrandes que les besoins du moment ne réclamaient même point; mais la générosité du sujet envers son roi pouvait-elle mieux se montrer que par ces actes de prévoyance? La province d'Andalousie, que la nature a privilégiée pour la production des chevaux propres à la guerre, et la province d'Estrémadure, qui rendit tant de services de ce genre à Philippe V, verront-elles tranquillement la cavalerie du roi d'Espagne réduite et incomplète comme elle l'est, à cause du manque de chevaux? Non, je ne le crois point. J'espère au contraire qu'ainsi que les aïeux de la génération présente s'empressèrent de fournir des hommes et des

---

(*) Les pièces qui composent l'appendice sont beaucoup plus nombreuses dans l'ouvrage original que dans cette traduction. Nous avons cru ne devoir en conserver que celles qui peuvent offrir de l'intérêt hors de l'Espagne. Il suffit de savoir que l'auteur justifie toutes ses assertions par des documens authentiques.

chevaux à l'aïeul de notre roi, de même leurs descendans fourniront aujourd'hui des régimens ou des compagnies d'hommes exercés au maniement du cheval, afin qu'ils concourent au service et à la défense de la patrie tant que dureront les difficultés qui nous entourent, et qu'ils retournent ensuite pleins de gloire et avec un avenir meilleur se reposer dans leurs foyers. Alors, c'est à qui s'arrachera les palmes de la victoire. Celui-ci se proclamera le libérateur de sa famille; celui-là aura sauvé son chef; cet autre, un parent ou un ami; et tous seront également en droit de s'attribuer le salut de la patrie. Venez donc, chers compatriotes, nous prêter serment sous les bannières du meilleur des monarques. Venez, et je vous couvrirai du manteau de la reconnaissance. Dès ce jour, vous pouvez compter sur l'accomplissement de mes promesses, si le dieu de la victoire nous accorde une paix aussi heureuse et aussi durable que nous l'implorons. Non, ce n'est pas vous qui serez arrêtés par la crainte, par la perfidie, vos cœur y sont étrangers, et ne sauraient être accessibles à la séduction. Venez donc, et s'il arrivait que nous n'en vinssions pas aux mains avec l'ennemi, le soupçon au moins ne pourra vous atteindre, et personne ne se permettra d'accuser votre loyauté et votre honneur pour n'avoir point répondu à mon appel.

Mais si ma voix n'avait pas le pouvoir de réveiller en vous la passion de la gloire, que du moins celle de vos tuteurs immédiats ou des pères du peuple auxquels je m'adresse vous fasse entendre ce que vous vous devez à vous-mêmes, à votre honneur et à la sainte religion que vous professez.

Le prince DE LA PAIX.

2. — *Traité secret entre le roi d'Espagne et l'empereur des Français, relatif au sort futur du Portugal.*

Napoléon, par la grâce de Dieu, etc., etc., etc., ayant lu et examiné le traité conclu et signé à Fontainebleau le 27 octobre par le général de division Michel Duroc, grand-maréchal de notre palais, etc., en vertu des pleins-pouvoirs que nous lui avons donnés à cet effet, et par Don Eugénio Izquierdo, conseiller d'état honoraire de S. M. le roi d'Espagne, muni également de pleins-pouvoirs de son souverain, lequel traité est conçu ainsi qu'il suit:

S. M. l'empereur des Français et S. M. C. le roi d'Espagne, désirant de leur plein mouvement régler les intérêts des deux états et déterminer la condition future du Portugal d'une manière conforme à la politique des deux nations, ont nommé pour leurs ministres plénipotentiaires, savoir: S. M. l'empereur des Français, le général de division Michel Duroc, et S. M. le roi d'Espagne, Don Eugenio Izquierdo, lesquels, après avoir échangé leurs pleins-pouvoirs, sont convenus de ce qui suit :

Art. Ier. Les provinces entre Minho et Duero, avec la ville d'Oporto, seront données en toute propriété et souveraineté à S. M. le roi d'Etrurie, sous le titre de roi de la Lusitanie septentrionale.

Art. II. Le royaume d'Alentejo et le royaume des Algarves seront donnés en toute propriété et souveraineté au prince de la Paix, pour en jouir sous le titre de prince des Algarves.

Art. III. Les provinces de Beira, Tras-os-Montes et l'Estrémadure portugaise resteront en dépôt jusqu'à la paix générale, où il en sera disposé conformément aux circonstances et de la manière qui sera alors déterminée par les hautes parties contractantes.

Art. IV. Le royaume de la Lusitanie septentrionale sera possédé par les descendans héréditaires de S. M. le roi d'Etrurie, conformément aux lois de succession adoptées par la famille régnante de S. M. le roi d'Espagne.

Art. V. La principauté des Algarves sera héréditaire dans la descendance du prince de la Paix, conformément aux lois de succession adoptées par la famille régnante de S. M. le roi d'Espagne.

Art. VI. A défaut de descendant ou héritier légitime du roi de la Lusitanie septentrionale, ou du prince des Algarves, ces pays seront donnés, par forme d'investiture, à S. M. le roi d'Espagne, à la condition qu'ils ne seront jamais réunis sur une tête, ni réunis à la couronne d'Espagne.

Art. VII. Le royaume de la Lusitanie septentrionale et la principauté des Algarves reconnaissent aussi comme protecteur S. M. C. le roi d'Espagne, et les souverains de ces pays ne pourront, dans aucun cas, faire la paix ou la guerre sans son consentement.

Art. VIII. Dans le cas où les provinces de Beira, Tras-os-Montes et l'Estrémadure portugaise, tenues sous le séquestre, seraient à la paix générale rendues à la maison de Bragance en échange pour Gibraltar, la Trinité et d'autres colonies que les Anglais ont conquises sur les Espagnols et leurs alliés, le nouveau souverain de ces provinces serait tenu envers S. M. le roi d'Espagne aux mêmes obligations qui liaient vis-à-vis d'elle le roi de la Lusitanie septentrionale et le prince des Algarves.

Art. IX. S. M. le roi d'Etrurie cède en toute propriété et souveraineté le royaume d'Etrurie à S. M. l'empereur des Français, roi d'Italie.

Art. X. Lorsque l'occupation définitive des provinces de Portugal aura été effectuée, les princes respectifs qui en seront mis en possession nommeront conjointement des commissaires pour fixer les limites convenables.

Art. XI. S. M. l'empereur des Français garantit à S. M. le roi d'Espagne la possession de ses états sur le continent de l'Europe au midi des Pyrénées.

Art. XII. S. M. l'empereur des Français consent à reconnaître S. M. le roi d'Espagne comme empereur des deux Amériques, à l'époque qui aura été déterminée par S. M. C. pour prendre ce titre, laquelle aura lieu à la paix générale ou au plus tard dans trois ans.

Art. XIII. Il est entendu entre les deux hautes parties contractantes qu'elles se partageront également les îles, colonies et autres possessions maritimes du Portugal.

Art. XIV. Le présent traité sera tenu secret. Il sera ratifié, et les ratifications seront échangées à Madrid, vingt jours au plus tard après la date de la signature.

Fait à Fontainebleau, le 27 octobre 1807.

Duroc, Izquierdo.

Nous avons approuvé et approuvons par ces présentes le traité qui précède, en tout et chacun des articles qui y sont contenus. Nous déclarons qu'il est accepté, ratifié et confirmé, et promettons qu'il sera inviolablement observé. En foi de quoi nous avons signé de notre propre main les présentes, après y avoir fait apposer notre sceau impérial.

A Fontainebleau, le 29 octobre 1807.

Napoléon.

Le ministre des relations extérieures,

Champagny.

Pour l'empereur,

Le ministre secrétaire d'état,

Hugues Maret.

Convention annexée au précédent traité, approuvée et ratifiée dans les mêmes termes.

Art. Ier. Un corps de vingt-cinq mille hommes d'infanterie et trois mille de cavalerie des troupes de S. M. I. entrera en Espagne pour se rendre directement à Lisbonne; il sera joint par un corps de huit mille hommes d'infanterie espagnole et trois mille de cavalerie, avec trente pièces d'artillerie.

Art. II. En même temps une division de dix mille hommes de

troupes espagnoles prendra possession de la province d'Entre-Minho-et-Duéro et de la ville d'Oporto, et une autre division de six mille hommes de troupes espagnoles prendra possession de l'Alentéjo et du royaume des Algarves.

Art. III. Les troupes françaises seront nourries et entretenues par l'Espagne, et leur solde sera fournie par la France pendant le temps de leur marche à travers l'Espagne.

Art. IV. Dès l'instant où les troupes combinées auront effectué leur entrée en Portugal, le gouvernement et l'administration des provinces de Beira, Tras-os-Montes et de l'Estrémadure portugaise, qui doivent rester en état de séquestre, seront mis à la disposition du général commandant les troupes françaises, et les contributions qui en proviendront seront levées au profit de la France. Les provinces qui doivent former le royaume de la Lusitanie septentrionale et la principauté des Algarves seront administrées et gouvernées par les divisions espagnoles qui en prendront possession, et les contributions y seront levées au profit de l'Espagne.

Art. V. Le corps central sera sous les ordres du commandant des troupes françaises, auquel pareillement les troupes espagnoles attachées à cette armée seront tenues d'obéir. Néanmoins, dans le cas où le roi d'Espagne ou bien le prince de la Paix jugeraient convenable de se rendre à ce corps, les troupes françaises ainsi que le général qui les commandera seront soumis à leurs ordres.

Art. VI. Un autre corps de quarante mille hommes de troupes françaises sera réuni à Bayonne, le 20 novembre prochain au plus tard, pour être prêt à entrer en Espagne, à l'effet de se rendre en Portugal, dans le cas où les Anglais y enverraient des renforts ou le menaceraient d'une attaque. Néanmoins, ce nouveau corps n'entrera en Espagne que lorsque les deux hautes parties contractantes auront été mutuellement d'accord sur ce point.

Art. VII. La présente convention sera ratifiée, etc.

3. — *Lettre du prince des Asturies, Ferdinand, à l'empereur Napoléon, en date du 11 novembre 1807.*

Sire, la crainte d'incommoder votre majesté impériale et royale au milieu de ses exploits et des affaires majeures qui l'entourent sans cesse, m'a empêché jusqu'ici de satisfaire directement le plus vif de mes désirs, celui d'exprimer, au moins par écrit, les sentimens de respect, d'estime et d'attachement que j'ai voués à un héros qui efface tous ceux qui l'on précédé, et qui a été envoyé par la Providence pour sauver l'Europe du bouleversement total qui la menaçait, pour affermir les trônes ébranlés, et pour rendre aux nations la paix et le bonheur.

Les vertus de votre majesté impériale, sa modération, sa bonté, même envers ses plus injustes et implacables ennemis, tout m'a fait espérer que l'expression de ces sentimens en serait accueillie comme l'effusion d'un cœur rempli d'admiration et de l'amitié la plus sincère.

L'état où je me trouve depuis long-temps, et qui ne peut échapper à la vue perçante de votre majesté impériale, a été jusqu'à présent un second obstacle qui a arrêté une plume prête à lui adresser mes vœux; mais, plein d'espérance de trouver dans la magnanime générosité de votre majesté impériale la protection la plus puissante, je me suis déterminé non-seulement à lui témoigner les sentimens de mon cœur envers son auguste personne, mais à les épancher dans son sein comme dans celui du père le plus tendre.

Je suis bien malheureux d'être obligé par les circonstances à cacher comme un crime une action si juste et si louable; mais telles sont les conséquences funestes de l'extrême bonté des meilleurs rois.

Rempli de respect et d'amour filial pour celui à qui je dois le jour, et qui est doué du cœur le plus droit et le plus généreux, je n'oserais jamais dire qu'à votre majesté impériale ce qu'elle connaît mieux que moi, que ces mêmes qualités si estimables ne servent que trop souvent d'instrument aux personnes artificieuses et méchantes pour obscurcir la vérité aux yeux des souverains, quoique si analogue à des caractères comme celui de mon respectable père.

Si ces mêmes hommes, qui par malheur existent ici, lui laissaient connaître à fond celui de votre majesté impériale comme je le connais, avec quelle ardeur ne souhaiterait-il pas de serrer les nœuds qui doivent unir nos deux maisons! Et quel moyen plus propre pour cet objet, que celui de demander à votre majesté impériale l'honneur de m'allier à une princesse de son auguste famille! c'est le vœu unanime de tous les sujets de mon père; ce sera aussi le sien, je n'en doute pas, malgré les efforts d'un petit nombre de malveillans, aussitôt qu'il aura connu les intentions de votre majesté impériale: c'est tout ce que mon cœur désire; mais ce n'est pas le compte de ces égoïstes perfides qui l'assiégent, et ils peuvent dans un premier moment le surprendre. Tel est le motif de mes craintes. Il n'y a que le respect de votre majesté impériale qui puisse déjouer leurs complots, ouvrir les yeux à mes bons, mes bien-aimés parens, les rendre heureux, et faire en même temps le bonheur de la nation et le mien. Le monde entier admirera de plus en plus la bonté de votre majesté impériale, et elle aura toujours en moi le fils le plus reconnaissant et le plus dévoué.

J'implore donc avec la plus grande confiance la protection paternelle de votre majesté, afin que non-seulement elle daigne m'accorder l'honneur de m'allier à sa famille, mais qu'elle aplanisse toutes les difficultés, et fasse disparaître tous les obstacles qui peuvent s'opposer à cet objet de mes vœux.

Cet effort de bonté de la part de votre majesté impériale m'est d'autant plus nécessaire que je ne puis pas de mon côté en faire le moindre, puisqu'on le ferait passer peut-être pour une insulte faite à l'autorité paternelle, et que je suis réduit à un seul moyen, celui de me refuser, comme je le ferai avec une invincible constance, à m'allier à toute personne que ce soit, sans le consentement et l'approbation positive de votre majesté impériale, de qui j'attends uniquement le choix d'une épouse.

C'est un bonheur que j'espère de la bonté de votre majesté impériale, en priant Dieu de conserver sa précieuse vie pendant de longues années.

Écrit et signé de ma propre main et scellé de mon sceau,

A l'Escurial, le 11 novembre 1807.

De votre majesté impériale et royale, le très-affectionné serviteur et frère,

FERDINAND.

4. — *Note écrite de la main de la reine d'Espagne, et remise au grand-duc de Berg par la reine d'Étrurie, sans date.*

Le roi, mon mari, qui me fait écrire ne pouvant pas le faire lui-même, à cause des douleurs et de l'enflure qu'il a à la main droite, désirerait savoir si le grand-duc de Berg voudrait bien prendre sur lui de faire tous ses efforts auprès de l'empereur pour assurer la vie du prince de la Paix, et lui faire obtenir d'être servi par quelques-uns de ses domestiques ou d'être assisté par des chapelains.

Si le grand-duc pouvait aller le délivrer, ou au moins le consoler; il met en lui toutes ses espérances, car il est son grand ami. Il espère tout de son altesse et de l'empereur, à qui il a toujours été très-attaché.

Que le grand-duc obtienne de l'empereur qu'on donne au roi mon mari, à moi et au prince de la Paix, de quoi vivre ensemble tous trois dans un endroit bon pour nos santés, sans commandement ni intrigues; car nous n'en aurons certainement pas. L'empereur est généreux ; c'est un héros ; il a toujours soutenu ses fidèles alliés et ceux qui sont poursuivis. Personne ne l'est plus que nous trois, et pourquoi ? parce que nous avons toujours été fidèles à son alliance.

De mon fils, nous n'en pouvons rien attendre que misères et persécution. On a commencé et l'on continuera d'inventer tout ce qui pourra contribuer à ce que le prince de la Paix (ami innocent et affectueux de l'empereur, du grand-duc et de tous les Français) passe pour criminel aux yeux du public et de l'empereur. Il ne faut croire à rien. Les ennemis ont la force et tous les moyens de justifier comme vrai ce qui est entièrement faux.

Le roi désire également que je voie le grand-duc, que je lui parle, que je lui remette personnellement la protestation qu'il a en son pouvoir. Nous lui sommes tous deux fort reconnaissans des troupes françaises qu'il a envoyées, et de toutes les preuves qu'il donne de son amitié. Son altesse impériale doit être bien persuadée de celle que nous lui conservons. Nous nous remettons en ses mains et dans celles de l'empereur, et nous avons la confiance qu'il nous accordera ce que nous lui demandons.

Lettre de la reine d'Étrurie au grand-duc de Berg, à Aranjuez, le 22 mars 1808, avec un post-scriptum du roi Charles IV.

Monsieur mon frère, je viens de voir l'adjudant-commandant qui m'a remis votre lettre par laquelle je vois avec beaucoup de peine que mon père et ma mère n'ont pu avoir le plaisir de vous voir, malgré le vif désir qu'ils en éprouvaient, car toute leur confiance repose en vous, et c'est de vous seul qu'ils attendent le calme dont ils ont tant besoin.

Le pauvre prince de la Paix, couvert de blessures et de contusions, languit en prison, où il ne cesse d'invoquer la mort. Il ne se souvient et ne parle que de son ami le grand-duc de Berg, qui est le seul, dit-il, qui puisse le sauver.

Mon père, ma mère et moi, nous nous sommes entretenus avec votre adjudant-commandant. Il vous dira tout. J'ai foi en votre amitié ; j'espère qu'elle nous sauvera tous trois, ainsi que le pauvre captif.

Je n'ai pas le temps de vous en dire davantage. Je me confie en vous. Mon père ajoutera deux lignes à cette lettre.

Je suis de tout cœur votre très-affectionnée sœur et amie,

Marie-Louise.

Post-scriptum de Charles IV.

Monsieur et très-cher frère, ayant parlé à votre adjudant-commandant, et l'ayant informé de tout ce qui s'est passé, je vous prie de me rendre le service de faire connaître à l'empereur la prière que je lui fais de délivrer le pauvre prince de la Paix, qui ne souffre que pour avoir été l'ami de la France, et de nous laisser aller avec lui dans le pays qui conviendra le mieux à ma santé. Pour le présent, nous allons à Badajoz. J'espère qu'avant que nous ne partions, vous nous ferez réponse, si vous ne pouvez pas absolument nous voir; car je n'ai de confiance qu'en vous et dans l'empereur.

En attendant, je suis votre affectionné frère et ami de tout cœur,
Charles.

Lettre de la reine d'Espagne au grand-duc de Berg, datée d'Aranjuez le 22 mars 1808, jointe à la lettre précédente de sa fille.

Monsieur et cher frère, je n'ai d'ami que votre altesse impériale; le roi, mon époux, vous écrit pour implorer votre amitié. En elle seule repose notre espoir. Nous vous demandons l'un et l'autre, comme une preuve de votre attachement, de vouloir bien assurer l'empereur de la sincérité des sentimens d'affection et de dévoûment que nous avons toujours professés pour sa personne, aussi bien que pour vous et pour tous les Français.

Le pauvre prince de la Paix, qui a été jeté blessé dans un cachot parce qu'il est notre ami, et qu'il est dévoué à la France, est puni pour avoir désiré l'arrivée de vos troupes, et pour être toujours resté fidèle à son amitié pour nous. Il se serait présenté à votre altesse, s'il eût été en liberté, et à présent même, il ne cesse de répéter le nom de votre altesse et de manifester le désir de voir l'empereur.

Que votre altesse veuille bien obtenir que nous puissions finir nos jours paisiblement dans un pays qui convienne à la santé du roi, qui est délicate ainsi que la mienne, et que nous jouissions de ce bonheur avec notre unique ami qui est aussi celui de votre altesse.

Ma fille sera mon interprète auprès de vous, si je n'ai pas la satisfaction de pouvoir connaître personnellement votre altesse. Voudriez-vous être assez bon pour faire en sorte de nous voir, ne fût-ce qu'un instant, de jour ou de nuit, n'importe? Votre adjudant-commandant répètera à votre altesse tout ce que nous lui avons dit.

J'ai l'espoir que votre altesse obtiendra pour nous ce que nous désirons, et qu'elle me pardonnera les fautes et négligences de mes lettres, car je ne sais où j'ai la tête, et il serait bien injuste de m'accuser d'avoir voulu vous manquer d'égards et d'avoir hésité à vous donner l'assurance de ma sincère amitié.

Je prie Dieu qu'il conserve à votre altesse impériale de longues années.

Votre bien dévouée,

LOUISE.

Lettre du général Monthion au grand-duc de Berg.

Aranjuez, le 23 mars 1808.

Conformément aux ordres de votre altesse impériale, je me suis rendu à Aranjuez avec la lettre de votre altesse pour la reine d'Étrurie. Il était huit heures du matin ; la reine était encore couchée; elle se leva et me fit entrer ; je lui remis votre lettre. Elle m'invita à attendre un moment, en me disant qu'elle allait en prendre lecture avec le roi et la reine. Une demi-heure après, je vis entrer la reine d'Etrurie avec le roi et la reine d'Espagne.

Sa majesté me dit qu'elle remerciait votre altesse impériale de la part que vous preniez à ses malheurs, d'autant plus grands que c'est un fils qui s'en trouve l'auteur. Le roi me dit que cette révolution avait été machinée, que de l'argent avait été distribué, et que les principaux personnages étaient son fils et M. Caballero, ministre de la justice ; qu'il avait été forcé d'abdiquer pour sauver la vie de la reine et la sienne ; qu'il savait que sans cet acte ils étaient assassinés pendant la nuit; que la conduite du prince des Asturies était d'autant plus affreuse, que, s'étant aperçu du désir qu'il avait de régner, et lui approchant de la soixantaine, il était convenu qu'il lui cèderait la couronne lors de son mariage avec une princesse française, ce que le roi désirait ardemment.

Le roi a ajouté que le prince des Asturies voulait qu'il se retirât avec la reine à Badajoz, frontière de Portugal ; qu'il lui avait observé que le climat de ce pays ne lui convenait pas, qu'il le priait de lui permettre de choisir un autre endroit; qu'il désirait obtenir de l'empereur la permission d'acquérir un bien en France, et d'y finir son existence. La reine m'a dit qu'elle avait supplié son fils de différer leur départ pour Badajoz; qu'elle n'avait rien obtenu, et qu'il devait avoir lieu lundi prochain.

Au moment de prendre congé de LL. MM., le roi me dit: « J'ai écrit à l'empereur, dans les mains duquel je remets mon sort. « Je voulais faire partir ma lettre par un courrier, mais je ne sau- « rais avoir une occasion plus sûre que la vôtre. » Le roi me quitta alors pour passer dans son cabinet. Bientôt après il en sortit tenant à la main la lettre ci-jointe qu'il me remit, et il me dit encore ces mots : « *Ma situation est des plus tristes. On vient d'enlever le prince de la Paix qu'on veut conduire à la mort. Tout son crime est de m'avoir été toute sa vie attaché.* » Il ajouta qu'il n'y avait sorte de sollicitations qu'il n'eût faites pour sauver la vie à son malheureux ami, mais qu'il avait trouvé tout le monde sourd à ses prières et enclin à l'esprit de vengeance; que la mort du prince de la Paix entraînerait la sienne, et qu'il n'y survivrait pas.

B. DE MONTHION.

Lettre du roi Charles IV à l'empereur Napoléon.

Aranjuez, le 23 mars 1808.

Monsieur mon frère, votre majesté apprendra avec peine les événemens d'Aranjuez et leur résultat; elle ne verra pas sans quelque intérêt un roi qui, forcé d'abdiquer la couronne, vient se jeter dans les bras d'un monarque son allié, se remettant en tout à sa disposition, car il peut seul faire son bonheur, celui de toute sa famille et de ses fidèles et aimés sujets.

Je ne me suis démis de la couronne en faveur de mon fils que par la force des circonstances, et lorsque le bruit des armes et les clameurs d'une garde insurgée me faisaient assez connaître qu'il fallait choisir entre la vie et la mort, qui eût été suivie de celle de la reine. J'ai été forcé d'abdiquer; mais rassuré aujourd'hui et plein de confiance dans la magnanimité et le génie du grand homme qui s'est toujours montré mon ami, j'ai pris la résolution de me remettre en tout ce qu'il voudra bien disposer de nous, de mon sort, de celui de la reine et de celui du prince de la Paix. J'adresse à votre majesté impériale et royale une protestation contre les événemens d'Aranjuez et contre mon abdication. Je m'en remets et me confie entièrement au cœur et à l'amitié de votre majesté. Sur ce, je prie Dieu qu'il vous ait en sa sainte et digne garde.

De votre majesté impériale et royale le très-affectionné frère et ami, CHARLES.

5. — *Lettre de S. M. l'empereur des Français, roi d'Italie et protecteur de la confédération du Rhin, au prince des Asturies.*

Mon frère, j'ai reçu la lettre de votre altesse royale. Elle doit avoir acquis la preuve dans les papiers qu'elle a eus du roi son père, de l'intérêt que je lui ai toujours porté. Elle me permettra, dans la circonstance actuelle, de lui parler avec franchise et loyauté. En arrivant à Madrid, j'espérais porter mon illustre ami à quelques réformes nécessaires dans ses états, et à donner quelque satisfaction à l'opinion publique. Le renvoi du prince de la Paix me paraissait nécessaire pour son bonheur et celui de ses sujets. Les affaires du Nord ont retardé mon voyage. Les événemens d'Aranjuez ont eu lieu. Je ne suis point juge de ce qui s'est passé, et de la conduite du prince de la Paix ; mais ce que je sais bien, c'est qu'il est dangereux pour les rois d'accoutumer les peuples à répandre du sang, et à se faire justice eux-mêmes. Je prie Dieu que votre altesse royale n'en fasse pas elle-même, un jour, l'expérience. Il n'est pas de l'intérêt de l'Espagne de faire du mal à un prince qui a épousé une princesse du sang royal, et qui a si long-temps régi le royaume. Il n'a plus d'amis : votre altesse royale n'en aura plus si jamais elle est malheureuse. Les peuples se vengent volontiers des hommages qu'ils nous rendent. Comment, d'ailleurs, pourrait-on faire le procès au prince de la Paix, sans le faire à la reine et au roi votre père ? Ce procès alimentera les haines et les passions factieuses : le résultat en sera funeste pour votre couronne. Votre altesse royale n'y a de droits que ceux que lui a transmis sa mère. Si le procès la déshonore, votre altesse royale déchire par là ses droits. Qu'elle ferme l'oreille à des conseils faibles et perfides. Elle n'a pas le droit de juger le prince de la Paix. Ses crimes, si on lui en reproche, se perdent dans les droits du trône. J'ai souvent manifesté le désir que le prince de la Paix fût éloigné des affaires ; l'amitié du roi Charles m'a porté souvent à me taire et à détourner les yeux des faiblesses de son attachement. Misérables hommes que nous sommes ! faiblesse et erreur, c'est notre devise. Mais tout cela peut se concilier : que le prince de la Paix soit exilé d'Espagne, et je lui offre un refuge en France. Quant à l'abdication de Charles IV, elle a eu lieu dans un moment où mes armées couvraient les Espagnes : et aux yeux de l'Europe et de la postérité, je paraîtrais n'avoir envoyé tant de troupes que pour précipiter du trône mon allié et mon ami. Comme souverain voisin, il m'est permis de vouloir en connaître les motifs avant de reconnaître cette abdication. Je le dis à votre altesse royale, aux Espagnols, au monde entier : si l'abdication du roi Charles est de pur mouvement, s'il n'y a pas été forcé par l'insurrection et l'émeute d'Aranjuez, je ne fais aucune difficulté de l'admettre, et je reconnais votre altesse royale comme roi d'Espagne. Je désire donc causer avec elle sur cet objet. La circonspection que je porte depuis un mois dans ces affaires doit être garant de l'appui qu'elle trouvera en moi, si, à son tour, des factions, de quelque nature qu'elles soient, venaient à l'inquiéter sur son trône. Quant le roi Charles me fit part de l'événement du mois d'octobre dernier, j'en fus douloureusement affecté ; et je pense avoir contribué par les insinuations que j'ai faites, à la bonne issue de l'affaire de l'Escurial. Votre altesse royale avait bien des torts, je n'en veux pour preuve que la lettre qu'elle m'a écrite, et que j'ai constamment voulu ignorer. Roi à son tour, elle saura combien les droits du trône sont sacrés. Toute démarche près d'un souverain étranger, de la part d'un prince héréditaire, est criminelle. Votre altesse royale doit se défier des écarts, des émotions populaires. On pourra commettre quelques meurtres sur mes soldats isolés, mais la ruine de l'Espagne en serait le résultat. J'ai déjà vu avec peine qu'à Madrid on avait répandu des lettres du capitaine-général de la Catalogne, et fait tout ce qui pouvait donner un mouvement aux têtes. Votre altesse royale connaît ma pensée tout entière. Elle voit que je flotte entre diverses idées qui ont besoin d'être fixées. Elle peut être certaine que dans tous les cas je me comporterai, avec elle, comme avec le roi son père. Qu'elle croie à mon désir de tout concilier et de trouver des occasions de lui donner des preuves de mon affection et de ma parfaite estime.

Sur ce, mon frère, je prie Dieu qu'il vous ait en sa sainte et digne garde.

Bayonne, le 16 avril 1808.

NAPOLÉON.

6. — *Renouvellement de la protestation adressée à l'infant Don Antonio.*

Mon cher frère, le 19 du mois dernier je confiai à mon fils un décret d'abdication.... Le même jour je rédigeai une protestation solennelle contre ce décret rendu au milieu du tumulte et forcé par des circonstances critiques. Aujourd'hui que le calme est rétabli, que ma protestation est arrivée aux mains de mon auguste ami et fidèle allié l'empereur des Français, roi d'Italie, et qu'il est notoire que mon fils n'a pu obtenir de lui d'être reconnu roi d'Espagne.... je déclare solennellement que l'acte d'abdication que je signai le 19 mars dernier est nul dans toutes ses parties; et en conséquence je désire que vous fassiez connaître à tous mes peuples que leur bon roi veut consacrer ce qu'il lui reste de vie à travailler au bonheur de ses sujets bien-aimés. Je confirme provisoirement dans leurs fonctions la junte gouvernementale et tous les membres qui la composent, en maintenant également tous les fonctionnaires nommés à des emplois civils et militaires depuis le 19 mars dernier. Je pense partir sous peu pour aller au-devant de mon auguste allié, après quoi je transmettrai mes derniers ordres à la junte.

San-Lorenzo, le 17 avril 1808.

Moi, LE ROI.

A la junte supérieure du royaume.

7. — *Ordre du jour.*

Soldats! la population de Madrid s'est soulevée et l'insurrection est arrivée jusqu'à l'assassinat. Je sais que les bons Espagnols ont gémi de ces désordres. Je suis bien loin de les confondre avec ces misérables qui ne veulent que le crime et le pillage. Mais le sang français a été versé; il crie vengeance; en conséquence j'ai arrêté ce qui suit :

Art. Ier. Le général Grouchy convoquera cette nuit la commission militaire.

Art. II. Tous ceux qui auront été pris dans les troubles et les armes à la main seront fusillés.

Art. III. La junte est chargée de faire opérer le désarmement des habitans de Madrid. Quiconque, après l'exécution de cet ordre, serait trouvé armé ou conserverait des armes sans une permission spéciale, sera fusillé.

Art. IV. Tout lieu où sera commis un assassinat sur la personne d'un Français sera brûlé.

Art. V. Toute réunion de plus de huit personnes sera considérée comme une association séditieuse et dispersée à coups de fusils.

Art. VI. Les maîtres répondront de leurs domestiques; les boutiquiers, chefs d'ateliers et autres, de leurs employés; les pères et mères, de leurs enfans; et les supérieurs de couvens, de leurs religieux.

Art. VII. Les auteurs, vendeurs et distributeurs de libelles imprimés ou manuscrits, provoquant à la sédition, seront considérés comme agens de l'Angleterre et fusillés.

Fait en notre quartier-général de Madrid, le 2 mai 1808.

JOACHIM.

Par ordre de S. A. I. et R.,

Le chef d'état-major-général,

BELLIARD.

8. — *Lettre de Charles IV à son fils Ferdinand VII.*

Les conseils perfides des hommes qui vous entourent ont placé l'Espagne dans une situation critique : l'empereur seul peut la sauver.

Depuis la paix de Bâle, j'ai compris que le premier intérêt de mes peuples était de vivre en bonne intelligence avec la France. Il n'y a pas de sacrifice que je n'aie jugé devoir faire pour arriver à ce but important; même quand la France était sous le joug de gouvernemens éphémères, j'ai fait taire mes inclinations particulières pour n'écouter que la politique et le bien de mes sujets.

Lorsque l'empereur des Français eut rétabli l'ordre en France, de grandes craintes se dissipèrent, et j'eus de nouvelles raisons de rester fidèle à mon système d'alliance. Lorsque l'Angleterre déclara la guerre à la France, j'eus le bonheur de rester neutre et de conserver à mes peuples les bienfaits de la paix. L'Angleterre depuis saisit quatre de mes frégates, et me fit la guerre avant même de me l'avoir déclarée. Il me fallut repousser la force par la force; les malheurs de la guerre atteignirent mes sujets.

L'Espagne, environnée de côtes, devant une grande partie de sa prospérité à ses possessions d'outre-mer, souffrit de la guerre plus qu'un autre état. La cessation du commerce et les calamités attachées à cet état de choses se firent sentir à mes sujets, et il y eut des hommes assez injustes pour en attribuer la faute à mes ministres.

J'eus la consolation du moins d'être assuré du côté de la terre et de n'avoir aucune inquiétude sur l'intégrité de mes provinces, que seul de tous les rois de l'Europe j'avais maintenue au milieu des orages de ces derniers temps. Cette tranquillité, j'en jouirais encore sans les conseils qui vous ont éloigné du droit chemin. Vous vous êtes laissé aller trop facilement à la haine que votre première femme portait à la France, et bientôt vous avez partagé ses injustes ressentimens contre mes ministres, contre votre mère, contre moi-même.

Je dus me ressouvenir de mes droits de père et de roi; je vous fis arrêter, je trouvai dans vos papiers la conviction de votre culpabilité; mais sur la fin de ma carrière, en proie à la douleur de voir mon fils périr sur l'échafaud, je me laissai fléchir par les larmes de votre mère. Cependant mes sujets étaient agités par les rapports mensongers de la faction dont vous vous êtes déclaré le chef. Dès ce moment je perdis la tranquillité de ma vie, et aux maux de mes sujets je dus joindre ceux que me causaient les dissentions de ma propre famille.

On calomniait mes ministres auprès de l'empereur des Français, qui, croyant voir les Espagnes échapper à son alliance, et remarquant de l'agitation dans tous les esprits, même jusque dans le sein de ma famille, couvrit sous différens prétextes mes états de ses troupes. Tant qu'elles restèrent sur la rive droite de l'Èbre et parurent destinées à maintenir la communication avec le Portugal, j'eus l'espoir qu'il ne se départirait point des sentimens d'estime et d'amitié qu'il m'avait toujours montrés. Mais quand je vis que ses troupes s'avançaient vers ma capitale, je sentis la nécessité de réunir mon armée autour de moi, pour me présenter à mon auguste allié dans l'attitude qui convenait au roi des Espagnes. J'aurais éclairci ses doutes et garanti mes intérêts : je donnai ordre à mes troupes de sortir du Portugal et de Madrid, et je les réunis sur divers points de mon royaume, non pour abandonner mes sujets, mais pour soutenir dignement la gloire du trône. Ma longue expérience me faisait comprendre d'ailleurs que l'empereur des Français pouvait bien avoir quelques désirs conformes à ses intérêts et à la politique du vaste système continental, mais qui pouvaient blesser les intérêts de ma maison. Dans ces circonstances quelle a été votre conduite ? Vous avez introduit le désordre dans mon palais, et soulevé les gardes du corps contre moi; votre père a été votre prisonnier; mon premier ministre, que j'avais élevé et adopté dans ma famille, fut traîné sanglant de cachot en cachot; vous avez flétri mes cheveux blancs, vous les avez dépouillés d'une couronne portée avec gloire par mes pères et que j'avais conservée sans tache; vous vous êtes assis sur mon trône, vous avez été vous mettre à la disposition du peuple de Madrid et des troupes étrangères qui en ce moment y faisaient leur entrée.

Déjà la conspiration de l'Escurial était commencée, les actes de mon administration livrés au mépris public. Vieux et chargé d'infirmités, je n'ai pu supporter ce nouveau malheur. J'ai eu recours à l'empereur des Français, non plus comme un roi à la tête de ses troupes et environné de la pompe du trône, mais comme un roi malheureux et abandonné. J'ai trouvé protection et refuge au milieu de ses camps; je lui dois la vie, celle de la reine et celle de mon premier ministre; je suis venu enfin jusqu'à Bayonne. Vous avez conduit les choses de manière que tout dépend désormais de la médiation de ce grand prince.

Songer à recourir à des agitations populaires, c'est vouloir ruiner l'Espagne et entraîner dans les plus horribles catastrophes vous, mon royaume, mes sujets et ma famille. Mon cœur s'est ouvert tout entier à l'empereur; il sait tous les outrages que j'ai reçus et les violences qu'on m'a faites; il m'a déclaré qu'il ne vous reconnaîtrait jamais pour roi, et que l'ennemi de son père ne pouvait inspirer de la confiance aux étrangers. D'ailleurs il m'a montré des lettres de vous qui témoignent hautement de votre haine pour la France.

Dans cette situation mes droits sont clairs, mes devoirs le sont plus encore : épargner le sang de mes sujets, ne rien faire sur la fin de ma carrière qui puisse porter le ravage et l'incendie dans les Espagnes et les réduire à la plus horrible misère. Certainement, si, fidèle à vos devoirs et aux sentimens de la nature, vous aviez repoussé des conseils pe fides; si, constamment assis à mes côtés pour ma défense, vous aviez attendu le cours ordinaire de la nature qui devait marquer votre place dans peu d'années, j'eusse pu concilier la politique et l'intérêt de l'Espagne avec l'intérêt de tous. Sans doute depuis six mois les circonstances ont été critiques. Mais si difficiles qu'elles fussent, j'aurais obtenu des dispositions de mes sujets, des faibles moyens qui me restaient encore, et surtout de cette force morale que j'aurais eue en me présentant dignement à la rencontre de mon allié, auquel je n'avais jamais donné aucun motif de plainte, un arrangement qui eût concilié les intérêts de mes sujets et ceux de ma famille. En m'arrachant la couronne, c'est la vôtre que vous avez brisée; vous lui avez ôté ce qu'elle avait d'auguste et de sacré aux yeux du monde.

Votre conduite envers moi, vos lettres interceptées, ont mis une barrière d'airain entre vous et le trône d'Espagne. Il n'est pas de votre intérêt d'y prétendre, ce n'est pas non plus l'intérêt de la patrie. Gardez-vous d'allumer un feu dont votre ruine totale et le malheur de l'Espagne seraient le seul effet.

Je suis roi du droit de mes pères, mon abdication est le résultat de la force et de la violence; je n'ai donc rien à recevoir de vous, et je puis encore moins adhérer à une réunion quelconque constituée en junte, nouvelle suggestion des hommes sans expérience qui vous accompagnent.

J'ai régné pour le bonheur de mes sujets, je ne veux pas leur léguer la guerre civile, les émeutes, les assemblées populaires et les révolutions. Tout doit être fait pour le peuple, et rien par lui. Oublier cette maxime, c'est se rendre complice de tous les crimes qu'amène cet oubli. Toute ma vie je me suis sacrifié pour mes peuples, et ce n'est pas à l'âge où je suis arrivé que je ferai rien de contraire à leur religion, à leur tranquillité et à leur bonheur. J'ai régné pour eux : j'oublierai tous mes sacrifices; et lorsqu'enfin je serai assuré que la religion de l'Espagne, l'intégrité de ses provinces, leur indépendance et leurs priviléges seront maintenus, je descendrai dans le tombeau en vous pardonnant l'amertume de mes dernières années.

Fait à Bayonne, dans le palais impérial, appelé palais du gouvernement, le 2 mai 1808.

CHARLES.

9. — *Lettre de Ferdinand VII à son père, en réponse à la précédente.*

Mon honoré père et seigneur, j'ai reçu la lettre que votre majesté a daigné m'écrire à la date d'avant-hier; j'essaierai de répondre sur tous les points qu'elle embrasse, avec la modération et le respect qui sont dus à votre majesté.

Votre majesté entreprend en premier lieu de justifier sa conduite à l'égard de la France depuis la paix de Bâle; or, je ne sache pas que personne s'en soit jamais plaint; il y a eu au contraire unanimité d'éloges pour la constance et la fidélité que votre majesté a apportées dans le maintien des principes qu'elle avait adoptés. Les miens sont sur ce point en parfaite harmonie avec les vôtres, et j'en ai donné des preuves irréfragables depuis le jour où votre majesté abdiqua la couronne.

Quant à l'affaire de l'Escurial, dont votre majesté semble attribuer l'origine à la haine que ma femme m'avait inspirée contre la France, contre les ministres de votre majesté, contre ma mère bien-aimée, et contre votre majesté elle-même, si on eût voulu suivre en cette occasion toutes les voies légales, on se fût évidemment convaincu du contraire; et bien que je n'eusse pas la moindre influence, que je n'eusse même qu'une liberté apparente, puisque j'étais gardé à vue par les gens de service qu'il plut à votre majesté de m'imposer, les onze conseillers choisis par votre majesté furent unanimement d'avis qu'il n'y avait point matière à accusation, et que les prétendus coupables étaient innocens.

Votre majesté parle de la méfiance que lui causait l'entrée de tant de troupes étrangères en Espagne, et elle ajoute qu'en rappelant les régimens qu'elle avait en Portugal, et en réunissant à Aranjuez et dans ses environs ceux qui se trouvaient à Madrid, elle n'avait pas eu l'intention d'abandonner ses sujets, mais de soutenir la dignité du trône. Que votre majesté me permette de lui représenter que l'entrée des troupes amies et alliées n'avait rien qui dût la surprendre, et que sous ce rapport il n'y avait pas de méfiance à avoir. Que votre majesté me permette de lui faire observer encore que ses ordres à l'égard de l'armée n'avaient trait qu'au voyage de sa majesté et de sa royale famille qui voulaient se rendre à Séville; que les troupes ne reçurent ces ordres que pour assurer la liberté de la route, et qu'il n'y avait personne qui ne fût convaincu que le but définitif de celui qui dirigeait toute cette affaire était de vous faire passer vous et la famille royale en Amérique. Votre majesté publia un décret pour calmer l'inquiétude de ses sujets à cet égard; mais comme on voyait que les voitures continuaient à être mises en réquisition, que les relais étaient placés, et qu'on poursuivait les préparatifs d'un prochain voyage sur la côte d'Andalousie, le désespoir s'empara des esprits, et les troubles d'Aranjuez en furent le résultat: la part que j'y pris, votre majesté le sait, ne consista qu'à aller par ses ordres sauver de la fureur du peuple l'homme qui était l'objet de sa haine, parce qu'on le regardait comme l'auteur du voyage.

Interrogez l'empereur des Français, et je ne doute point que S. M. I. ne vous réponde, ainsi qu'elle me l'écrivait à Vitoria, que son voyage à Madrid avait pour objet d'engager votre majesté à faire quelques réformes et à se séparer du prince de la Paix, dont l'influence était la source de tous les maux.

L'enthousiasme que son arrestation excita dans toute la nation prouve évidemment combien l'empereur avait raison. Du reste, vous avez été témoin qu'au milieu de la fermentation d'Aranjuez il ne fut pas proféré un seul cri, une seule parole contre votre majesté, ni contre aucun membre de sa famille; loin de là, des applaudissemens et des acclamations de joie retentirent autour de vous, accompagnés des plus énergiques protestations de fidélité envers votre auguste personne. Aussi, l'abdication que vous fîtes en ma faveur surprit-elle tout le monde, et moi tout le premier, parce que personne ne s'y attendait et que personne ne l'avait sollicitée. Votre majesté communiqua son abdication à tous ses ministres, et me fit reconnaître par eux pour leur roi et leur souverain naturel; elle la communiqua verbalement au corps diplomatique qui résidait auprès de sa personne, en lui exprimant que sa détermination était spontanée et volontaire, et qu'elle l'avait conçue depuis long-temps. Votre majesté répéta ces mêmes paroles à son frère, l'infant Don Antonio, ajoutant que la signature que vous aviez apposée au décret d'abdication était celle que vous aviez donnée dans votre vie avec le plus de plaisir; et enfin votre majesté me dit à moi-même, trois jours après, que je ne devais pas croire que son abdication eût été involontaire, comme quelques-uns le disaient, car elle avait été entièrement libre et spontanée.

Loin que la haine dont on me prétend animé contre la France se soit manifestée par aucun de mes votes, il résultera des faits que je vais rappeler succinctement la preuve de sentimens tout contraires.

Aussitôt que votre majesté eût abdiqué en ma faveur, j'adressai d'Aranjuez à l'empereur des Français plusieurs lettres qui sont autant de protestations pour l'assurer que mes principes à l'égard des relations d'amitié et d'étroite alliance qui unissaient heureusement les deux états, étaient ceux que votre majesté m'avait inspirés et qu'elle avait si fidèlement observés. Mon voyage à Madrid fut encore une des plus grandes preuves que je pusse donner à S. M. I. de la confiance illimitée qu'elle m'inspirait; car Murat étant entré la veille avec une grande partie de son armée dans la capitale qui se trouvait sans garnison, me rendre dans cette ville, c'était absolument me remettre aux mains de Napoléon. Deux jours après ma

TOM. I. 26

résidence à la cour, j'appris la correspondance particulière de votre majesté avec l'empereur, et je sus que vous lui aviez récemment demandé pour moi une princesse de sa famille, pour achever de consolider ainsi l'union et l'étroite alliance qui subsistaient entre les deux états. Entièrement d'accord avec les principes et la volonté de votre majesté, j'écrivis à l'empereur pour lui demander la princesse pour épouse.

J'envoyai une députation à Bayonne pour complimenter en mon nom S. M. I. Je fis partir peu après mon cher frère, l'infant Don Carlos, pour qu'il allât lui faire accueil à la frontière, et non content de cela, je me mis en route moi-même, sur la foi des assurances que me donnaient à l'envi l'ambassadeur de S. M. I., le grand-duc de Berg, et le général Savary qui arrivait de Paris et qui m'avait demandé une audience pour me dire de la part de l'empereur que tout ce que S. M. I. désirait de moi, c'était de savoir de ma bouche si mon système à l'égard de la France serait le même que celui de votre majesté, et que dans ce cas l'empereur me reconnaîtrait comme roi d'Espagne, sans s'arrêter à aucune autre considération.

Plein de confiance dans ces promesses, et persuadé que je rencontrerais sur ma route S. M. I., j'arrivai jusqu'à Bayonne, et le jour même de mon entrée dans cette ville, on a fait à quelques personnes de ma suite des propositions si étranges et si différentes de ce qui s'était dit et fait jusqu'alors, que ni mon honneur, ni ma conscience, ni les devoirs que je m'imposai quand les cortès me prêtèrent serment comme à leur prince et seigneur, ni ceux que je me suis imposés récemment en acceptant la couronne que votre majesté a jugé à propos d'abdiquer en ma faveur, n'ont pu me permettre d'y accéder.

Je ne puis comprendre comment il peut se trouver au pouvoir de l'empereur des lettres de moi qui témoignent de ma haine contre la France, après toutes les preuves d'amitié que je lui ai données, et lorsque je n'ai jamais rien écrit dans un pareil sentiment.

Plus tard, on m'a présenté une copie d'une protestation que votre majesté a adressée à l'empereur contre son abdication; et dès que votre majesté fut arrivée dans cette ville, je la questionnai sur ce fait et elle me répondit que l'abdication avait été libre, bien qu'elle dût être révoquée. Je vous demandai alors pourquoi vous ne me l'aviez pas dit quand vous la fîtes, et vous me répondîtes que c'était parce que vous n'aviez pas voulu; d'où l'on doit conclure que l'abdication ne fut pas forcée, et que je ne pus savoir que votre intention fût de reprendre un jour les rênes de l'état. Votre majesté me dit aussi qu'elle ne voulait point régner ni retourner en Espagne.

Malgré cela, dans la lettre que j'eus l'honneur de remettre à votre majesté, je déclarais que j'étais prêt à renoncer à la couronne en sa faveur, moyennant que les cortès fussent convoquées pour cet objet, ou, tout au moins, les conseils et les députés des états. Non que cette mesure me semblât nécessaire pour valider ma renonciation, mais parce que je la crois propre à prévenir le sentiment de répulsion qu'exciterait la nouveauté d'un pareil acte, qui peut produire des collisions et mettre les factions en émoi, et afin de sauver par là toutes les considérations qui sont dues à la dignité de votre majesté, à mon honneur et à la tranquillité du royaume.

Dans le cas où votre majesté ne voudrait point régner en personne, je régnerai en son nom royal et en mon propre nom, parce qu'il n'appartient à nul autre qu'à moi de vous représenter, puisque j'ai pour titre la sanction de la loi et le vœu de la nation, et qu'il n'est pas possible qu'aucun autre prenne le même intérêt que moi à la prospérité de l'Espagne.

Je répète de nouveau à votre majesté qu'en de telles circonstances et à ces conditions je serai prêt à vous accompagner en Espagne pour y faire mon abdication dans la forme déjà indiquée. Et quant à l'intention que votre majesté m'a manifestée de ne pas vouloir rentrer en Espagne, je lui demande les larmes aux yeux, je la supplie par tout ce qu'il y a de plus sacré sur le ciel et sur la terre, dans le cas où effectivement elle ne voudrait point régner, de ne pas abandonner un pays qu'elle connaît déjà, où elle pourra choisir le climat le plus convenable à sa frêle santé, et où je lui garantis la jouissance de plus de bien-être et de tranquillité d'esprit qu'elle n'en trouverait partout ailleurs.

Enfin, je prie instamment votre majesté de se pénétrer de notre situation actuelle, de réfléchir qu'il est question d'exclure à tout jamais notre dynastie du trône d'Espagne pour y substituer la dynastie impériale de France, que c'est une chose à laquelle nous ne pouvons consentir sans l'assentiment formel de tous ceux qui ont ou peuvent avoir des droits à la couronne, ni sans l'adhésion expresse de la nation espagnole réunie en cortès en lieu sûr; et qu'en outre, nous trouvant en pays étranger, il n'est personne qui se persuadât que nous eussions agi librement, circonstance qui suffirait pour entacher tous nos actes de nullité et amener de funestes résultats.

Avant de terminer ma lettre, que votre majesté me permette de lui dire que les conseillers qu'elle taxe de perfidie ne me donnèrent jamais un avis qui s'écartât du respect, de l'amour et de la vénération que je professai toujours et que je ne cesserai de professer pour votre majesté, à qui je prie Dieu d'accorder de longues et heureuses années.

Bayonne, 4 mai 1808.

Je suis aux royaux pieds de votre majesté, le plus humble des fils,

FERDINAND.

10. — *Lettre de Ferdinand VII à son père Charles IV.*

Mon très-honoré père et seigneur, j'ai remis, le 1er de ce mois, entre les mains de votre majesté ma renonciation à la couronne en sa faveur. J'avais cru de mon devoir de la modifier par des conditions qui conviennent à la dignité de votre majesté, à la tranquillité de mes états et à la conservation de mon honneur et de ma réputation. Ce n'est pas sans une grande surprise que j'ai vu votre majesté s'indigner de ces modifications dictées par la prudence et réclamées par l'amour que je dois à mes sujets.

Sur ce seul motif, votre majesté s'est cru le droit de m'outrager en présence de ma mère et de l'empereur, en me prodiguant les épithètes les plus humiliantes; et, non contente de cela, elle exige que je formule ma renonciation sans condition ni restriction aucune, sous peine de me voir traité avec toutes les personnes de ma suite comme coupables de conspiration. En un tel état de choses, je fais la renonciation que vous m'imposez, afin que le gouvernement de l'Espagne rentre dans la situation où il se trouvait le 19 mars, où votre majesté fit abdication spontanée de sa couronne en ma faveur.

Dieu conserve long-temps la précieuse vie de votre majesté, ainsi que le désire, prosterné à vos royaux pieds, votre fils affectionné et respectueux.

FERDINAND.— Pédro CÉVALLOS.

Bayonne, 6 mai 1808.

11. — *Copie du traité entre Charles IV et l'empereur des Français.*

Charles IV, roi des Espagnes et des Indes, Napoléon, empereur des Français, roi d'Italie et protecteur de la confédération du Rhin, animés d'un égal désir de mettre promptement un terme à l'anarchie à laquelle est en proie l'Espagne, de sauver cette brave nation des agitations des factions; voulant lui épargner toutes les convulsions de la guerre civile et étrangère et la placer sans secousse dans la seule position qui, dans la circonstance extraordinaire dans laquelle elle se trouve, puisse maintenir son intégrité, lui garantir ses colonies et la mettre à même de réunir tous ses moyens à ceux de la France pour arriver à une paix maritime, ont résolu de réunir tous leurs efforts et de régler dans une convention particulière de si chers intérêts.

A cet effet, ils ont nommé, savoir :

S. M. le roi des Espagnes et des Indes, S. A. S. Don Manuel Godoy, prince de la Paix, comte de Evora-Monte;

Et S. M. l'empereur, etc., etc., M. le général de division Duroc, grand-maréchal du palais;

Lesquels, après avoir échangé leurs pleins-pouvoirs, sont convenus de ce qui suit :

Art. Ier. S. M. le roi Charles, n'ayant eu en vue, pendant toute sa vie, que le bonheur de ses sujets, et constant dans le principe que tous les actes d'un souverain ne doivent être faits que pour parvenir à ce but, les circonstances actuelles ne pouvant être qu'une source de dissentions d'autant plus funestes que les factions ont divisé sa propre famille, a résolu de céder, comme il cède par le présent, à S. M. l'empereur Napoléon, tous ses droits sur le trône des Espagnes et des Indes, comme le seul qui, au point où en sont arrivées les choses, peut rétablir l'ordre. Entendant que la dite cession n'ait lieu qu'à fin de faire jouir ses sujets des deux conditions suivantes : 1° L'intégrité du royaume sera maintenue. Le prince que S. M. l'empereur Napoléon jugera devoir placer sur le trône d'Espagne sera indépendant, et les limites de l'Espagne ne souffriront aucune altération. 2° La religion catholique, apostolique et romaine sera la seule en Espagne. Il ne pourra être toléré aucune religion réformée, et encore moins infidèle, suivant l'usage établi jusqu'aujourd'hui.

Art. II. Tous actes faits contre nos fidèles sujets, depuis la révolution d'Aranjuez, sont nuls et de nulle valeur, et leurs propriétés leur seront rendues.

Art. III. S. M. le roi Charles ayant ainsi assuré la prospérité, l'intégrité et l'indépendance de ses sujets, S. M. l'empereur s'engage à donner refuge dans ses états au roi Charles, à la reine, à sa famille, au prince de la Paix, ainsi qu'à ceux de leurs serviteurs qui voudront les suivre, lesquels jouiront en France d'un rang équivalent à celui qu'ils possédaient en Espagne.

Art. IV. Le palais de Compiègne, les parcs et forêts qui en dépendent seront à la disposition du roi Charles, sa vie durant.

Art. V. S. M. l'empereur donne et garantit à S. M. le roi

Charles une liste civile de 30,000,000 de réaux, que S. M. l'empereur Napoléon lui fera payer directement, tous les mois, par le trésor de la couronne.

A la mort du roi Charles, 2,000,000 de revenus formeront le douaire de la reine.

Art. VI. S. M. l'empereur Napoléon s'engage à accorder à tous les infans d'Espagne une rente annuelle de 400,000 francs pour en jouir à perpétuité, eux et leurs descendans, sauf la réversibilité de la dite rente d'une branche à l'autre, en cas de l'extinction de l'une d'elles, et en suivant les lois civiles. En cas d'extinction de toutes les branches, les dites rentes seront reversibles à la couronne de France.

Art. VII. S. M. l'empereur Napoléon fera tel arrangement qu'il jugera convenable avec le futur roi d'Espagne, pour le paiement de la liste civile et des rentes comprises dans les articles précédens; mais S. M. le roi Charles IV n'entend avoir de relation pour cet objet qu'avec le trésor de France.

Art. VIII. S. M. l'empereur Napoléon donne en échange à S. M. le roi Charles le château de Chambord, avec les parcs, forêts et fermes qui en dépendent, pour en jouir en toute propriété et en disposer comme bon lui semblera.

Art. IX. En conséquence, S. M. le roi Charles renonce, en faveur de S. M. l'empereur Napoléon, à toutes les propriétés allodiales et particulières non appartenantes à la couronne d'Espagne, mais qu'il possède en propre.

Les infans d'Espagne continueront à jouir des revenus des commanderies qu'ils possèdent en Espagne.

Art. X. La présente convention sera ratifiée et les ratifications en seront échangées dans huit jours ou le plus tôt qu'il sera possible.

Fait à Bayonne le 5 mai 1808.

Le prince DE LA PAIX. — DUROC.

12. — *Copie du traité entre le prince des Asturies et l'empereur des Français.*

S. M. l'empereur des Français, etc., etc., et S. A. R. le prince des Asturies, ayant des différens à régler, ont nommé pour leurs plénipotentiaires, savoir :

S. M. l'empereur, M. le général de division Duroc, grand-maréchal du palais ; et S. A. le prince des Asturies, Don Juan Escoiquiz, conseiller d'état de S. M. C., chevalier grand'croix de l'ordre de Charles III, lesquels, après avoir échangé leurs pleins-pouvoirs, sont convenus des articles suivans :

Art. Ier. S. A. R. le prince des Asturies adhère à la cession faite par le roi Charles de ses droits au trône d'Espagne et des Indes, en faveur de S. M. l'empereur des Français, etc., et renonce autant que de besoin aux droits qui lui sont acquis comme prince des Asturies à la dite couronne.

Art. II. S. M. l'empereur des Français accorde en France à S. A. R. le prince des Asturies le titre d'*altesse royale* avec tous les honneurs et prérogatives dont jouissent les princes de son sang. Les descendans de S. A. R. le prince des Asturies conservent le titre de prince et celui d'*altesse sérénissime*, et auront toujours le même rang en France que les princes dignitaires de l'empire.

Art. III. S. M. l'empereur cède et donne par les présentes, en toute propriété, à S. A. R. le prince des Asturies et à ses descendans, les palais, parcs, fermes de Navarre, et les bois qui en dépendent jusqu'à la concurrence de cinquante mille arpens, le tout dégrevé d'hypothèques, et pour en jouir en toute propriété, à dater de la signature du présent traité.

Art. IV. La dite propriété passera aux enfans et héritiers de S. A. R. le prince des Asturies ; à leur défaut aux enfans et héritiers de l'infant Don Carlos ; à défaut de ceux-ci, aux descendans et héritiers de l'infant Don Francisco, et enfin, à leur défaut, aux enfans et héritiers de l'infant Don Antonio. Il sera expédié des lettres patentes et particulières du prince à celui des héritiers auquel reviendra la propriété.

Art. V. S. M. l'empereur accorde à S. A. R. 400,000 francs de rente apanagère sur le trésor de France, et payables par douzièmes chaque mois, pour en jouir lui et ses descendans dans la même forme que des propriétés dont il est question dans l'article IV.

Art. VI. Indépendamment de ce qui est stipulé dans les articles précédens, S. M. l'empereur accorde à S. A. R. le prince des Asturies une rente de 600,000 francs, également sur le trésor de France, pour en jouir sa vie durant. La moitié de la dite rente sera reversible sur la tête de la princesse son épouse, si elle lui survit.

Art. VII. S. M. l'empereur accorde et garantit aux infans Don Antonio, Don Carlos et Don Francisco 1° le titre d'*altesse royale* avec tous les honneurs et prérogatives dont jouissent les princes de son sang ; leurs descendans conserveront le titre de *prince*, celui d'*altesse sérénissime*, et auront toujours le même rang en

France que les princes dignitaires de l'empire ; 2° la jouissance du revenu de toutes leurs commanderies en Espagne ; leur vie durant; 3° une rente apanagère de 400,000 francs pour en jouir eux et leurs héritiers, à perpétuité ; entendant S. M. I. que les dits infans venant à mourir sans laisser d'héritiers, les dites rentes apanagères appartiendront au prince des Asturies ou à ses descendans et héritiers, le tout à condition que LL. AA. RR. adhèrent au présent traité.

Le présent traité sera ratifié, et les ratifications en seront échangées dans huit jours ou plus tôt si faire se peut.

Bayonne, 10 mai 1808.

DUROC. — ESCOÏQUIZ.

13. — *Proclamation adressée aux Espagnols en conséquence du traité de Bayonne.*

Don Ferdinand, prince des Asturies, et les infans Don Carlos et Don Antonio, sensibles à l'attachement et à la fidélité constante que leur ont témoignés tous les Espagnols, les voient avec la plus grande douleur plongés dans la confusion, et menacés des extrêmes calamités qui en pourraient être la suite ; et sachant que tout cela provient en grande partie de l'ignorance dans laquelle ils sont, soit des motifs de la conduite que LL. AA. RR. ont tenue jusqu'ici, soit des plans déjà tracés pour le bonheur de leur patrie, ils ne peuvent se dispenser de chercher à les détromper par les salutaires avis qui leur sont nécessaires pour ne pas entraver l'exécution de ces plans, et en même temps de leur donner le plus cher témoignage de l'affection qu'ils ont pour eux.

Ils ne peuvent, en conséquence, s'empêcher de leur faire connaître que les circonstances dans lesquelles le prince prit les rênes du gouvernement par suite de l'abdication du roi son père, l'occupation de plusieurs provinces du royaume et de toutes les places frontières par un grand nombre de troupes françaises, la présence de plus de soixante-dix mille hommes de la même nation dans la capitale et dans les environs, enfin beaucoup de données que d'autres personnes ne pouvaient avoir, leur persuadèrent qu'étant entourés d'écueils, ils n'avaient plus que la liberté de choisir entre plusieurs partis celui qui produirait le moins de maux ; et qu'ils choisirent comme tel le parti d'aller à Bayonne.

A l'arrivée de LL. AA. RR. dans cette ville, le prince (alors roi) apprit inopinément la nouvelle que le roi son père avait protesté contre son abdication, prétendant qu'elle n'avait pas été volontaire. Le prince n'ayant accepté la couronne que dans la persuasion que l'abdication était libre, fut à peine assuré de l'existence de cette protestation, que son respect filial le détermina à rendre le trône ; et peu après, le roi son père y renonça en son nom et au nom de toute sa dynastie en faveur de l'empereur des Français, afin qu'ayant en vue le bonheur de la nation, il choisît la personne et la dynastie qui devaient l'occuper à l'avenir.

Dans cet état de choses, LL. AA. RR. considérant la situation dans laquelle elles se trouvent, et les circonstances critiques où l'Espagne est placée ; considérant que dans ces circonstances tout effort de ses habitans à l'appui de leurs droits serait non-seulement inutile mais funeste, et qu'il ne servirait qu'à faire répandre des ruisseaux de sang, à assurer la perte tout au moins d'une grande partie de ses provinces et celle de toutes ses colonies d'outre-mer ; s'étant d'ailleurs convaincus que le moyen le plus efficace pour éviter de tels maux serait que LL. AA. RR. consentissent individuellement, et chacune en ce qui la concerne, à la cession de leurs droits au trône, cession déjà faite par le roi leur père ; réfléchissant également que l'empereur des Français s'oblige, dans cette supposition, à conserver l'indépendance absolue et l'intégrité de la monarchie espagnole, ainsi que toutes ses colonies d'outre-mer, sans réserver ni démembrer la moindre partie de ses domaines, à maintenir l'unité de la religion catholique, les propriétés, les lois, les usages, ce qui assure pour long-temps, et d'une manière incontestable la puissance et la prospérité de la nation espagnole ; LL. AA. RR. croient donner à cette nation la plus grande preuve de leur générosité, le plus grand témoignage de l'amour qu'elles lui portent et de leur empressement à suivre les mouvemens de l'affection qu'elles lui doivent, en sacrifiant en tout ce qui leur appartient leurs intérêts propres et personnels à son bien-être, et en adhérant par cet acte, comme ils ont adhéré par une convention particulière, à la cession de leurs droits au trône ; elles délient en conséquence les Espagnols de leurs obligations à cet égard, et les exhortent à se pénétrer des intérêts communs de la patrie, à se tenir paisibles et à attendre leur bonheur des sages dispositions de l'empereur Napoléon : par leur empressement à se conformer à ces dispositions, les Espagnols doivent être persuadés qu'ils donneront à leur prince et aux deux infans le gage le plus sûr de leur loyauté, comme LL. AA. RR. leur donnent le plus grand témoignage de leur tendresse paternelle en cédant tous leurs droits et en oubliant leurs propres intérêts pour les rendre heureux, ce qui est l'unique objet de leurs désirs.

Bordeaux, le 12 mai 1808.

14. — *Décret de Charles IV.*

Ayant jugé convenable de donner une même direction à toutes les forces de notre royaume pour maintenir la sûreté des propriétés et la tranquillité publique à la fois contre les ennemis de l'intérieur et ceux du dehors, nous avons cru devoir nommer lieutenant-général du royaume notre cousin le grand-duc de Berg, qui commande en même temps les troupes de notre allié l'empereur des Français. Nous ordonnons au conseil de Castille, aux capitaines-généraux et gouverneurs de provinces, de lui obéir en cette qualité et de le reconnaître, à ce titre, comme président de la junte suprême.

Donné à Bayonne, au palais impérial appelé du gouvernement, le 4 mai 1808.

Moi, LE ROI.

Ce jourd'hui j'ai remis à mon bien-aimé père une lettre conçue dans les termes suivans :

Mon honoré père et seigneur, pour donner à votre majesté une preuve de mon amour, de mon obéissance et de ma soumission, et pour céder aux désirs qu'elle m'a plusieurs fois manifestés, je renonce à ma couronne en faveur de votre majesté, désirant qu'elle en jouisse pendant de longues années. Je recommande à votre majesté les personnes qui m'ont servi depuis le 19 mars : je me confie dans les assurances qu'elle m'a données à cet égard. Dieu vous conserve long-temps.

Bayonne, 6 mai 1808.

Aux pieds de votre majesté, le plus humble des fils,

FERDINAND.

En vertu de cette abdication de ma couronne que j'ai faite en faveur de mon bien-aimé père, je révoque les pouvoirs dont j'avais investi la junte suprême avant mon départ de Madrid pour l'expédition des affaires graves et urgentes qui pouvaient survenir pendant mon absence. La junte obéira désormais aux ordres de mon bien-aimé père et souverain et les fera exécuter dans tout le royaume.

Je dois, en finissant, rendre grâce aux membres de la junte, aux autorités constituées et à toute la nation, pour tous les services que j'en ai reçus, et leur recommander de se rallier sincèrement à mon père bien-aimé et à l'empereur dont le pouvoir et l'amitié peuvent plus que toute autre chose conserver le premier bien de l'Espagne, c'est-à-dire son indépendance et l'intégrité de son territoire. Je recommande également à la population espagnole de ne pas se laisser séduire par les piéges de nos éternels ennemis, de vivre unie entre elle et avec nos alliés, et d'éviter l'effusion du sang et les malheurs qu'engendreraient infailliblement les circonstances actuelles, si l'esprit de vertige et de désunion venait à prévaloir.

La junte aura donc à se conformer aux dispositions du présent acte, et à le communiquer à qui de droit.

Bayonne, 6 mai 1808.

FERDINAND.

15. — *Réponse de l'évêque d'Orense à la junte de gouvernement qui l'avait nommé député pour la junte de Bayonne.*

Très-excellent seigneur, un courrier de la Corogne m'a apporté dans la soirée du mercredi, 25 courant, votre dépêche, à la date du 19, qui m'apprend, entre autres choses, que j'ai été nommé député pour siéger dans l'assemblée qui doit se réunir à Bayonne, afin de coopérer par tous les moyens en mon pouvoir au bonheur de la monarchie, conformément aux vœux du grand empereur des Français, qui est jaloux d'élever l'Espagne à son plus haut point de prospérité et de splendeur.

Quelle que soit l'infériorité de mes lumières, je ne le cède à nul autre en patriotisme, et, pour assurer la félicité et la gloire véritable de la nation, il n'est rien que je ne fisse de ce qui me paraîtrait praticable et susceptible d'arriver à ce but. Mais j'ai soixante-treize ans, je suis en ce moment malade, et mon grand âge et cette indisposition jointe à mes infirmités habituelles ne sauraient me permettre d'entreprendre un si long voyage, surtout dans un délai qui suffit à peine pour l'effectuer, et qui ne laisse aucun temps de se préparer à de si importantes fonctions et de s'entourer des renseignemens et des instructions qui les doivent précéder. Par ces considérations, je me vois forcé de me démettre de mon mandat, et c'est ce que je fais par la présente déclaration, bien persuadé que S. A. S. le duc de Berg et la junte suprême le trouveront juste et nécessaire, et qu'ils voudront bien admettre une excuse et une démission si légitimes.

En même temps, dans l'intérêt du bien-être de la nation et des desseins mêmes de l'empereur, qui se présente comme l'ange de paix et le protecteur de notre patrie, et qui ne perd pas de vue le vœu qu'il a tant de fois manifesté de voir les peuples et les souverains, ses alliés, accroître leur puissance, leurs richesses et leur bonheur en tout genre, je prends la liberté d'exprimer à la junte suprême, et, par son organe, à l'empereur lui-même, les sentimens que j'eusse développés dans l'assemblée de Bayonne, s'il m'eût été donné d'y assister, préalablement à toute discussion sur les affaires qui semblent être l'objet de cette convocation.

L'on veut porter remède à des maux, réparer des torts, améliorer le sort de la nation et de la monarchie; mais sur quelles bases, sur quels fondemens? A-t-on pour cela un moyen approuvé et autorisé, auquel la nation ait donné son assentiment et son appui? Le pays entend-il se soumettre et attendre son salut de cette voie? N'y a-t-il point d'ailleurs des infirmités qui s'aggravent et s'irritent par les remèdes: *tangant vulnera sacra nullæ manus?* Et que dira-t-on des moyens de guérison mis en usage par le puissant protecteur l'empereur Napoléon envers son allié et la famille royale d'Espagne? Cette malheureuse famille a vu son mal empirer à ce point, qu'il faut presque désespérer de la sauver. Elle est comme parquée dans l'intérieur de l'empire français, et sur un sol dont on l'avait bannie pour toujours; revenue à son berceau primitif, elle trouve son tombeau par l'effet de la mort civile là où succombèrent ses amis, victimes d'une révolution insensée et sanguinaire. Et dans cet état de choses qu'y a-t-il à espérer pour l'Espagne? Sa guérison lui sera-t-elle plus favorable? Les moyens et les remèdes ne l'annoncent guère. L'abdication de ses rois à Bayonne, et celle des infans à Bordeaux, où il ne paraît pas possible qu'ils fussent libres, placés qu'ils étaient entre la force et les artifices, et isolés des conseils et de l'assistance de leurs fidèles sujets; ces abdications qu'on ne peut concevoir, et qui semblent impossibles à qui réfléchit aux impressions naturelles de l'amour paternel et filial, et à l'honneur et l'éclat de toute la famille qui intéressent à un si haut point tous les hommes honorables; ces abdications qui sont devenues un objet de suspicion pour tout le pays, et qui confèrent seules à l'empereur l'autorité dont il peut faire usage, ont besoin, pour que leur validité et leur force cessent d'être contestées, et pour donner d'ailleurs satisfaction au sentiment national, d'être ratifiées, lorsque les souverains et les infans qui les ont faites seront libres de toute contrainte et dégagés des influences de la peur. Et rien ne serait plus glorieux pour l'empereur que de rendre à l'Espagne ses princes, et d'ordonner qu'au sein de la monarchie et au milieu des cortès générales du royaume, ils suivissent librement l'impulsion de leur volonté, et que la nation elle-même, avec l'indépendance et la souveraineté qui lui appartiennent, procédât à la reconnaissance du roi légitime que la nature, le droit et les circonstances appelleraient au trône.

Cette conduite magnanime et généreuse serait le plus puissant éloge de l'empereur lui-même; par là il deviendrait plus grand et plus admirable aux yeux du monde que par les victoires et les nombreux lauriers qui le distinguent entre tous les monarques de la terre; et l'Espagne, échappant alors à l'horrible destinée qui la menace, et pouvant enfin guérir ses blessures et jouir d'une prospérité parfaite, en devrait rendre des actions de grâce les plus sincères à celui qu'après Dieu elle regarderait comme son sauveur et son véritable protecteur, à l'homme devenu dès lors le plus grand des potentats de l'Europe, le modéré, le juste, le magnanime, le bienfaisant Napoléon-le-Grand.

Quant à présent, l'Espagne ne peut s'empêcher de l'envisager d'un œil bien différent. Elle entrevoit en lui, si elle ne l'y voit pas clairement, un oppresseur de ses princes et son propre tyran; elle se sent esclave et enchaînée, tandis qu'on vient lui parler de bonheur; et ces chaînes, elle les doit moins encore à la perfidie qu'à la violence et à la présence d'une armée nombreuse qu'on a accueillie comme amie, où qu'on a laissée pénétrer par imprudence, ou par timidité, ou peut-être bien par trahison, et qui sert à donner une autorité qu'il n'est pas aisé de qualifier de légitime.

Qui a fait lieutenant-général du royaume S. A. S. le grand-duc de Berg? N'est-ce pas une nomination faite à Bayonne par un roi pieux sans doute et digne de tout le respect et de tout l'amour de ses sujets, mais livré à un entourage qui a surpris son cœur et qui l'a asservi à une force et à un pouvoir irrésistibles? Et n'est-ce pas une amère dérision que de nommer lieutenant-général de son royaume un général ayant sous ses ordres une armée qui le menace, et de renoncer ensuite à la couronne? Si Charles IV a voulu remonter au trône, n'est-ce donc que pour l'ôter à ses fils? Et fallait-il nommer un lieutenant-général qui, par cette autorisation et à l'aide du pouvoir militaire, paralysât toutes les ressources dont l'Espagne eût pu disposer pour empêcher la consommation d'un pareil projet? Non-seulement en Espagne, mais dans l'Europe entière, je doute qu'il se trouve une personne sincère qui ne réclame au fond de son cœur contre ces actes étranges et suspects, pour ne rien dire de plus.

Pour conclure, la nation est sans roi et ne sait à quoi s'en tenir. L'abdication de ses souverains et la nomination d'un lieutenant-général du royaume sont des actes accomplis en France, et sous les yeux d'un empereur qui s'est imaginé de rendre l'Espagne heureuse en la dotant d'une nouvelle dynastie, issue de cette famille privilégiée, qui ne croit pas pouvoir produire jamais un prince inférieur en talent pour le gouvernement des peuples à l'invincible, au victorieux, au législateur, au philosophe, au grand Napoléon. Outre que la junte suprême a contre elle les mille rumeurs qui l'attaquent, son président armé et les troupes qui l'environnent ne permettent point de la croire libre, et il en arrive autant aux conseillers et aux tribunaux. Quelle confusion, quel chaos, quelle source de maux pour l'Espagne! Et toutes ces calamités ne seront point évitées par une assemblée tenue hors du royaume, assemblée qui n'aurait aucune liberté, ou qu'on ne croirait pas libre, lors même qu'elle le serait. Et si aux mouvemens tumultueux qui menacent de troubler l'intérieur du royaume, il fallait ajouter les prétentions des princes et des puissances du dehors, des secours offerts et sollicités, une intervention étrangère qui vînt combattre contre les Français et leurs partisans, quoi de plus affreux? Quelles scènes de désolation et de mort? La pitié, l'amour, la sollicitude de l'empereur pour l'Espagne, ne pourraient-elles pas bien tourner à sa ruine plutôt qu'à sa guérison?

Je demande donc avec tout le respect qu'on a droit d'attendre de moi que la junte suprême soit informée de mes craintes, que je crois fondées et dignes de ses méditations, et qu'on veuille bien aussi les exposer au grand Napoléon. Jusqu'à présent j'ai pu compter sur la droiture de son cœur, le juger libre d'ambition, éloigné de la ruse et d'une politique artificieuse; et j'aime à espérer que, reconnaissant que le moyen de sauver l'Espagne n'est pas de la rendre esclave, il ne voudra pas l'enchaîner pour la guérir, car elle n'est ni folle ni furieuse. Que d'abord il s'établisse une autorité légitime, et l'on avisera ensuite à cicatriser ses plaies.

Tels sont mes vœux; je n'ai pas craint de les exprimer à la junte et à l'empereur lui-même, parce que s'ils ne sont point entendus, j'ai pensé qu'on les regarderait au moins comme un témoignage de mon patriotisme, de mon amour pour mes souverains et princes légitimes, et comme un devoir de conseil qui m'est imposé comme prélat du royaume. Je les crois surtout non-seulement utiles, mais nécessaires à la véritable gloire et au bonheur de l'illustre héros que l'Europe admire, que chacun vénère, et à qui je suis heureux de présenter en cette occasion l'hommage de mes humbles respects. Dieu conserve votre excellence longues années.

Orense, 29 mai 1808.

PEDRO, évêque d'Orense.

Au très-excellent seigneur Don Sébastian Piñuela.

16.

Sire, les Espagnols qui composent la suite de LL. AA. RR. les princes Ferdinand, Carlos et Antonio, ont appris par les papiers publics l'avénement de votre majesté catholique au trône d'Espagne ; fidèles au vœu qu'ils ont unanimement exprimé à l'empereur et roi de rester Espagnols sans se soustraire aucunement aux lois de leur pays, auxquelles ils désirent être toujours soumis, ils considèrent comme leur devoir le plus urgent de se conformer au système adopté par la nation, et de déposer, à son exemple, l'humble tribut de leurs hommages aux pieds de votre majesté catholique ; ils donnent en même temps l'assurance à votre majesté qu'elle peut compter de leur part sur les mêmes sympathies, le même respect et le même dévoûment qu'ils professèrent pour le gouvernement précédent et dont il reste de si éclatantes preuves ; et persuadés que cette même fidélité passée sera la garantie la plus sûre de la sincérité de leur adhésion au nouvel ordre de choses, ils prêtent serment d'obéissance à la nouvelle constitution de leur pays, et serment de fidélité au roi d'Espagne Joseph Ier.

La générosité de votre majesté catholique, sa bonté et son humanité, font espérer aux exposans qu'en considération du besoin que LL. AA. RR. éprouvent de la continuation de leurs services dans la situation où elles se trouvent, votre majesté voudra bien confirmer leur autorisation de séjour à Valencay, qu'ils ont obtenue de S. M. I. et R ; ils espèrent également que, par égard même pour les princes, il sera permis aux exposans de jouir des emplois et des biens dont ils sont en possession en Espagne, ainsi que des autres faveurs qui sur leur demande leur ont été accordées par S. M. I. et R., l'auguste frère de votre majesté catholique.

Une fois assurés par ce moyen que tout en servant LL. AA. RR., ils n'en seront pas moins considérés comme sujets fidèles de votre majesté catholique et comme véritables Espagnols, ils seront prêts à obéir avec une soumission aveugle à la volonté de votre majesté catholique, quelque destination qu'on leur réserve, et ils seront heureux de partager la satisfaction et la reconnaissance de leurs compatriotes pour le bien-être qu'ils ont à attendre d'un monarque aussi juste, aussi humain et aussi grand en toutes choses que votre majesté catholique.

Ils adressent au ciel les vœux les plus fervens et les plus unanimes pour la réalisation de ces espérances, et pour obtenir pendant de longues années la conservation des jours précieux de votre majesté catholique ; c'est enfin avec le plus profond et le plus sincère respect qu'ont l'honneur de se prosterner aux pieds de votre majesté catholique ses plus humbles serviteurs et fidèles sujets, au nom de toutes les personnes composant la suite des princes.

Le duc de San-Carlos, Don Juan Escoiquiz, le marquis de Ayerbe, le marquis de Feria, Don Antonio Correa, Don Pédro Macanaz.

Valençay, 22 juin 1808.

17.

J'ai reçu avec bien du plaisir la lettre de votre majesté impériale et royale, datée du 15, et je lui rends grâces des expressions affectueuses dont elle m'honore, et sur lesquelles j'ai compté toujours. Je les renouvelle à votre majesté impériale et royale pour sa bonté en faveur de la demande du duc de San-Carlos et de Macanaz que j'ai eu l'honneur de lui recommander. Je fais aussi à votre majesté impériale, tant au nom de mon frère et de mon oncle qu'au mien, des complimens bien sincères sur la satisfaction qu'elle a eue de l'installation de son cher frère sur le trône d'Espagne ; l'objet de tous nos désirs ayant été toujours le bonheur de la nation généreuse qui habite ce vaste royaume, nous ne pouvons voir à sa tête un monarque si digne et si capable par ses vertus de le lui assurer, sans en ressentir la plus grande consolation. C'est ce sentiment et le désir d'être honoré de son amitié qui nous ont portés à lui écrire la lettre ci-jointe, que je prends la liberté d'envoyer à votre majesté impériale en la priant de vouloir bien, après l'avoir lue, la présenter à S. M. C. Une médiation si respectable nous est garant qu'il lui sera fait l'accueil cordial que nous souhaitons. Excusez, sire, cette liberté qui s'explique par la confiance sans bornes que votre majesté impériale et royale nous a inspirée. Permettez qu'avec l'assurance de notre attachement et de notre respect nous renouvelions aussi l'expression des sentimens les plus sincères et les plus inaltérables avec lesquels j'ai l'honneur d'être,

Sire,

De votre majesté impériale et royale,
Le plus humble et le plus obéissant serviteur,

Ferdinand.

Valençay, 22 juin 1808.

N. B. *La lettre adressée à Joseph, et qu'on cite dans la précédente, fut lue à tous les députés de Bayonne, et l'original resta entre les mains de Don Miguel José de Azanza.*

18. — *Capitulation conclue entre les généraux respectifs des armées espagnole et française.*

LL. EE. le comte de Tilly et Don Francisco Favier Castaños, général en chef de l'armée d'Andalousie, voulant donner une preuve de sa haute estime à S. Exc. le général Dupont, grand-aigle de la Légion-d'Honneur, etc., ainsi qu'à l'armée sous ses ordres, pour la brillante et glorieuse défense qu'ils ont soutenue contre une armée de beaucoup supérieure en nombre et qui les enveloppait de toutes parts, d'accord avec le général Chabert, chargé de pleins-pouvoirs par S. Exc. le général en chef de l'armée française et le général Marescot, grand-aigle, etc., ont arrêté les conventions suivantes :

Art. Ier. Les troupes sous les ordres du général Dupont restent prisonnières de guerre, excepté la division Védel et d'autres troupes françaises qui se trouvaient également en Andalousie.

Art. II. La division du général Védel, et généralement le reste des troupes françaises de l'Andalousie qui ne sont point dans la position de celles comprises dans l'article précédent, évacueront l'Andalousie.

Art. III. Les troupes comprises dans l'article II conserveront généralement tous leurs bagages; et, pour éviter tout motif d'inquiétude pendant leur voyage, elles laisseront leur artillerie, leur train et autres armes à l'armée espagnole, qui se charge de les leur rendre au moment de leur embarquement.

Art. IV. Les troupes comprises dans l'article Ier du traité sortiront du camp avec les honneurs de la guerre, deux canons à la tête de chaque bataillon, et les soldats armés de leurs fusils, qu'ils rendront et remettront à l'armée espagnole à quatre cents toises du camp.

Art. V. Les troupes du général Védel et d'autres, qui ne doivent point rendre leurs armes, les mettront en faisceaux sur le front de leurs lignes, abandonnant également leur artillerie et leur train; et toutes ces armes seront reconnues et inventoriées par des officiers des deux armées pour être rendues ainsi qu'il est stipulé dans l'article III.

Art. VI. Toutes les troupes françaises de l'Andalousie se rendront à San-Lucar et Rota par les étapes qui leur seront tracées, et qui ne pourront excéder quatre lieues par jour, avec les séjours nécessaires, pour s'embarquer dans des vaisseaux servis par des marins espagnols, qui les conduiront en France au port de Rochefort.

Art. VII. Les troupes françaises s'embarqueront dès leur arrivée à Rota, et l'armée espagnole garantira la sûreté de leur traversée contre toute agression hostile.

Art. VIII. MM. les généraux, commandans et autres officiers conserveront leurs armes, et les soldats leurs sacs.

Art. IX. Les logemens, les vivres et les fourrages, pendant la route et la traversée, seront fournis aux généraux et aux autres officiers, ainsi qu'à la troupe, selon leurs grades respectifs et d'après les règles établies parmi les troupes espagnoles en temps de guerre.

Art. X. Les chevaux appartenant selon le grade aux généraux, commandans et officiers d'état-major, seront conduits en France et recevront la ration d'usage en temps de guerre.

Art. XI. MM. les généraux conserveront chacun une voiture et un fourgon, les commandans et officiers d'état-major une voiture seulement, exempte de toute visite, mais sans contrevenir aux ordonnances et aux lois du royaume.

Art. XII. Sont exceptées des dispositions du précédent article les voitures prises en Andalousie, dont l'inspection est confiée au général Chabert.

Art. XIII. Pour éviter la difficulté de l'embarquement des chevaux des corps de cavalerie et d'artillerie compris en l'article II, ils resteront les uns et les autres en Espagne, et l'on en paiera la valeur d'après l'estimation qui en sera faite par deux commissaires espagnol et français.

Art. XIV. Les blessés et les malades de l'armée française qui sont dans les hôpitaux seront traités avec le plus grand soin, et envoyés en France avec une escorte sûre dès qu'ils seront guéris.

Art. XV. Comme en diverses rencontres, et particulièrement à la prise de Cordoue, plusieurs soldats, au mépris des ordres des généraux, et malgré les efforts des officiers, ont commis de ces excès qui sont inévitables dans les villes qui opposent encore de la résistance au moment d'être prises, MM. les généraux et les autres officiers prendront les mesures nécessaires pour retrouver les vases sacrés qu'on pourrait avoir enlevés et les restituer s'ils existent.

Art. XVI. Les employés civils qui accompagnent l'armée française ne seront point considérés comme prisonniers de guerre, mais néanmoins ils jouiront, pendant la durée de leur trajet pour se rendre en France, de tous les avantages accordés aux troupes françaises, en proportion de leurs emplois.

Art. XVII. Les troupes françaises commenceront à évacuer l'Andalousie le 23 juillet. Pour éviter les fortes chaleurs, la marche s'effectuera pendant la nuit, et correspondra aux étapes qu'on aurait dû faire chaque jour, d'après les dispositions qui seront prises par MM. les chefs d'état-major espagnol et français, en évitant de faire passer les troupes par les villes de Cordoue et de Jaen

Art. XVIII. Les troupes françaises dans leur marche seront sous l'escorte de l'armée espagnole, savoir: trois cents hommes d'escorte pour chaque colonne de trois mille hommes, et MM. les généraux seront escortés par des détachemens de cavalerie et d'infanterie de ligne.

Art. XIX. Les troupes seront toujours précédées des commissaires espagnol et français pour assurer les logemens et les vivres nécessaires, selon les états qu'on leur remettra.

Art. XX. Cette capitulation sera immédiatement envoyée à S. Exc. le duc de Rovigo, général en chef des armées françaises en Espagne, par un officier français sous une escorte de troupe de ligne espagnole.

Art. XXI. Il demeure convenu entre les deux armées qu'on ajoutera comme supplément à cette capitulation tous les articles relatifs à ce qui pourrait avoir été omis concernant le bien-être des Français durant leur séjour et leur passage en Espagne.

(*Signatures.*)

Articles additionnels également autorisés.

Art. 1er. Il sera procuré deux charrettes par bataillon pour le transport des effets de MM. les officiers.

Art. II. MM. les officiers de cavalerie de la division du général Dupont conserveront leurs chevaux seulement pour faire leur voyage, et ils en feront la remise à Rota, qui est le point de leur embarquement, à un commissaire espagnol chargé de les recevoir. La troupe de cavalerie formant la garde de M. le général en chef jouira du même privilége.

Art. III. Les Français malades qui sont dans la Manche, de même que ceux qui sont en Andalousie, seront conduits aux hôpitaux d'Andujar, ou tel autre lieu qui paraîtra convenable.

Les convalescens les accompagneront; à mesure qu'ils guériront, on les conduira à Rota où ils s'embarqueront pour la France sous la même garantie mentionnée en l'article VI de la capitulation.

Art. IV. LL. EE. le comte de Tilly et le général Castaños promettent d'intercéder et d'user de tout leur crédit pour que M. le général Erselinant, M. le colonel Lagrange et M. le lieutenant-colonel Rosetti, prisonniers de guerre à Valence, soient rendus à la liberté et conduits en France sous la même garantie exprimée dans l'article précédent.

(*Signatures.*)

(1) — *Mémoires du duc de Rovigo*, vol. III, chap. 18.

FIN DU TOME PREMIER.

www.ingramcontent.com/pod-product-compliance
Lightning Source LLC
Chambersburg PA
CBHW060547230426
43670CB00011B/1724